所有人都能尝试的实地实验

审计实验方法与应用

Field Experiments for Everyone

A Hands-On Guide to Audit Studies

何浩然　夏静文 ◎ 编著

北京大学出版社
PEKING UNIVERSITY PRESS

图书在版编目(CIP)数据

所有人都能尝试的实地实验：审计实验方法与应用 / 何浩然，夏静文编著. ——北京：北京大学出版社，2025.8. ——ISBN 978-7-301-36630-1

Ⅰ. F239-33

中国国家版本馆 CIP 数据核字第 20257VJ095 号

书　　　名	所有人都能尝试的实地实验——审计实验方法与应用 SUOYOUREN DOUNENG CHANGSHI DE SHIDI SHIYAN—— SHENJI SHIYAN FANGFA YU YINGYONG
著作责任者	何浩然　夏静文　编著
策划编辑	王　晶
责任编辑	王　晶
标准书号	ISBN 978-7-301-36630-1
出版发行	北京大学出版社
地　　址	北京市海淀区成府路 205 号　100871
网　　址	http://www.pup.cn
微信公众号	北京大学经管书苑（pupembook）
电子邮箱	编辑部 em@pup.cn　　总编室 zpup@pup.cn
电　　话	邮购部 010-62752015　　发行部 010-62750672 编辑部 010-62752926
印刷者	天津中印联印务有限公司
经销者	新华书店
	720 毫米×1020 毫米　16 开本　22.5 印张　397 千字 2025 年 8 月第 1 版　2025 年 8 月第 1 次印刷
定　　价	68.00 元

未经许可，不得以任何方式复制或抄袭本书之部分或全部内容。
版权所有，侵权必究
举报电话：010-62752024　电子邮箱：fd@pup.cn
图书如有印装质量问题，请与出版部联系，电话：010-62756370

前　言

实验经济学是实证经济研究范式之一,现已成为主流经济学方法论的一个重要组成部分。在众多实验方法中,审计实验方法具有揭示人类行为模式尤其是委托-代理和歧视机制等方面的独特优势,已经在劳动经济学、公共经济学、健康经济学所涵盖的劳动力市场、公共服务、医疗服务、婚恋市场等诸多领域展现出广泛的应用前景,成为研究者分析经济现象、评估政策效果的重要工具。尽管审计实验方法在理论验证和政策效果检验上已展现出巨大的潜力,但目前国内对审计实验方法的系统性介绍还近乎空白,更不用说以呈现如何围绕审计实验方法开展研究为目标的指导性教材。

鉴于审计实验方法的前沿应用在不断深入,研究范围也在不断拓展,研究者和学生在学习与运用该方法的过程中可能面临诸如实验设计的复杂性、审计材料制作的困难、因果识别策略的选择等一系列挑战,亟须针对这些实际问题获得更加切实有效的指导和参考。我们结合十余年来在审计实验研究和教学方面的经验,编写了《所有人都能尝试的实地实验——审计实验方法与应用》,旨在为广大有志于开展实地实验的学者和从业者提供系统指导与全面参考。

本书在借鉴和消化国内外大量相关文献和素材的基础上,坚持以系统性和实用性为核心特色,全书编排努力体现逻辑性,同时确保内容的科学性与实用性并重。首先,本书依据行为经济理论、实验经济学方法应用普及和我国政策试点经验的实践需要,对实验方法特别是审计实验方法展开详尽的介绍,深入浅出地阐述了审计实验方法的因果识别策略,并对该方法的优势和不足进行全面且深刻的分析,总结出了改进经典方法不足之处的可行举措。其次,本书采用多项审计实验研究作为案例进行深入剖析,进行具体的实操指导说明,以期为读者提供切实可行的操作指南,帮助他们在不同的研究场景中灵活运用审计实验方法。此外,我们还参考引用国内外优秀审计实验研究,紧跟该领域研究的前沿成果,并基于审计实验方法在经济学研究中的既往应用文献和审计技术发展,尝试分析其未来发展趋势。

本书主要面向经济学高年级本科生、研究生和相关领域的研究者、政策制定者,以及对经济学实地实验方法感兴趣的专业人士。无论读者是刚刚接触实验经济学的新手,还是希望深入了解审计实验方法的学者,本书都将为他们提供有价值的知识体系和实践指导,助力他们在研究实践中顺利开展各项工作。

本书共分为15章,内容涵盖导论、审计实验概述、审计实验方法及审计实验应用四大部分,结构严谨,逻辑清晰。第一,本书的导论部分全面介绍了实验经济学的基本概念、发展历程及其在经济学领域的广泛应用,并对包括审计实验在内的各类实验方法进行了概述。第1章对实验与经济学进行定义,并阐释了二者之间的关系,展示了实验在经济学研究中的必要性,并回顾了实验经济学自20世纪40年代以来的发展历程;第2章进一步探讨了实验方法在经济学中的具体应用,涵盖了理论检验、规律探索以及政策与制度评估等方面;第3章则详细介绍了实验方法的常见类型,重点阐述了审计实验的基本概念与应用,并强调了其在获取经济学实证研究数据中的重要作用。

第二,本书的审计实验概述部分自然衔接导论部分的内容,进一步聚焦于审计实验方法,深化读者对该方法的理解。第4章回顾了审计实验从诞生初期、蓬勃发展到现今应用拓展的发展历史;第5章对审计实验方法进行分类讨论,介绍不同类型的审计实验方法的特点及其应用场景;第6章介绍了审计实验方法的应用价值,特别是在推动政策制定和评估政策效果方面的具体应用。

第三,本书的审计实验方法部分结合具体的研究实例,深入浅出地对审计实验方法进行了详细介绍,帮助读者更细致地理解其基本原理和应用实践。其中,第7章通过因果推断方法比较分析,讲解了因果推断策略及其在审计实验中的应用;第8章和第9章介绍审计材料的设计和审计实验的开展流程,强调科学设计的细节;第10章和第11章探讨了审计实验方法面临的批判及其识别策略的改进探索,帮助读者识别并应对研究实践中所面临的挑战。这一部分通过系统且细致的方法论指导,帮助读者掌握开展审计实验的核心技术。

第四,本书的审计实验应用部分所涵盖的第12章至第15章,通过丰富的应用案例,展示了审计实验方法在不同领域的"实战"效果。具体而言,第12章和第13章分别介绍了审计实验在劳动力市场的需求侧和供给侧方面的应用研究,聚焦于对雇主的招聘决策和雇员的求职决策的考察;第14章探讨了审计实验在委托-代理服务中的应用,如在医疗服务、维修服务和出租车出行服务领域的应用;第 15 章扩展到住房市场、婚恋市场、公共服务市场及汽车销售等其他市场,展示了审计实验方法的广泛适用性。

本书的写作自 2022 年启动以来,何浩然和夏静文在反复斟酌确定内容结构和大纲的基础上,与研究团队的研究生们共同完成了本书的撰写工作,具体章节的撰写参与情况如下(按姓氏首字母的拼音顺序排列):安露露(第 10—11 章)、何浩然(第 1—5 章、第 7—11 章)、霍雨佳(第 15 章)、蒋林静(第 14 章)、林嘉玥(第 8 章)、田园(第 6 章和第 7 章)、王丹(第 3 章和第 15 章)、王梦欣(第 15 章)、夏静文(第 1—2 章、第 4—5 章、第 8—9 章和第 15 章)、闫瑾(第 7 章)、于松玉(第 12—13 章),何浩然和夏静文最后负责全书的统稿与校对工作。本书汇聚了所有研究团队成员的宝贵的专业知识和大量的辛勤付出。

我们要感谢国家自然科学基金面上项目(项目编号:72473010)和重点项目(项目编号:72131003)、国家高层次人才特殊支持计划青年拔尖人才项目、北京师范大学"十四五"二期高等教育领域教材建设项目(项目编号:311323240518)的资助,也要感谢北京师范大学经济与工商管理学院多年来对我们的培养和支持。此外,我们要感谢多年来在我们实验经济学学习、审计实验研究,以及在本书写作和改进过程给予指导和帮助的导师、合作者和学界挚友。他们是安露露、Ala Avoyan、Fredrik Carlsson、陈叶烽、韩余凌、姜树广、李欣、林嘉玥、卢柯霖、罗俊、Peter Martinsson、David Neumark、Marcus Roel、Matthias Sutter、Marie Claire Villeval、翁茜、徐慧、周业安等(按姓氏首字母的拼音顺序排列)。我们还要感谢北京大学出版社以及王晶编辑,对本书的改进和完善提供了很大帮助。我们多年的研究和教学工作还得到了家人的极大支持和鼓励,本书要献给我们的父母、爱人和子女。

衷心希望本书能够成为读者在实地实验研究道路上的得力助手,激发大家更多的研究热情,推动实验方法的创新与应用。

何浩然、夏静文
2025 年 7 月 18 日于北京师范大学

目 录

第1篇 导 论

第1章 实验经济学概述 / 3
1.1 实验与经济学的关系 / 3
    1.1.1 实验的定义 / 4
    1.1.2 经济学实验的必要性 / 6
1.2 实验经济学的发展 / 10
    1.2.1 初期探索:20世纪40年代—60年代 / 11
    1.2.2 发展兴盛:20世纪70年代—90年代 / 12
    1.2.3 应用融合:21世纪至今 / 18

本章小结 / 19

参考文献 / 20

第2章 实验在经济学领域的应用 / 28
2.1 理论检验 / 29
    2.1.1 检验经济学理论的假设和预测 / 29
    2.1.2 比较替代性理论模型的预测解释力 / 37
2.2 规律探索 / 39
    2.2.1 发现与验证经济规律 / 39
    2.2.2 评估理论模型在不同决策环境中的稳健性 / 40
2.3 政策与制度评估 / 41
    2.3.1 评估政策效果 / 42
    2.3.2 比较不同制度干预的效果 / 43
    2.3.3 预评估政策、制度的效果 / 44

本章小结 / 46

参考文献 / 47

第 3 章　经济学实验的类型 / 51

3.1　实验室实验 / 52

3.2　实地实验 / 56

　　3.2.1　常规实地实验 / 57

　　3.2.2　审计实地实验 / 63

3.3　实验数据与观测数据相比所具有的优势和劣势 / 67

本章小结 / 71

参考文献 / 71

第 2 篇　审计实验概述

第 4 章　审计实验的发展历史 / 79

4.1　诞生初期：20 世纪 40 年代—60 年代 / 80

4.2　蓬勃发展：20 世纪 70 年代—90 年代 / 81

4.3　应用拓展：21 世纪至今 / 86

　　4.3.1　审计方式的转变 / 87

　　4.3.2　研究主题的拓展 / 88

本章小结 / 92

参考文献 / 92

第 5 章　审计实验的分类 / 100

5.1　现场审计实验 / 100

5.2　通信审计实验 / 105

　　5.2.1　电子邮件 / 105

　　5.2.2　在线平台 / 107

本章小结 / 113

参考文献 / 113

第 6 章　审计实验的应用价值 / 117

6.1　推动政策制定的审计实验 / 118

6.2　评估政策效果的审计实验 / 120

　　6.2.1　评估有关政策对歧视水平的影响 / 120

　　6.2.2　委托-代理领域的评估 / 129

本章小结 / 135

参考文献 / 135

第 3 篇　审计实验方法

第 7 章　审计实验的因果推断策略 / 141

7.1　因果推断概述 / 142

　　7.1.1　为什么我们要关心因果关系？ / 142

　　7.1.2　造成内生性的常见原因 / 143

7.2　基于计量经济学的因果推断方法 / 145

　　7.2.1　工具变量法 / 145

　　7.2.2　双重差分法 / 146

　　7.2.3　断点回归设计 / 148

　　7.2.4　匹配法 / 149

7.3　审计实验的因果推断原则 / 151

7.4　因果推断策略在审计实验中的应用 / 153

　　7.4.1　歧视因果识别 / 153

　　7.4.2　歧视来源分析 / 157

　　7.4.3　委托-代理问题探究 / 165

本章小结 / 169

参考文献 / 170

第 8 章　审计材料的设计 / 175

8.1　虚构简历设计 / 176

　　8.1.1　设计虚构简历的原则 / 176

8.1.2 制作虚构简历的方法 / 181
8.2 标准病人剧本设计 / 189
　　8.2.1 标准病人法的优势 / 190
　　8.2.2 标准病例的选取原则 / 191
　　8.2.3 标准病人剧本的内容设计 / 192
本章小结 / 194
参考文献 / 194

第 9 章 审计实验的开展流程 / 197

9.1 样本选取 / 197
　　9.1.1 确定研究对象 / 197
　　9.1.2 确定样本量 / 200
　　9.1.3 选取抽样方法 / 204
9.2 审计方式选择 / 207
　　9.2.1 配对审计 / 207
　　9.2.2 非配对审计 / 208
9.3 注意事项 / 211
　　9.3.1 审计时点 / 211
　　9.3.2 隐蔽技巧 / 211
　　9.3.3 预实验与定期检查 / 212
　　9.3.4 数据挖掘、IRB 和 PAP 申请 / 213
9.4 审计实验开展流程 / 214
本章小结 / 215
参考文献 / 215

第 10 章 审计实验方法面临的批判 / 218

10.1 实验员偏差 / 218
10.2 因果效应识别问题："HS 批判" / 221
10.3 结果变量和机制识别问题 / 224
10.4 伦理批判 / 227
本章小结 / 231
参考文献 / 232

第 11 章　审计实验方法及其识别策略的改进探索 / 235

11.1　缓解实验员偏差:通信审计实验方法 / 235

11.2　增强因果识别:异方差 Probit 模型 / 237

11.3　提升结果变量度量和机制识别:审计实验的 DID 识别策略 / 241

11.4　避免欺骗的替代性实验方法:双边审计实验与有激励的选择实验 / 244

　　11.4.1　双边审计实验 / 244

　　11.4.2　有激励的选择实验 / 251

本章小结 / 256

参考文献 / 257

第 4 篇　审计实验应用

第 12 章　审计实验在劳动力市场需求侧的应用 / 261

12.1　雇主对不可选择特征的歧视 / 262

　　12.1.1　种族歧视 / 262

　　12.1.2　性别歧视 / 267

　　12.1.3　年龄歧视 / 271

12.2　雇主对可选择性特征的歧视 / 274

　　12.2.1　失业情况 / 274

　　12.2.2　家庭责任 / 278

　　12.2.3　犯罪记录 / 280

本章小结 / 283

参考文献 / 283

第 13 章　审计实验在劳动力市场供给侧的应用 / 288

13.1　物质激励对求职决策的影响 / 288

13.2　非物质激励对求职决策的影响 / 292

　　13.2.1　弹性工作条件 / 293

　　13.2.2　女性平权声明 / 295

　　　　13.2.3　企业社会责任 / 297

　　本章小结 / 299

　　参考文献 / 300

第 14 章　审计实验在委托-代理服务中的应用 / 302

　　14.1　医疗服务 / 303

　　　　14.1.1　医疗服务质量的衡量 / 304

　　　　14.1.2　医疗服务质量的影响因素 / 305

　　14.2　维修服务 / 315

　　　　14.2.1　第二意见 / 315

　　　　14.2.2　声誉 / 318

　　　　14.2.3　维修保险 / 320

　　14.3　出租车出行服务 / 321

　　14.4　其他委托-代理服务 / 325

　　本章小结 / 325

　　参考文献 / 326

第 15 章　审计实验在其他市场中的应用研究 / 329

　　15.1　住房市场 / 329

　　　　15.1.1　经典的住房现场审计实验研究 / 330

　　　　15.1.2　21世纪的住房通信审计实验研究 / 331

　　15.2　婚恋市场 / 334

　　15.3　公共服务市场 / 337

　　15.4　汽车销售及其他商品零售市场 / 342

　　　　15.4.1　汽车销售 / 342

　　　　15.4.2　其他商品零售 / 343

　　本章小结 / 345

　　参考文献 / 345

第1篇 导 论

第1章
实验经济学概述

20世纪70年代以来,随着经济学领域中基于实验开展的研究数量的迅速增加,经济学家开始思考经济学和实验之间的关系。1990年,Charles Plott在南方经济协会(The Southern Economic Association)第六十届年会上同现场的经济学家发起了一场讨论——"经济学会成为一门实验科学吗?"在此之前,经济学一直被认为是非实验性的学科。正如Paul Samuelson和William Nordhaus于1985年在其《经济学》(*Economics*)一书中所言:

> 经济学家在检验经济规律时,通常不能像化学家或者生物学家那样——保持除干预条件外的其他一切因素不变以开展受控的对照实验。他们通常使用观测数据进行研究。

Plott(1991)、Davis和Holt(1993)则都对经济学向实验科学迈进的这一转向持积极态度。经济学家为什么会选择将实验方法引入经济学研究?经济学实验又是如何发展成为一种成熟的经济学实证研究方法——实验经济学的呢?本章从实验和经济学的基本定义切入,基于词义的演变捕捉经济学和实验的核心特点,并结合经济学定义区分经济学实验和自然科学实验的异同之处。明晰了相关概念之后,本章在第1.1.2节阐释了实验方法的优势及其在经济学研究中发挥的积极作用,以回应前述第一个问题。对于第二个问题,本章在第1.2节做出回应,即通过介绍从经济学实验发展到实验经济学过程中的重要历史事件,来概述实验经济学的诞生、发展以及现状。

1.1 实验与经济学的关系

在深入探讨实验与经济学的关系之前,应首先明确"实验"这一核心概念,这可以为我们后续理解实验如何成为经济学研究的一种必要工具奠定坚实的基础。随后,我们将结合"经济学"学科定义的核心本质来理解实验方法与经济学研究需求的契合之处,进而阐释经济学研究需要实验的原因。接下来,本节将围绕"实验与经济学的关系"这一主题,从"实验的定义"和"经济学实验的必要性"两个维度展开具体的介绍。

1.1.1 实验的定义

"实验"(Experiment)一词源自拉丁语"experimentum",指的是在受控的条件下开展的试验(Test),用以证明已知事实、检验理论假设的有效性或者探索并发现以前未曾尝试过的事物与方法的作用效果,从而更深入地理解事物的本质和规律(Shadish 等,2002)。对于该定义的理解,应先明确其中的"试验""已知事实"和"有效性"这三个概念。

第一,"试验"通常是指为了解某物的性能或某事的结果而进行的尝试性活动,以确定其是否符合实际情况或预期结果。实验和试验的主要区别在于,实验更强调条件的可控制性(Controllability)和结果的可重复性(Repeatability),这是实验的两大主要特征。条件的可控制性是指确保实验所需各因素或变量是完全可控的。例如,在生物学实验中,可以做到在保持不同试管中酵母含量、糖的含量以及发酵时间完全一致的条件下,仅改变不同试管的温度——常温、30 摄氏度恒温水浴、60 摄氏度恒温水浴,来考察不同温度对酵母发酵速度的影响。结果的可重复性是指实验的结果在相同的条件下可以重复得到证实,以确保实验结论在一定程度上揭示了事物的本质或规律。因此,试验注重尝试,而实验注重检验。试验得出的多是单次尝试下观察的结果,而且该结果不一定是正确的;实验得出的则是在一系列试验结果背后所检验的关于事物本质的结论,是对现象规律的客观推断和总结。

第二,"已知事实"是指被人们广泛接受的事实或知识,比如,太阳的东升西落。已知事实的正确性需要经过实验证明,因为已知事实也可能被证明是错误的。例如,包括爱因斯坦在内的许多物理学家曾坚信"上帝不会掷骰子"——量子行为是可预测的,而后经过多次物理实验却证明了量子行为存在不确定性。

第三,实验定义中提及对理论假设有效性的检验具体是指验证或推翻既有的理论假设结果,有效性即实验结果与理论假设或预测结果的一致性程度。以生物学中的孟德尔遗传定律为例,科学家们通过一系列豌豆杂交实验反复验证，得出了与孟德尔遗传定律预测一致的实证结果，表明该定律在解释基因遗传规律上具备有效性。简而言之，实验是一种在可控环境下进行观测与研究的科学方法，用以揭示各变量之间的复杂关系或机制。

实验通常会使用控制手段，通过操纵一个或多个变量作为干预条件（Intervention），来观察或测量一个或多个受到干预条件影响的变量（Kirk，2009）。其中，干预条件是指实验中人为施加或变动的条件。接受干预条件处理的组别被称为处理组（Treatment Group）。没有接受干预条件处理但控制其他条件与处理组保持完全一致的组别被称为控制组（Control Group）。作为科学研究的基础方法，实验在物理学、化学以及生物学、医学等领域均得到广泛应用，不论是在改善人类的既有认知还是探索未知方面都发挥了重要作用，不断助推着科学的发展和进步。

当实验被经济学者应用于社会科学领域时，研究环境中往往存在经济学家难以观测或无法实现人为直接控制的各类因素，比如学习能力、个人的信仰以及价值观等。因此，经济学实验（Economic Experiment）很难在直接沿用自然科学实验实现控制的方式下达到与之同等的控制效果。为解决这个问题，提高实验在非自然科学领域研究中的可控制性，Fisher（1925）开发出随机分配法（Random Assignment），通过将样本随机分配到不同干预组别的方式，让实验中的每个样本都有同等的机会被分配到任意一组，以消除处理组和控制组之间因无法直接人为控制的混杂因素所导致的系统性偏差，从而实现对实验结果的准确估计。因此经济学实验的设计通常包含随机分配这一步骤，其也具备实验基本的可控制性。而在实际应用中确保经济学实验满足可重复性的成本或高或低，取决于该实验本身的运行成本和数据的独特性（Davis 和 Holt，1993）。此外，在经济学实验中，研究对象被称为被试（Subject），提供给被试的是一个条件受控的决策环境。实验人员可以有效控制该决策环境中其他因素条件不变，仅变动实验干预条件，以考察其对目标结果的影响。

经济学实验与自然科学领域中的实验之间主要存在如下三点差异。

第一，研究对象不同。自然科学领域中的实验主要以动植物等非高等智慧生物或非生物体作为研究对象，而经济学领域的实验侧重以人及其行为作为研究对象，这与近现代经济学定义中强调以"研究人"为重心的核心理念相一致。

第二,研究目的不同。自然科学领域的实验多旨在探索自然现象背后的本质规律,如物质的性质、结构、运动规律等。而经济学领域的实验更关注人们在生产、消费、投资、合作等方面的行为决策及决策结果,目的在于揭示人类经济活动的行为决策机制和社会经济现象背后的规律,以及形成这一现象的原因。

第三,实验设计不同。相比于自然科学领域的实验,经济学实验往往需要额外的设计以确保实验的可控制性。"人"是经济学实验的主要研究对象,因此,人们在现实生活中的真实行为决策往往是经济学实验关注的结果变量。经济学实验通过给予被试各种激励措施(这些激励通常以金钱奖励的形式呈现),以确保被试在实验中真实地做出其基于收益(Benefit)或效用(Utility)[①]最大化考量的决策,从而获得准确、真实可信的行为数据。

1.1.2 经济学实验的必要性

如前所述,经济学实验的研究目的通常在于深入探索人类的经济行为及复杂经济现象背后的逻辑与规律,并以"人"作为其核心的研究对象,这恰与近现代经济学定义中强调"研究人"的理念高度契合。因此,当我们在考虑回答"为何经济学领域的研究者需要选择采用实验方法来探究各类经济议题"这一问题时,首要之务是回溯至经济学的本质概念,明确该学科的研究范畴与其核心关切之要,即"经济学家通常在关心什么?"而后,结合实验方法在因果推断方面的方法优势阐释经济学实验在经济学研究中的必要性,以回答"为什么经济学需要实验"这一问题。

(1)经济学家关心什么?

经济学家关注的不仅是宏观经济数据和市场经济规律,还有日常生活中的具体问题及其背后的经济动因分析,例如:

为什么穷人很难摆脱贫困?

如何防止团队中的成员在合作时浑水摸鱼?

为什么医生会给患者提供不必要的检查或药品?

男性求职者比女性求职者更容易得到雇主的青睐吗?

拍卖行应采取何种拍卖方式来提高其拍卖的成交率?竞拍者又应选择何

[①] 收益是指一定时间内通过生产、投资等活动获得的经济利益,通常以货币形式表现。效用是指消费者在消费商品时所感受到的满足程度。

种拍卖方式以最低价获得拍卖品？

……

这些问题源于人们日常生活的方方面面，涉及医疗、就业、合作和贫困治理等诸多领域，是经济学界关注的重要议题。由于经济学研究涵盖的领域广泛，Lipsey(1979)曾拒绝给经济学下定义。他认为，经济学是一门超越任何单一定义的学科。从"经济"(Economy)的词义来看，该词最早由公元前4世纪的希腊作家Xenophon提出，原意为家庭管理艺术(the Art of Household Management)。而后，该概念的应用范围由家庭扩大至国家层面，"经济"由此演变为"政治经济学"(Political Economy)(De Montchretien,1999)，但这段时间政治经济学的研究内容集中于商品的流通范畴，即发生在生产者和消费者之间的商品转移过程，包括运输、销售等。直到18世纪下半叶，政治经济学的研究重心逐渐由商品的流通转向商品的生产以及流通过程的再生产①，这阶段的研究进一步探索了财富积累的规律。其中最具代表性的研究是Smith(1776)的《国富论》(The Wealth of Nations)，他在该书中将政治经济学明确定义为研究国家财富性质和成因的学科，并讨论了劳动分工、自由市场、基于生产性劳动和投资的财富创造以及个人的自利行为如何促进社会经济发展等议题，从个体行为、市场机制，再到国家财富的创造，形成了一个全面且系统的经济分析体系，这标志着政治经济学正式成为一门独立的学科。

Smith(1776)对于政治经济学的定义侧重在国家层面对财富进行讨论，但有关财富的研究并不总是发生在国家层面，还可能发生在个体、企业或家庭层面。19世纪之后，经济学领域的学者基于"财富是由可交换的价值创造"的假设，提出"政治经济学定义的必备要素是交换而非财富"的观点(Whately,1847)。其后，学界对于政治经济学的定义不再局限于国家层面，而是愈加关注个体行为而非财富积累。而标志这一转变的是Marshall(1890)对政治经济学的重新定义。他提出，政治经济学或经济学是对人类日常生活事务的研究，强调个人和社会如何分配资源以实现福利的获取。它既是对财富的研究，也是对人类的研究。换言之，经济学是一门主要研究人的学科。Marshall(1890)将这一学科重新命名为经济学，意味着该学科与直接参与政治的活动相分离，经

---

① 流通过程的再生产指的是在流通中发生的二次生产过程，例如，对工厂生产的零件进行组装，形成新产品后再销售，就属于对流通商品的再生产。

济学被正式确立为专业、科学领域的一部分。此后,"经济学"逐渐取代"政治经济学"并被普遍认可,成为流传至今的专业学科名称。①

(2) 为什么经济学需要实验?

一直以来,经济学家热衷于在经济分析中强调两个或多个变量之间相互依赖并相互影响的关系,这种关系类型被称为相互依赖关系(Relations of the Mutual-dependence)。经济学中的供需关系便是一种典型的相互依赖型关系。当供给增加时(在其他条件不变的情况下),通常会导致价格下降,进而影响不同消费者的购买行为,造成需求结构的变化,反之亦然。供需二者之间的关系是相互依存,相互影响的。以某地区的苹果市场为例,如果该地区苹果的供应量增加,商家为卖出更多苹果,会降低苹果的价格。而当苹果的价格下降时,因为苹果变得更加便宜,消费者对苹果的需求量就会增加,更多的人会选择购买苹果。直到20世纪40年代,挪威经济学家Trygve Haavelmo首次提出,因果关系(Causality)应同相互依赖关系一样,在经济分析系统中占有一席之地,从而引发了经济学界对分析事物间因果关系的重新思考(Haavelmo,1944)。与相互依赖关系不同的是,因果关系是明确且单向的关系类型。从词义上看,"因果关系"是"起因"(Cause)的名词形式。"cause"源自拉丁语"causa",该词的本义是"原因和结果",现指"成为……的原因"。由此引申出对"因果关系"的定义——通常是指一个事件(原因)对另一个事件(结果)产生的影响。而后,经济学家日益重视因果关系的识别和因果效应(Causal Effect)的评估问题,这二者统称为因果推断(Causal Inference)。其中,因果关系的识别是指对一个事件(原因)变化是否引起另一个事件(结果)变化进行的判断,进而在判断因果关系存在与否的同时亦可识别因果关系的方向。因果效应的评估指的则是针对一个事件(原因)变化对另一个事件(结果)影响程度大小的评估。值得一提的是,Rubin(1974)提出的Rubin因果模型(Rubin Causal Model)允许研究者在非实验环境下开展因果推断。这极大拓宽了因果推断的研究边界,激发了经济学家对因果推断计量模型的研究热情,并催生了大量侧重因果推断的实证研究(如Rosenzweig 和 Wolpin,1980;Ashenfelter 和 Card,1985;Heckman,1989;Card 和 Krueger,1994;Harmon 和 Walker,1995;Angrist 和 Lavy,1999;Black,1999;Acemoglu 等,2001;Oreopoulos,2006;Lee,2008)。这些研究有助于人们深入理

---

① 关于Marshall(1890)之后经济学家对"经济学"的定义可详见本章第2节。

解复杂经济现象背后的因果关系和运作机制,也为政策制定者和机制设计者提供了解决现实问题的有效方案。毋庸置疑,因果推断现已成为经济学实证研究的核心。2021年,David Card、Joshua Angrist和Guido Imbens三名经济学家便因他们对因果推断研究方法学做出的杰出贡献而获得诺贝尔经济学奖。

实现有效的因果推断是经济学家在其研究中选择采用实验方法的关键原因。一方面,实验这一科学研究方法是开展因果识别的有效工具。19世纪哲学家John Stuart Mill曾提出识别因果关系的存在需满足三个条件:第一,原因先于结果发生;第二,原因和结果相关;第三,除了该原因,没有其他对结果的合理解释。而这三个条件实际上也反映出一个实验运行的基本过程。具体而言,在实验过程中,首先可以通过操纵特定的因素(原因)观察其所导致的实验结果(结果);其次分析特定因素的变化与实验结果的变化是否有关;最后,上一小节我们提到,实验具备可控制性的特征,这一特征可以确保实验中除特定因素条件外的其他条件完全一致,由此排除了除特定因素外可能导致实验结果的其他合理解释。因此,实验非常适合用于识别事物之间的因果关系。

另一方面,实验不仅适合用于识别因果关系,而且比其他工具在估计因果效应方面更具有优势。除实验外,经济学研究中用于因果关系推断的常见工具包括工具变量(Instrumental Variables)、双重差分(Differences-in-differences,DID)、断点回归设计(Regression Discontinuity Designs,RDD)以及匹配法(Matching),这些方法的具体介绍可见本书第7章。下面参考Rubin(1974)所采取的潜在结果框架(Potential-outcome Framework),以教育领域的一个问题为例,阐释实验在因果推断方面的优越性。

考虑这样一个问题:班级规模越小,学生成绩越好吗?假设我们在现实中观测到的小规模班级(简称"小班")学生的平均成绩是90,普通规模班级(简称"普通班")学生的平均成绩为80。但二者之间的平均成绩差距并不足以得到"班级规模越小,学生成绩越好"这一结论,因为选择来小班上课的学生可能本来就基础扎实,学习能力强。用Y_i代表学生i的成绩,$i=1,2,\cdots,k,\cdots,n$,$D_i=\{0,1\}$指示学生i所在班级,其中$D_i=1$代表学生i在小班上课,否则代表学生在普通班上课。Y_{0i}代表学生i在普通班的学习成绩,Y_{1i}代表学生i在小班的学习成绩。对于每个学生i,都有Y_{0i}和Y_{1i}这两种潜在结果。但在现实中我们往往只能观测到其中一个潜在结果,因为一个人无法同一时间出现在小班和普通班参与学习或考试。比如,观测到普通班学生k的成绩是Y_{0k},如果他/

她在小班学习,他/她的成绩会是 Y_{1k},但我们实际只能观测到 Y_{0k} 而观测不到 Y_{1k},这种在现实中观测不到的潜在结果 Y_{1k} 也被称为反事实结果(Counterfactual Outcome)。

以下公式描述出研究者观测到的上小班学生和上普通班学生之间的学习成绩差异:

$$E[Y_{1i} | D_i = 1] - E[Y_{0i} | D_i = 0]$$
$$= E[Y_{1i} | D_i = 1] - E[Y_{0i} | D_i = 1] + E[Y_{0i} | D_i = 1] - E[Y_{0i} | D_i = 0]$$
$$= E[Y_{1i} - Y_{0i} | D_i = 1] + E[Y_{0i} | D_i = 1] - E[Y_{0i} | D_i = 0]$$

其中,$E[Y_{1i} - Y_{0i} | D_i = 1]$ 是我们所感兴趣处理的平均因果效应(Average Causal Effect),也称平均处理效应(Average Treatment Effect),即学生在小班上课相比于其在普通班上课的学习成绩平均提高了多少。

剩下的 $E[Y_{0i} | D_i = 1] - E[Y_{0i} | D_i = 0]$ 这部分被称为选择性偏差(Selection Bias),代表小班学生如果没有去小班而是去普通班上课的学习成绩和普通班学生在普通班上课的学习成绩之间的平均差异。

在无偏地估计因果效应方面,实验具有不可替代的优势。因为实验可以通过对 D_i 进行随机分配来解决选择性偏差问题。具体而言,随机分配的设计使得 D_i 独立于潜在结果,即 Y_{0i} 的取值不会因为 D_i 的变化而变化,则 $E[Y_{0i} | D_i = 1] = E[Y_{0i} | D_i = 0]$,从而直接消除了选择性偏差,这时,平均处理效应 $E[Y_{1i} - Y_{0i} | D_i = 1] = E[Y_{1i} - Y_{0i}]$,即直接等同于随机分配后小班学生和普通班学生的成绩差异。尽管双重差分、断点回归设计和倾向得分匹配这三类工具都在于追求让对照组和处理组尽可能达到类似于实验中随机分配后的结果,以降低选择性偏差,然而,基于观测所得的数据缺乏反事实结果,往往很难彻底解决这个问题。此外,工具变量在实际应用中可能存在因选择不当导致的估计偏误问题,具体原因参见本书第 3 篇审计实验方法部分,此处不作赘述。

1.2 实验经济学的发展

随着经济学实验的应用与发展,基于实验方法探究经济学问题的研究不断涌现,直接助推了实验经济学这一跨学科领域的诞生。实验经济学的兴起与发展对传统经济学的理论体系构成有力的挑战,并有效促进了新兴经济学理论的发展和既有经济学理论的完善,同时极大地拓宽了经济学实证研究中各类重要经济议题因果关系分析的边界。下面,我们将分三个阶段详细回顾实验经济学的发展历程:诞生初期的摸索与尝试、发展期的创新与突破,以及 21 世纪以来的深化与应用拓展。

1.2.1 初期探索:20 世纪 40 年代—60 年代

20 世纪 40 年代之前,基于实验开展经济学相关的研究相对较少,经济学家对这部分研究主要持观望和质疑的态度。其中,较为知名的是 Louis Thurstone 于 1931 年发表的研究,该研究采用实验数据拟合了消费者需求理论[①]中解释消费者选择行为的一个重要概念——无差异曲线(Indifference Curves)(Thurstone,1931)。无差异曲线表示能够给消费者带来相同的效用水平或满意程度的不同商品的所有组合,也就是说,消费者对于同一条无差异曲线上所有商品组合之间的偏好[②]程度并无差异。Thurstone(1931)的实验数据来自其要求被试直接陈述他们对不同商品组合的偏好选择,该偏好后来被称为陈述偏好(Stated Preference)。Thurstone 的研究是确定陈述偏好的第一篇实证研究(Roth 和 Kagel,1995),引起了对偏好选择和消费者需求理论感兴趣的经济学家的关注,不过也受到了一些批评,诸如该实验缺乏对收入和价格影响的控制、被试在实验中的决策不代表其真实的偏好选择等(如 Georgescu-Roegen,1936;Wallis 和 Friedman,1942)。

20 世纪 40 年代之后,经济学界对实验的态度由观望和质疑逐渐转向尝试与探索,陆续有不少经济学家开始试着使用实验这一工具检验经济理论。这一变化与当时经济学和博弈论的发展背景有关(Roth,1993)。其一,这一时期的经济学正由一门过去基于论述的道德科学(Moral Science)转向以工具为基础(Tool-based)的科学(Morgan,2003)。经济学家已逐渐意识到,若要正确、科学地理解现实的经济现象,可能必须借助一些工具开展研究分析,比如数学、统计学、理论模型以及计算机模拟等。实验作为因果推断的有效工具也在此后被经济学家纳入考量。其二,博弈论的发展与普及助推实验走进更多经济学家的视野。博弈论为人类的策略行动或互动建模提供了一般性框架,博弈论研究者大

[①] 消费者需求理论是一种经济学理论,旨在解释和预测消费者在面对各种商品和服务时做出的选择。

[②] 偏好指的是个体在面对两种或多种选择时,对其中一种选择的喜好程度。这种喜好程度可能因个体的价值观、经验习惯等因素而异。

多采取实验或带有实验色彩的博弈游戏作为其检验和解释理论的主要方法（如 Flood,1958；Shubik,1960；Schelling,1961）。随着博弈论在经济学领域的普及，特别是 John von Neumann 和 Oskar Morgenstern 所撰写的《博弈论与经济行为》(*The Theory of Games and Economic Behavior*) 于 1944 年出版之后，经济学家在关注实验方法的同时开始尝试探索实验在检验市场经济理论方面的可行性（von Neumann 和 Morgenstern,2007）。

为如今实验经济学发展拉开序幕的是哈佛大学教授 Edward Chamberlin 在 1948 年发表的一篇基于课堂实验考察市场均衡理论的研究（Chamberlin,1948）。该实验研究以学生为被试，平均分配了市场中的买家和卖家角色，以简单模拟现实中的市场交易。每个被试手持随机分配所得的卡片，卡片上的数字是其愿意达成交易的保留值，代表马歇尔需求价格或供给价格。① 该数字是私人信息，市场中的被试自由进行交易，他们可以通过讨价还价寻求更高的收益，一旦双方达成交易则一并退出市场。Chamberlin 的研究发现，实际中市场达成交易的价格并没有走向理论上所预测的市场均衡价格的趋势，这违背了作为经济学基础的市场均衡理论。但参与该实验的 Vernon Smith 认为这个实验结论不一定准确，其原因在于实验设计过于追求简单化而脱离了实际的市场交易规则。而后，他改进了 Chamberlin 的市场实验，补充被试出价和要价规则以及集中交易规则②等更加符合实际市场交易的规则设计，得到了相反的结论——市场交易价格最终实现了向市场均衡价格的收敛。这与市场均衡理论的预测一致（Smith,1962）。Smith 强调，市场机制是形成有效市场的关键要素，即使信息不完全（即存在私人信息），市场机制也能高效地汇总并利用信息，以达到市场均衡。其研究于 1962 年发表，获得了主流经济学界对实验方法的初步认可，标志着实验经济学的正式诞生。

1.2.2　发展兴盛：20 世纪 70 年代—90 年代

20 世纪 70 年代至 90 年代期间，经济学家开始采用更为严谨的实验设计来开展经济理论检验，研究各种经济问题，包括拍卖、合作、讨价还价等。这一

---

① 马歇尔需求价格是指消费者为购买一定数量的商品愿意支付的价格，这个价格是使消费者实现效用最大化的各种商品的供给量的函数。马歇尔供给价格是指生产者为提供一定数量的商品愿意接受的价格。

② 集中交易规则是指集中报告有关当前最佳出价、要价和所有成交价格的信息。

时期的实验经济学发展迅速,相关研究在经济学领域方兴未艾。下面分别介绍此阶段实验经济学获得主流经济学界的认可、实验方法论的规范以及经济学实验研究的发表这三个方面的发展成果。

第一,主流经济学界对于实验经济学的认可主要体现在两个方面。一方面,经济学领域顶级期刊上的实验研究愈来愈多,表明实验经济学研究被更广泛的经济学界接受。其中,围绕经济学理论中"理性经济人"这一基本假设的合理性开展的讨论最为热烈。该假设认为人类是理性的,始终会以最大化自身利益或效用为目标做出最优决策,因此,人类决策选择的偏好是稳定的——始终选择期望效用最大的选项。但这一假设的合理性受到一系列实验研究发现的严重挑战(如 Allais,1953;Ellsberg,1961;Lichtenstein 和 Slovic,1971;Kahneman 和 Tversky,1979)。这些实验研究的证据都支持人类实际的决策行为存在偏好逆转现象,即个体偏好在定价和实际选择上表现出不一致的现象。具体而言,当人们被问及他们分别愿意以什么价格出售某组彩票中的每一个彩票时,许多人会给其中一个彩票更高的价格,但当他们被要求选择更愿意购买哪个彩票时,他们会选择另外一个彩票(Roth,1993)。偏好逆转现象的存在表明现实中人们的理性是有限的,会受到风险、压力、时间等因素的影响,因此其实际选择与理性假设下最大化利益或效用的选择不相一致。Grether 和 Plott(1979)对偏好逆转相关研究进行了综述,随后引发出一系列有关理性和有限理性在理论及实验方面的研究(如 Thaler,1980;Loomes 和 Sugden,1982;Schoemaker,1982;Sterman,1989;Smith,1991;Conlisk,1996a,1996b),这些研究多被发表在《美国经济评论》(*American Economic Review*)、《经济文献杂志》(*Journal of Economic Literature*)、《政治经济学》(*Journal of Political Economy*)、《经济学报》(*The Economic Journal*)等经济学国际顶刊上,进一步表明经济学界对实验经济学研究的认可与重视。另一方面,以经济学实验研究为主的国际期刊《实验经济学》(*Experimental Economics*)于 1998 年正式创刊,为实验经济学研究者提供了一个同行评议、交流分享和发表他们研究成果的学术平台。该平台的建立既有助于学者在交流研讨和评议反馈中提高实验经济学研究的质量,促进其创新发展;也有利于传播实验经济学研究的发现与成果,让感兴趣的学者能够在第一时间了解实验经济学研究的发展趋势和动态,促进学者间的交流与合作,进一步推动实验经济学的蓬勃发展。

第二,经济学实验的方法论在这一时期逐渐走向规范化和系统化。对此贡献最为突出的经济学家是 Vernon Smith。他提出了当今实验经济学的基石——诱导价值理论(Induced-values Theory)(Friedman,2010)。该理论的提出与心理学家 Siegel(1961)的实验研究有关,这项研究表明激励对于促使被试"尽其所能"地做出符合效用最大化的决策十分重要,否则,被试很可能因决策过程中附带的思考、计算等主观决策成本的存在而丧失努力认真做决策的动机。Smith(1976)受 Siegel(1961)研究的启发,将基于激励的设计引入了经济学实验。Smith(1976)与 Siegel(1961)对于激励效果关注的侧重点不尽相同,他强调控制是实验方法论的精髓,但无激励环境中被试的选择偏好无法得到有效的控制,即无法控制除实验干预因素外影响被试对某个选择满意程度/效用大小(即选择偏好)的其他所有因素不发生变化。例如,被试在实验后期的选择偏好可能因其受到重复实验任务下所产生的无聊、厌倦及疲惫情绪的影响而与实验初期时的选择偏好有所不同。Smith(1976)从加强实验可控制性的角度提出诱导价值理论,该理论的核心思想是在满足非餍足性(Nonsatiation)的条件下,研究者可以利用激励媒介(通常为货币激励)的结构/机制设计来引导被试对其某种行为对应的选择赋予指定的货币价值,使得被试的选择偏好主要受到指定货币价值给他/她所带来的效用的影响,从而实现对被试选择偏好的有效控制。这里的非餍足性是指被试始终更偏好激励媒介(如货币 V)更多的选择,且永远不会满足。也就是说,被试的效用 $U(V)$ 是货币 V 的单调递增函数($U' > 0$)。对于被试而言,货币多多益善,若被试要在两个等价的选择中进行无成本的选择,但第一个选择能够比第二个选择提供更多的货币,那么对于被试而言,第一个选择总是优于第二个选择。而要使得非餍足性这一条件成立,还需满足两个前提条件——凸显性(Saliency)和占优性(Dominance)。凸显性条件要求实验中的激励媒介(如货币)必须间接地与被试的行为决策相关,以保证货币具有真实的激励意义,即确保被试有认真做决策以获取更多报酬的动机。占优性条件要求激励媒介的结构/机制设计能够使被试的效用变化主要取决于激励媒介的多寡,而其他混杂因素对效用的影响皆可忽略不计。凸显性条件让被试明确其决策选择与激励媒介之间的指定关系,占优性条件则确保了在由被试选择的效用大小决定其偏好选择的情况下实现对被试偏好的有效控制。此外,一个好的实验设计通常还需考虑隐私性(Privacy)和并行性(Parallelism)这两个条件。其中,隐私性条件要求在实验中只告知被试他/她自己的支付信息,以确保每个被试的决策不受其他人选择的影响,避免了被试之间的互相影响,强化了实验的可控制性。并行性条件要求在实验室的微观经济环境下得出的实验结果(如检验过的个人经济行为或机构绩效发展规律)同样适用于非实验室(如真实世界)的微观经济环境,而要实现这种将实验室结果推广应用到非实验室环境的适用性,所需基于的前提假设是实验室的微观经济环境中所设定的实验条件、规则、激励机制等应与非实验室(如真实世界)的微观经济环境中的某些方面存在足够的相似性。如果实验室的微观经济环境高度满足并行性条件,即实验结果在实验室和非实验室环境中高度一致,那么这也表明该实验结果具备较好的外部有效性。前述这五个条件——非餍足性、凸显性、占优性、隐私性和并行性被 Smith 称为在实验室①环境中设计一个微观经济实验所需满足的五大充分条件②(Smith,1982),成为往后经济学实验研究的基本实践原则。随后,出现了一系列实验经济学相关书籍或教材(如 Davis 和 Holt,1993;Friedman 和 Sunder,1994;Friedman 和 Cassar,2004),这些书籍或教材为对实验经济学感兴趣的研究者提供了系统、全面的介绍和清晰、规范的实践指导。

第三,随着实验经济学方法论的规范化,这一时期涌现出许多经典的实验研究。这些实验研究的内容主要覆盖拍卖市场、个体选择与博弈交互三个领域。首先,在拍卖市场中,此阶段的拍卖实验研究主要分为私人价值拍卖和共同价值拍卖两部分(Kagel,1995)。在私人价值拍卖中,竞标者明确知道物品对于自己的价值,该价值因个人偏好和需求而异,常见于拍卖艺术品、古董、珠宝收藏等;而在共同价值拍卖中,物品的(事后)价值对于每一个竞标者来说都是相同的,但拍卖伊始竞标者对这一价值并不确定,他们需自行对这一价值进行(事前)估算,并基于这一估算参与竞标,常见于拍卖土地、石油、矿产资源等。其中,私人价值拍卖实验部分的研究侧重于拍卖理论(如收益等价定理、纳什均衡投标理论)的实证检验(如 Coppinger 等,1980;Cox 等,1982;Kagel 等,1987)以及影响竞价行为因素(如竞标者数量、风险偏好、价格信息反馈、拍卖经验等)的比较静态分析(如 Cox 等,1985;Isaac 和 Walker,1985;Dyer 等,1989a,1989b)。共同价值拍卖实验部分则主要围绕"赢家诅咒"(Winner's Curse)展开,"赢家诅咒"由 Capen 等(1971)首次正式提出,是指在共同价值拍卖中竞标者对物品价值的错误估计——赢得拍卖的竞标者对物品的估值(出

---

① 实验室指开展实验的特定场所。
② 充分条件是指如果某个条件成立,那么结论一定成立。在逻辑学中,充分条件是指"若 p,则 q"的命题,表示当 p 成立时,q 一定成立,但当 q 成立时,p 未必成立。

价)比该物品的实际价值更高。此时,竞标者虽是拍卖的赢家,但也因其估值高过实际价值而蒙受损失成为输家,或谓之被"诅咒"的赢家。"赢家诅咒"这一现象在现实中普遍存在(Thaler,1988)。研究者利用实验在因果关系推断方面的优势,对"赢家诅咒"现象产生的原因以及避免该问题的可能性举措进行了一系列探究。许多研究者在不同的共同价值拍卖形式(如 Bazerman 和 Samuelson,1983;Kagel 等,1995;Levin 等,1996)或竞拍人群(如 Dyer 等,1989a;Ball 等,1991)的实验研究中均观察到了"赢家诅咒"现象的存在,并发现竞拍经验的增加、关于诸如所有竞拍者出价及物品实际价值等信息的反馈可以降低"赢家诅咒"现象发生的概率(如 Kagel 和 Levin,1986;Garvin 和 Kagel,1994)。

其次,这一时期的个体选择实验研究主要关注个体行为及其偏好的探索。前述提及的偏好逆转现象便是针对不确定性下人类决策行为研究的重要发现之一。不论是以大学生(Lichtenstein 和 Slovic,1971;Lindman,1971)还是拉斯维加斯赌场的人员(Lichtenstein 和 Slovic,1973)作为彩票实验的被试,他们往往不会选择其预期收益最高但不确定性/风险也相对较高的彩票,而是选择无风险或低风险但收益回报也低的彩票,也就是说,偏好逆转是普遍存在的一种现象。Kahneman 和 Tversky(1979)所提出的前景理论(Prospect Theory)将人们的这种行为刻画为"确定效应"——相比于结果具有不确定性(风险)的选项,人们在决策时往往会给确定性结果的选项赋予更大权重,从而在面对不确定性决策时表现出一种风险厌恶的倾向,因此,他们在低风险低收益和高风险高收益之间会选择前者。但也有不少经济学家认为,被试在真实的彩票选择中还可能受到收入效应(即被试在选择彩票的过程中因变得更富有而改变他们的偏好)的干扰,Grether 和 Plott(1979)作为代表之一提出了针对该问题的解决方式——对于被试在实验过程中做出的多个决策,被试会被告知其最终收益不会是所有决策下收益的总和,而是在实验结束后随机选择其中一个决策的结果。对被试收益的随机分配设计极大降低了来自收入效应的干扰影响。即使控制了收入效应,Grether 和 Plott(1979)的实验结果发现偏好逆转现象仍持续存在。而后,Pommerehne 等(1982)在沿用 Grether 和 Plott(1979)实验设计的基础上,提高彩票选择回报以确保给足被试做出真实选择的激励,偏好逆转现象虽然没有消失,但其发生的概率比 Grether 和 Plott(1979)低。增加回报可以降低偏好逆转发生的概率这一结论也在其他研究中被重复证实(Reilly,1982)。不同于理性经济人假设要求的只追求收益或效用的最大化,人类在实际中的行为决策除了会受到彩票实验中所关注的风险因素的影响,还可能受到其他因素的影响。例如,人们在进行跨期决策时存在时间偏好,贴现率越高,人们就越偏好即时消费而非延迟消费,从而产生自我控制困难的问题(Ausubel,1991)。

最后,在博弈交互领域,这一时期基于博弈框架开展的实验研究主要关注的是为解决资源分配问题而进行的讨价还价问题。如何分配资源一直是经济学研究关注的重点问题之一,讨价还价博弈(Bargaining Game)是指为解决分配问题而进行的策略性互动,以达成各方均接受的一致协议。举例来说,考虑这样一个场景:甲、乙两人需要分一笔钱,总额为100元,他们两人之间可以互相出价和还价,直到就如何分钱达成一致。比如,甲最初可能会提出拿走70元,给乙留下30元,随后,乙可以还价,提出不同的分配方案——他要拿走60元,留给甲40元,甲在乙提出新的分配方案之后,也可以还价,如此不断重复讨价还价,直到甲乙二人达成协议。这便是简单的两人讨价还价博弈。针对讨价还价博弈的研究有助于我们理解人们在有限资源和涉及各方利益冲突的情况下,如何进行谈判以及做出强化冲突或合作的资源分配决策。此阶段,基于讨价还价博弈开展的一系列经济学实验研究为相关经济学理论的发展做出了重要贡献。一方面,讨价还价博弈实验可以用来检验包括纳什讨价还价理论[①]、科斯定理[②]等在内的经济理论所预测的结果,或发现这些理论预测无法契合人类实际行为的问题,或为这些理论提供实证证据支持(如 Roth 和 Malouf,1979;Hoffman 和 Spitzer,1982;Murnighan 等,1988)。另一方面,讨价还价博弈实验的结果也为相关理论提供了探索的方向,以完善其模型建构。例如,回顾有关公平议题的讨价还价博弈实验研究可以发现,即使议价的环境不同,人们的公平观念始终会影响他们追求自身利益的行为,即人们追求自身利益,但也重视公平,议价达成往往是人们在这二者之间复杂权衡后的结果(如 Hoffman 和 Spitzer,1982,1985;Ochs 和 Roth,1989;Burrows 和 Loomes,1994)。这一发现提醒研究者,在进行理论建模时应将公平因素纳入考量。而后,Fehr 和 Schmidt(1999)首次在效用最大化的理论模型框架中引入公平、互惠、利他等社会性因素,提出

---

① 纳什讨价还价理论认为,在涉及两人或多人之间的讨价还价过程中,每个人都会选择自己对其他人所作决策的最佳回应,而当任何一人都无法通过单方面改变策略来改善其结果时,代表其达成讨价还价协议博弈的均衡(Nash,1950)。

② 科斯定理认为如果产权界定明确且交易成本低,那么无论初始产权分配如何,各方都可以进行讨价还价谈判并最终达成协议(Coase,1960)。

不平等厌恶模型(The Model of Inequity Aversion),并发现基于该模型预测的结果与过往讨价还价博弈实验研究的结论一致。不平等厌恶模型的提出为后续社会偏好相关的实证研究提供了重要理论基础,促进了实验经济学研究者对于合作、公平、欺骗与惩罚等各种议题的拓展与探索,推动实验经济学在经济学领域的广泛应用(如 Fehr 和 Gächter,2000;Brandts 和 Charness,2003;Dana 等,2007)。

1.2.3 应用融合:21 世纪至今

21 世纪以来,实验经济学逐渐发展成熟,现已成为主流经济学的一个重要组成部分。特别是在 Vernon Smith 和 Daniel Kahneman 因其对实验经济学发展的开创性贡献而共同获得 2002 年诺贝尔经济学奖之后,实验经济学在经济学领域的影响力得到显著提升,其应用范围也在持续扩大。一方面,实验经济学与神经经济学、计算机经济学、卫生经济学等其他领域的交叉研究逐渐增多,涉及消费、劳动、歧视、合作、贫困以及卫生健康等诸多议题。数位学者基于将实验应用在多个领域的开创性研究,相继获得 2012 年(Alvin Roth)、2017 年(Richard Thaler)和 2019 年(Abhijit Banerjee、Esther Duflo 和 Michael Kremer)的诺贝尔经济学奖。下面以实验经济学与神经经济学的交叉研究为例进行介绍。

神经经济学主要关注人类决策行为背后发生的神经生物学过程与因果机制,其研究目的在于利用神经生物学对人类决策行为的解释来建立相应的计算模型(Fehr 和 Rangel,2011)。交叉应用实验经济学和神经经济学的研究通常在实验环境下采用非侵入性的脑刺激技术(如颅磁刺激、颅直流电刺激)外生诱导大脑特定区域的神经活动发生变化,以考察特定区域神经活动的变化对人们决策行为的因果影响。如今,已有不少结合经济学实验和神经科学的研究表明,大脑特定区域神经活动的变化足以改变人类实际的消费选择(Camus 等,2009),而且也能够让人类变得没有耐心从而增加其对即时奖励的偏好(Figner 等,2010),或是变得更加自私从而减少其在博弈互动中的互惠公平行为(Knoch 等,2006;Baumgartner 等,2011),甚至更可能选择欺骗他们的贸易伙伴而非选择建立良好声誉(Knoch 等,2009)。神经经济学为实验经济学深入研究人类的决策与动机拓展了脑成像和情绪生理指标的记录等新技术工具,实验经济学则为神经经济学提供了基于控制环境探索因果机制的实验研究范式,二者优势互补,加深了我们对人类在跨期选择、风险决策、博弈互动以及劳动力市场歧视等诸多背景下行为及动机的理解。

此外,随着计算机技术的进步与互联网的普及,依托计算机软件及互联网平台开展实验经济学研究已成趋势。这一时期,研究者已开发出较为成熟的软件 z-Tree(Zurich Toolbox for Ready-made Economic Experiments)用以在线开展经济学实验(Fischbacher,2007)。该软件适用性强,被试可以在计算机终端接收干预并在线做出决策,现已被广泛应用于在线运行拍卖实验、博弈互动实验以及个人选择实验等(如 Gächter 和 Renner,2010;Jian 等,2017;Sürücü 等,2019)。z-Tree 的不足之处在于需要在被试电脑设备上进行安装方能运行,而后研究者进一步开发出可以在任何有网络的浏览器上运行的开源在线软件 oTree,极大提高了实验运行的便捷性(Chen 等,2016)。除软件本身的开发外,互联网平台的发展对实验经济学的推广也有所裨益。具体而言,其一在于互联网平台能够为研究者提供新的实验环境,比如在线社区(Chen 等,2010)、在线捐赠(Altmann 等,2019)、在线约会(Ong 和 Wang,2015)以及在线社交媒体(Levy,2021),等等。其二,依托互联网的众包平台可以为研究者提供庞大且多样的潜在样本库(Horton 等,2011)。这里的众包平台指的是个人作为独立承包商或者自由职业者可以找到并接受工作机会的平台,完成任务后即可获得报酬。比较知名且被经济学实验研究者普遍认可的众包平台是 MTurk(Mechanical Turk),这主要得益于其具备招聘速度快、样本多样化、被试可筛选与识别以及被试数据可跟踪收集等优势(Paolacci 等,2010)。目前,已有不少研究者使用该平台在线开展实验研究(如 Dube 等,2020;Berinsky 等,2012;Keuschnigg 等,2016;Arechar 等,2018;Orazi 和 Johnston,2020),实验经济学在计算机技术发展的助推下不断发展壮大。

本章小结

本章概述了实验经济学的基本概念及发展历程。与侧重于探索自然现象规律的自然科学实验不同,经济学实验以人为研究对象,关注经济活动中的行为决策机制,通过随机分配法,在具备控制性的实验环境中考察人的行为决策,以揭示经济活动的内在规律。实验经济学是一门利用经济学实验来研究经济问题的学科。实验经济学的发展经历了从 20 世纪 40 年代的初步探索,到 70 年代的迅速增长,再到 21 世纪的深化应用。基于实验开展的经济学研究主题囊括拍卖市场、个体选择和博弈交互等多个领域。这些研究不仅对经典经济理论进行检验，也探索了人类行为的复杂性，为经济学研究提供了新的视角和工具，拓宽了经济学研究的领域。

参考文献

Acemoglu, D., Johnson, S., and Robinson, J. A., 2001, "The Colonial Origins of Comparative Development: An Empirical Investigation", *American Economic Review*, 91(5), 1369–1401.

Allais, M., 1953, "Le comportement de l'Homme Rationnel Devant le Risque: Critique des Postulats et Axiomes de l'école Américaine", *Econometrica: Journal of the Econometric Society*, 21, 503–546.

Altmann, S., Falk, A., Heidhues, P., Jayaraman, R., and Teirlinck, M., 2019, "Defaults and Donations: Evidence from a Field Experiment", *Review of Economics and Statistics*, 101(5), 808–826.

Angrist, J. D., and Lavy, V., 1999, "Using Maimonides' Rule to Estimate the Effect of Class Size on Scholastic Achievement", *The Quarterly Journal of Economics*, 114(2), 533–575.

Arechar, A. A., Gächter, S., and Molleman, L., 2018, "Conducting Interactive Experiments Online", *Experimental Economics*, 21(1), 99–131.

Ashenfelter, O., and Card, D., 1985, "Using the Longitudinal Structure of Earnings to Estimate the Effect of Training Programs", *The Review of Economics and Statistics*, 67(4), 648–660.

Ausubel, L. M., 1991, "The Failure of Competition in the Credit Card Market", *American Economic Review*, 81(1), 50–81.

Ball, S. B., Bazerman, M. H., and Carroll, J. S., 1991, "An Evaluation of Learning in the Bilateral Winner's Curse", *Organizational Behavior and Human Decision Processes*, 48(1), 1–22.

Baumgartner, T., Knoch, D., Hotz, P., Eisenegger, C., and Fehr, E., 2011, "Dorsolateral and Ventromedial Prefrontal Cortex Orchestrate Normative Choice", *Nature Neuroscience*, 14(11), 1468–1474.

Bazerman, M. H., and Samuelson, W. F., 1983, "I Won the Auction But Don't Want the Prize", *Journal of Conflict Resolution*, 27(4), 618–634.

Berinsky, A. J., Huber, G. A., and Lenz, G. S., 2012, "Evaluating Online Labor Markets for Experimental Research: Amazon.Com's Mechanical Turk", *Political Analysis*, 20(3), 351–368.

Black, S. E., 1999, "Do Better Schools Matter? Parental Valuation of Elementary Education", *The Quarterly Journal of Economics*, 114(2), 577-599.

Brandts, J., and Charness, G., 2003, "Truth or Consequences: An Experiment", *Management Science*, 49(1), 116-130.

Burrows, P., and Loomes, G., 1994, "The Impact of Fairness on Bargaining Behaviour", *Empirical Economics*, 19(2), 201-221.

Camus, M., Halelamien, N., Plassmann, H., Shimojo, S., O'Doherty, J., Camerer, C., and Rangel, A., 2009, "Repetitive Transcranial Magnetic Stimulation over the Right Dorsolateral Prefrontal Cortex Decreases Valuations during Food Choices", *European Journal of Neuroscience*, 30(10), 1980-1988.

Capen, E. C., Clapp, R. V., and Campbell, W. M., 1971, "Competitive Bidding in High-Risk Situations", *Journal of Petroleum Technology*, 23(6), 641-653.

Card, D., and Krueger, A. B., 1994, "Minimum Wages and Employment: A Case Study of the Fast-Food Industry in New Jersey and Pennsylvania", *American Economic Review*, 84(4), 772-793.

Chamberlin, E. H., 1948, "An Experimental Imperfect Market", *Journal of Political Economy*, 56(2), 95-108.

Chen, D. L., Schonger, M., and Wickens, C., 2016, "oTree—An Open-Source Platform for Laboratory, Online, and Field Experiments", *Journal of Behavioral and Experimental Finance*, 9, 88-97.

Chen, Y., Harper, F. M., Konstan, J., and Li, S. X., 2010, "Social Comparisons and Contributions to Online Communities: A Field Experiment on MovieLens", *American Economic Review*, 100(4), 1358-1398.

Coase, R. H., 1960, "The Problem of Social Cost", *The Journal of Law and Economics*, 3, 1-44.

Conlisk, J., 1996a, "Bounded Rationality and Market Fluctuations", *Journal of Economic Behavior & Organization*, 29(2), 233-250.

Conlisk, J., 1996b, "Why Bounded Rationality?", *Journal of Economic Literature*, 34(2), 669-700.

Coppinger, V. M., Smith, V. L., and Titus, J. A., 1980, "Incentives and Behavior in English, Dutch and Sealed-bid Auctions", *Economic Inquiry*, 18(1), 1-22.

Cox, J. C., Roberson, B., and Smith, V. L., 1982, "Theory and Behavior of Single Object Auctions", *Research in Experimental Economics*, 2(1), 1-43.

Cox, J. C., Smith, V. L., and Walker, J. M., 1985, "Experimental Development of Sealed-Bid Auction Theory: Calibrating Controls for Risk Aversion", *American Economic Review*, 75(2),

160-165.

Dana, J., Weber, R. A., and Kuang, J. X., 2007, "Exploiting Moral Wiggle Room: Experiments Demonstrating an Illusory Preference for Fairness", *Economic Theory*, 33(1), 67-80.

Davis, D. D., and Holt, C. A., 1993, *Experimental Economics*, Princeton: Princeton University Press.

De Montchretien, A., 1999, *Traicté de l'oeconomie Politique*(Vol. 16), Genève: Librairie Droz.

Dube, A., Jacobs, J., Naidu, S., and Suri, S., 2020, "Monopsony in Online Labor Markets", *American Economic Review: Insights*, 2(1), 33-46.

Dyer, D., Kagel, J. H., and Levin, D., 1989a, "A Comparison of Naive and Experienced Bidders in Common Value Offer Auctions: A Laboratory Analysis", *The Economic Journal*, 99(394), 108-115.

Dyer, D., Kagel, J. H., and Levin, D., 1989b, "Resolving Uncertainty about the Number of Bidders in Independent Private-Value Auctions: An Experimental Analysis", *RAND Journal of Economics*, 20(2), 268-279.

Ellsberg, D., 1961, "The Crude Analysis of Strategy Choices", *American Economic Review*, 51(2), 472-478.

Fehr, E., and Gächter, S., 2000, "Cooperation and Punishment in Public Goods Experiments", *American Economic Review*, 90(4), 980-994.

Fehr, E., and Rangel, A., 2011, "Neuroeconomic Foundations of Economic Choice—Recent Advances", *Journal of Economic Perspectives*, 25(4), 3-30.

Fehr, E., and Schmidt, K. M., 1999, "A Theory of Fairness, Competition, and Cooperation", *The Quarterly Journal of Economics*, 114(3), 817-868.

Figner, B., Knoch, D., Johnson, E. J., Krosch, A. R., Lisanby, S. H., Fehr, E., and Weber, E. U., 2010, "Lateral Prefrontal Cortex and Self-Control in Intertemporal Choice", *Nature Neuroscience*, 13(5), 538-539.

Fischbacher, U., 2007, "z-Tree: Zurich Toolbox for Ready-Made Economic Experiments", *Experimental Economics*, 10(2), 171-178.

Fisher, R. A., 1925, *Statistical Methods for Research Workers*, Edinburgh: Oliver and Boyd.

Flood, M. M., 1958, "Some Experimental Games", *Management Science*, 5(1), 5-26.

Friedman, D., and Cassar, A., 2004, *Economics Lab: An Intensive Course in Experimental Economics*, London and New York: Routledge.

Friedman, D., and Sunder, S., 1994, *Experimental Methods*, Cambridge, England: Cambridge University Press.

Friedman, D., 2010, "Preferences, Beliefs and Equilibrium: What Have Experiments Taught Us?", *Journal of Economic Behavior & Organization*, 73(1), 29-33.

Garvin, S., and Kagel, J. H., 1994, "Learning in Common Value Auctions: Some Initial Observations", *Journal of Economic Behavior & Organization*, 25(3), 351-372.

Gächter, S., and Renner, E., 2010, "The Effects of (Incentivized) Belief Elicitation in Public Goods Experiments", *Experimental Economics*, 13(3), 364-377.

Georgescu-Roegen, N., 1936, "The Pure Theory of Consumers Behaviour", *The Quarterly Journal of Economics*, 50(4), 545-593.

Grether, D. M., and Plott, C. R., 1979, "Economic Theory of Choice and the Preference Reversal Phenomenon", *American Economic Review*, 69(4), 623-638.

Haavelmo, T., 1944, "The Probability Approach in Econometrics", *Econometrica: Journal of the Econometric Society*, 12(3), iii-115.

Harmon, C., and Walker, I., 1995, "Estimates of the Economic Return to Schooling for the United Kingdom", *American Economic Review*, 85(5), 1278-1286.

Heckman, J. J., 1989, "Causal Inference and Nonrandom Samples", *Journal of Educational Statistics*, 14(2), 159-168.

Hoffman, E., and Spitzer, M. L., 1985, "Entitlements, Rights, and Fairness: An Experimental Examination of Subjects' Concepts of Distributive Justice", *The Journal of Legal Studies*, 14(2), 259-297.

Hoffman, E., and Spitzer, M. L., 1982, "The Coase Theorem: Some Experimental Tests", *The Journal of Law and Economics*, 25(1), 73-98.

Horton, J. J., Rand, D. G., and Zeckhauser, R. J., 2011, "The Online Laboratory: Conducting Experiments in a Real Labor Market", *Experimental Economics*, 14(3), 399-425.

Isaac, R. M., and Walker, J. M., 1985, "Information and Conspiracy in Sealed Bid Auctions", *Journal of Economic Behavior & Organization*, 6(2), 139-159.

Jian, L., Li, Z., and Liu, T. X., 2017, "Simultaneous versus Sequential All-Pay Auctions: An Experimental Study", *Experimental Economics*, 20(3), 648-669.

Kagel, J. H., and Levin, D., 1986, "The Winner's Curse and Public Information in Common Value Auctions", *American Economic Review*, 76(5), 894-920.

Kagel, J. H., 1995, "Auctions: A Survey of Experimental Research", in Kagel, J. H., and Roth, A. E., eds., *The Handbook of Experimental Economics*, Princeton: Princeton University Press.

Kagel, J. H., Harstad, R. M., and Levin, D., 1987, "Information Impact and Allocation Rules in Auctions with Affiliated Private Values: A Laboratory Study", *Econometrica*, 55(6),

1275-1304.

Kagel, J. H., Levin, D., and Harstad, R. M., 1995, "Comparative Static Effects of Number of Bidders and Public Information on Behavior in Second-Price Common Value Auctions", *International Journal of Game Theory*, 24(3), 293-319.

Kahneman, D., and Tversky, A., 1979, "Prospect Theory: An Analysis of Decision under Risk", *Econometrica*, 47(2), 263-292.

Keuschnigg, M., Bader, F., and Bracher, J., 2016, "Using Crowdsourced Online Experiments to Study Context-Dependency of Behavior", *Social Science Research*, 59, 68-82.

Kirk, R. E., 2009, "Experimental Design", in *The Sage Handbook of Quantitative Methods in Psychology*, Los Angeles: Sage Publications Ltd.

Knoch, D., Pascual-Leone, A., Meyer, K., Treyer, V., and Fehr, E., 2006, "Diminishing Reciprocal Fairness by Disrupting the Right Prefrontal Cortex", *Science*, 314(5800), 829-832.

Knoch, D., Schneider, F., Schunk, D., Hohmann, M., and Fehr, E., 2009, "Disrupting the Prefrontal Cortex Diminishes the Human Ability to Build a Good Reputation", *Proceedings of the National Academy of Sciences*, 106(49), 20895-20899.

Lee, J., 2008, "Is Test-Driven External Accountability Effective? Synthesizing the Evidence From Cross-State Causal-Comparative and Correlational Studies", *Review of Educational Research*, 78(3), 608-644.

Levin, D., Kagel, J. H., and Richard, J. F., 1996, "Revenue Effects and Information Processing in English Common Value Auctions", *American Economic Review*, 86(3), 442-460.

Levy, R., 2021, "Social Media, News Consumption, and Polarization: Evidence from a Field Experiment", *American Economic Review*, 111(3), 831-870.

Lichtenstein, S., and Slovic, P., 1973, "Response-Induced Reversals of Preference in Gambling: An Extended Replication in Las Vegas", *Journal of Experimental Psychology*, 101(1), 16-20.

Lichtenstein, S., and Slovic, P., 1971, "Reversals of Preference between Bids and Choices in Gambling Decisions.", *Journal of Experimental Psychology*, 89(1), 46-55.

Lindman, H. R., 1971, "Inconsistent Preferences among Gambles", *Journal of Experimental Psychology*, 89(2), 390-397.

Lipsey, R. G., 1979, *An Introduction to Positive Economics*, 5th edition. London: Weidenfeld and Nicholson.

Loomes, G., and Sugden, R., 1982, "Regret Theory: An Alternative Theory of Rational Choice Under Uncertainty", *The Economic Journal*, 92(368), 805-824.

Marshall, A., 1890, *The Principles of Economics*, London: Macmillan.

Morgan, M. S., 2003, "Economics", in Porter, R. C., and Ross, D., eds., *The Cambridge History of Science*, Volume 7: *The Modern Social Sciences*, Cambridge: Cambridge University Press.

Murnighan, J. K., Roth, A. E., and Schoumaker, F., 1988, "Risk Aversion in Bargaining: An Experimental Study", *Journal of Risk and Uncertainty*, 1(1), 101-124.

Nash, J. F., 1950, "The Bargaining Problem", *Econometrica*, 18(2), 155-162.

Ochs, J., and Roth, A. E., 1989, "An Experimental Study of Sequential Bargaining", *American Economic Review*, 79(3), 355-384.

Ong, D., and Wang, J., 2015, "Income Attraction: An Online Dating Field Experiment", *Journal of Economic Behavior & Organization*, 111, 13-22.

Orazi, D. C., and Johnston, A. C., 2020, "Running Field Experiments Using Facebook Split Test", *Journal of Business Research*, 118, 189-198.

Oreopoulos, P., 2006, "Estimating Average and Local Average Treatment Effects of Education When Compulsory Schooling Laws Really Matter", *American Economic Review*, 96(1), 152-175.

Paolacci, G., Chandler, J., and Ipeirotis, P. G., 2010, "Running Experiments on Amazon Mechanical Turk", *Judgment and Decision Making*, 5(5), 411-419.

Plott, C. R., 1991, "Will Economics Become an Experimental Science?", *Southern Economic Journal*, 57(4), 901-919.

Pommerehne, W. W., Schneider, F., and Zweifel, P., 1982, "Economic Theory of Choice and the Preference Reversal Phenomenon: A Reexamination", *American Economic Review*, 72(3), 569-574.

Reilly, R. J., 1982, "Preference Reversal: Further Evidence and Some Suggested Modifications in Experimental Design", *American Economic Review*, 72(3), 576-584.

Rosenzweig, M. R., and Wolpin, K. I., 1980, "Life-Cycle Labor Supply and Fertility: Causal Inferences from Household Models", *Journal of Political Economy*, 88(2), 328-348.

Roth, A. E., and Kagel, J. H., 1995, *The Handbook of Experimental Economics*, Princeton: Princeton University Press.

Roth, A. E., and Malouf, M. W., 1979, "Game-Theoretic Models and the Role of Information in Bargaining", *Psychological Review*, 86(6), 574-594.

Roth, A. E., 1993, "The Early History of Experimental Economics", *Journal of the History of Economic Thought*, 15(2), 184-209.

Rubin, D. B., 1974, "Estimating Causal Effects of Treatments in Randomized and Nonrandomized Studies", *Journal of Educational Psychology*, 66(5), 688-701.

Samuelson, P. and Nordhaus, W., 1985, *Economics*, New York: McGraw-Hill.

Schelling, T. C., 1961, "Experimental Games and Bargaining Theory", *World Politics*, 14(1), 47-68.

Schoemaker, P. J. H., 1982, "The Expected Utility Model: Its Variants, Purposes, Evidence and Limitations", *Journal of Economic Literature*, 20(2), 529-563.

Shadish, W. R., Cook, T. D., and Campbell, D. T., 2002, *Experimental and Quasi-Experimental Designs for Generalized Causal Inference*, Boston: Houghton Mifflin Company.

Shubik, M., 1960, "Simulation of the Industry and The Firm", *American Economic Review*, 50(5), 908-919.

Siegel, S., 1961, "Decision Making and Learning under Varying Conditions of Reinforcement", *Annals of the New York Academy of Sciences*, 89(5), 766-783.

Smith, A., 1776, *An Inquiry into the Nature and Causes of the Wealth of Nations* (Cannan Edition), London: Methuen & Co., Ltd.

Smith, V. L., 1962, "An Experimental Study of Competitive Market Behavior", *Journal of Political Economy*, 70(2), 111-137.

Smith, V. L., 1976, "Experimental Economics: Induced Value Theory", *American Economic Review*, 66(2), 274-279.

Smith, V. L., 1982, "Microeconomic Systems as an Experimental Science", *American Economic Review*, 72(5), 923-955.

Smith, V. L., 1991, "Rational Choice: The Contrast between Economics and Psychology", *Journal of Political Economy*, 99(4), 877-897.

Sürücü, O., Djawadi, B. M., and Recker, S., 2019, "The Asymmetric Dominance Effect: Reexamination and Extension in Risky Choice -An Experimental Study", *Journal of Economic Psychology*, 73, 102-122.

Sterman, J. D., 1989, "Deterministic Chaos in an Experimental Economic System", *Journal of Economic Behavior & Organization*, 12(1), 1-28.

Thaler, R. H., 1988, "Anomalies: The Winner's Curse", *Journal of Economic Perspectives*, 2(1), 191-202.

Thaler, R., 1980, "Toward a Positive Theory of Consumer Choice", *Journal of Economic Behavior & Organization*, 1(1), 39-60.

Thurstone, L. L., 1931, "The Indifference Function", *The Journal of Social Psychology*, 2(2), 139-167.

Von Neumann, J., and Morgenstern, O., 2007, *Theory of Games and Economic Behavior* (60th Anniversary Commemorative Edition), Princeton: Princeton University Press.

Wallis, W. Allen, and Friedman, M., 1942, "The Empirical Derivation of Indifference Functions", in Lange, O., McIntyre, F., and Yntema, T. O., eds., *Studies in Mathematical Economics and Econometrics: In Memory of Henry Schultz*, Chicago, IL: University of Chicago Press, 175-189.

Whately, R., 1847, *Introductory Lectures on Political Economy: Delivered at Oxford, in Easter Term*, 1831, London: B. Fellowes.

第 2 章
实验在经济学领域的应用

在过去 20 余年的时间里,实验方法在经济学领域的应用在全球范围内取得了巨大的进展,涌现出许多对实验方法感兴趣的经济学者和研究团队。例如,其中比较知名的团队之一是以诺贝尔经济学奖得主 Vernon Smith 担任创始研究主任的亚利桑那大学经济科学实验室(Economic Science Laboratory,ESL),这是一个致力于实验经济学研究的重要机构。自 1985 年成立以来,该实验室机构及其成员基于实验方法在经济学领域的竞争性均衡理论、公共品问题、拍卖、互惠、信任、利他、时间偏好等多种核心行为经济决策议题上取得了诸多重要的研究成果(如 Smith,1991a;Deck,2001,2004;Burnham,2003;Cox 等,2008),而且 ESL 收集的实验数据现已成为经济学和其他学科(如管理、营销、会计等)数百种研究和出版物的分析基础。

为阐明实验方法为何可以应用于前述经济学领域的这些重要议题,我们首先需要了解经济学家在实验中可以操控的实验要素。后续经济学实验研究采用的分析框架大多为 Smith(1991b)所提出的"环境-制度-行为"框架:

> 实验参与者的行为表现是环境和制度这两个控制变量的函数。其中,实验环境明确规定了激励交换的初始禀赋、偏好和成本,通常通过货币激励加以控制,以引导特定的价值与成本配置。实验制度基于对市场信息(如价格和商品数量)及程序指令(如交易规则、交流方式、决策时间限制等)的描述,构建了一个受控的实验环境。该制度旨在定义市场交流所使用的信息语言,管理信息交流的规则,并将信息转化为具有约束力的契约条款。

在这个框架下,Smith(1994)总结了经济学家应用实验方法开展经济学研究的七个主要目的:①检验一种理论,或者区分不同的理论;②探索理论预测结果失败的原因;③建立经验规律性,作为发展新理论的基础;④决策环境比较研究;⑤评估政策建议;⑥制度比较研究;⑦作为制度设计的试验场。

在经济学领域中,实验方法的这七个目的与 2012 年诺贝尔经济学奖获得者 Roth(1995)对于经济学实验促进经济学发展的三大功能——"与理论家对话""寻找事实"和"在王子耳边低语",有异曲同工之处,分别对应了经济学实验在检验经济学理论(①—②)、发现新的经验事实与规律(③—④),以及制定和评估经济政策与制度(⑤—⑦)三方面的内容。

下面基于前述 Smith(1994)总结的经济学实验开展的七个主要目的,从"理论检验""规律探索"以及"政策与制度评估"这三方面,对实验在经济学领域的应用进行具体介绍。

2.1 理论检验

经济学实验作为经济学方法论领域中的一项创新性实用工具,其首要且至关重要的功能在于可通过精心设计和操控的实验环境,巧妙地架起经济理论构想与现实生活实践之间的桥梁,从而实现对经济理论或模型的有效检验,并促进经济理论与实践的深度融合进程,极大地推动了经济理论或模型的发展与完善。接下来,我们将聚焦于既往经济学研究中采用实验方法对经济学理论进行检验的实践应用,重点介绍实验方法对经济学理论的假设和预测准确性的检验,以及其对不同替代性理论模型的预测解释力的比较检验研究。

2.1.1 检验经济学理论的假设和预测

在经济学领域,以检验理论为目的而展开的实验研究大体可被划分为两大类型:一是对现有经济学理论的内在假设进行实证考察,旨在验证其合理性与现实实践的适用性;二是对经济学理论或模型的预测准确性展开有效校验,以检验其在现实情境中的预测力与解释力。以下,我们将围绕这两大类型进行阐述。

(1)检验理论假设

评估经济学经典理论假设的有效性是实验方法在经济学领域应用的重要方向。我们可以改进和完善现有的经济学理论,使其更加贴近现实的经济现象和行为。这无疑是推动经济学理论不断进步的一种重要驱动力。下面以接受过众多实验研究检验的"经济人假设"(Homo Economicus)为例,具体阐述实方法在检验经济学理论假设方面的应用成果，以及基于实验实证结果对经济人假设进行的修正和改进。

经济人假设是新古典经济学理论（消费者选择理论、企业理论、产业组织理论和福利定理）的重要基石，也是许多经济学模型成立的基本假设。正如Barnes（1988）所言：

> 经济人假设为经济学研究确立了一种方法论议程，其可以将任何时间或地点的经济事件的复杂性归结为人类理性选择这一普遍特征。由于这一特征具有决定论性质，其很容易在正式模型中通过设定一系列规则和参数得以体现。

经济人假设从理论上描述了人类作为理性经济主体的行为方式，强调个体在决策时追求个人利益、效用或满足感的最大化。这一假设的成立需满足三个基本前提——效用最大化假设、自利假设与理性假设（Rabin,1998）。

效用最大化假设

经济人假设的基本前提是，人们在一组给定的约束条件下，追求自身效用的最大化。换言之，人们在有限的资源条件下，会做出最优的决策以实现他们的目标。在微观经济学的框架下，效用最大化假设要求人们在所有可选的商品或服务中，选择那些能够带给他们最大满足程度或收益的选项。然而，这一理论并不总是完全适用于现实生活中的所有情况。当面临资源分配问题时，人们（包括企业）的决策可能并不总是以最大化效用为目标，还有出于对公平的偏好（Kahneman等,1986）。因此，他们更倾向于选择避免不平等的决策，这表明人们对不平等的厌恶有可能超过其对最大化效用的追求（Kahneman等,1986；Karni等,2008）。这一结论与基于最后通牒博弈的一系列实验研究结果相吻合（如 Güth 等,1982；Roth 等,1991；Prasnikar 和 Roth,1992）。这些研究发现，人们更倾向于做出接近均分的"公平"决策，而非在效用最大化假设下的子博弈完美均衡决策。具体而言，在最后通牒博弈中，一个谈判者（提议者）提出如何与另一个谈判者（响应者）分配一笔钱的建议。响应者有权接受或拒绝这个提议。如果提议被响应者接受，每个谈判者都将获得提议的金额；如果响应者拒绝，那么双方的收益都将归零。在这个博弈中，如果假设提议者寻求最大化他们自己的收入，那么在效用最大化假设下得到的子博弈完美均衡策略是提议者会分配给响应者尽可能少的钱。理想情况下，提议者会选择给响应者 0 元，即提议者将获得所有的钱。然而,这些实验结果发现,在收益对称且双方都有关于这些收益的充分信息的博弈中,提议者收益的中位数是总收益的60%或更少。这强调了在理解和预测人类决策行为时考虑公平(即不平等厌恶)因素的重要性,也揭示了人类行为决策并非单一追求效用最大化的复杂性,以及基于效用最大化假设发展的经济学理论在解释和预测人类行为时的局限性。

自利假设

自利是效用最大化假设的重要前提。在人是自利的假设下,个体在决策过程中只会关注自身的收益或效用的最大化,而对他人的利益或社会福利的影响则不予考虑。这种以自我为中心的行为决策模式,虽然在经济学领域被广泛应用于理解和预测人们的经济行为,但忽视了人性的多面性,即诸如情感、利他以及其他道德因素对于人类行为决策的影响。正如前文提及的一系列最后通牒博弈实验研究所揭示的现实——人们在现实世界做出决策的过程中,因其对公平感的偏好,会将他人的利益纳入自己决策的考量中,而非只在意自身收益的高低。而且,人们在现实经济生活中有时也会做出"无私"的决策,即现实生活中存在愿意以牺牲自己的利益为代价来改善他人福祉的行为,这种行为被称为"利他行为"。从经济学专业角度来看,这意味着一个人的效用函数与任何其他代理人所获得的物质资源有关的一阶导数总是严格为正(Fehr和Schmidt,2006)。经济学研究中常用于检验利他行为的博弈是独裁者博弈。该博弈与最后通牒博弈的唯一区别在于响应者不能拒绝提议者给出的分配方案。在独裁者博弈中,作为提议者的参与者必须决定将多少钱(如果有的话)馈赠给另一个参与者(响应者),通常这一决策是发生在一次匿名的情况下。既有实验研究发现,超过50%的提议者都会选择给响应者一定程度的馈赠(Camerer,2003)。这同样违背了经济人假设下人类在决策时须保持纯粹自利的预设。

理性假设

在满足自利假设的前提下,理性假设是确保效用最大化假设得以实现的关键条件,也是经济学研究常用的基本分析框架。在理性假设下,人是绝对理性的,同时具备明确且稳定的偏好,以及完美的认知能力,能够充分处理任何数量和质量不同的信息,进而做出符合自己利益最大化的最优决策。

尽管理性假设为经济学理论提供了简化的框架,但在实际决策过程中,个体的行为往往受到多种心理和情境因素的影响,导致其决策与理性假设存在偏差。首先,人类行为通常难以达到理性假设要求的绝对理性标准。在实际的经济生活中,人们因其在自我控制力、认知水平等方面的局限以及诸如冲动/不耐心、从众、厌恶损失等各类心理因素的影响,往往很难做出符合自己利益最大化的最优决策。已有的经济学实验研究发现了人类心理因素与其行为决策的相关性。比如,Sutter 等(2013)通过一项激励实验揭示了年龄段在 10—18 岁的青少年对时间、风险以及不确定性的偏好,并将这些偏好与其在实际经济生活中的消费与储蓄决策联系起来,以深入理解为何现实中人类的行为决策总是会"犯错",换言之,做出不符合其利益最大化的非理性行为,比如冲动地消费实际对自己没有任何用处的折扣商品、负债过高、难以戒断抽烟和饮酒,等等。他们的研究结果证明,人们的非理性行为决策通常与其耐心程度以及对风险和不确定性的喜恶有关。

在实验经济学领域的研究中,被广泛用于衡量人类对时间、风险等各类偏好的方法是多元价格表(如 Holt 和 Laury,2002;Dohmen 等,2010)。Sutter 等(2013)的实验也采用多元价格表的方式获取受试者的各类偏好。以时间偏好的衡量为例,他们研究中的实验员告知受试者,他/她需要在两个不同时间点(较早期和较晚期)的不同确定报酬之间做出选择。比如,"您必须决定是想在今天就拿到报酬(10.10 欧元),还是希望等到三周后拿到略高于今日的报酬(11.10 欧元)",受试者在诸如此类问题的一系列成对的选项中勾选自己想要的选项(参见表 2.1),以此来考察受试者面临报酬选择时是否存在延迟满足或不耐烦的态度(对时间的偏好),并获取对于每一个受试者而言,其在较早期的固定收益(10.10 欧元)的未来等价物。如果受试者在表 2.1 中的第[1]题和第[2]题中均选择今天拿到报酬 10.10 欧元,而在第[3]题中转选三周后拿到报酬 11.50 欧元,则对于该受试者而言,此时的未来等价物为其从较早获取的报酬转换到较晚获取的报酬之间的中点,即 11.40 欧元。未来等价物数值越大,代表受试者越厌恶延迟等待,即耐心程度更低,更注重眼前的收益。Sutter 等(2013)的研究结果发现,耐心程度越低的青少年,越有可能把自己的钱消费在抽烟与饮酒上,而不太可能进行储蓄(存钱)。这表明经济人理性假设对于真实人类而言太过"苛刻",人们在现实生活里进行各项决策时往往很难保持绝对的理性,而不受其心理情感因素的影响。反而通常会更看重眼前的利益,在储蓄与消费烟酒以获取即时的快乐(甚至是牺牲健康换来的快乐)之间选择后者。

表 2.1　时间偏好任务的多元价格表示例

	今天拿到报酬	三周后拿到报酬
[1]	□10.10 欧元	□11.10 欧元
[2]	□10.10 欧元	□11.30 欧元
[3]	□10.10 欧元	□11.50 欧元
...	……	……

每个受试者对于同一较早期的固定收益的未来等价物数值大小上可能存在差异，通过比较这些未来等价物，既可以检验经济人理性假设下常见的恒定贴现偏差，也可以检验在引入人类非理性行为考量后的双曲线贴现偏差（如 Laibson，1997；Prelec，2004；Bleichrodt 等，2009）。其中，与经济人理性假设相关联的常见贴现率设定是恒定贴现偏差，具体是指人们倾向于使用一个固定的贴现率来评估未来收益，从而导致其低估未来的价值。双曲线贴现偏差则是指人们在评估未来收益时，倾向于在早（近）期使用更低的贴现率，在晚（远）期使用更高的贴现率。这意味着，人们更看重眼前的收益享受，对于未来的收益则相对看轻，以此来刻画人们过度追求眼前利益的非理性行为。双曲线贴现偏差是在恒定贴现偏差上对理性假设放松后（纳入非理性考量）以贴近现实的进一步修正，因此，相比于恒定贴现偏差假设，双曲线贴现偏差假设下的经济模型更加贴近人们的真实行为。

其次，理性假设要求人类的偏好是稳定的，但过往经济学家已采用实验研究证实，人们在实际决策时往往会因选择环境、信息锚点等因素而偏离偏好稳定的假设（Sugden，2004）。除了上一章提及的偏好逆转现象（Grether 和 Plott，1979），在检验偏好稳定性的既往文献中，颇具代表性的研究是 Ariely 等（2003）。他们开展的实验研究结果表明，即使是在完全信息的条件下，消费者对于体验产品的绝对估值也出奇地随意。这主要是由于消费者对于产品的绝对估值会受到任意锚点（比如个人的社会保障卡号）的强烈影响，即存在锚点效应（Anchoring Effect）。具体而言，参与实验的受试者被要求戴上耳机，听一段高音（频率为 3 000 赫兹，类似于广播警告声），他们被要求确定如果他们需要再次听到这段高音，那么他们希望得到多少补偿。具体问题是"稍后我们将通过耳机为您播放一个新的类似高音。我们感兴趣的是您觉得它有多烦人。在您听到提示音后，我们会立即询问您是否愿意接受××美分作为补偿，重复体验听取这样的高音"。该实验包括三个干预条件,高锚定条件、低锚定条件和无锚定条件。在高锚定条件下,受试者在听声音之前被告知一个高价格(50美分)作为参考;在低锚定条件下,受试者被告知一个低价格(10美分)作为参考;而在无锚定条件下,受试者没有被提供任何价格参考。受试者在每个干预条件下都进行了多次实验,每次实验都涉及不同持续时间(10秒/30秒/50秒)的高音。实验采用随机价格来揭示个体偏好和其对听取高音补偿价格的估值。随机价格由电脑生成,如果电脑的价格高于他们给出的价格,受试者会听到声音,也会收到与电脑随机开出的价格相对应的报酬以作补偿。如果电脑的价格低于他们的价格,他们既不会听到声音,也不会收到任何费用。同时受试者被告知,电脑生成的价格是从一个三角分布中随机选择的,价格范围从5美分到100美分,较低的价格更常出现。这个分布对所有受试者都是相同的。他们在这个过程中的最佳策略是选择他们愿意听的声音的最低补偿价格。该实验结果发现,初始估值受到任意锚定值的强烈影响。具体体现为受试者在高锚定条件下对体验高音给出的定价普遍较高,而其在低锚定条件下给出的定价明显较低,并且这一结论不会受到高音持续时间长短的影响。这表明人们对于相同体验的补偿价格评估和具体定价是相对随机的,并不是基于其稳定的偏好。如果人们在现实经济生活中的偏好不是稳定的,并受制于变幻莫测的选择环境,那么即使是最简单的决策也可能因无法遵循效用最大化假设而变得难以预测。

  经济人假设下的人类必须满足自利、完全理性并追求效用最大化的预设,然而,正如前述提及的实验研究所给出的证据表明,这些条件在现实中并不总是完全满足。人们的实际决策往往偏离基于经济人假设下各类经济模型的预测。随着越来越多的实验研究给出人类在现实中的决策会受到自身冲动、公平/互惠、利他、社会规范以及锚定效应等主观因素影响的证据,经济学家们开始重新思考经济人假设的合理性,以及改进既有经济学模型使之更符合现实的可行性(如 Fehr 等,1993;Andreoni 和 Vesterlund,2001;Ellingsen 和 Johannesson,2005;Camerer 和 Fehr,2006;Beggs 和 Graddy,2009;Furnham 和 Boo,2011;Burks 等,2012)。如今,已有许多学者尝试通过在经济学模型构建过程中引入影响人类决策的非理性因素的方式放宽经济人假设,提出考虑公平(如 Erlei,2008;Falk 等,2008;De Bruyn 和 Bolton,2008)、利他(如 Charness 和 Rabin,2002;Bénabou 和 Tirole,2006;Cox 等,2008)以及锚定作用(如 Tversky 和 Kahneman,1974;Mussweiler 等,2000)等因素影响的各类经济学模型,以更好地反映现实世界中人们的行为决策。

（2）检验理论预测

除检验经济理论的假设是否适用于现实中的人类决策者，以及为既有经济学理论模型向着更贴近人类实际决策模式的构建提供改进依据并指出改进方向外，实验还可被用于检验经济学理论的预测结果是否准确。下面以 Smith（1962）针对市场均衡理论展开的实验研究为例，具体阐述实验方法在检验经济学理论所预测结果准确性方面的应用。

经济学中的市场均衡理论描述的是市场上的供求关系达到平衡的一种状态。该理论预测，在市场达到均衡的状态下，市场中商品或服务的供给量与需求量相等，价格不再发生变动，即实现均衡价格。此时，买方愿意以该价格购买一定数量的商品或服务，卖方也能够并且愿意以该价格提供给买方相应数量的商品或服务。Smith（1962）采用实验的方法对市场均衡理论及其预测的均衡价格进行实证检验。他在一个受控的实验室环境中模拟了现实多边拍卖（比如有组织的股票、证券和商品交易所）的交易过程。首先，这个实验在多个交易时期内进行，每个交易时期都有一定的时间长度（5—10 分钟），取决于实验参与者的人数。实验参与者包括买方和卖方两类角色。实验设计的交易规则是在每一个交易时期，任何买方（或卖方）可以在任何时候自由举手，并以不违反其最高（或最低）保留价的任何价格口头购买（或出售）虚拟商品。如果要提高当前的最佳出价，买方必须提交一个更高的出价；如果要提高当前的最佳要价，卖方则必须提交一个更低的要价。在基准实验设计下，每个交易时期只能交易一单位商品，交易若达成，则买卖双方退出市场。以此类推，实验构建了一个有商品流入和流出的市场原型。

其次，参与者被随机分为两个小组（买方组和卖方组）。每一个买家都会随机收到一张卡片，卡片上有一个只有该买家知道的数字，代表他/她愿意为一个单位的虚拟商品所支付的最高价格。每个买家认为自己赚取的纯利润等于他/她的实际达成的交易价格和其所持卡片上的最高保留价格之间的差额。这些保留价格构成一条需求曲线，如图 2.1 左边图中的 DD 线所示，纵轴的每一个保留价格下，对应的横轴的数量代表在该价格下可以购买的最大数量。因此，在图 2.1 中，最高出价的买家愿意为一个单位的虚拟商品支付 3.25 美元，与之对应的需求量不超过一个单位。若价格高于 3.25 美元则需求量为 0。该需求曲线定义了每一个保留价格下所有可能的需求量的集合（即 DD 线下区域）。同理，每个卖家也会收到一张带有数字的卡片，代表他愿意放弃一个单位虚拟商品的最低价格,卖家在任何情况下都不会以低于这个数字的价格出售。卖家的保留价格构成的是一条供给曲线,即图 2.1 中的 SS 线。供给曲线定义了每一个保留价格下所有可能的供给量的集合(即 SS 线上区域)。

图 2.1 左边的三角阴影区域 APB 代表购买(出售)可行集合的交集,即可成功达成交易的区域。其中,供给线和需求线交叉的点(点 P)便是市场均衡理论预测的均衡点。此处的均衡价格为 2 美元,均衡数量为 6 个单位。图 2.1 右边的图展示的是每一交易时期所有交易达成的市场价格,比如在第一个交易时期一共达成了 5 笔交易,第 1 笔交易的市场价格是 1.70 美元,以此类推。α 代表的是收敛系数(Coefficient of Convergence),用于衡量交易价格相对于预测均衡价格的变动程度。较低的 α 值表示交易价格更接近于预测的均衡价格,代表市场价格的收敛性更强。由第 1 个交易时期到第 5 个交易时期的收敛系数的变化趋势来看,随着时间的推移,收敛系数存在下降趋势,表明市场价格逐渐趋近于理论预测的均衡价格(2 美元)。

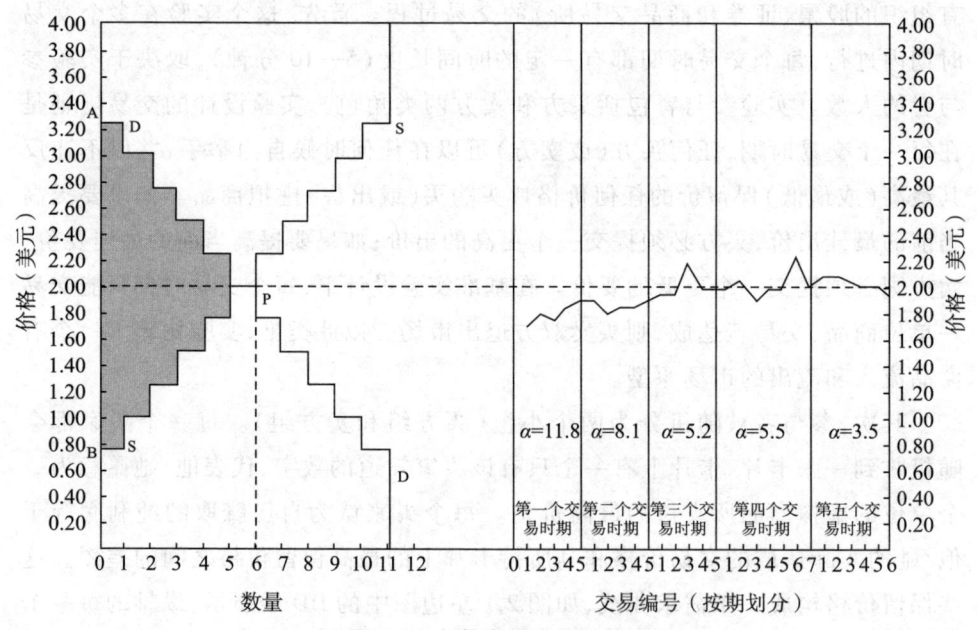

图 2.1 多轮市场交易价格

需要强调的是,尽管实验模拟的是真实的市场环境,但为清晰明确地检验市场均衡理论所预测的均衡价格是否存在,Smith(1962)在前述实验的市场中采取了保留价格的设计,即供需条件在该市场下是保持稳定的。随后,他又通过向买卖双方发放新的卡片的方式外生改变了供需条件,并开展了类似的交易实验,以考察供需条件的变化对市场均衡的动态影响。其实验结果发现,当外生改变供需条件时,市场并不会立即达到新的均衡状态,而是经历一个逐渐收敛的过程。具体来说,如果供给增加或需求减少,市场价格会逐渐下降,直到新的均衡价格达成。相反,如果供给减少或需求增加,市场价格会逐渐上升,直到新的均衡价格达成。这表明供需条件的变化会导致市场价格的调整,以逐步接近新的均衡状态。这种动态调整的速度取决于供需条件的变化幅度以及市场参与者的反应。

综上,Smith(1962)采用实验方法科学地验证了经济学领域基础且重要的市场均衡理论预测的准确性,同时也对市场均衡价格的形成机制提供了实证经验。

2.1.2 比较替代性理论模型的预测解释力

为了给某一社会生活或经济现象给出经济解释,不同经济学者所采用的理论模型不尽相同,但通常各自又都具备相对严谨的内在逻辑。如何区分哪一个理论模型更加契合或能够更加准确地预测现实状况?如前所述,实验方法可被用于检验具体的经济理论假设及其预测结果的准确性,这使得比较不同理论模型的现实解释力变得可能,同时也为深入研究人们决策的潜在动机提供了有效且可行的渠道。

我们以经济学界对于人们不平等厌恶决策的研究为例,阐释实验方法在比较不同理论模型对现实解释力方面的应用。例如,基于不平等厌恶的理论模型主要包括 Fehr 和 Schmidt(1999)提出的 F&S 模型,以及 Bolton 和 Ockenfels(2000)提出的 ERC 模型。这两种理论对"不平等"的定义有所区别。其中,F&S 模型假设人们厌恶和其他任何人的收益有所差异,当自己的收益与他人的收益之间存在差异时,会对其产生负效用。假设有 n 个个体参与实验,编号为 $i, i = 1, 2, \cdots, n$,x_i 是个体 i 的收益,x_j 是他人 j 的收益。此时,个体 i 的效用函数可表示为:

$$U_i(x) = x_i - \alpha_i \left(\frac{1}{n-1} \right) \sum_{j \neq i} \max\{x_j - x_i, 0\} - \beta_i \left(\frac{1}{n-1} \right) \sum_{j \neq i} \max\{x_i - x_j, 0\}$$

个体效用 $U_i(x)$ 由三部分组成。其中,第一部分 x_i 是个体 i 的自身收益;第二部分 $-\alpha_i \frac{1}{n-1} \sum_{j \neq i} \max\{x_j - x_i, 0\}$ 衡量的是因自身收益 x_i 低于他人的收益 x_j 而产生的效用损失,α_i 代表个体 i 对这种不利不平等的厌恶程度;第三部分 $-\beta_i \frac{1}{n-1} \sum_{j \neq i} \max\{x_i - x_j, 0\}$ 衡量的是因自身收益 x_i 高于他人收益 x_j 而产

生的效用损失，β_i 代表个体 i 对这种有利不平等的厌恶程度。同时，假设 $\beta_i \leq \alpha_i$ 和 $0 \leq \beta_i < 1$，这一假设意味着个体对不利不平等的厌恶程度大于对有利不平等的厌恶程度，且个体一般不希望自身收益高于他人。

而 ERC 模型假设人们更喜欢自己的收益接近群体的平均收益，其值函数可表示为 $v_i(y_i, \sigma_i)$，其中 y_i 是个体 i 的自身收益，σ_i 代表个体 i 的总收益份额。在给定 y_i 的情况下，如果 $\sigma_i = (1/n)$，n 为参与者数量，则此时 v_i 是最大的。这意味着 F&S 模型设定下的个体寻求的平等是所有人都获得同样的收益，ERC 模型设定下的个体寻求的平等则是获取接近或达到总体的平均水平（简称"公平份额"）的收益。

那么哪一个模型的预测结果能够更好地解释现实中人们的决策呢？Engelmann 和 Strobel（2004）基于简单分配实验（One-shot Distribution Experiments）的方法比较了这两种理论模型对现实的解释力。在该实验中，参与者要在表 2.2 所展示的分配方案（A—C）中选择一个自己偏好的分配方案，如果该方案能使所有人的收益总和达到最高，那么这个方案就被认为是最有效率（Efficiency）的。实验后再随机分配参与者的角色身份——参与者 1、2 或 3，而只有参与者 2 对应的收益选项会被实际支付，且参与者 2 的收益在总收益中的占比越接近 0.333，代表分配之后的参与者 2 的收益越接近总体收益的平均水平。

表 2.2 简单分配实验设计及结果

实验局	F			E			Fx			Ex		
分配方案	A	B	C	A	B	C	A	B	C	A	B	C
参与者 1	8.2	8.8	9.4	9.4	8.4	7.4	17.0	18.0	19.0	21.0	17.0	13.0
参与者 2	5.6	5.6	5.6	6.4	6.4	6.4	10.0	10.0	10.0	12.0	12.0	12.0
参与者 3	4.6	3.6	2.6	2.6	3.2	3.8	9.0	5.0	1.0	3.0	4.0	5.0
总收益	18.4	18.0	17.6	18.4	18.0	17.6	36.0	33.0	30.0	36.0	33.0	30.0
参与者 2 收益占比	0.304	0.311	0.318	0.348	0.356	0.364	0.278	0.303	0.333	0.333	0.364	0.400
预测结果												
效率最大化	A			A			A			A		
F&S 模型	A					C	A					C
ERC 模型			C	A					C	A		
实际决策												
比例（%）	83.8	10.3	5.9	39.7	23.5	36.7	86.7	6.7	6.7	40.0	16.7	43.3

该实验一共包括 4 个不同的实验局。从表 2.2 来看，F 实验局下个体基于效

率最大化预测的决策和基于 F&S 模型预测的决策保持一致。在 E 实验局中,基于效率最大化预测的决策和基于 ERC 模型预测的决策保持一致。Fx(Ex)实验局是 F(E)实验局的一种变体,旨在更细致地研究个体面对不平等收益的反应,并考察个体在效率与公平之间的决策权衡。Fx(Ex)实验局与 F(E)实验局的唯一区别在于,参与者 2 基于 ERC 模型预测的决策结果与其公平份额恰好一致,即其个人收益等于总体收益的均值。研究结果发现,在控制效率最大化预测一致的情况下,F&S 模型预测正确的比例高于 ERC 模型(83.8% vs 39.7%),即前者对现实中人们决策结果的解释力相对更强。

2.2 规律探索

规律探索作为经济学实验的第二大核心功能,有力助推着经济学研究的纵深发展。具体而言,研究者既可采用经济学实验挖掘现有理论框架外难以预测的经验规律,还可利用经济实验揭示全新的经济现象。更进一步地,每当实验研究揭示出新的事实或规律时,研究者能够借由实验精准操控关键变量的外生变动,模拟不同的决策环境,层层剖析这些规律背后的机理,进而为修正或构建经济学理论提供重要的实证基础(Croson 和 Gächter,2010)。接下来,我们从"发现与验证经济规律"以及"评估理论模型在不同决策环境中的稳健性"这两个维度,深入探讨此功能于经济研究中的实践应用。

2.2.1 发现与验证经济规律

实验是探索经验性规律的基石,现已成为诸多领域科学研究不可或缺的一个重要工具。在自然科学领域,许多知名定律或理论的成熟往往伴随着大量的实验观察数据,这些数据为科学研究者发掘潜在的自然科学规律提供了线索。比如,伽利略通过对运动物体的实验观察得出"在没有外力作用的情况下,无法通过实验区分静态状态和匀速直线运动状态"这一相对性原理,后来成为爱因斯坦的"相对论"的基础。在经济学领域,实验同样能以其控制外生变量和简化现实决策环境的优势,为探索新的经验性规律提供强有力的支持,从而指引经济学家关注具备现实研究价值的经济问题或现象,为经济学的理论创新提供坚实的基础。

一个经典的例子便是连续双向拍卖(Continuous Double Auction,CDA)系列实验研究与拍卖理论的发展。连续双向拍卖是一个被广泛应用于世界各地资本市场、股票市场等领域的重要市场交易机制。在连续双向拍卖中，买家会报出他们愿意支付的价格，卖家会报出他们希望收到的价格。新加入的报价必须比当前市场的价格更有吸引力——买家报价要更高，卖家报价要更低。也就是说，如果买方希望获得拍品，他的报价必须更有吸引力，以便超越已有的报价。当买家接受卖家的要价，或者卖家接受买家的出价时，就会形成有约束力的合同。尽管少数交易者只拥有私人信息，但连续双向拍卖仍然能够在不同信息条件下实现均衡，完成交易（Smith，1991b）。

Robert Wilson 和 Dainel Friedman 等人自 20 世纪后半叶开始试图建立有关双向拍卖的理论模型，甚至更早之前，已有不少研究基于实验的方法对连续双向拍卖开展了广泛的考察，包括模拟现实拍卖市场，记录并分析连续双向拍卖中个体的交易行为、市场的动态均衡状态，以及不同交易策略在连续双向拍卖中的表现等（参见 Friedman 和 Rust，1993）。这些实验研究发现拍卖理论中"人们会根据其对物品实际价值估计来做出理性的出价"这一假设（Vickrey，1961）在实际拍卖中很可能受到信息不对称和个人偏好等因素的影响，进而使得人们做出非理性的决策。比如拍卖实验中常可以观察到的经验性规律之一——竞拍成功的人很可能因高估物品价值而最终支付比物品实际价值更高的价格，从而造成亏损，即"赢家诅咒"现象。Paul Milgrom 和 Robert Wilson 受到这些实验研究经验性规律的启发，将现实拍卖中常见的买家之间的差异和信息不对称特征纳入拍卖理论，并提出对拍卖机制的改进设计——同时多轮拍卖（Simultaneous Multiple-round Auction，SMRA），即允许竞拍者在多轮竞价中提交出价，以在竞价过程中获取其他竞拍者的私人信息，从而实现更加公平有效的拍卖结果（Milgrom，2004）。他们因对拍卖理论的贡献和对实际拍卖形式的应用助推而成为 2020 年诺贝尔经济学奖的获得者。

2.2.2 评估理论模型在不同决策环境中的稳健性

实验，特别是实验室实验，以其出色的可控制性为研究者提供了一个理想的平台，以评估同一理论模型在不同参数发生改变的决策环境下的预测效果。特别是在一些现实中较难观测到的极端环境下，即使该理论模型应用的市场制度规则不变，既有的理论模型也可能无法达到原有的预测效果。比如利用实验模拟市场极端波动或金融危机等情况，能够使研究者观察到现有的市场制度规则在非常规压力下的可能表现,并考察其与理论模型预测结果的一致性。简言之,实验可以作为一种检验理论模型在不同参数变化下预测效果稳健性的有效工具,帮助研究者探索非常规情况下的经济规律,从而完善现有经济理论。

仍以拍卖市场相关的实验研究为例,考虑在实验中外生改变共同价值拍卖制度下的决策环境(比如参与竞标者的数量以及博弈环境)对于纳什均衡模型预测准确性的影响。首先,在共同价值拍卖市场中,拍卖物品的实际价值对于所有竞标者而言都是一样的,但竞标者在参与拍卖的过程中不知道拍卖物的实际价值,他们对于拍卖物都有自己的估价。虽然每个竞标者的估价是私人信息,但所有估价都和物品实际价值(共同价值)有关,导致估价之间可能是相关的。其次,在这样的市场制度下,信息的不确定性程度与竞标者的数量有关,竞标者的数量越少,信息的不确定性就越低,进而使得模型的预测更加准确。Kagel 和 Levin(1986)的实验研究表明,相比于共同价值拍卖市场中存在 67 个竞标者时纳什均衡模型所预测的结果,当竞标者减少到 34 个时,纳什均衡模型预测的结果更为准确。最后,除外生改变竞标者数量外,也有学者利用实验外生改变了共同价值拍卖制度下竞标者的博弈环境,以考察纳什均衡模型预测的效果是否会因为决策博弈环境的不同而发生改变。研究发现,在讨价还价博弈环境下,竞标者的行为决策基本符合纳什均衡模型预测的结果(Fouraker 和 Siegel,1963),然而在最后通牒博弈环境下,纳什均衡模型则不再适用——其预测结果与实验结果不一致。这可能是由于人们受到其对公平的偏好和报复心理的影响,不再遵循经济利益最大化而做出非理性决策,导致了纳什均衡模型预测的失效(Hoffman 等,1994)。

2.3　政策与制度评估

经济学实验的第三大核心功能在于其可被研究者用于政策与制度的科学评估。该功能主要涵盖三个维度:一是精准评估既有政策的实施效果,为后续政策优化提供具备参考价值的实证建议;二是比较不同制度的干预成效,帮助决策者更加理性地决策;三是预先评估潜在政策与制度变革的实施效果,为决策者提供事前风险管理与前瞻性的策略支持。下面我们将围绕这三个维度,对经济学实验在政策与制度评估方面的实践应用展开介绍。

2.3.1 评估政策效果

当政策制定者面临新政策的评估任务时,他们需要采用一种既科学又准确的方法来衡量政策的实施成效。实验方法,特别是在自然环境中运行的实地实验方法,则提供了一个强有力的工具,可以帮助政策制定者理解政策变化对目标人群的实际影响。实验方法可以通过随机分配处理组和对照组,确保除政策变化外的所有因素都保持不变,从而准确评估政策实施和所关注结果之间的因果关系。这一方法为政策评估提供了一个科学和系统的途径,以帮助政策制定者更准确地评估政策的实施成效,从而确保政策能够达到预期的社会效益。

以美国 Moving to Opportunity(MTO)住房迁移计划的政策评估为例,比较知名的研究是发表在《经济学季刊》(*The Quarterly Journal of Economics*)的 Katz 等(2001)。他们采用随机实验法探究了邻里属性对弱势家庭生活福祉的影响,并评估美国 MTO 住房迁移计划的实施成效。该住房迁移计划是一个旨在研究住房环境对家庭和儿童福祉①影响的实验性项目,于 1994—1998 年在美国 5 个大城市正式实施,涉及 4 604 个家庭。该实验通过抽签的方式将这些家庭随机分配到三个不同的实验局。随机分配的方式可以解决因样本自选择偏差、各实验局遗漏变量不平衡等所带来的内生性问题,进而提高实验结果的可靠性和有效性。② 其中,基础对照组不提供任何住房补贴券,继续在原有的公共住房或项目基础的住房中居住。"第八条款"对照组提供住房补贴券,但没有限制搬迁社区的贫困率,也不提供额外的咨询服务。MTO 住房迁移计划实验组提供住房补贴券,要求家庭搬迁到贫困率低于 10% 的社区,并提供搬迁和适应新社区的咨询服务。

他们的研究表明,对于在 13 岁之前搬入低贫困率社区的儿童,MTO 计划对其长期福祉的提升有积极的效果,具体表现为其大学入学率更高,成年之后就业所获得的收入更高,且离婚率更低。而对于在 13 岁至 18 岁期间搬入低贫困率社区的儿童,MTO 计划对其福祉的作用效果呈现轻微的负面影响,这可能是由于搬迁切断了他们与原有社会网络的联系。该研究采用实验的方法有效评估了美国 MTO 住房迁移计划对人们经济、教育等福祉的长期影响,既提供了

---

① 家庭福祉通过对家庭主要负责人或户主的健康、安全感、社交互动以及公共援助和就业数据的分析来衡量,儿童福祉则通过儿童行为问题的减少、受伤和哮喘发作的减少以及犯罪受害的减少来衡量。

② 可靠性是关于重复性的,指相同的实验在相同的条件下是否能重复得到一致的结果。有效性是关于准确性的,指实验结果是否真实反映了所研究的因果/相关关系。

通过提高住房流动性以改善家庭福祉的实证证据,有助于人们理解住房政策和社区资源如何影响低收入家庭及个人的长期福祉,又有助于政策制定者为类似MTO计划项目的实施原则和细节要求设计提供参考方案。

2.3.2 比较不同制度干预的效果

在同一环境背景下,实验方法通过外生改变现有制度的属性或规则,并控制除制度以外其他可能影响结果变量(如行为决策、市场均衡等)的因素不变(或在不同制度实验局之间保持平衡),有效地考察具备不同特征的制度对研究关注的结果变量的差异化影响,从而为我们深入理解和改进现有制度规则提供重要实证依据,是一种具有较高实用价值的研究工具。

对于不同特征制度的实验研究,既可以基于模拟现实情况的虚构环境展开探索,也可以基于现实环境进行实地考察。对于前者,以拍卖市场中不同拍卖制度的比较研究为例,介绍实验方法在比较不同制度作用差异方面的应用。常见的拍卖制度包括英式拍卖(English Auction)、荷式拍卖(Holland Auction)、第一价格拍卖(First-price Auction)和第二价格拍卖(Second-price Auction)。不同拍卖类型具备不同的拍卖规则。其中,英式拍卖中是由竞价者公开竞标,出价最高者获得拍品。荷式拍卖中的竞标价格由高往低降,是由第一个接受价格的人获得拍品。第一价格拍卖是指竞标者对拍品进行单独密封报价,即竞标者不知道其他竞标者的出价,由出价最高的竞标者获取拍品。第二价格拍卖仍是出价最高的竞标者获得拍品,但只需支付排位第二高的价格。

Cox等(1982)在实验室模拟了这四种不同的拍卖制度,通过让被试在不同拍卖制度下完成拍卖,以获取人们在这四种拍卖制度下的拍卖行为数据,包括每场拍卖完成的平均价格以及方差。由此,可以得出对于同一物品的拍卖,不同拍卖制度下拍品成交的价格差异,为拍卖方选择收益最大化的拍卖制度提供科学、可靠的实证依据。紧随其后也有不少研究比较其他市场制度的收益效果,比如统一价格拍卖、区别价格拍卖、公布(零售)定价以及双向拍卖交易制度等①(Smith,1991b)。

---

① 统一价格拍卖指的是所有成功的竞标者都将以相同的价格购买商品或资产,这个价格通常是所有成功竞标中的最低竞标价格。区别价格拍卖则是每个成功的竞标者都将以自己的竞标价格购买商品或资产。公布(零售)定价是卖方设定一个固定的价格,买方可以选择接受这个价格并购买商品,或者选择不购买。双向拍卖交易制度的交易价格则并非固定,而是由买卖双方的市场供需决定。

对于基于现实环境进行实地考察的实验研究,下面以在现实企业中采用不同员工管理制度的实验研究为例,阐释实验在现实环境下考察不同制度应用效果的作用。Carroll 等(2009)利用现实中企业改变 401(k)储蓄计划中登记制度的机会,通过自然实地实验的方法,于 1997 年和 1998 年两个时间段在一家财务服务行业 500 强的企业中分别对两批员工实施了两种不同登记制度的干预,以考察不同登记制度设计对员工的 401(k)储蓄计划参与率的影响。401(k)储蓄计划是美国最主要采用的一种由员工和雇主共同缴费建立起来的完全基金式的退休养老制度,旨在帮助员工为其退休后的生活做好财务准备。401(k)储蓄计划通常由第三方金融服务公司管理,参加该计划的员工每个月须将工资的一定比例金额存储到专用账户中,这些资金可以免税,直到退休时提取。一般情况下,雇主投入员工 401(k)储蓄计划中的资金为员工收入的 3%。Carroll 等(2009)比较了主动决策制度和标准登记制度这两种不同制度下员工参与 401(k)储蓄计划的实际概率。其中,主动决策制度要求员工必须在入职 30 天内提交一份表格,表明他们是否希望参加 401(k)储蓄计划,这种制度没有默认选项。而标准登记制度则有默认员工不参与 401(k)储蓄计划的选项,除非员工自主更改选择为加入,这也是当时大多数企业所采用的制度。研究发现,相比于标准登记制度,主动决策制度能够在入职初始显著提高员工参与 401(k)储蓄计划的概率,并加快他们做出储蓄决策的速度。实验方法为直观、有效地比较不同制度的应用效果提供了可行的渠道,有助于理解制度如何影响人们的决策,以及制度应如何改进从而发挥其对社会福利、企业发展和个人利益最大化的积极作用。

2.3.3 预评估政策、制度的效果

正如前述第 2.3.2 节所讨论的,实验在考察不同制度的作用效果方面能发挥重要作用,但值得注意的是,即使有的制度在现实中并未得到真正实施,也可以通过实验进行模拟测试。这为解决特定现实问题开展的制度设计提供了一个理想的试验场,使我们能够通过在实验中模拟各种可能的场景,测试各种制度设计实施的可能性及实际表现,并进一步探索各种创新的制度设计,验证这些制度的性能和特性,以寻求解决现实问题的最佳方案。

毋庸置疑,经济学领域的实验研究成果对政府管理资源配置相关的制度设计发展产生了重大影响。早在 20 世纪 70 年代初,Henry Wallich 领导的美国财

政部团队就曾参考有关国库券单一价格密封拍卖①的实验研究结果,以此来指导长期债券的发行(Smith,1991b)。具体来说,这类实验研究通过实验室实验深入考察了单一价格密封拍卖在国库券发行中的实际应用效果。在这种拍卖方式中,所有竞标者需要同时提交他们愿意为每单位商品或资产支付的价格,但这些出价是保密的。也就是说,竞标者并不知道其他竞标者的出价。最高出价者将赢得拍卖,并按照其出价支付。与投资银行或承销团会全部或部分承销国库券以及私募发行国库券等传统发行模式不同,单一价格密封拍卖国库券的方式已经被相关实验研究证明在提升拍卖公平性和透明度上具备明显优势,而且此方式在简化流程以降低发行成本的同时避免了竞标者信息的泄露。Henry Wallich 和他的团队认为这种拍卖方式可能有助于优化长期债券的发行。因此,他们决定在现实的长期债券发行中采用这种方式。其后,单一价格密封拍卖方式被频繁和广泛地应用在短期国库券、中期国债,以及通胀保值证券等多领域。

另一个强调实验研究对现实资源管理政策产生重要作用的例子是机位分配制度的改革。机位分配②自 20 世纪 60 年代末以来便已成为许多航空公司在考虑如何分配和管理有限的机场起降时段,以及如何确保每家航空公司能够在合适的时段内飞行时所面临的一个政策问题。当时机位分配采取的是委员会制度,即机位是由美国民用航空委员会(Civil Aeronautics Board,CAB)授权的调度委员会进行分配,每个航空公司都派有一名代表参与该委员会,通过该委员会中所有代表均一致同意的方式来决定机位分配。如果该委员会中各个代表的意见无法达成一致,机位分配的决定权将交给美国联邦航空管理局(Federal Aviation Administration,FAA)。FAA 可能采用以下四种方法之一来决定机位分配:第一,抽签;第二,拍卖;第三,历史模式分配;第四,行政审查。其中,抽签是指通过随机抽取的方式分配机位;拍卖是指通过竞价拍卖的方式分配机位,由出价最高的航空公司获得机位;历史模式分配是指根据航空公司过去的机位使用情况来分配机位;行政审查是指 FAA 通过审查各航空公司的申

---

① 在单一价格密封拍卖中,所有的竞标者都会提交他们愿意为每单位的商品或资产支付的价格,但这些出价是保密的。也就是说,竞标者不知道其他竞标者的出价。由最高出价者赢得拍卖,但支付的价格是所有成功竞标中的最低竞标价。

② 机位分配是指机场管理部门或相关委员会根据航空公司的需求、航班计划和其他因素来安排飞机停靠的位置和每小时起降次数,以便进行登机、卸货、加油等操作。有效的机位分配能够确保航班按时起降,同时避免拥堵和混乱。

请,并根据某种考量了航空公司财务状况、运营能力、市场需求以及航线合理性等因素在内的特定公式,来决定每个航空公司的机位分配,整个过程将保持公开透明,以防止任何形式的腐败或不公平行为。

　　Grether 等(1981)首先通过参与四次调度委员会会议的观察发现,调度委员会的决策过程往往并不高效——机位分配的结果由前述 FAA 所采用的四种方法之一决定。进一步地,他们通过实验室实验分别模拟了应用这四种方法进行机位分配的效果。实验结果发现,采用抽签方法会使得所有航空公司预期获得的起降权数量相同,导致大公司需要让出部分权利给小公司和新进入者;在历史模式分配的方法下,大公司通常保持其历史机位分配的份额,新进入者获得的权利较少,导致扩展受限;行政审查方法的应用同样可能存在新进入者通常只能获得少量的起降权的问题,而且在大型航空公司既有稳定的财务、运营能力等现状条件下,大型航空公司的机位份额难以得到扩展;而拍卖能够更有效地分配机场时段,避免了调度委员会分配过程中的低效问题。同时,拍卖这一方法可以减少大公司对时段的垄断,给新进入者更多机会。因此,他们建议 FAA 放弃委员会制度,转而采用事后市场(即航空公司在初步获得机场机位/时段后,仍然可以在事后根据实际运营需要,在市场中与其他航空公司进行买卖或交换这些机位/时段)和单一价格密封拍卖(这种拍卖允许航空公司根据未来的需求进行出价),在提高机位分配效率的同时,将拍卖收入用于缓解机场容量限制,并促进基础设施的改善。该实验开创了以市场为基础的机场时段分配机制,这已经成为现今的普遍做法。可见,实验作为制度设计的试验场,其相关研究将为政策制定者提供宝贵的实证经验,这表明了实验研究在解决实际问题中的重要价值。

本章小结

　　本章深入探讨了实验方法在经济学领域的三大应用:理论检验、规律探索、政策与制度评估。第一,实验为经济理论的检验提供了一个可控的环境,使得研究者能够检验理论假设的合理性,以及理论模型在特定条件下的预测结果的准确性。第二,实验以其能够实现外生干预的优势,帮助研究者揭示经济行为背后的规律,为理解复杂的经济现象提供了新的视角。第三,实验方法在政策和制度评估中同样发挥了重要作用——为政策制定者提供了科学、系统的评估工具,而且实验还可作为制度设计的试验场,允许研究者在现实实施政策制度之前预评估其效果,从而为解决特定现实问题提供了有效的方案。这些应用不仅推动了经济学研究的创新,也对政府资源配置和政策制定产生了深远的影响。

参考文献

Andreoni, J., and Vesterlund, L., 2001, "Which Is the Fair Sex? Gender Differences in Altruism", *The Quarterly Journal of Economics*, 116(1), 293-312.

Ariely, D., Loewenstein, G., and Prelec, D., 2003, "'Coherent Arbitrariness': Stable Demand Curves Without Stable Preferences", *The Quarterly Journal of Economics*, 118(1), 73-106.

Barnes, Trevor J., 1988, "Rationality and Relativism in Economic Geography: An Interpretive Review of the Homo Economicus Assumption", *Progress in Human Geography*, 12(4), 473-496.

Beggs, A., and Graddy, K., 2009, "Anchoring Effects: Evidence from Art Auctions", *American Economic Review*, 99(3), 1027-1039.

Bénabou, R., and Tirole, J., 2006, "Incentives and Prosocial Behavior", *American Economic Review*, 96(5), 1652-1678.

Bleichrodt, H., Rohde, K. I. M., and Wakker, P. P., 2009, "Non-Hyperbolic Time Inconsistency", *Games and Economic Behavior*, 66(1), 27-38.

Bolton, G. E., and Ockenfels, A., 2000, "ERC: A Theory of Equity, Reciprocity, and Competition", *American Economic Review*, 90(1), 166-193.

Burks, S., Carpenter, J., Götte, L., and Rustichini, A., 2012, "Which Measures of Time Preference Best Predict Outcomes: Evidence from a Large-Scale Field Experiment", *Journal of Economic Behavior & Organization*, 84(1), 308-320.

Burnham, T. C., 2003, "Engineering Altruism: A Theoretical and Experimental Investigation of Anonymity and Gift Giving", *Journal of Economic Behavior & Organization*, 50(1), 133-144.

Camerer, C. F., 2003, "Behavioural Studies of Strategic Thinking in Games", *Trends in Cognitive Sciences*, 7(5), 225-231.

Camerer, C. F., and Fehr, E., 2006, "When Does 'Economic Man' Dominate Social Behavior?", *Science*, 311(5757), 47-52.

Carroll, G. D., Choi, J. J., Laibson, D., Madrian, B. C., and Metrick, A., 2009, "Optimal Defaults and Active Decisions", *Quarterly Journal of Economics*, 124(4), 1639-1674.

Charness, G., and Rabin, M., 2002, "Understanding Social Preferences with Simple Tests", *The Quarterly Journal of Economics*, 117(3), 817-869.

Cox, J. C., Roberson, B., and Smith, V. L., 1982, "Theory and Behavior of Single Object

Auctions", *Research in Experimental Economics*, 2(1), 1–43.

Cox, J. C., Friedman, D., and Sadiraj, V., 2008, "Revealed Altruism", *Econometrica*, 76(1), 31–69.

Croson, R., and Gächter, S., 2010, "The Science of Experimental Economics", *Journal of Economic Behavior & Organization*, 73(1), 122–131.

De Bruyn, A., and Bolton, G. E., 2008, "Estimating the Influence of Fairness on Bargaining Behavior", *Management Science*, 54(10), 1774–1791.

Deck, C. A., 2001, "A Test of Game-Theoretic and Behavioral Models of Play in Exchange and Insurance Environments", *American Economic Review*, 91(5), 1546–1555.

Deck, C. A., 2004, "Avoiding Hyperinflation: Evidence from a Laboratory Economy", *Journal of Macroeconomics*, 26(1), 147–170.

Dohmen, T., Falk, A., Huffman, D., and Sunde, U., 2010, "Are Risk Aversion and Impatience Related to Cognitive Ability?", *American Economic Review*, 100(3), 1238–1260.

Ellingsen, T., and Johannesson, M., 2005, "Trust as an Incentive", *Stockholm School of Economics Mimeo*.

Engelmann, D., and Strobel, M., 2004, "Inequality Aversion, Efficiency, and Maximin Preferences in Simple Distribution Experiments", *American Economic Review*, 94(4), 857–869.

Erlei, M., 2008, "Heterogeneous Social Preferences", *Journal of Economic Behavior & Organization*, 65(3–4), 436–457.

Falk, A., Fehr, E., and Fischbacher, U., 2008, "Testing Theories of Fairness-Intentions Matter", *Games and Economic Behavior*, 62(1), 287–303.

Fehr, E., Kirchsteiger, G., and Riedl, A., 1993, "Does Fairness Prevent Market Clearing? An Experimental Investigation", *The Quarterly Journal of Economics*, 108(2), 437–459.

Fehr, E., and Schmidt, K. M., 1999, "A Theory of Fairness, Competition, and Cooperation", *The Quarterly Journal of Economics*, 114(3), 817–868.

Fehr, E., and Schmidt, K. M., 2006, "The Economics of Fairness, Reciprocity and Altruism-Experimental Evidence and New Theories," in Kolm, S.-C., and Ythier, J. M., eds., *Handbook of the Economics of Giving, Altruism and Reciprocity*, Amsterdam: Elsevier.

Fouraker, L. E., and Siegel, S., 1963, "*Bargaining Behavior*", New York: McGraw Hill.

Friedman, D., and Rust, J., 1993, *The Double Auction Market: Institutions, Theories, And Evidence*, London: Routledge.

Furnham, A., and Boo, H. C., 2011, "A Literature Review of the Anchoring Effect", *The Journal of Socio-Economics*, 40(1), 35–42.

Grether, D. M., Isaac, R. M., and Plott, C. R., 1981, "The Allocation of Landing Rights by Unanimity Among Competitors", *American Economic Review*, 71(2), 166-171.

Grether, D. M., and Plott, C. R., 1979, "Economic Theory of Choice and the Preference Reversal Phenomenon", *American Economic Review*, 69(4), 623-638.

Güth, W., Schmittberger, R., and Schwarze, B., 1982, "An Experimental Analysis of Ultimatum Bargaining", *Journal of Economic Behavior & Organization*, 3(4), 367-388.

Hoffman, E., McCabe, K., Shachat, K., and Smith, V., 1994, "Preferences, Property Rights, and Anonymity in Bargaining Games", *Games and Economic Behavior*, 7(3), 346-380.

Holt, C. A., and Laury, S. K., 2002, "Risk Aversion and Incentive Effects", *American Economic Review*, 92(5), 1644-1655.

Kagel, J. H., and Levin, D., 1986, "The Winner's Curse and Public Information in Common Value Auctions", *American Economic Review*, 76(5), 894-920.

Kahneman, D., Knetsch, J. L., and Thaler, R. H., 1986, "Fairness as a Constraint on Profit Seeking: Entitlements in the Market", *American Economic Review*, 76(4), 728-741.

Karni, E., Salmon, T., and Sopher, B., 2008, "Individual Sense of Fairness: An Experimental Study", *Experimental Economics*, 11(2), 174-189.

Katz, L. F., Kling, J. R., and Liebman, J. B., 2001, "Moving to Opportunity in Boston: Early Results of a Randomized Mobility Experiment", *The Quarterly Journal of Economics*, 116(2), 607-654.

Laibson, D., 1997, "Golden Eggs and Hyperbolic Discounting", *The Quarterly Journal of Economics*, 112(2), 443-478.

Milgrom, P. R., 2004, *Putting Auction Theory to Work*, Cambridge: Cambridge University Press.

Mussweiler, T., Strack, F., and Pfeiffer, T., 2000, "Overcoming the Inevitable Anchoring Effect: Considering the Opposite Compensates for Selective Accessibility", *Personality and Social Psychology Bulletin*, 26(9), 1142-1150.

Prasnikar, V., and Roth, A. E., 1992, "Considerations of Fairness and Strategy: Experimental Data from Sequential Games", *The Quarterly Journal of Economics*, 107(3), 865-888.

Prelec, D., 2004, "Decreasing Impatience: A Criterion for Non-stationary Time Preference and 'Hyperbolic' Discounting", *The Scandinavian Journal of Economics*, 106(3), 511-532.

Rabin, M., 1998, "Psychology and Economics", *Journal of Economic Literature*, 36(1), 11-46.

Roth, A. E., 1995, "Introduction to Experimental Economics", in Kagel, J. H., and Roth, A. E., eds., *The Handbook of Experimental Economics*, Princeton: Princeton University Press, 1-110.

Roth, A. E., Prasnikar, V., Okuno-Fujiwara, M., and Zamir, S., 1991, "Bargaining and Market Behavior in Jerusalem, Ljubljana, Pittsburgh, and Tokyo: An Experimental Study", *American Economic Review*, 81(5), 1068-1095.

Smith, V. L., 1962, "An Experimental Study of Competitive Market Behavior", *Journal of Political Economy*, 70(2), 111-137.

Smith, V. L., 1991a, "Rational Choice: The Contrast between Economics and Psychology", *Journal of Political Economy*, 99(4), 877-897.

Smith, V. L., 1991b, *Papers in Experimental Economics*, Cambridge: Cambridge University Press.

Smith, V. L., 1994, "Economics in the Laboratory", *Journal of Economic Perspectives*, 8(1), 113-131.

Sugden, R., 2004, "The Opportunity Criterion: Consumer Sovereignty Without the Assumption of Coherent Preferences", *American Economic Review*, 94(4), 1014-1033.

Sutter, M., Kocher, M. G., Glätzle-Rützler, D., and Trautmann, S. T., 2013, "Impatience and Uncertainty: Experimental Decisions Predict Adolescents' Field Behavior", *American Economic Review*, 103(1), 510-531.

Tversky, A., and Kahneman, D., 1974, "Judgment under Uncertainty: Heuristics and Biases", *Science*, 185(4157), 1124-1131.

Vickrey, W., 1961, "Counterspeculation, Auctions, and Competitive Sealed Tenders", *The Journal of Finance*, 16(1), 8-37.

第3章
经济学实验的类型

在天文学、物理学、化学和生物学等自然科学领域中,实验是最主流的研究方法之一,研究者可以通过有计划地控制和操作变量来观察特定现象或过程,进而验证假设、揭示因果关系并探索自然界中的新现象与规律。在经济学领域,早期已有一些学者开始尝试将实验方法引入经济学中。例如,Thurstone(1931)通过实验方法验证了无差异曲线理论的有效性;Chamberlin(1948)在教室环境的实验室条件下验证市场均衡理论;Siegel 和 Fouraker(1960)通过实验模拟双边垄断交易以检验达到帕累托最优[1]的条件;Flood(1958)通过实验游戏模拟非零和博弈[2]以理解人们在博弈中的谈判和决策行为,等等。但这些研究只是对实验相对初步的应用,常因缺乏严谨的控制条件而使其在实验结果的内部有效性和外部有效性上遭受质疑。1962 年,Vernon Smith 使用规范的实验控制方法[3]检验市场机制的开创性研究——《竞争市场行为的实验研究》(*An Experimental Study of Competitive Market Behavior*)正式发表,被视为实验经济学正式创立的标志。该研究为 Smith 在 2002 年获得诺贝尔经济学奖奠定了基础,在 Smith 的推动下,实验经济学得到了广泛的关注和发展。实验方法在经济学学科中的引入,为经济学家提供了在可控环境中获取科学的实验数据来源的有效途径,而且实验及其研究结果亦可被其他研究者复制检验,因此被认为是经济学迈向科学研究的关键一步(周业安,2014;Smith,1989)。

Harrison 和 List(2004)根据被试的类型、被试的知识背景、实验中使用的商

---

[1] 帕累托最优(Pareto Optimality)是指资源分配的一种状态,即在不使任何人境况变坏的情况下,不可能再使某些人的处境变好。

[2] 非零和博弈是一种合作下的博弈,博弈中所有参与者的收益和损失总和不是零值,博弈过程中的各方参与者不再是完全对立的关系,一方的获利并不必然意味着其他方遭受同等的损失,博弈各方有可能通过合作获得共同的利益或实现互惠的结果。

[3] 该实验涉及随机化、实验参数标准化设置和可重复的实验流程等用以提高实验可控性的规范方法。

品、实验任务和规则、实验奖励的大小和实验环境特征或状态的差别,将实验分为实验室实验(Lab Experiment)、人工实地实验(Artefactual Field Experiment)、框架实地实验(Framed Field Experiment)和自然实地实验(Natural Field Experiment)四种类型。除此之外,审计实地实验(简称"审计实验")作为自然实地实验的一种重要形式,在经济学中也得到了广泛的应用。本章将详细介绍这四类实验,并在自然实地实验部分对审计实验法展开重点介绍。最后,探讨经济学实验方法和观测数据之间的权衡。

3.1 实验室实验

经济学中的实验室实验旨在通过创建受控的微观实验室环境,来模拟真实的经济生活系统。将实验中的参与者(被试)作为真实社会中的代理人,研究者能够通过外生变动某一干预条件以及控制可能干扰实验结果的其他条件,观察并比较实验组和对照组被试的行为结果差异,以获得干净的因果关系。Smith(1982)明确地定义了实验室实验应包括三个要素:环境(Environment)、制度(Institution)和行为(Behavior)。研究者可通过实验环境给定被试的偏好和初始禀赋;制度则通过实验说明和规则来界定;基于实验室环境、实验规则与实验说明,研究者可以观察被试进行实验任务的行为结果。在实验室实验中,被试通常为大学生。例如,Depositario 等(2009)在一项拍卖实验中系统地比较了学生(菲律宾大学洛斯巴诺斯分校的本科生)和非学生(菲律宾拉古纳省洛斯巴诺斯镇和巴耶镇的居民)被试对一种新型商品——"黄金大米"的出价行为。与普通大米相比,经过基因改造的"黄金大米"不仅能提供基础的营养价值,还具有附加的健康价值(如维生素 A 或 β-胡萝卜素)。该实验结果表明,学生和非学生对大米的支付意愿没有显著差异,且在多轮重复拍卖中,他们的出价行为趋于一致。

如何开展一个实验室实验?包特等(2020)总结了开展实验室实验所需的六个基本步骤:第一,锁定问题,实验室实验主要包括两大研究问题,即经济理论检验和现实政策研究;第二,设计实验,该步骤对实验成败尤为关键,其核心是如何谨慎地将现实问题设计在可控的实验中;第三,实验准备,包括确定所需科研助理的数量并为其提供培训所需的材料,同时准备适用于纸笔实验或计算机实验的相关设备软件以及实验说明等,并对实验突发情况进行预案;第四,根据实验目的以及实验条件招募实验参与者；第五，组织与实施实验，并在实验完成后，按约定为实验参与者支付参与费及与任务挂钩的奖金；第六，使用统计学和计量经济学方法对实验数据进行分析并提炼结论。

"控制"是实验方法的本质，经济学实验室实验的目标是在一个受控的实验室微观经济系统中对实验环境保持充分的控制，并保证对相关变量的准确测量。然而需要考虑的一个关键问题是，这种充分的控制如何真实再现个体的经济行为以保证对变量的准确测量呢？即如何保证实验参与者来参加实验并按照实验说明和实验规则做出自己真实的反应？针对这一问题，Smith(1976)提出诱导价值(Induced Valuation)理论，即通过制定货币报酬结构来诱导实验参与者的真实反应。货币报酬主要包括实验参与者的出场费以及与任务相挂钩的奖金两部分，在具体、合理的报酬结构设计下，实验参与者被激励来参与实验并做出有效的真实反应。

Smith(1982)进一步阐述了诱导价值理论的成立需满足5个条件。①非餍足性，如果实验参与者在两个备选方案之间进行无成本的选择，被试总会偏好选择能给自己带来更多货币报酬的方案，也就是说被试的效用是货币报酬的单调递增函数。②凸显性，实验参与者获得的报酬必须与其相应的行为相关联，以确保奖励对个体具有激励作用。实验制度可以对实验行为如何转化为货币报酬进行规定。③占优性，实验的报酬应当足够高，以支付任何与实验任务相关的费用，确保货币激励是实验参与者的主要激励因素，这是判定实验是否实现了控制的关键。常见的方法是提供对于实验参与者而言高水平的报酬，从而使得非货币效用变得无关紧要。④隐私性，每个实验参与者仅获得关于自己决策所得报酬的信息。⑤并行性，实验可重复进行，其研究结果置于同样条件的实验室环境外亦能成立。① 诱导价值理论表明人们的经济行为在实验室环境中能够得以真实再现，实验及研究结论亦可得到复制与检验。

作为一种科学的研究方法，经济学实验室实验在多方面展现出优势。第一，实验室实验能够通过创建严格受控的实验室环境来推断事物间的因果关系，从而克服采取经验观测数据揭示事物关系时容易面临的内生性挑战。在实验室实验中，研究者可对相关条件进行直接控制或者通过随机化进行间接控制，从而确保实验结果的有效性和可靠性。凭借这一优势，实验室实验的一个

---

① 有关这5个条件相互之间关系的具体介绍，可参见第1章中第1.2.2节的内容。

关键应用是检验经济学理论和探索经济规律。我们以劳动力市场中的一个经典理论——效率工资(Efficiency Wage)理论为例进行介绍。效率工资理论由Akerlof和Yellen(1986)提出，其核心假设是员工的工资与努力水平正相关。倘若使用观测数据检验这一理论则可能面临诸多挑战。例如，员工在企业环境中的努力水平通常难以被准确观察和衡量，而且各种不同激励因素的交错影响使得员工的努力水平变化很难得到解释。此外，观察到的工资差异也可能是由于企业规模、员工的生产率差异或者员工的自选择造成的，并不能反映工资与努力水平之间的关系(Falk和Heckman,2009)。在实验室实验中，研究者可以通过实验环境和制度控制多重激励、生产率差异和自选择等干扰因素，观察努力水平受工资外生变化而发生的影响。下面介绍一项在实验室实验中检验效率工资理论的研究。

研究案例 3.1 效率工资理论的验证——来自实验室实验的证据

Fehr等(1993)通过在实验室环境中模拟雇主和员工的行为，研究员工的工资和努力水平之间的关系来检验效率工资理论。实验中的被试是来自维也纳大学和维也纳科技大学的学生。在实验开始时，被试被随机分为雇主角色或员工角色，并在整个实验过程中保持不变。实验具体分为两个阶段进行。在第一阶段，雇主通过单向口头拍卖的方式提出工资水平出价，员工可以选择接受或者不接受。如果员工接受该工资，双方形成有约束力的工资合同。否则，雇主可以提高出价，但新的出价必须高于之前市场上未被接受的最高出价。三分钟后该市场关闭，未成功交易的各方在此期间的利润为零。在第二阶段，员工匿名地选择自己付出的努力水平，即员工的选择仅对其雇主可见。员工的选择完全不受限制，没有任何相关的惩罚措施。实验期间，员工和雇主处于不同的房间，每个房间都有两名监督员通过电话传递工资水平和努力信息。实验尽可能模拟真实劳动力市场环境，每场的员工人数均超过雇主人数以模拟非自愿失业现象。员工付出努力需要货币成本，但是企业会从员工的努力中获益。实验共进行4场，每场大约持续2小时，平均每名被试获得约296奥地利先令(原奥地利的货币单位)的报酬。在新古典经济学的理性经济人假设下，"自利的"雇主和员工的目标都是自身利益最大化。在实验中，由于员工的努力是有成本的，而且提供低水平努力没有任何惩罚，因此"自利的"员工会选择付出最低的努力水平。雇主预期到员工的低努力行为，没有动力提供高于最低工资的价格。换言之，理性的雇主会为员工提供最低但使其不至于退出企业的工资水平。因此，根据主流的新古典经济学理论，雇主提供最低工资，员工付出最低水平的努力，工资与努力水平并没有正相关关系。然而，实际上，Fehr等(1993)发现雇主提供的工资比市场最低工资水平高出42奥地利先令，且雇主提供的工资越高，员工选择的努力水平也越高，效率工资理论得到验证。

第二，除检验经济理论的优势外，实验室实验还能够通过实验环境模拟现实世界，对政策实施效果进行预测，从而为政策设计提供实证依据。如果需要预测一项未在现实环境中实施过的政策，实验室能为评估此类新政策的效果提供理想的环境。例如，仲裁作为一种快速解决争议的方式，在合同纠纷、财产权益纠纷等方面得到广泛使用。传统仲裁(Conventional Arbitration, CA)类似于诉讼，仲裁员可以自由决定其认为合适的解决方案。而最终价格仲裁(Final-Offer Arbitration, FOA)要求每一方针对工资提出一个提议价格，仲裁员必须在两个工资价格中选择一个。为改善仲裁解决争议的效率和公正性，Deck等(2007)通过实验室实验评估了一项未实施过的工资谈判争议的仲裁方案——修正的最终价格仲裁方案(Amended Final-Offer Arbitration, AFOA)的预期效果。作为FOA的一种变体，AFOA要求每一方提出一个工资价格，最终工资的确定取决于仲裁员对公平工资的预期水平与针对极端提议者的惩罚成本之和。实验设计围绕雇主和员工之间的工资谈判争议进行。实验两人一组，被试被随机分配到雇主角色或者员工角色，并在30轮实验中角色保持不变。员工提出工资报价，雇主提出工资出价。如果雇主的工资出价大于员工的工资报价，则工资确定为出价和报价的均值。否则，双方进入仲裁阶段，在仲裁中，员工和雇主分别向仲裁员提交一个价格提议(α和β)。计算机模拟仲裁员做出裁决，如果$\alpha \leq \beta$，则工资为两者的均值；如果$\alpha > \beta$，仲裁员会根据接近其预期的公平工资(z)来裁定赢得仲裁的角色，仲裁员预期的公平工资从整个工资分布中抽取，该工资分布是共同知识。最终工资的计算基于仲裁员的预期公平工资z和输家的价格提议，与赢家的价格提议无关。这种机制旨在惩罚提出更极端要价的一方，鼓励双方提出合理的要价。具体来说，最终工资的确定方式如下：如果员工赢得仲裁，即$|z-\alpha|<|z-\beta|$，则最终工资(w)的计算公式为：$w = z + |z-\beta| = 2z - \beta$，这表明最终工资由公平工资以及雇主报价与公平工资的差价组成，仲裁员最终裁定雇主需要为员工提供更高的工资水平以惩罚雇主的极端报价；同理，如果雇主赢得仲裁，即$z-\alpha<0$，且$|z-\beta|<|z-\alpha|$，最终工资为：$w = z - |z-\alpha| =$

$2z-\alpha$,表明最终工资由公平工资以及员工报价与公平工资的差价组成,仲裁员最终裁定员工获得更低的工资水平以惩罚员工的极端出价。整个实验中,被试的收益由 5 美元的固定出场费和按照仲裁规则确定的最终工资组成。为比较三种仲裁的效果,该研究也做了员工-雇主互动的传统仲裁和最终价格仲裁实验。研究发现,相比于传统仲裁和最终价格仲裁方式,修正的最终价格仲裁能实现仲裁双方更高的和解率,且被试的出价落在理论预测的合约区间内的概率更高,这表明修正后的最终价格仲裁达成了更多的和解,在解决仲裁争议方面的表现更好。

第三,实验室实验成本低、实验结果可复制性高。实验室实验的被试一般为学生群体,并不涉及专门的群体或者环境。相比于招募专业的员工或者雇主,招募大学生群体的成本较低,且可以在较短时间内完成,因此复制实验室实验所面临的约束较弱。在经济学实证研究中,由于存在数据的时效性和回忆偏差等方面的挑战,数据的准确性及其处理方式经常受到直接或间接的质疑。然而,使用大学生这一标准实验被试进行的实验室实验却很少受到此类质疑(Charness,2010)。这是因为实验室实验的"开源性"为其他学者复现检验研究结果提供了可能,约束了研究中可能存在的"道德风险"问题。也就是说,鉴于研究者通常会随研究结果展示详细的实验设计和实验流程,研究人员可以通过公开的实验说明尝试复制该实验,验证研究结果的可靠性。这不仅有助于识别研究结果中的偏差或错误,还避免了诸如数据造假、选择性展现研究结果等道德风险问题。此外,研究者可以在复现的基础上修改或设计特定变量和要素,进行创新性研究。

第四,实验室实验可以用于研究现实环境中难以被研究者直接观测和研究的行为(代志新等,2023),比如劳动力市场中的歧视、恶性竞争、腐败、同僚倾轧,人性中的信任、利他、公平感和互惠,等等。在受控且匿名的实验室环境中,研究人员可以通过精巧的实验设计和货币激励等措施,有效激励被试展示其真实的偏好和行为,从而有助于研究者全面地了解这些隐蔽行为的动机和机制。

3.2 实地实验

在实验室实验中,研究者可以严格控制实验中的各种条件,并以大学生作为标准被试,该类实验具有可重复性高和成本低等优势,因而其研究结果具有较好的内部有效性。然而,实验室实验研究结果的外部有效性一直备受质疑,研究者普遍担心,实验室实验中所使用的大学生被试是否能够代表真实社会环境中的群体,以及研究结果是否具有普遍适用性,能否推广到真实的社会环境中去(Levitt 和 List,2009)。比如,在劳动力市场中,如果要研究员工对不同类型激励的反应,缺乏工作经验的大学生被试的行为决策和真正的员工决策会存在差异吗?在此背景下,实地实验(Field Experiment)的发展为弥补实验室实验的外部有效性不足提供了解决思路——通过招募真实的被试、使用真实的物品和实验场景等方式来贴近真实的世界。下面,首先对包括人工实地实验、框架实地实验和自然实地实验在内的三种常规的实地实验进行介绍。在介绍完自然实地实验方法之后,重点介绍其中一种特别的自然实地实验类型——审计实验,并阐明本书选择审计实验作为初学者踏入实地实验领域的推荐方法的原因。

3.2.1 常规实地实验

(1) 人工实地实验

为应对在实验室实验中大学生被试代表性不足的挑战,学者们开始尝试一种称为人工实地实验的方法。与使用大学生作为标准被试的实验室实验方法不同,在人工实地实验中,研究者通常在受控的实验室环境中邀请感兴趣的人员作为实验参与者,即被试通常来自目标市场,如期货交易员(Haigh 和 List,2005)、医生(Brosig-Koch 等,2016)、农民(Henrich 和 McElreath,2002)、船员(王一子等,2021)和快递员(Burks 等,2009)等,从而更好地在实验中模拟真实市场环境,以提高研究结果的外部有效性。现今,人工实地实验已被广泛应用于健康经济学(Brosig-Koch 等,2016)、金融学(Haigh 和 List,2005)、公共经济学(Karlan,2005)、发展经济学(Voors 等,2011)以及博弈论(Barr 和 Serneels,2009)等多个领域。下面详细介绍一个来自真实的医疗市场上的人工实地实验。

研究案例 3.2　医疗服务支付方案如何影响医疗服务供给?

Brosig-Koch 等(2016)通过招募德国真实医疗市场上的医生作为被试,探究不同支付方案——按服务收费和按人头收费——对医生的医疗服务供给行为的影响。实验中,每名医生被随机分配至两种支付方案中的一种,并要求其在用隔板隔开的计算机前,匿名为9名患者提供医疗服务。这9名患者分别带有不同严重程度(轻度、中度和重度)的3种疾病(A、B 和 C)。

为确保作为被试的医生完全理解实验任务和决策环境,他们需要首先回答一组与实验任务相关的问题,且仅在所有医生回答正确后,实验方可正式开始。实验开始后,计算机屏幕按照随机顺序向每位医生展示 9 名患者的病情信息(疾病类型和严重程度),并要求医生对这 9 名患者所需接受的医疗服务数量(从 0 到 10)逐一进行决策。所有患者均被假设为被动接受医疗服务且全额投保。在为这 9 名患者做决策时,医生会被告知其报酬、成本和利润,以及每种服务数量对应的患者健康收益的信息,具体如表 3.1 所示。

表 3.1 实验成本和收益设计

			\multicolumn{11}{c}{医疗服务数量}
			0	1	2	3	4	5	6	7	8	9	10
患者收益	疾病 A	轻度	4	5	6	7	6	5	4	3	2	1	0
		中度	2	3	4	5	6	7	6	5	4	3	2
		重度	0	1	2	3	4	5	6	7	6	5	4
	疾病 B	轻度	7	8	9	10	9	8	7	6	5	4	3
		中度	5	6	7	8	9	10	9	8	7	6	5
		重度	3	4	5	6	7	8	9	10	9	8	7
	疾病 C	轻度	8	10	12	14	12	10	8	6	4	2	0
		中度	4	6	8	10	12	14	12	10	8	6	4
		重度	0	2	4	6	8	10	12	14	12	10	8
医生	成本	成本	0.0	0.1	0.4	0.9	1.6	2.5	3.6	4.9	6.4	8.1	10.0
	按服务收费	报酬	0.0	2.0	4.0	6.0	8.0	10.0	12.0	14.0	16.0	18.0	20.0
		利润	0.0	1.9	3.6	5.1	6.4	7.5	8.4	9.1	9.6	9.9	10.0
	按人头收费	报酬	10.0	10.0	10.0	10.0	10.0	10.0	10.0	10.0	10.0	10.0	10.0
		利润	10.0	9.9	9.6	9.1	8.4	7.5	6.4	5.1	3.6	1.9	0.0

在所有医生均完成 9 次医疗服务供给决策之后,研究者随机选取其中一次决策用来确定医生的实际收益和相应的患者健康收益。这种随机选择决策的程序旨在排除收入效应,即确保医生行为是对单一决策的激励反应,而非对总体累积收益的激励反应。为确保实验中患者的收益真实地转化为金钱捐赠,使得医生相信其决策对真实世界的患者健康改善有直接影响,在实验结束时,研究者将随机选择一名医生被试作为监督员。监督员的任务是核对一封信件,该信件要求杜伊斯堡-埃森大学(University of Duisburg-Essen)的财务部门将实验

中患者的收益总额转账给慈善机构,以用于为津巴布韦马斯温戈(Masvingo)的白内障患者提供手术治疗费用。随后该信件被密封于信封中,由监督员和研究者共同带到附近邮筒投寄。监督员获得额外的 5 欧元报酬。

该研究强调了经济激励对医疗决策行为的影响。其实验结果发现,相比于按人头收费的支付方案,医生被试在按服务收费的支付方案下所提供的医疗服务数量更多。此外,该实验还招募了医学生和非医学生被试进行实验室实验,其研究表明,在人工实地实验和实验室实验中,所有被试对两种支付方案的反应是一致的:与按人头付费相比,按服务收费支付方案下的医生所提供的医疗服务数量更多。然而,同是在按服务收费的支付方案下,医学生和非医学生提供的医疗服务数量要比现实医生多。这可能是由于提供更多的医疗服务能带来更高的报酬,从而激励学生参与者倾向于提供更多的服务。相对地,医生由于对医疗知识有更深入的了解和专业训练,在决定服务提供量时表现得更加谨慎。

(2)框架实地实验

尽管人工实地实验将参与者的真实性纳入考虑,学者们对其外部有效性仍存在一个潜在的担忧——无论实验的参与者是大学生还是真实市场中的社会群体,实验室环境均是对真实社会环境的抽象处理,而非真实的社会环境,因此其研究结论的外部效度可能受到实验室环境的影响。为解决这一问题,框架实地实验突破了实验室环境的限制,在确保参与者真实性的基础上,进一步强调实验场景的真实性。"框架"是指实验的商品、任务和信息集都是在真实自然的环境框架中进行的(Harrison 和 List,2004;List,2011)。Bohm(1972)是较早脱离实验室实验方法的研究者之一,他于 1969 年在斯德哥尔摩开展了一项旨在评估公众对一部尚未公开展示的电视节目的支付意愿的实验。研究者从 20 至 70 岁居民中随机抽取 605 人作为该实验的被试,并邀请他们到广播公司所在地回答有关电视节目的问题。此研究将广播公司这一真实场景作为开展实验的场地,让被试身临其境,促使其做出自然的真实决策,为公共物品的估价方法提供了新思路。

相比于人工实地实验,框架实地实验进一步放松了研究者对实验环境的控制,但因其场景真实性的提高,而使实验结果的外部有效性得以增强。框架实地实验的一个典型应用领域为拍卖市场。下面以拍卖市场的一个经典现象"赢家诅咒"为例,对框架实地实验进行介绍。赢家诅咒是指在共同价值拍卖中,赢家因高估拍卖物品价值而出价过高进而获得负收益的现象。在实验室实验研究中,许多研究表明拍卖市场中的竞拍者通常会陷入赢家诅咒(Harrison 和 List,2008)。Harrison 和 List(2008)通过框架实地实验方法进一步检验拍卖市场中的赢家诅咒现象,他们从一个运作良好的体育卡展的真实拍卖会场上招募被试,并要求被试对其熟悉的体育卡片进行现场竞拍。被试包括有体育卡拍卖经验的经销商(专业人士)和没有体育卡拍卖经验的非经销商(非专业人士)两种类型。其中,经销商作为熟悉体育卡竞拍行为的人,比非经销商掌握更多关于体育卡价值的信息。整个实验流程主要包含四个步骤:第一,被试在实验现场观察密封的体育卡片,每包卡片零售价为10美元,其实际价值从几美元到几千美元不等;第二,被试通过拍卖示例学习理解拍卖规则,确保其完全理解拍卖规则和任务后方开始竞拍;第三,被试在纸上写下自己的竞拍价格,每位被试仅参与一次实验;第四,研究者告知被试拍卖结果,最高出价者按照约定付款后得到卡片,交易结束。

该实验包含2个实验局——对称信息实验局和非对称信息实验局,每4人一组。具体来说,在对称信息实验局中,经销商和经销商配对,非经销商和非经销商配对,每个被试都知道组内竞拍者的构成,并根据自己的信念出价。在非对称信息实验局中,则随机将3名非经销商和1名经销商配对,每个被试都知道组内有且只有1名经销商,并且该经销商拥有关于体育卡片价值的完全信息。研究发现,在对称信息结构和非对称信息结构的拍卖中,经销商的出价显著低于非经销商的出价,表明具有竞拍经验的被试能够通过更加谨慎的出价,避免因过高出价而带来的潜在损失。此外,非经销商在非对称信息结构拍卖中的出价显著高于其在对称信息结构拍卖中的出价。这可能是由于在非对称信息结构拍卖中,非经销商会根据拥有更准确信息的经销商的出价推断商品价值信息,从而更积极地出价以期望赢得拍卖。

值得一提的是,该研究同时招募了具有交易经验的被试,在受控的实验室环境中开展了人工实地实验。结果发现,在人工实地实验中,即使拥有丰富交易经验的被试,在面临虚构的商品以及与实地交易不同的实验环境时,也不能避免赢家诅咒。这与框架实地实验的结果形成对比:在框架实地实验中,同样有经验的被试能有效规避赢者诅咒。这表明除了真实的被试,真实的实验环境也是影响实验结果的一个关键因素,框架实地实验对实验环境的放松验证了竞拍经验能够有效地降低赢家诅咒的负面影响。

(3) 自然实地实验

框架实地实验考虑了真实市场的被试、商品、任务和现实环境,从而增强了研究结果的可靠性和外部有效性。然而,被试仍知晓自己正在参与实验,其行为决策正在被研究者观察,因此,研究结果的内部有效性可能因为被试具有对自身参与实验的认知而受到挑战。具体来说,在实验过程中,当被试意识到自己正在参与一项实验时,无论是处于实验组还是对照组,他们都可能对这一认知产生心理暗示,从而改变其行为,致使实验结果出现偏差,这种现象被称为霍桑效应(Hawthorne Effect)。此外,被试可能会尝试揣测实验目的和研究者期望看到的行为,从而进一步偏离自然反应。同时,主动选择参与实验的被试往往是期望从中获得最大收益的个体,这种自选择可能影响数据的真实性以及代表性。

一个理想的实地实验不仅能提高外部有效性,而且还能减少内部有效性的损失。为克服框架实地实验中可能存在的霍桑效应、自选择偏差等因素对实验结果的干扰,研究者结合科学的实验方法和允许数据自然发生的双盲设计,发展出自然实地实验,并将其应用于各个研究领域。在自然实地实验中,双盲设计体现在:第一,被试既不知道自己是实验的参与者,也无须对是否参与实验做出选择,他们在其日常生活环境中就可以自然地完成某些实验任务;第二,研究助理负责推进具体的实验流程,也不知晓实验的研究目的。这种方法的核心在于保证了数据的随机性和真实性(List,2011),从而有效克服了人工实地实验和框架实地实验方法可能引入的前述偏差(如霍桑效应、自选择偏差等)。通过确保实验设计的随机性和被试参与环境的自然真实性,自然实地实验在增强研究结论外部有效性的同时也保证了内部有效性,提供了具有干净的因果解释力和广泛适用性的研究结果。

自然实地实验在经济学中的应用遍布各个领域,常被用来研究经济学中的各种问题,如腐败行为(Olken,2007)、激励机制(Azfar 和 Zinnes,2006)、礼物交换(Gneezy 和 List,2006)、拍卖理论(Hossain 和 Morgan,2006)、慈善捐赠(Karlan 和 List,2007)和性别歧视(Flory 等,2015)等。近些年来,教育领域开展了大量的自然实地实验,从不同视角研究如何改善学生的学业表现,为制定切实可行且更具成本效益的政策干预方案提供实证依据。例如,2019 年诺贝尔经济学奖得主之一 Abhijit Banerjee 曾与其合作者围绕如何提高教育质量这一议题,在印度贫民窟开展了一项自然实地实验(Banerjee 等,2007)。该实验的干预条件为各类教辅举措——课外补习、计算机辅助学习等。他们的研究发现，课外补习和计算机辅助学习分别显著改善了学生的读写和计算能力、数学能力，且该效果在实验结束一年后仍持续存在。下面详细介绍一项在中国农村教育领域开展的自然实地实验，从中可以发现自然实地实验方法应用的一些特点。

研究案例3.3 微观环境中的同伴效应：同性课堂小组的益处

Lu和Anderson(2015)在中国一所中学开展了一项自然实地实验，他们通过在班级这种微观环境中对座位的随机分配，探究邻近学生的性别组成对学生学业表现的影响。该实验于2009年秋季学期的第一周正式开展，座位分配流程为：首先，将每个班级的学生按照性别分开，然后对每一种性别的学生均按照身高由低到高排序。随后，按照身高将学生分组：前8名学生为第一组，分配至第一排的座位，其次16名学生为第二组，分配至第二排和第三排的座位，以此类推，每16人一组直至所有学生均被分配到相应的座位。身高超过169厘米的学生会被单独分配到一个小组。最后，学生在每个组内随机分配座位。身高较矮组的学生会始终坐在身高较高组的学生前面，同一组内学生的身高大致相同，且男生和女生身高差异不大，因此这种分组方式不会影响学生听课以及课堂教学效果。实验在第一组中安排了4名男生和4名女生，在后续组中安排了9名男生和7名女生（组内男女比为1.28①），直至按此比例无法继续分组为止。为了确保实验的随机性，研究中排除了因近视等特殊需求而要求特定座位安排的学生样本，并在回归分析中加入"同桌是否为'特殊需求'学生""邻近4个学生中有'特殊需求'学生的比例"等控制变量。整个实验过程中，学生未被告知他们正参与一项研究。该实验结果表明，与被5名异性同学包围相比，当女性学生被5名同性别同学包围时，她们的考试成绩会提高0.2至0.3个标准差。相对地，这种座位设置对男性学生的考试成绩没有显著影响。该研究结果强调了在班级这种微观环境（如邻近座位的学生）中，同伴效应会对学生的学业表现产生重要影响。这种低成本的课堂座位安排对学生学业表现的正向影响为教育决策者制定相关政策提供了科学的实证依据。

---

① 实验设计的男女比例与该校的男女比例(1.27)基本一致。

3.2.2 审计实地实验

审计实地实验(简称"审计实验")指的是一种特定类型的实地实验,在这种实验中,研究者将拥有一个或多个干预特征(如种族、性别、年龄等)的真实或虚拟个体随机指派到诸如劳动力市场、零售市场、医疗市场等特定的真实环境,以识别这些特征对市场各方所受待遇以及后续结果的因果影响(Crabtree,2018)。这些带有干预特征的真实或虚拟个体通常被称为"审计员",接受审计员测试的参与者则被称为"被审计者"。在开展审计实验之前,审计员通常需要接受专业的培训,培训内容包括如何回应被审计者的问题,以及在面试中应展现的行为和态度等,以确保审计员在实验中的行为没有差异(Lahey 和 Beasley,2009)。在审计实验中,审计员可以通过直接互动(如线下参加工作面试)或书面申请(如线上发送求职邮件)的方式接触被审计者(如雇主、房东、汽车销售员等),以观察其是否因外生给定的干预特征差异而受到被审计者的差别对待(Harrison 和 List,2004)。审计实验能够确保被审计者在不知情的情况下参与实验任务,减少由于被审计者意识到自己正在被观察而可能产生的行为偏差,也有助于避免被审计者因试图保护自己的利益或社会形象而做出虚假回应的行为,从而保证研究者能观察到被审计者在自然状态下的真实行为反应(何浩然和夏静文,2023)。鉴于审计实验的上述核心优势,该方法常常被用于研究歧视、委托-代理等具有较高私密性和敏感性的经济学议题。

在现有的审计实验研究中,既有依托真实个体于线下面对面开展的审计方式,也有通过电子邮件、在线平台等传递审计材料(如虚构简历)进行在线审计的方式。早期审计实验研究所采用的审计方式多以线下方式为主,随着互联网平台和计算机技术的迅猛发展,线上方式因其所采用的审计材料具有低成本、高可比性等优势而逐渐代替真实的审计员,成为现今审计实验研究的主流审计方式。具体而言,计算机程序可以通过随机组合生成大量具有不同特征的简历,因此现今依托互联网开展的审计研究能够以较小的成本生成大规模数据,从而避免关于小样本技术的争议。同时,这些基于大数据技术构建的虚构简历,在除关键的干预变量外的其他方面,在统计学意义上都是相同或者类似的。相比于采用真实个体作为审计员,虚构简历等审计材料能够在很大程度上规避诸多不可观测特征(如相貌、声音等),提高了审计材料的可比性,从而使研究者可以更加有效观察干预特征变化对被审计者回复率的因果影响。

在应用领域方面,目前采用审计实验方法开展的实证研究广泛涵盖了多个不同的市场,如租房市场(Hanson 和 Santas,2014)、劳动力市场(He 等,2023)、婚恋市场(Ong 和 Wang,2015)和医疗市场(Das 等,2016),等等。在研究主题方面,有关歧视的识别与分析是诸多审计实验研究关注的核心议题。例如,Riach 和 Rich(2002)综述了来自 10 个国家的关于歧视主题的多篇审计实验文献发现,在劳动力、住房和产品市场中,对非白人和女性的歧视严重、持续且普遍。在澳大利亚,以及欧洲和北美,对非白人的就业歧视率超过了 25%,这意味着在这些地区,非白人求职者在申请工作时,有超过四分之一的概率会因为种族原因而遭受不公平对待,比如不被邀请参加面试或者不被录用。此外,也有一些审计实验研究关注委托-代理问题(如 Balafoutas 等,2013;Currie 等,2011;Das 等,2016)。下面,举两例在不同领域采取前述两种不同审计方式和研究主题的审计实验研究,以提供一个对审计实验方法应用的直观、全面的理解。其中,例 3.4 是在医疗市场开展的基于真实个体进行线下审计的研究,而例 3.5 是在劳动力市场开展的基于虚构简历进行在线审计的研究。

研究案例 3.4 社会网络和礼物交换的外部性

Currie 等(2013)对中国医患之间的送礼现象进行了一项审计实验研究,以探究礼物交换是否会对送礼者和接受者双边关系之外的其他人产生外部性,以及这些外部性是否依赖于社交网络。该实验在中国较为广泛使用抗生素的背景(Currie 等,2011)下进行。研究者在 2012 年 5 月至 8 月期间,前往多家中国医院的门诊进行审计实地实验。由受过培训的 32 名大学生(16 名男性和 16 名女性)扮演标准病人,这些标准病人被分为 4 组,每组有 8 名同性别的学生。实验采用配对审计的方式,每 2 名标准病人(病人 A 和病人 B)依次就诊于同一位医生。实验的样本来自 80 家医院(50 家三级医院和 30 家二级医院)中的 160 名医生,共完成 640 次个人就诊。该实验采用 2×2 的干预设计,干预内容因"病人 A 是否向医生赠送礼物"和"病人 A 是否将病人 B 视为他/她的朋友"而异。因此共有 4 个实验局(如表 3.2 所示):实验局 1 是"朋友礼物",即病人 A 既送礼物又提及病人 B 是其朋友;实验局 2 是"无朋友礼物",即病人 A 赠送礼物,但不提及病人 B;实验局 3 是"朋友对照",即病人 A 不赠送礼物,但提及病人 B 是其朋友;实验局 4 是"无朋友对照",即病人 A 不会赠送礼物,也不会提及任何朋友。每组标准病人访问 20 家医院,每家医院访问 2 名医生:"无朋友对照"和"无朋友礼物"实验局中的标准病人访问1位医生;"朋友对照"和"朋友礼物"实验局中的标准病人访问另1位医生。

表 3.2 Currie 等(2013)的 2×2 干预设计

	病人 B 是病人 A 的朋友	病人 B 不是病人 A 的朋友
病人 A 送礼	实验局 1	实验局 2
病人 A 不送礼	实验局 3	实验局 4

实验共包含七个步骤。第一,在实验伊始,由病人 A 和病人 B 一起前往挂号台进行预约,病人 A 会告诉挂号人员:"我们想一起离开,请依次接续将我们分配给同一位医生。"第二,在问诊之前,病人 A 会向医生赠送一份价值约 1.4 元人民币(约合 0.20 美元)的小礼物(书签)。相对于这些医生的收入来说,这是一份非常小的象征性礼物。送礼物时,病人 A 首先说:"我有一个漂亮的书签想送给你。"如果礼物被拒绝,我们会要求病人 A 再试一次,说"这只是我对你工作表示感谢的一个小小的象征"。如果礼物再次被拒绝,病人 A 将礼物拿回去并说"没关系"。病人 B 则从未送过礼物。第三,在问诊过程中,病人 A 的病情主诉为:"从昨天晚上开始,我一直感到轻微的头晕,喉咙痛,咳嗽和食欲不振。我想也许我感冒了。"病人 B 的病情主诉是:"我喉咙痛,轻微头晕,食欲不振,有些咳嗽。今天早上,症状恶化了,所以我测量了体温,但它在正常范围内。"该研究特意选择感冒作为标准病例,即使其症状非常轻微,医生通常也需要进一步检查才能确定该感冒是由病毒还是细菌引发的感染。第四,在检查阶段,医生所推荐的检查可能包括体温测量、扁桃体检查、听诊等。第五,鉴于现实中存在大多数中国病人因轻微症状而服用抗生素的现象,因此在该实验中,研究者要求标准病人向医生明确表示其确实不愿意服用抗生素,以排除医生认为病人对抗生素药物存在高需求的可能性。具体而言,标准病人被指示通过说"也许我的情况没有必要服用抗生素,我听说服用太多抗生素不好(病人 A)"和"我不喜欢服用抗生素。除非必要,请不要开抗生素(病人 B)",来向医生表达其如无必要并不想要抗生素药物的态度。第六,标准病人会收到医生所开的处方(包括非抗生素处方,例如中药)。第七,病人 A 要么将病人 B 介绍给医生,要么不介绍。当病人 A 介绍病人 B 时,他被指示说:"顺便说一句,我是和我的朋友一起来的。他/她是下一个病人。"

研究结果表明,当病人向医生赠送小礼物时,医生会以更好的服务和更少的不必要抗生素处方作为回报。同时，研究发现送礼会给第三方带来外部效应。如果两个病人（A 和 B）被认为没有关系，那么当病人 A 送礼物时，病人 B 会得到更差的医疗服务。但是，如果病人 A 视病人 B 为朋友，那么病人 A 和病人 B 都会从病人 A 的礼物赠送中受益。

研究案例 3.5　劳动力市场存在性别和年龄歧视吗？

　　Albert 等（2011）通过在马德里在线招聘网站（Infojobs.net）上所开展的一项审计实验，探究了在招聘过程中是否存在性别和年龄歧视现象。他们根据西班牙劳动力市场上常用的风格和格式设计了虚构简历的框架，并通过在线招聘网站向工作广告中那些发布空缺职位的真实招募者发送虚构简历，以此方式对其开展审计。具体而言，该实验构建了五对不同的求职者简历（如图 3.1 所示）。每对简历在教育背景、工作经验和技能等关键职业特征上保持一致，仅在性别、年龄（24 岁、28 岁、38 岁）和婚姻状况（未婚、已婚且有 1 孩、已婚且有 2 孩）上有所区别。研究者还为每份简历分配不同的电话号码，最终产生 10 份不同的求职者简历。该实验选取了来自销售、会计和秘书三类职业领域的 6 个职位——销售代表、市场技术员、会计助理、会计师、行政助理和行政秘书。这些职位在马德里劳动力市场上十分常见，并且大多数通过在线招聘网站发布招聘需求。与大多数关于性别歧视的审计实验相似，该实验向每个职位发送了 10 份简历。①

　　实验分为两个阶段。第一阶段，研究者按照实验的目标职位对招聘网站上的招聘广告进行筛选，并对每个符合条件的职位发送 10 份虚构简历。该阶段持续了两个月。第二阶段，由实验的研究助理接听来自雇主的来电或者留言，并记录下雇主对不同求职简历的感兴趣程度。当雇主对某个求职简历表现出兴趣时，记录雇主的联系信息和其他相关信息，如企业规模、年薪、合同类型等。该阶段持续了六个月。在整个实验期间，他们共向 1 062 个职位广告发送了 10 620 份简历。实验结果表明，在马德里的劳动力市场上，没有发现雇主对女性或者婚育女性的歧视。然而，雇主持有关于女性更适合行政助理或者秘书工作的刻板印象。此外，与 24 岁或 28 岁的应聘者相比，雇主对 38 岁应聘者的回

---

① Albert 等（2011）认为其构建的 10 份虚构简历遵循在线招聘平台上统一的简历格式，但在简历内容上并不完全相同，因此不易被雇主察觉这 10 份虚构简历是不真实的。

应率较低,这表明马德里劳动力市场存在雇主对雇员的年龄歧视。

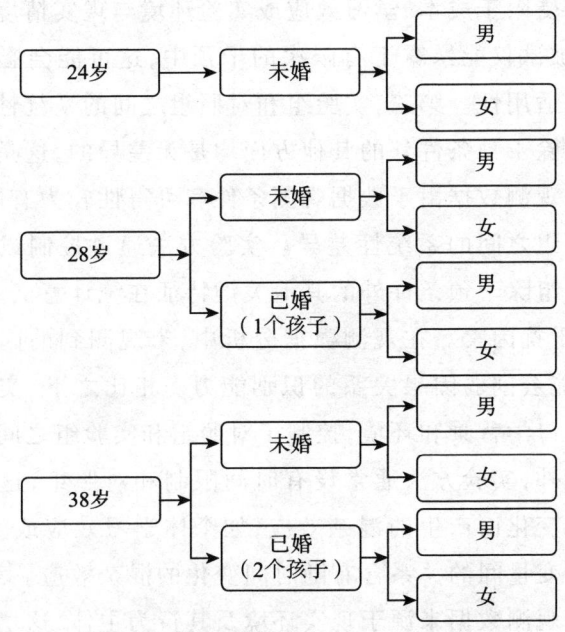

图 3.1 求职者简历中的核心干预维度

3.3 实验数据与观测数据相比所具有的优势和劣势

在经济学领域,实验数据与观测数据之间的选择通常涉及内部有效性和外部有效性之间的权衡。内部有效性是指在特定实验环境中的研究结果具有因果解释力,而外部有效性是指研究结果能从给定的实验环境推广到其他相关群体、时间和环境(Guala,2012)。Webster 和 Sell(2014)指出,相较于计量方法中使用的观测数据,实验方法通过控制或者随机化提供了更高的内部有效性,而观测数据则提供了较高的外部有效性。Roe 和 Just(2009)从五个方面探讨了实验数据和观测数据的差异。第一,时间是否明确。观测数据通常以问卷或者访谈的形式在固定时间点收集,因此无法准确记录被访者接受刺激以及反应的时间,且可能受到回忆偏差的影响,这都会对识别因果关系带来挑战。相比之下,在实验方法中,研究者能够通过控制实验进程来明确控制被试接受干预和反应的时间,且数据收集不依赖于被试的记忆。第二,激励和反应的变化。观测数据允许研究者研究较大和较长时间的激励,比如研究薪酬结构激励对员工绩效的影响,在观测数据中,员工会在长时间内接触到较高的工作报酬。受限于成本、学习效应或实验环境与现实情境的贴近程度等问题,实验中的被试仅能暴露于有限次的干预中,这可能会影响研究结果在更广泛环境中的适用性。第三,实验组和对照组之间的系统性差异。实验组和对照组之间在除干预条件外的其他方面均是无差异的,这是识别干净的因果关系的关键。观测数据由于数据观测条件和可得性较为有限,因此较难排除实验组和对照组之间的系统性差异。实验方法通过控制或随机分配来保证实验组和对照组除干预条件外的其他关键特征在统计意义上无显著差异。第四,控制混杂干扰因素。在观测数据分析中,未观测到的因素若存在不受控制的变化,可能会削弱因果关系的识别能力。相比之下,实验方法通过严格控制被试的人口学背景和环境,控制了对照组和实验组之间的其他因素的系统性变化。此外,实验方法通常设有时间限制和对照组,这有助于最大程度地减少因时间变化而产生的混杂效应,如个体学习效应或生理变化,而观测数据揭示的两变量间的关系含有随时间变化的混杂效应。第五,应用环境的系统性差异。观测数据来源于现实环境及其行为主体,这增强了研究结论在样本地区以外的有效性。相比之下,实验数据通常在严格控制的环境中产生,其结果未必适用于现实世界中的多样化情境。例如,在医疗市场上的审计实验中,通常采用标准病人法评估医疗提供者的服务质量,但该方法往往限于评估特定类型的疾病,其结果是否普遍适用于其他疾病类型尚存疑问。

经济学研究方法选择之间的权衡不仅涉及对内部有效性和外部有效性的权衡,还必须综合考虑所考察的研究问题类型和相关成本。首先,就研究问题而言,实验室实验提供了一个严格控制的微观经济系统,这一方法在理论检验方面起到了至关重要的作用(包特等,2020),比如效率工资理论(Chamberlin,1948)和市场机制(Fehr等,1993)等问题。自然实地实验则在劳动经济学和发展经济学的经济政策评估方面得到了广泛的应用(陆方文,2017),该方法的特点在于被试在其日常生活环境中自然地完成实验任务,且被试也不知道其行为处于被观察中,也无须对是否参与实验做出选择,从而有效克服了人工实地实验和框架实地实验可能引入的自选择和霍桑效应等偏差,能够为经济政策评估提供干净的因果识别。值得一提的是,实验数据相较于观测数据,在探索新知识方面具有独特优势(Falk 和 Heckman,2009)。比如,研究者可以通过实验环境模拟一项未在现实世界中实施过的政策并进行效果评估,从而为相关决策者提供可参考的实践依据。其次,就成本而言,实验室实验通常以大学生作为被试,实验环境通常是教室,因而其实验成本较低。相比之下,实地实验则在真实市场环境中进行,成本明显更高,尤其是自然实地实验。近些年来,教育领域开展了大量的自然实地实验,从不同角度为改善学生的学业表现提供政策依据。聂景春等(2020)分析发现一项在中国农村地区开展的免费眼镜项目的实施成本为 194 010 元,这意味着实地实验通常需要较高的初始资金投入。随着互联网技术的发展和在线平台的兴起,在线审计实验已成为一个成本效益较高的选择。这类实验通常依托互联网平台,如在线求职平台或者在线婚恋平台,通过简历或者信件等审计材料代替真实的个体测试者,随机变动研究者感兴趣的特定变量,同时保持其他关键特征不变,以引发并观察被审计者对这些特定特征的反应。这类方法既确保了研究结果的有效性,也无须投入较高的成本。对经济学各类研究方法的总结如表 3.3 所示。

  无论是实验方法还是使用观测数据的计量方法,都是经济学实证方法论的重要基础,犹如硬币的双面(洪永淼等,2016)。任何方法都有其优势和局限性,研究者可以根据其研究问题、资源、成本、有效性等方面考虑,选择合适的研究方法开展研究。如果研究者可以将不同的经济学方法结合使用来研究同一问题,那么研究结果的可靠性和广泛适用性将得以增强。前述介绍的 Brosig-Koch 等(2016)便结合了实验室实验和人工实地实验方法来探究不同支付方案对医生服务质量的影响。两种方法均稳健表明,相比按人头付费,按服务收费方案下医生所提供的医疗服务行为得到改善。在该例子中,因为实验室实验方法对实验环境的严格控制,所以其研究结果具有较高的内部有效性,而人工实地实验方法则能够克服实验室实验的不足,通过使用真实环境中的被试使研究结果的外部有效性得以增强。因此,综合使用不同的经济学研究方法,充分发挥各方法的优势,并解决各自的局限性,可以有效提升研究的可靠性和适用性。

  回顾前述常规经济学实验和审计实验方法的基本特点与优势,本书选择审计实验方法作为初学者踏入实地实验领域的推荐方法的原因主要有三:一是研究方法科学。审计实验方法既保留了自然实地实验所拥有的高外部有效性的优势,又能够通过虚构审计材料、实施专业培训等方式相对严格地对实验各个影响因素实现控制,从而得到较为干净的因果关系。二是研究成本较低。如前所述,互联网为构造更具可比性的虚构简历等审计材料以及开展大样本实验提

表 3.3 研究方法分类

实验类型	被试类型	实验环境	被试知晓实验	内部有效性	外部有效性	研究问题[a]	研究主题和被试的局限性[b]	实验成本
实验室实验	学生	实验室	是	高	低	理论问题	长期议题、较大利益相关和损失	低
人工实地实验	现实群体	实验室	是	中等到高	中等到高	理论或实际问题	受研究团队的人际网络的限制	低到中等
框架实地实验	现实群体	现实环境	是	中等到高	中等到高	理论或实际问题	受限于研究团队的社会资源	中等到高
自然实地实验	现实群体	现实环境	否	中等到高	高	实际或理论问题	受自然事件、政策和经济资源的限制	高
审计实地实验	现实群体	现实环境	否	中等到高	高	实际或理论问题	受自然事件、政策的限制	低到高
观测数据	现实群体	现实环境	否	低	高	实际或理论问题	受隐私、回忆准确性和行业机密的限制	—

注：[a] 参考包特等（2020），[b] 参考 Roe 和 Just（2009）。

供了更有利的条件。除时间成本外,依托虚构简历这样的审计材料在线上开展审计实验研究的其他成本接近于零。三是研究主题重要。审计实验作为重要的自然实验方法,在研究各类歧视以及委托-代理问题上发挥了重要作用,这些问题长期受到学术界和政策制定者的广泛关注。审计实验方法的应用可以为理解和解决这些现实问题提供参考性建议,具备现实意义。对于初学者而言,在首次通过实验方法开展研究时尝试使用审计实验方法,不仅能够针对有趣且重要的现实问题进行深入剖析,从而激发研究热情,还因该方法在操作上简便易行且成本相对较低的优势,得以在确保研究成果质量的同时,又相对降低了初涉实验研究领域的门槛。

本章小结

经济学实验方法在揭示因果关系、检验经济理论以及评估政策效果方面发挥了至关重要的作用。实验室实验由于其高度受控的环境,能够确保较高的内部有效性,在理论检验方面发挥着重要的作用。然而,其研究结果的外部有效性相对有限,难以直接推广至真实世界。为弥补这一不足,实地实验逐步减少对实验环境的控制,通过引入真实的被试和场景,增强了研究结果的外部有效性。尤其是自然实地实验,通过双盲设计,最大程度地减少了霍桑效应和自选择偏差,从而增强了研究结果的广泛适用性。此外,作为自然实地实验的一种特定形式,审计实地实验因其在研究歧视、委托-代理问题等现实议题中的重要作用,逐渐成为一种重要的实验方法。未来的研究可进一步探索审计实验在不同市场和学科领域中的应用潜力,同时综合考虑实验数据与观测数据的优缺点,合理利用多种研究方法,以提升经济学研究的科学性。

参考文献

包特、王国成、戴芸,2020:《面向未来的实验经济学:文献述评与前景展望》,《管理世界》第 7 期。

代志新、程鹏、高宏宇,2023:《劳动经济学实验室实验方法研究:理论与实践》,《中国人民大学学报》第 2 期。

何浩然、夏静文,2023:《在线审计实验方法的发展及应用》,《经济科学》第 4 期。

洪永淼、方颖、陈海强、范青亮、耿森、王云,2016:《计量经济学与实验经济学的若干新近发展及展望》,《中国经济问题》第 2 期。

陆方文，2017:《随机实地实验:方法、趋势和展望》,《经济评论》第 4 期。

聂景春、高秋风、杨洁、关宏宇、蔡建华，2020:《随机干预实验中的成本效益分析方法及其在中国农村教育领域中的应用》,《华东师范大学学报(教育科学版)》第 8 期。

王一子、连洪泉、黄国宾，2021:《强化团结规则是否有利于促进群体内部合作?——来自人工实地实验的证据》,《中国人民大学学报》第 2 期。

周业安，2014:《经济学中的实验室实验:经济学迈向科学研究的关键一步?》,《南方经济》第 8 期。

Akerlof, G. A., and Yellen, J. L., 1986, *Efficiency Wage Models of the Labor Market*, Cambridge: Cambridge University Press.

Albert, R., Escot, L., and Fernández-Cornejo, J. A., 2011, "A Field Experiment to Study Sex and Age Discrimination in the Madrid Labour Market", *The International Journal of Human Resource Management*, 22(2), 351–375.

Azfar, O., and Zinnes, C., 2006, "Which Incentives Work? An Experimental Analysis of Incentives for Trainers", IRIS Center, University of Maryland, College Park.

Balafoutas, L., Beck, A., Kerschbamer, R., and Sutter, M., 2013, "What Drives Taxi Drivers? A Field Experiment on Fraud in a Market for Credence Goods", *The Review of Economic Studies*, 80(3), 876–891.

Banerjee, A. V., Cole, S., Duflo, E., and Linden, L., 2007, "Remedying Education: Evidence from Two Randomized Experiments in India", *The Quarterly Journal of Economics*, 122(3), 1235–1264.

Barr, A., and Serneels, P., 2009, "Reciprocity in the Workplace", *Experimental Economics*, 12, 99–112.

Bohm, P., 1972, "Estimating Demand for Public Goods: An Experiment", *European Economic Review*, 3(2), 111–130.

Brosig-Koch, J., Hennig-Schmidt, H., Kairies-Schwarz, N., and Wiesen, D., 2016, "Using Artefactual Field and Lab Experiments to Investigate How Fee-for-Service and Capitation Affect Medical Service Provision", *Journal of Economic Behavior & Organization*, 131, 17–23.

Burks, S., Carpenter, J., and Goette, L., 2009, "Performance Pay and Worker Cooperation: Evidence from an Artefactual Field Experiment", *Journal of Economic Behavior & Organization*, 70(3), 458–469.

Chamberlin, E. H., 1948, "An Experimental Imperfect Market", *Journal of Political Economy*, 56(2), 95–108.

Charness, G., 2010, "Laboratory Experiments: Challenges and Promise A Review of 'Theory and Experiment: What Are the Questions?' By Vernon Smith", *Journal of Economic Behavior &*

Organization, 73(1), 21-23.

Crabtree, C., 2018, "An Introduction to Conducting Email Audit Studies", in Gaddis, S. M., ed., *Audit Studies: Behind the Scenes with Theory, Method, and Nuance*, Cham: Springer International Publishing, 103-117.

Currie, J., Lin, W., and Meng, J., 2013, "Social Networks and Externalities from Gift Exchange: Evidence from a Field Experiment", *Journal of Public Economics*, 107, 19-30.

Currie, J., Lin, W., and Zhang, W., 2011, "Patient Knowledge and Antibiotic Abuse: Evidence from an Audit Study in China", *Journal of Health Economics*, 30(5), 933-949.

Das, J., Holla, A., Mohpal, A., and Muralidharan, K., 2016, "Quality and Accountability in Health Care Delivery: Audit-Study Evidence from Primary Care in India", *American Economic Review*, 106(12), 3765-3799.

Deck, C., Farmer, A., and Zeng, D.-Z., 2007, "Amended Final-Offer Arbitration over an Uncertain Value: A Comparison with CA and FOA", *Experimental Economics*, 10(4), 439-454.

Depositario, D. P. T., Nayga, R. M., Wu, X., and Laude, T. P., 2009, "Should Students Be Used as Subjects in Experimental Auctions?", *Economics Letters*, 102(2), 122-124.

Falk, A., and Heckman, J. J., 2009, "Lab Experiments Are a Major Source of Knowledge in the Social Sciences", *Science*, 326(5952), 535-538.

Fehr, E., Kirchsteiger, G., and Riedl, A., 1993, "Does Fairness Prevent Market Clearing? An Experimental Investigation", *The Quarterly Journal of Economics*, 108(2), 437-459.

Flood, M. M., 1958, "Some Experimental Games", *Management Science*, 5(1), 5-26.

Flory, J. A., Leibbrandt, A., and List, J. A., 2015, "Do Competitive Workplaces Deter Female Workers? A Large-Scale Natural Field Experiment on Job Entry Decisions", *The Review of Economic Studies*, 82(1), 122-155.

Gneezy, U., and List, J. A., 2006, "Putting Behavioral Economics to Work: Testing for Gift Exchange in Labor Markets Using Field Experiments", *Econometrica*, 74(5), 1365-1384.

Guala, F., 2012, "Experimentation in Economics", in Mäki, U., eds., *Handbook of the Philosophy of Science*, Amsterdam: Elsevier, 597-640.

Haigh, M. S., and List, J. A., 2005, "Do Professional Traders Exhibit Myopic Loss Aversion? An Experimental Analysis", *The Journal of Finance*, 60(1), 523-534.

Hanson, A., and Santas, M., 2014, "Field Experiment Tests for Discrimination against Hispanics in the U.S. Rental Housing Market", *Southern Economic Journal*, 81(1), 135-167.

Harrison, G. W., and List, J. A., 2004, "Field Experiments", *Journal of Economic Literature*, 42(4), 1009-1055.

Harrison, G. W., and List, J. A., 2008, "Naturally Occurring Markets and Exogenous Laboratory Experiments: A Case Study of the Winner's Curse", *The Economic Journal*, 118(528), 822–843.

He, H., Neumark, D., and Weng, Q., 2023, "'I Still Haven't Found What I'm Looking For': Evidence of Directed Search from a Field Experiment", *The Economic Journal*, 133(649), 258–280.

Henrich, J., and McElreath, R., 2002, "Are Peasants Risk-Averse Decision Makers?", *Current Anthropology*, 43(1), 172–181.

Hossain, T., and Morgan, J., 2006, "…Plus Shipping and Handling: Revenue (Non) Equivalence in Field Experiments on eBay", *Advances in Economic Analysis & Policy*, 6(2): 63–91.

Karlan, D., and List, J. A., 2007, "Does Price Matter in Charitable Giving? Evidence from a Large-Scale Natural Field Experiment", *American Economic Review*, 97(5), 1774–1793.

Karlan, D. S., 2005, "Using Experimental Economics to Measure Social Capital and Predict Financial Decisions", *American Economic Review*, 95(5), 1688–1699.

Lahey, J. N., and Beasley, R. A., 2009, "Computerizing Audit Studies", *Journal of Economic Behavior & Organization*, 70(3), 508–514.

Levitt, S. D., and List, J. A., 2009, "Field Experiments in Economics: The Past, the Present and the Future", *European Economic Review*, 53(1), 1–18.

List, J. A., 2011, "Why Economists Should Conduct Field Experiments and 14 Tips for Pulling One Off", *Journal of Economic Perspectives*, 25(3), 3–16.

Lu, F., and Anderson, M. L., 2015, "Peer Effects in Microenvironments: The Benefits of Homogeneous Classroom Groups", *Journal of Labor Economics*, 33(1), 91–122.

Olken, B. A., 2007, "Monitoring Corruption: Evidence from a Field Experiment in Indonesia", *Journal of Political Economy*, 115(2), 200–249.

Ong, D., and Wang, J., 2015, "Income Attraction: An Online Dating Field Experiment", *Journal of Economic Behavior & Organization*, 111, 13–22.

Riach, P. A., and Rich, J., 2002, "Field Experiments of Discrimination in the Market Place", *The Economic Journal*, 112(483), F480–F518.

Roe, B. E., and Just, D. R., 2009, "Internal and External Validity in Economics Research: Tradeoffs between Experiments, Field Experiments, Natural Experiments and Field Data", *American Journal of Agricultural Economics*, 91(5), 1266–1271.

Siegel, S., and Fouraker, L. E., 1960, *Bargaining and Group Decision Making: Experiments in Bilateral Monopoly*, New York: McGraw-Hill.

Smith, V. L., 1976, "Experimental Economics: Induced Value Theory", *The American Eco-

nomic Review, 66(2), 274-279.

Smith, V. L., 1989, "Experimental Methods in Economics", in Eatwell, J., Milgate, M., and Newman, P., eds., *Allocation, Information and Markets*, London: Palgrave Macmillan UK, 94-111.

Smith, V. L., 1982, "Microeconomic Systems as an Experimental Science", *American Economic Review*, 72(5), 923-955.

Thurstone, L. L., 1931, "The Indifference Function", *The Journal of Social Psychology*, 2(2), 139-167.

Voors, M., Bulte, E., Kontoleon, A., List, J. A., and Turley, T., 2011, "Using Artefactual Field Experiments to Learn about the Incentives for Sustainable Forest Use in Developing Economies", *American Economic Review*, 101(3), 329-333.

Webster, M. Jr., and Sell, J., 2014, "Why Do Experiments?", in Webster, M. Jr., and Sell, J., eds., *Laboratory Experiments in the Social Sciences* (2nd ed.), Amsterdam: Academic Press.

第2篇
审计实验概述

02

第4章
审计实验的发展历史

审计实验(Audit Study)方法允许研究者考察现实世界中难以被观测到的行为决策,如劳动力市场中雇主对员工种族或性别的歧视。区别于依赖观测或访谈数据进行有关歧视现象表层的相关性分析[①],审计实验方法能够让研究者直接考察歧视的作用路径,深入探索歧视现象背后的复杂机制,为缓解现实世界中的歧视提出科学且有针对性的参考性建议。从审计实验方法的发展历程来看,这种方法的兴起源于人们对识别歧视以期制定相关缓解歧视政策的需求。鉴于难以客观识别人们的歧视行为这一实际难题,研究者不断发展并扩展审计实验方法的实用性和技术性。在实施方式上,审计实验方法已经从现场审计发展到以书信、电子邮件为主的早期通信审计,进一步发展到近期以在线平台和互联网技术为载体开展的在线审计。这一发展过程逐步解决了早期审计实验成本高昂、可能存在来自审计员的偏差,以及审计材料不贴近实际情况等问题。如今,审计实验方法已得到持续的发展与完善,被广泛应用到住房市场、劳动力市场、医疗市场、婚恋市场等不同领域。这使得经济学家能够更加深入地探究歧视、委托-代理及其他敏感性问题,挖掘其内在机制,提供改善市场效率的可行性举措。

在本章中,我们将以审计实验研究的发展时间为线索,详细介绍此类研究自20世纪40年代以来的发展历程,以便更好地理解审计实验方法的发展和应用,以及该方法在解决现实问题中的重要性。

---

① 有关歧视现象表层的相关性分析指的是一种基础或初步的数据分析方法,主要关注两个或多个变量(如歧视行为与个体人口社会学特征因素)之间是否存在统计上的相关性,而不深入探究这种相关性背后的因果关系或具体机制。

4.1 诞生初期:20世纪40年代—60年代

20世纪40年代末50年代初期,改善各种族及宗教群体之间的关系便已成为美国民众和多个相关组织部门(包括全美有色人种协进会(National Association for the Advancement of Colored People,NAACP)、跨文化教育局(Bureau for Intercultural Education)、总统民权委员会(President's Committee on Civil Rights)等)关注的重要议题(Gile 和 Van Til,1946;Williams,1947)。为考察现实中人们是否存在对不同种族或宗教群体的歧视行为,这些组织部门联合社会学、心理学等各领域学者开展一系列研究探索。例如,东曼哈顿民权委员会(Committee on Civil Rights of East Manhattan,CCREM)的第一个研究项目便是对曼哈顿餐厅开展审计研究。经过培训的不同种族肤色的审计人员于1950年6月进入曼哈顿的62家餐馆就餐,他们发现尽管有色种族顾客没有被拒绝服务,但这类顾客受到了餐厅服务的隐性不平等待遇,如被安排坐在餐厅角落、靠近门口或洗手间等不受人们欢迎的位置(Landa 和 Littman,1950)。其后,该委员会代表同当地饮食雇主协会及雇员工会进行面谈协商,要求他们承诺给予所有肤色顾客平等的餐饮服务待遇,并向社会公众发布了相关新闻。待该委员会1952年再次采用审计研究开展歧视现象考察时,发现前述餐馆服务的隐性歧视(Implicit Discrimination)行为①有所减少(Selltiz,1955)。

伴随着20世纪60年代美国民权运动的浪潮,美国联邦政府采取了一系列促进公民平等权利的法律措施,比如1963年发布强调工作中性别平等原则的《同工同酬法案》(Equal Pay Act),1964年发布禁止人们在公共场所和私人机构中因种族、肤色、宗教信仰或国籍而实行歧视行为的《民权法案》(Civil Rights Act),1965年发布保障非裔美国人选举权利的《投票权法案》(Voting Rights Act),以及1968年发布在住房领域禁止种族歧视行为的《公平住房法案》(Fair Housing Act)。尽管针对歧视现象和公民权利平等的法律法规由美国联邦政府率先发布,但在学术界,学者们普遍认为目前已知的最早发表的大规模审计研究来自英国。Daniel(1968)是在英国政府住房部门辅助下完成了对于英国住房市场所存在的种族歧视现象的考察。具体而言,研究者让经过培训的不同种

---

① 隐性歧视一般是指个体在无意识的情况下,对某些群体或个体做出不公平或不平等的对待。

族肤色的审计员(包括白人和黑人),作为住房买家或租客,去向现实住房买卖和租赁市场中的房东进行购买或租赁房屋的咨询,以考察房东对于黑人顾客是否存在歧视行为。这项研究发现住房市场中存在房东对黑人潜在客户的歧视,为此后将禁止住房市场上人们的歧视行为写入《种族关系法》打下了基础(Smith,2015)。这也标志着由政府及社会机构资助的、以检测种族歧视为主要目的的一系列现场审计实验研究的开始。

除了培训专业的审计员去往现场开展审计的方式,这一时期也有学者与相关机构和社区合作,于1969年首次采用书面邮件的审计方式,在英国的劳动力市场开展通信审计研究。他们向128个招聘广告中的招募者邮箱投递256份除种族外其他条件(如笔迹等)均相同的求职申请信。其中,每个空缺的招聘岗位都会投递两封申请信,一封来自在英国出生的白人,另一封来自亚洲人(印度人/巴基斯坦人)、澳大利亚人,以及塞浦路斯人或西印度人(West Indians,指从加勒比地区移民到英国的群体,尤其是在20世纪五六十年代大规模移民潮期间移民的群体),以识别雇主在招聘白领工人时可能存在的对于不同种族及移民的歧视行为(Jowell 和 Prescott-Clarke,1970)。这为21世纪初期大规模通信审计研究的发展奠定了基础。

4.2 蓬勃发展:20世纪70年代—90年代

20世纪70年代以来,在Daniel(1968)针对英国的住房市场开展大规模现场审计研究之后,学术界涌现出一系列由政府、高等教育机构及非营利组织资助的、以检测种族歧视为主要目的的现场审计实验研究(如Johnson等,1971;Saltman,1975;Wienk等,1979)。例如,美国学者为《公平住房法案》的顺利落地提供了科学、可靠的实证依据。他们曾在各地政府部门的邀请或委托下,于洛杉矶(Johnson等,1971)、底特律(Pearce,1979)和阿克伦(Saltman,1975)等多个城市开展现场审计研究,旨在识别当地住房销售和租赁市场中可能存在的针对黑人的歧视性现象。其中,最具影响力的是由美国的住房和城市发展部(Department of Housing and Urban Development,HUD)于1977年委托学者开展的"住房市场实践调查"(Housing Market Practices Survey,HMPS)。该项目招募并培训了专业审计员,在全美40个城市进行了多达3 264次现场审计。这些审计实验结果发现,住房市场在获取住房供应信息、租赁资源等方面均存在对非裔美国人的不公平对待,这表明种族歧视在美国是一种普遍现象(Wienk 等,1979)。该系列研究既说明审计实验方法的应用不受特定国家的局限,即在美国同样可以开展大规模针对歧视识别的审计实验,同时也为未来顺利开展类似的审计实验提供了重要的参考依据。①

  这一时期的审计实验研究除了对人们在住房市场中的各种歧视行为进行识别,也有不少学者在人们不知情的情况下,考察其在日常生活中对于面临困难的不同种族的陌生人是否会提供有差异的帮助行为,以获取现实中人们可能存在的种族歧视证据。比如经过培训的黑人和白人审计员们在超市中故意掉落自己的包裹,以测试超市中其他正常购物的消费者是否会帮助审计员们捡起他们掉落的包裹(Lerner 和 Frank,1974),又或者让黑人和白人审计员们扮演司机,在公路旁抬起自己车的车盖假装车辆抛锚,以考察途经的司机是否会停下来提供帮助(Graf 和 Riddell,1972),等等。基于此类审计方式得到的白人对黑人的歧视行为(相比于白人对白人)往往比基于调查研究所得的结果要普遍得多,同时也隐蔽②得多(Crosby 等,1980)。这反映出人们在面临调查时通常会刻意隐瞒自己的歧视态度,而审计实验方法可以将人们在日常自然状态下的非语言行为真实披露出来,以实现对歧视的清晰识别。

  在 20 世纪 80 年代至 90 年代,住房市场已逐渐成为审计实验研究实现大范围成熟应用的第一个重要场景,相关研究囊括了住房市场中的各类交易情境,如购房、租房、住房抵押贷款、房屋保险申请等。除了前述提及的购买和租赁房屋过程中存在的房东针对消费者种族的歧视行为,其他住房交易环境中也存在种族歧视问题。早在 20 世纪 30 年代,黑人社区便几乎全部被美国房地产市场所采用的 HOLO(Home Owners' Loan Corporation)地图评为最高贷款风险区域,这引发了人们对于这些地图是否存在种族歧视的广泛讨论。在西方,对部分种族的区别对待在房屋保险行业也并不罕见。有些保险公司会根据地理位置、社区的种族构成等因素来决定保险费率,比如某些地区可能更容易受到

---

  ① 除英国和美国外,学者们也曾使用配对审计的方式在法国(Bonnet 等,2016)、德国(Auspurg 等,2017)、澳大利亚(MacDonald 等,2016)等多个国家的住房市场中开展审计实验研究,考察住房市场中的歧视现象。

  ② 例如,Wispe 和 Freshley(1971)研究发现,在同是为购物袋意外破裂的白人和黑人提供帮助的情况下,白人女性给黑人所提供的帮助相对敷衍,仅帮其捡起因购物袋破裂而掉落的商品,然后匆忙离开;而其对白人提供的帮助认真且全面——不仅帮忙捡起掉落的商品,还给白人更换了新的购物袋。因此,根据"白人是否对黑人提供帮助"这一指标很难检测出隐藏在表面平等之下的歧视行为。

自然灾害的影响,某些地区的犯罪率更高,或者某个种族聚居的社区被认为与房屋的高风险相关。然而,用这种方式设定保险费率可能会导致某些种族的人在申请房屋保险时面临更高的费用,从而使得这些种族相对于在同一社区所居住的其他种族更难获得必要的房屋保险保障,引发一系列关于种族歧视与权益不平等的社会问题。如何解决现实住房市场中各个交易环节所存在的种族歧视问题,备受民众和政府部门的关注。因此,在审计实验研究的具体应用背景上,这一时期的研究者也扩展到对住房抵押贷款和房屋保险方面的审查,以贴近人们更普遍和更日常的生活需求(Galster,1992)。

其后,学者们围绕歧视开展的审计实验研究从住房市场拓展到了诸如就业/劳动力市场、汽车销售/维修市场、出行服务(出租车)市场等其他市场(如Hitt 等,1982;Ridley 等,1989;Fry,1986;Ravaud 等,1992),特别是针对劳动力市场的就业招聘阶段中雇主可能存在的种族歧视行为开展审计实验方式的研究,在这一时期愈发丰富(如 Bendick,1989;Cross 等,1990;Turner 等,1991;Bendick 等,1994;Darity 和 Mason,1998),并取得了一定的现实应用价值。1990年,美国哥伦比亚特区发生一起针对美国最大职业介绍所之一 BMC 营销公司在招聘员工时歧视非裔的诉讼案。该案由美国的一个非营利机构"平等就业机会委员会"(Equal Employment Opportunity Commission,EEOC)发起,该机构让经过培训的两名不同种族的审计员(白人和黑人)扮作求职者前往 BMC 营销公司寻求就业指导与帮助,发现该公司对白人求职者进行了指导与面试,并为他们找到了初级的办公室工作,但没有给具备相同条件的黑人求职者提供同等的帮助和就业机会。最终,该诉讼以被告向非营利组织支付损害赔偿金以及被告承诺重新培训其员工并消除歧视性做法的举措得到解决。无独有偶,类似针对现实种族歧视企业或组织发起的成功诉讼不局限于劳动力市场。霍华德大学的学者与华盛顿特区的一个教会联盟合作,通过现场审计实验的方法发现出租车公司对黑人乘客和前往黑人社区的乘客均存在歧视行为,此后他们成功对三家出租车公司提起诉讼,成为出租车公司需要对司机个人的歧视行为负责的重要判例(Boggs 等,1993)。

与此同时,这一时期学者们采用审计实验方法所考察的歧视类型也没有局限于种族,还包括了针对性别、残疾人、年龄、社会地位等方面的各类歧视(如Fry,1986;Graham 等,1990;Ayres,1991;Galster 和 Constantine,1991;Ayres 和Siegelam,1995;Neumark 等,1996;Gras 等,1996;Bendick 等,1999)。特别是在劳动力市场中,政府可能面临难民、移民、妇女、老年人、存在身体残疾或精神有障碍人士等弱势群体难以融入劳动力市场这一现实问题,亟须了解导致现实歧视问题的重要影响因素,以便针对性地设计出合适的就业政策。研究者们普遍认为,招聘中雇主对这类弱势群体的歧视是导致弱势群体难以融入劳动力市场的一个重要因素(Altonji 和 Blank,1999)。审计实验方法能够在雇主不知情的情况下,获取他们对于有、无这些弱势群体特征求职者的真实态度和招聘决策,以考察非弱势群体和弱势群体是否受到差别待遇,这为衡量招聘初始阶段的歧视程度,以及将歧视行为同其他影响因素区分开来提供了一个有效渠道。而且针对各种歧视类型的清晰识别,也是寻求相关解决方案的关键一步,以便研究者和政策制定者能够更好地认识社会各类歧视的根源,并据此采取相应的措施来保障那些可能受到不公平待遇的弱势群体的权益。

综上所述,审计实验研究起源于20世纪中期,直至20世纪末,经由政府部门、组织机构和研究者的应用推广,该研究方法的成熟度、普及度以及研究内容的丰富度,均已得到一定程度的提升。Cherry 和 Bendick(2018)将21世纪之前的审计实验研究的基本特征总结如下:学者与政府或社区组织的合作、学术研究之外的成果、面对面的现场审计,以及个体亲历歧视的感受。下面详细介绍这四种特征。

学者与政府或社区组织的合作

现今的学术研究项目及相应研究成果大多由专业的学术机构、科研团队和研究人员完全负责,能够与政府、企业或社区等其他非学术机构合作的项目相对较少。而审计实验方法从诞生初期,便与当时政府相关部门对于解决歧视等社会问题的现实需求息息相关。因此,大部分早期审计实验研究的参与者除了学者或研究人员,还有来自政府、社会组织等部门的工作人员。一方面,这些机构组织为审计实验研究的开展提供了资金支持,同时,其部分工作人员也参加了研究者的培训成为专业审计员,前往实地与潜在被试进行面对面审计。这确保了大规模的审计实验研究项目能够在众人的努力下顺利实施完成,并精细收集审计过程中的各项行为、态度等数据。对于这些工作人员而言,参与审计实验研究项目是其所在政府、社区等非学术机构组织安排的工作任务之一,因此他们也有义务认真完成相关学术项目,这与学术研究人员的目标是一致的。另一方面,学者或研究人员在制定审计实验设计方案及流程时,需提前与这些非学术机构组织多次沟通协调,以了解双方的共同需求及合作目标。因此,审计实验研究项目的研究方向和具体内容不可避免地会受到非学术机构组织成员的影响。例如,与大学"象牙塔"中的学者相比,这些成员具有更丰富的社会经历,并且与受歧视影响的民众长期互动,相互了解,因此他们对于现实中歧视现象的看法可能更加敏锐,往往能够给研究者提供新的见解或看法,帮助研究者提出具有重要意义的研究假设。

学术研究之外的成果

得益于学者与政府或社区组织的合作,多数审计实验的研究成果不仅发表在各大学术期刊上,还大概率能够在非学术机构组织的助力下协助赢得反歧视法律诉讼,或促进相关举措的实际落地,并为现实政策(主要是反歧视相关政策)的制定或修改提供科学有效的实证证据,因而具备很高的应用价值。例如前述提及的东曼哈顿民权委员会与 Claire Selltiz 等学者合作的多个审计实验研究项目,其实施的核心目标并非发表相关学术文章或研究报告,而是促进产生有意义的社会改进。这些研究成果有助于人们完成减少歧视行为的第一步——正确识别歧视行为的存在及由来。以此作为更具科学性与说服力的支持性证据,从而令敦促效果更为显著。

面对面的现场审计

在研究方法的特征上,经过专业培训的真人作为审计员以开展面对面的现场审计是 2000 年之前大部分审计实验研究所采用的审计方式(如 Turner 等,1991;Bendick 等,1994;Neumark 等,1996)。尽管真人审计员在招募、培训及最终审计任务的完成上既需要较高的经费支持,也需要较长的时间培训和执行审计,但面对面的现场审计能够获取到供需双方整个交互过程中较为完整的实验数据。例如,在劳动力市场开展的审计实验中,若采用书面简历作为审计材料,以邮寄这些虚构的书面简历的方式开展审计,则只能够涉及招聘的初步阶段,即雇主根据求职者的简历决定是否向其提出面试邀请,而采用真人开展面对面的现场审计则可以进一步获取雇主在面试阶段对不同特征求职者的招聘行为,以及是否录用的更完整数据。因此,使用真人审计员的优势在于能够对整个招聘过程中雇主的行为反馈进行追踪,特别是记录下招聘后期面试阶段雇主可能存在的歧视行为,以避免因只有招聘初步阶段的数据而系统性地低估歧视的总体发生率。但同一时期,也有学者对派送真人前往现场开展审计的方式提出批评。他们指出,因为审计员个体在语气、肢体语言等方面有意识或无意识地存在差异,这类差异可能影响被审计者的反馈行为,且往往难以被研究者察觉和控制,所以会给研究带来干扰,这一问题也被称为实验员需求效应(Turner 等,1991)。关于现场审计方法的不足之处将在本书的第 10 章进行更详细的介绍。

此外,尽管 20 世纪中期至末期也有学者采用电话(如 Bendick 等,1999;Purnell 等,1999)和书面邮寄(如 Bendick 等,1997;Gras 等,1996)的通信审计方式开展审计实验研究,但这些审计方式往往需要大量人力进行审计材料的制作,以及相关通信审计渠道的发送与接收,因此开展研究的人工成本可能相对更为高昂。相比于派送真人作为审计员开展的现场审计方式,在 21 世纪之前,采用电话或书面邮寄的通信审计方式开展审计研究的数量相对较少。

个体亲历歧视的感受

在与非学术机构合作的背景之下,审计员往往是来自当地非学术机构的不同种族的工作人员。在参与面对面现场审计研究项目的过程中,个体亲自叙述其所遭受歧视的真实感受,往往能成为推动反歧视政策制定的重要宣传材料。尤其是在以社区为单位的审计研究项目中,经过培训成为审计员的社区工作人员所讲述的个人歧视经历,更容易引起当地居民、委员会以及媒体的广泛关注。这些生动的亲历故事不仅能提高公众对歧视问题的认识,还对反歧视政策的提出与落实具有重要的现实意义。

4.3 应用拓展:21 世纪至今

进入 21 世纪以来,审计实验方法得以不断发展而日臻完善。一方面,审计方式与时俱进。随着互联网和计算机技术的快速发展,求职者的就业申请、消费者的住房租售或商品服务的消费等活动,均越来越多地依托互联网远程在线完成。这种变化使得依赖电子邮件或在线平台进行无纸化通信审计成为可能,它能够替代过去需要高成本的人工邮寄纸质审计材料的审计方式,以更低的成本完成更大规模的审计工作,并获取大量的样本数据,从而提高审计实验研究的外部有效性。另一方面,审计实验方法在各学科领域的应用研究上也日渐丰富。这既体现为审计实验研究主题所覆盖的学科领域不断扩大,也反映在审计实验研究内容深度的显著提升上。下面将从审计方式的转变、研究主题的拓展,以及研究内容的深入三个维度,对 21 世纪至今的审计实验研究及其发展进步进行具体介绍。

4.3.1　审计方式的转变

伴随着现代通信技术的发展与变革,审计实验研究所采用的主要审计方式已由面对面的真人现场审计逐渐转向以传真、电子邮件和在线平台作为审计渠道的通信审计。

21世纪初期,最具代表性的是Bertrand和Mullainathan(2004)在波士顿和芝加哥的劳动力市场中开展针对种族歧视识别的审计实验研究。该研究采用传真作为主要的审计渠道,以虚构简历的姓名(通过小规模预测试且合格的姓名总共36个)作为传达种族特征的信号,考察雇主在收到不同种族及质量的求职者简历后给予求职者面试邀请的潜在差异。截至2024年8月31日,这篇研究在"谷歌学术"上被引用量高达7 687次,为之后的通信审计实验提供了标准研究范式。具体而言,第一,Bertrand和Mullainathan(2004)在虚构简历设计时所使用的这36个姓名成为后续许多通信审计研究所采用的审计材料①;第二,依托现代通信手段,大规模的通信审计可由一个小规模的学术研究小组完成,而不再受人力局限,这使得审计实验研究(特别是通信审计)的数量在2010年之后呈指数级增长;第三,基于虚构简历实现审计干预的方式让学术研究者可以在设计简历阶段十分便捷地操控求职者的多个特征,如性别、教育程度、工作经验等。这为学术研究者在未来研究有关不同影响因素的相互作用以及更进一步的机制探索提供了可行路径。

这一时期,计算机及互联网的全球普及让普通民众之间的远程通信也不再是一个费时费力的问题,只要能上网,几乎任何人都可以免费收发电子邮件。电子邮件是一种低成本的信息传递方式,方便快捷、应用广泛,现已成为当今实行通信审计实验研究的一个重要渠道。特别是对资源有限的学术研究者而言,通信审计实验是一种实施成本相对较低但又不失有效性的研究方法。Crabtree(2018)将基于电子邮件的审计实验流程总结为八步:

第一,明确研究目标,根据研究目的开展实验设计,并确定实验流程;

第二,选择契合研究背景的样本,依据样本所在的市场环境构建出具有真实群体特征的审计材料(如虚构简历),并设定好发送电子邮件的时间和标准

---

① 尽管在2010年之后,陆续有学者针对姓名作为种族特征信号的有效性提出疑问(如Gaddis,2017;Landgrave和Weller,2022),但Bertrand和Mullainathan(2004)是首先提出以间接信号作为审计干预条件的研究,具有里程碑式的启发意义。

化回复内容；

第三,收集样本的电子邮箱信息,确保邮箱信息准确无误；

第四,收集样本的相关协变量信息,为其后各实验局之间的平衡性处理提供基础数据；

第五,将样本随机分派至各实验局,并确保各实验局样本的主要相关协变量均通过平衡性检验；

第六,采用手动或自动化编码程序,向各实验局中的样本发送带有审计材料的电子邮件；

第七,收集实验数据,一般情况下,以是否收到被试的回复为基准设置结果变量,"是"编码为1,"否"则编码为0；

第八,深入分析实验数据,总结关键发现,并得出科学严谨的研究结论。

近年来,利用互联网在线平台直接进行大样本审计的研究发展迅猛。审计材料的内容设计主要采取各在线平台与用户互动的基本格式(如简历模板、用户个人资料模板,等等),审计渠道也依托于在线平台既有的互动窗口,并利用编程软件及时获取在线平台上完成审计的实验数据。值得一提的是,基于不同市场的在线平台开展的通信审计实验研究所关注的问题一般有所不同。例如,基于招聘平台的在线审计实验研究大多关注雇主对求职者性别、种族等特征的反应(如 Albert 等,2011;Hangartner 等,2021),或求职者对不同工作条件的选择(如 He 等,2021);基于租房平台的在线审计实验研究除关注种族、性别等经典歧视问题外,也关注人们的短期租赁行为①及其与房屋租金之间的联系(如 Hoffman 和 Heisler,2020);而基于婚恋平台的在线审计实验研究则更多关注诸如收入、教育程度等个体的人口学及经济特征如何影响其婚恋匹配(如 Ong 和 Wang,2015;Ong,2016)。

如前所述,基于电子邮件及在线平台互动的方式开展审计已成为现今审计实验研究最为常用的渠道。本书将在下一章详细介绍这类审计实验研究。

4.3.2 研究主题的拓展

21世纪至今,审计实验研究的主题日益丰富。首先,审计实验研究所联系

---

① 短期租赁(Short-Term Rentals)行为是指将房屋或公寓等物业以短期合同形式出租,通常是按天或周计算,而非传统的长期租赁(如一年或更长时间)。这种租赁行为常见于一些在线租赁平台上,如 Airbnb、Vrbo 等。

的学科背景持续扩大,涵盖经济学、犯罪学、政治学、医学等多个学科的交叉(如 Pager,2003;Das 等,2016;Giulietti 等,2019),其研究成果具备较高的应用价值。例如,对于政府或公共机构的审计实验研究被用于考察公职人员是否公平对待所有党派身份或种族的民众。White 等(2015)就曾基于审计实验的方法发现,相比于白人,负责地方选举工作的人员回答拉丁裔选民有关投票问题的概率相对较低,而且不太可能传递准确的信息。还有另一项针对美国威斯康星州地方选举工作人员的审计研究发现,透露支持共和党身份的选民更有可能收到工作人员的回复(Porter 和 Rogowski,2018)。

其次,审计实验方法现今已发展成为被学者们认可并广泛采用的一种实验方法。许多国家的学者已经采用这种方法开展有关种族、性别、年龄等各类歧视的学术研究,包括中国(如 Zhou 等,2013;葛玉好等,2018)、美国(如 Jacquemet 和 Yannelis,2012;Wright 等,2013)、英国(如 Stone 和 Wright,2013;Tunstall 等,2014)、法国(如 Duguet 等,2010;Pierné,2013)、希腊(如 Drydakis,2009,2011)、印度(如 Banerjee 等,2009;Siddique,2011)、加拿大(如 Oreopoulos,2011;Mullen 等,2021)、比利时(如 Baert 和 Vujić,2016;Baert 等,2017)、澳大利亚(如 Booth 和 Leigh,2010)、瑞典(如 Rooth,2009;Ahmed 等,2012,2013)、意大利(如 Baldini 和 Federici,2011;Patacchini 等,2015)、西班牙(如 Riach 和 Rich,2007;Bosch 等,2010),等等。

更为重要的是,这一时期的审计实验研究不再局限于歧视这一主题,而是被拓展到考察更为广泛的人类决策行为,包括关乎日常生活的婚恋匹配行为(如 Ong 和 Wang,2015;Neyt 等,2022;Evans 等,2023),以及委托-代理问题中常见的机会主义行为(Opportunistic Behavior)等(如 Schneider,2012;Balafoutas 等,2013;Kerschbamer 等,2016)。其中,关于婚恋匹配行为主要关注的是男性和女性对于其潜在配偶的收入、年龄、教育程度等个人特征的真实偏好,以期应对现代社会存在的诸如低结婚率、低生育率,以及人口老龄化等问题。而委托-代理问题(也称代理问题)所关注的则是当一个人(代理人)代表另一个人(委托人)采取行动时,因双方信息不对称和利益不一致而出现利益冲突,导致代理人没有按照委托人的最佳利益行事的问题。机会主义行为便是在这种信息不对称和主体利益不一致的背景下常见的一种损人利己行为,其具体表现形式为代理人利用信息差的优势来谋取个人利益或优势地位,进而产生道德风险(Moral Hazard)和逆向选择(Adverse Selection)问题。特别是在关乎民生问题的领域中,例如在医疗领域,如何识别与缓解作为专家的医生的机会主义行为,对患者而言十分重要。这是因为医生对其所提供诊疗服务质量信息的掌握程度一般总是明显高于患者所拥有的信息。这种买卖双方信息的不对称,导致医疗服务具有典型的信任品特征,即医生可能利用相对于患者的信息优势采取机会主义行为,提供低质量的医疗服务,如欺骗患者,夸大或低估患者的实际治疗需求(Barigozzi 和 Levaggi,2008)。具体而言,医疗服务市场中存在的问题主要包括三方面:为本可通过廉价方案治愈的患者提供更昂贵或不必要的治疗方案,即过度处理或过度治疗(Overtreatment);为患者提供质量不足的治疗方案,即处理不足或治疗不足(Undertreatment);向患者收取高于实际应付的诊疗费用,即过度收费(Overcharging)。前两种情况下的诊疗常常是不恰当的,而第三种情况下的诊疗尽管可能是恰当的,但显然也会导致市场效率低下。因此,如何识别并避免医生因其作为专家拥有的信息优势而采取机会主义行为,是提升医疗服务质量和医疗服务市场效率的关键。审计实验方法为考察医生是否在诊疗过程中采取机会主义行为提供了一个行之有效的工具,为不少研究学者所采纳(如 Currie 等,2011;Lu,2014)。

研究内容的深入

时至今日,审计实验研究在扩大其研究主题所涉领域的同时,在研究内容的深度上也做出了进一步的探索——涌现出一系列尝试区分统计性歧视(Statistical Discrimination)和偏好性歧视(Preference Discrimination)的审计实验研究(如 Oreopoulos,2011;Kaas 和 Manger,2012;Deming 等,2016)。其中,偏好性歧视源自个体,其歧视行为基于个人偏好;统计性歧视则是由人们所获取的信息不完全所造成的一种歧视,导致人们将群体特性误认为个体特性,刻板印象便是此类歧视的典型表现。例如,Lahey(2008)采用通信审计实验区分了雇主对年长求职者的低回复率(Callback Rate)是由于对年长求职者人力资本更低的预期(统计性歧视),还是纯粹出于其对年轻求职者的偏好(偏好性歧视)。她向美国波士顿和俄罗斯圣彼得堡的发布空缺职位的招募者发送了不同年龄段(35 岁至 65 岁)女性的简历,以此来考察求职者年龄对其所收到回复率的影响。与既往简单识别或检测歧视的审计实验研究不同的是,除了年龄,Lahey(2008)还随机在部分虚构简历中外生增加了求职者的工作经验和技能信息(如计算机证书、志愿服务经历等),这使得她可以在发现雇主对年长求职者的歧视之后,进一步探究造成这种歧视的原因——雇主可能认为年长工作者的技能和知识已经过时。该研究发现,尽管相比于年轻求职者,年长求职者确实受到雇主的歧视(回复率更低),但在简历中补充工作经验和技能信息可以消除雇主对年长求职者的大部分歧视。这表明雇主对求职者的年龄歧视主要来源于统计性歧视。可见,审计实验设计中的细微调整可以推动我们对研究问题进行更深入的机制探索。该领域学术界的关注点已从最初单一的歧视识别和检测,发展到深入挖掘各种歧视的来源,特别是在明晰歧视来源之后,如何从源头上有效缓解乃至消除歧视。

如今,审计实验方法已成为研究歧视的主流工具之一。值得一提的是,该方法还可与其他实验方法或计量经济学工具相结合,作为整体研究的有机组成部分,从而进一步拓展研究内容的深度与丰富程度。例如,在不同实验方法的结合应用方面,Butler 和 Crabtree(2017)对来自美国 2 160 个城市的 11 801 名地方官员进行了通信审计研究,以测试是否可以通过提供信息的方式来减少地方官员对寻求咨询帮助的民众所表现出的种族歧视水平。该实验由信息干预和通信审计两个阶段性实验构成:第一阶段,Butler 和 Crabtree(2017)随机向一部分地方官员(处理组)发送了关于之前种族歧视研究的相关信息,并呼吁他们关注社会中日益凸显的种族歧视问题;第二阶段,在大约两周之后,他们向所有地方官员(包括处理组和控制组)发送电子邮件,该邮件发送者的署名带有明显的黑人或白人特征,以地方官员对于这些来自不同种族民众的邮件的回复率作为其种族歧视水平的衡量指标,从而考察提供有关种族歧视问题的信息干预举措是否能够有效降低地方官员的歧视行为。在与计量经济学工具的联合应用方面,He 等(2023)通过结合通信审计实验与双重差分法,探究了中国生育政策变化背景下劳动力市场中雇主对预期家庭责任的歧视行为。

具体来说,He 等(2023)在 2016 年独生子女政策结束并且允许所有家庭生育两个孩子这一政策变化的时点前后,分别开展了两次通信审计实验,共发送约 9 000 份虚构简历。这些简历被随机赋予了求职者的性别(男或女)以及是否为独生子女(独生子女或非独生子女)两个干预变量。通过审计实验方法,He 等(2023)收集了雇主对不同干预条件下求职者的面试通知回复数据。随后,他们结合双重差分法深入分析了独生子女与非独生子女的求职者在求职过程中所收到的面试通知回复的差异,并进一步探讨这些差异如何随着政策变迁发生变化。在此研究过程中,双重差分法有效排除了因雇主对独生子女存在负面刻板印象而产生的不随时间变化的歧视因素,从而成功识别出雇主在预期求职者的家庭责任方面存在歧视的证据。在此研究中双重差分法与审计实验方法的结合应用让研究者对歧视的识别更加清晰。显然,多种方法的综合应用为研究者提供了研究问题的新视角,以便研究者更加深入地理解和解决具有重要理论和现实意义的问题。

本章小结

本章具体介绍了审计实验发展历史的三个阶段。第一阶段为审计实验的诞生初期(20世纪40年代—60年代):审计实验起源于现实中人们对于种族、性别或宗教等方面歧视行为的探索,最初由政府、社会组织和学者合作开展,如东曼哈顿民权委员会对餐馆的审计实验研究,以及英国政府住房部门对住房市场的审计实验研究,这些研究为后续有关缓解相关歧视的政策制定提供了实证基础。第二阶段为审计实验的发展时期(20世纪70年代—90年代):随着美国民权运动的推进和相关法律的实施,审计实验方法得到广泛应用,特别是在住房和劳动力市场中。研究者通过现场审计和通信审计两种方式,识别和分析了种族、性别等歧视现象,为政策制定和市场改进提供了科学依据。第三阶段为审计实验的拓展时期(21世纪初至今):随着互联网技术的发展,审计实验开始转向在线平台,利用电子邮件、在线申请等方式进行在线审计降低了审计成本,提高了实验开展的效率,并通过机器学习等技术使审计材料更贴近实际情况,进一步推动了审计实验方法的发展和应用。

参考文献

葛玉好、邓佳盟、张帅,2018:《大学生就业存在性别歧视吗?——基于虚拟配对简历的方法》,《经济学(季刊)》第4期。

Ahmed, A. M., Andersson, L., and Hammarstedt, M., 2013, "Are Gay Men and Lesbians Discriminated against in the Hiring Process?", *Southern Economic Journal*, 79(3), 565-585.

Ahmed, A. M., Andersson, L., and Hammarstedt, M., 2012, "Does Age Matter for Employability? A Field Experiment on Ageism in the Swedish Labour Market", *Applied Economics Letters*, 19(4), 403-406.

Albert, R., Escot, L., and Fernández-Cornejo, J. A., 2011, "A Field Experiment to Study Sex and Age Discrimination in the Madrid Labour Market", *The International Journal of Human Resource Management*, 22(2), 351-375.

Altonji, J. G., and Blank, R. M., 1999, "Race and Gender in the Labor Market", in Ashenfelter, O., and Card, D., eds., *Handbook of Labor Economics*, New York: Elsevier.

Auspurg, K., Hinz, T., and Schmid, L., 2017, "Contexts and Conditions of Ethnic Discrimination: Evidence from a Field Experiment in a German Housing Market", *Journal of Housing Economics*, 35, 26-36.

Ayres, I., and Siegelman, P., 1995, "Race and Gender Discrimination in Bargaining for a New Car", *American Economic Review*, 85(3), 304-321.

Ayres, I., 1991, "Fair Driving: Gender and Race Discrimination in Retail Car Negotiations", *Harvard Law Review*, 104(4), 817-872.

Baert, S., Albanese, A., du Gardein, S., Ovaere, J., and Stappers, J., 2017, "Does Work Experience Mitigate Discrimination?", *Economics Letters*, 155, 35-38.

Baert, S., and Vujić, S., 2016, "Immigrant Volunteering: A Way out of Labour Market Discrimination?", *Economics Letters*, 146, 95-98.

Balafoutas, L., Beck, A., Kerschbamer, R., and Sutter, M., 2013, "What Drives Taxi Drivers? A Field Experiment on Fraud in a Market for Credence Goods", *The Review of Economic Studies*, 80(3), 876-891.

Baldini, M., and Federici, M., 2011, "Ethnic Discrimination in the Italian Rental Housing Market", *Journal of Housing Economics*, 20(1), 1-14.

Banerjee, A., Bertrand, M., Datta, S., and Mullainathan, S., 2009, "Labor Market Discrimination in Delhi: Evidence from a Field Experiment", *Journal of Comparative Economics*, 37(1), 14-27.

Barigozzi, F., and Levaggi, R., 2008, "Emotions in Physician Agency", *Health Policy*, 88(1), 1-14.

Bendick, M., Brown, L. E., and Wall, K., 1999, "No Foot in the Door: An Experimental Study of Employment Discrimination against Older Workers", *Journal of Aging & Social Policy*, 10(4), 5-23.

Bendick, M., Jackson, C. W., and Reinoso, V. A., 1994, "Measuring Employment Discrimination through Controlled Experiments", *The Review of Black Political Economy*, 23(1), 25-48.

Bendick, M., Jackson, C. W., and Romero, J. H., 1997, "Employment Discrimination against Older Workers: An Experimental Study of Hiring Practices", *Journal of Aging & Social Policy*, 8(4), 25-46.

Bendick, M., Jr. 1989, *Auditing Race Discrimination in Employment: A Research Design*, Washington, DC: The Urban Institute.

Bertrand, M., and Mullainathan, S., 2004, "Are Emily and Greg More Employable Than Lakisha and Jamal? A Field Experiment on Labor Market Discrimination", *American Economic Review*, 94(4), 991-1013.

Boggs, R., Sellers, J., Bendick, M., and Jr., M., 1993, "Use of Testing in Civil Rights Enforcement", in Fix, M., and Struyk, R., eds., *Clear and Convincing Evidence: Measurement of Discrimination in America*, Washington, DC: Urban Institute Press.

Bonnet, F., Lalé, E., Safi, M., and Wasmer, E., 2016, "Better Residential than Ethnic Discrimination! Reconciling Audit and Interview Findings in the Parisian Housing Market", *Urban Studies*, 53(13), 2815-2833.

Booth, A., and Leigh, A., 2010, "Do Employers Discriminate by Gender? A Field Experiment in Female-Dominated Occupations", *Economics Letters*, 107(2), 236-238.

Bosch, M., Carnero, M. A., and Farré, L., 2010, "Information and Discrimination in the Rental Housing Market: Evidence from a Field Experiment", *Regional Science and Urban Economics*, 40(1), 11-19.

Butler, D. M., and Crabtree, C., 2017, "Moving Beyond Measurement: Adapting Audit Studies to Test Bias-Reducing Interventions", *Journal of Experimental Political Science*, 4(1), 57-67.

Cherry, M., and Bendick, M., 2018, "Making It Count: Discrimination Auditing and the Activist Scholar Tradition", in Gaddis, S. M., ed., *Audit Studies: Behind the Scenes with Theory, Method, and Nuance*, Cham: Springer International Publishing, 45-62.

Crabtree, C., 2018, "An Introduction to Conducting Email Audit Studies", in Gaddis, S. M., ed., *Audit Studies: Behind the Scenes with Theory, Method, and Nuance*, Cham: Springer International Publishing, 103-117.

Crosby, F., Bromley, S., and Saxe, L., 1980, "Recent Unobtrusive Studies of Black and White Discrimination and Prejudice: A Literature Review", *Psychological Bulletin*, 87(3), 546-563.

Cross, H., Kenney, G. M., Mell, J., and Zimmermann, W., 1990, *Employer Hiring Practices: Differential Treatment of Hispanic and Anglo Job Seekers*, Washington, DC: The Urban Institute Press.

Currie, J., Lin, W., and Zhang, W., 2011, "Patient Knowledge and Antibiotic Abuse: Evidence from an Audit Study in China", *Journal of Health Economics*, 30(5), 933-949.

Daniel, W, W. 1968, *Racial Discrimination in England: Based on the PEP Report* (Vol. 257), London: Penguin.

Darity, W. A., and Mason, P. L., 1998, "Evidence on Discrimination in Employment:

Codes of Color, Codes of Gender", *Journal of Economic Perspectives*, 12(2), 63-90.

Das, J., Holla, A., Mohpal, A., and Muralidharan, K., 2016, "Quality and Accountability in Health Care Delivery: Audit-Study Evidence from Primary Care in India", *American Economic Review*, 106(12), 3765-3799.

Deming, D. J., Yuchtman, N., Abulafi, A., Goldin, C., and Katz, L. F., 2016, "The Value of Postsecondary Credentials in the Labor Market: An Experimental Study", *American Economic Review*, 106(3), 778-806.

Drydakis, N., 2011, "Ethnic Discrimination in the Greek Housing Market", *Journal of Population Economics*, 24(4), 1235-1255.

Drydakis, N., 2009, "Sexual Orientation Discrimination in the Labour Market", *Labour Economics*, 16(4), 364-372.

Duguet, E., Leandri, N., L'Horty, Y., and Petit, P., 2010, "Are Young French Jobseekers of Ethnic Immigrant Origin Discriminated against? A Controlled Experiment in the Paris Area", *Annals of Economics and Statistics*, 99/100, 187-215.

Evans, D. N., Kim, C., and Sachs, N. M., 2023, "To Date a 'Victim': Testing the Stigma of the Victim Label through an Experimental Audit of Dating Apps", *Journal of Experimental Criminology*, 19(3), 615-633.

Fry, E. 1986, *An Equal Chance for Disabled People? A Study of Discrimination in Employment*, London: The Spastics Society, Campaigns and Parliamentary Department.

Gaddis, S., 2017, "How Black Are Lakisha and Jamal? Racial Perceptions from Names Used in Correspondence Audit Studies", *Sociological Science*, 4, 469-489.

Galster, G., and Constantine, P., 1991, "Discrimination against Female-Headed Households in Rental Housing: Theory and Exploratory Evidence", *Review of Social Economy*, 49(1), 76-100.

Galster, G. C., 1992, "Research on Discrimination in Housing and Mortgage Markets: Assessment and Future Directions", *Housing Policy Debate*, 3(2), 637-683.

Gile, H. H., and Van Til, W., 1946, "School and Community Projects", *The ANNALS of the American Academy of Political and Social Science*, 244(1), 34-41.

Giulietti, C., Tonin, M., and Vlassopoulos, M., 2019, "Racial Discrimination in Local Public Services: A Field Experiment in the United States", *Journal of the European Economic Association*, 17(1), 165-204.

Graf, R. G., and Riddell, J. C., 1972, "Helping Behavior as a Function of Interpersonal Perception", *The Journal of Social Psychology*, 86(2), 227-231.

Graham, P., Jordan, A., and Lamb, B., 1990, *An Equal Chance or no Chance? A Study of*

Discrimination against Disabled People in the Labour Market, London: The Spastics Society.

Gras, M., Bovenkerk, F., Gorter, K., Kruiswijk, P., and Ramsoedh, D., 1996, *Een schijn van kans: Twee empirische onderzoekingen naar discriminatie op grond van handicap en etnische afkomst*, Deventer: Gouda Quint.

Hangartner, D., Kopp, D., and Siegenthaler, M., 2021, "Monitoring Hiring Discrimination through Online Recruitment Platforms", *Nature*, 589(7843), 572-576.

He, H., Li, S. X., and Han, Y., 2023, "Labor Market Discrimination against Family Responsibilities: A Correspondence Study with Policy Change in China", *Journal of Labor Economics*, 41(2), 361-387.

He, H., Neumark, D., and Weng, Q., 2021, "Do Workers Value Flexible Jobs? A Field Experiment", *Journal of Labor Economics*, 39(3), 709-738.

Hitt, M. A., Zikmund, W. G., and Pickens, B. A., 1982, "Discrimination in Industrial Employment: An Investigation of Race and Sex Bias among Professionals", *Work and Occupations*, 9(2), 217-231.

Hoffman, L. M., and Heisler, B. S., 2020, *Airbnb, Short-term Rentals and the Future of Housing*, London: Routledge.

Jacquemet, N., and Yannelis, C., 2012, "Indiscriminate Discrimination: A Correspondence Test for Ethnic Homophily in the Chicago Labor Market", *Labour Economics*, 19(6), 824-832.

Johnson, D. A., Porter, R. J., and Mateljan, P. L., 1971, "Racial Discrimination in Apartment Rentals", *Journal of Applied Social Psychology*, 1(4), 364-377.

Jowell, R., and Prescott-Clarke, P., 1970, "Racial Discrimination and White-Collar Workers in Britain", *Race*, 11(4), 397-417.

Kaas, L., and Manger, C., 2012, "Ethnic Discrimination in Germany's Labour Market: A Field Experiment", *German Economic Review*, 13(1), 1-20.

Kerschbamer, R., Neururer, D., and Sutter, M., 2016, "Insurance Coverage of Customers Induces Dishonesty of Sellers in Markets for Credence Goods", *Proceedings of the National Academy of Sciences*, 113(27), 7454-7458.

Lahey, J. N., 2008, "Age, Women, and Hiring: An Experimental Study", *Journal of Human Resources*, 43(1), 30-56.

Landa, P., and Littman, G. 1950, *A Pilot Study to Test Discriminatory Practices against Ethnic Minority Groups in Public Eating Accommodations: An Audit to Determine the Degree of Discrimination Practiced against Negroes in Luncheonettes*, Master's thesis, New York School of Social Work, Columbia University.

Landgrave, M., and Weller, N., 2022, "Do Name-Based Treatments Violate Information

Equivalence? Evidence from a Correspondence Audit Experiment", *Political Analysis*, 30(1), 142-148.

Lerner, R. M., and Frank, P., 1974, "Relation of Race and Sex to Supermarket Helping Behavior", *The Journal of Social Psychology*, 94(2), 201-203.

Lu, F., 2014, "Insurance Coverage and Agency Problems in Doctor Prescriptions: Evidence from a Field Experiment in China", *Journal of Development Economics*, 106, 156-167.

MacDonald, H., Nelson, J., Galster, G., Paradies, Y., Dunn, K., and Dufty-Jones, R., 2016, "Rental Discrimination in the Multi-ethnic Metropolis: Evidence from Sydney", *Urban Policy and Research*, 34(4), 373-385.

Mullen, A. L., Baker, J., Menard, G., and Walker, B., 2021, "Does Alma Mater Matter? An Audit Study of Labour Market Outcomes of Canadian Bachelor's Degree Recipients", *Canadian Review of Sociology/Revue Canadienne de Sociologie*, 58(4), 456-475.

Neumark, D., Bank, R. J., and Van Nort, K. D., 1996, "Sex Discrimination in Restaurant Hiring: An Audit Study", *The Quarterly Journal of Economics*, 111(3), 915-941.

Neyt, B., Baert, S., and Vynckier, J., 2022, "Job Prestige and Mobile Dating Success: A Field Experiment", *De Economist*, 170(4), 435-458.

Ong, D., and Wang, J., 2015, "Income Attraction: An Online Dating Field Experiment", *Journal of Economic Behavior & Organization*, 111, 13-22.

Ong, D., 2016, "Education and Income Attraction: An Online Dating Field Experiment", *Applied Economics*, 48(19), 1816-1830.

Oreopoulos, P., 2011, "Why Do Skilled Immigrants Struggle in the Labor Market? A Field Experiment with Thirteen Thousand Resumes", *American Economic Journal: Economic Policy*, 3(4), 148-171.

Pager, D., 2003, "The Mark of a Criminal Record", *American Journal of Sociology*, 108(5), 937-975.

Patacchini, E., Ragusa, G., and Zenou, Y., 2015, "Unexplored Dimensions of Discrimination in Europe: Homosexuality and Physical Appearance", *Journal of Population Economics*, 28(4), 1045-1073.

Pearce, D. M., 1979, "Gatekeepers and Homeseekers: Institutional Patterns in Racial Steering", *Social Problems*, 26(3), 325-342.

Pierné, G., 2013, "Hiring Discrimination Based on National Origin and Religious Closeness: Results from a Field Experiment in the Paris Area", *IZA Journal of Labor Economics*, 2(4): 1-15.

Porter, E., and Rogowski, J. C., 2018, "Partisanship, Bureaucratic Responsiveness, and

Election Administration: Evidence from a Field Experiment", *Journal of Public Administration Research and Theory*, 28(4), 602-617.

Purnell, T., Idsardi, W., and Baugh, J., 1999, "Perceptual and Phonetic Experiments on American English Dialect Identification", *Journal of Language and Social Psychology*, 18(1), 10-30.

Ravaud, J.-F., Madiot, B., and Ville, I., 1992, "Discrimination towards Disabled People Seeking Employment", *Social Science & Medicine*, 35(8), 951-958.

Riach, P. A., and Rich, J., 2007, "An Experimental Investigation of Age Discrimination in the Spanish Labour Market", *SSRN Electronic Journal*, https://doi.org/10.2139/ssrn.1318322.

Ridley, S., Bayton, J. A., and Outtz, J. H. 1989, *Taxi Service in the District of Columbia: Is it Influenced by Patron's Race and Destination?*, Washington, DC: Lawyer's Committee for Civil Rights Under the Law.

Rooth, D.-O., 2009, "Obesity, Attractiveness, and Differential Treatment in Hiring: A Field Experiment", *Journal of Human Resources*, 44(3), 710-735.

Saltman, J., 1975, "Implementing Open Housing Laws Through Social Action", *The Journal of Applied Behavioral Science*, 11(1), 39-61.

Schneider, H. S., 2012, "Agency Problems and Reputation in Expert Services: Evidence from Auto Repair", *The Journal of Industrial Economics*, 60(3), 406-433.

Selltiz, C., 1955, "The Use of Survey Methods in A Citizens Campaign against Discrimination", *Human Organization*, 14(3), 19-25.

Siddique, Z., 2011, "Evidence on Caste Based Discrimination", *Labour Economics*, 18, S146-S159.

Smith, D. J., 2015, "Daniel Obituary", *The Guardian*, September 22, Available online at: https://www.theguardian.com/education/2015/nov/10/ww-daniel.

Stone, A., and Wright, T., 2013, "When Your Face Doesn't Fit: Employment Discrimination against People with Facial Disfigurements", *Journal of Applied Social Psychology*, 43(3), 515-526.

Tunstall, R., Green, A., Lupton, R., Watmough, S., and Bates, K., 2014, "Does Poor Neighbourhood Reputation Create a Neighbourhood Effect on Employment? The Results of a Field Experiment in the UK", *Urban Studies*, 51(4), 763-780.

Turner, M. A., Fix, M. E., and Struyk, R. J., 1991, *Opportunities Denied, Opportunities Diminished: Racial Discrimination in Hiring*, Washington, DC: The Urban Institute Press.

White, A. R., Nathan, N. L., and Faller, J. K., 2015, "What Do I Need to Vote? Bureaucratic Discretion and Discrimination by Local Election Officials", *American Political Science Re-*

view, 109(1), 129-142.

Wienk, R. E., 1979, Measuring Racial Discrimination in American Housing Markets: The Housing Market Practices Survey, Washington, DC: Department of Housing and Urban Development, Office of Policy Development and Research.

Williams, R. M., 1947, "The Reduction of Intergroup Tensions: A Survey of Research on Problems of Ethnic, Racial and Religious Group Relations", *The American Catholic Sociological Review*, 8(4), 306-315.

Wispe, L. G., and Freshley, H. B., 1971, "Race, Sex, and Sympathetic Helping Behavior: The Broken Bag Caper", *Journal of Personality and Social Psychology*, 17(1), 59-65.

Wright, B. R. E., Wallace, M., Bailey, J., and Hyde, A., 2013, "Religious Affiliation and Hiring Discrimination in New England: A Field Experiment", *Research in Social Stratification and Mobility*, 34, 111-126.

Zhou, X., Zhang, J., and Song, X., 2013, "Gender Discrimination in Hiring: Evidence from 19, 130 Resumes in China", *SSRN Electronic Journal*.

第5章
审计实验的分类

根据实验所采取的审计形式,研究者常将现有审计实验研究分为采用真人进行审计的现场审计(In-person Audit)和基于通信媒介如邮寄信件、电子邮件、电话、传真,以及依托互联网技术与在线平台等开展审计的通信审计(Correspondence Study)这两种类型(Gaddis,2018)。下面将分别介绍现场审计实验和通信审计实验的定义、特点、应用领域,以及各自的优势与局限之处,并重点介绍应用于考察中国相关问题的审计实验研究,以阐释不同类型审计实验在实际应用研究中所发挥的作用。

5.1 现场审计实验

现场审计实验是通过让训练有素的真人扮演求职者、消费者、患者等角色进行当面应聘、消费、就诊等方式,引出被审计者对于种族、民族、性别等特征不同个体的行为反应,进而对不同干预条件下的结果进行观察比较,以识别歧视或探究个体行为机制的研究方法。该方法强调审计的过程来自经过专业培训的审计员与被审计者的面对面交流。例如,当雇主作为被审计者时,扮演不同特征(如种族、性别)求职者的审计员须按照培训内容与真实劳动力市场中的雇主完成正常的面对面应聘流程。在这一交流过程中,可以捕捉到雇主对于不同特征求职者的真实态度与行为反馈。因此,现场审计实验可以避免调查和访谈法中被试因敏感性或私密性方面的顾虑而对歧视态度或行为的自我隐瞒,从而有效克服这些方法中有关歧视数据失真的问题,更加准确地反映社会中真实的歧视程度。

现场审计实验方法在实证研究方面的应用涉及诸多领域。一方面,以住房市场、劳动力市场以及零售市场作为研究背景的现场审计实验研究主要关注各类歧视问题。例如,Feins 和 Bratt(1983)让经过培训后在职业、收入、性别和家庭规模等各方面相匹配的一名白人和一名黑人对来自波士顿的149家房地产公司进行了274次有关住房销售和租赁的现场审计——审计员先后向房地产公司要求推荐相同条件的住房，以探究波士顿住房市场的种族歧视状况。研究发现，波士顿住房市场普遍存在种族歧视——房地产经纪公司向白人提供了更多的信息和帮助，且黑人受到歧视的概率随着咨询次数的增加而不断提高。Pager等（2009）在纽约市的低工资劳动力市场中开展的现场审计实验同样发现存在种族歧视，他们将在人口学特征和人际交往能力上相匹配的白人、黑人和拉丁裔训练后随机派送到低工资劳动力市场，对雇主进行审计并记录审计过程。研究发现，在所有年轻男性求职者中，雇主往往优先选择白人求职者，然后是拉丁裔求职者，最后是黑人求职者。黑人求职者获得工作机会的可能性只有同等条件白人求职者的一半，而且相比于白人求职者，黑人和拉丁裔求职者通常被雇主安排到需要体力劳动、更少接触客户的职位。Gneezy等（2012）则以汽车经销商给不同种族顾客同一汽车的报价差异作为衡量其种族歧视的主要指标，在芝加哥汽车经销市场上随机指派10对匹配的美国黑人和白人对高价或低价汽车进行讨价还价。研究发现，白人在对高价汽车的讨价还价中获得了优待——其所获得的初始报价平均比黑人低630美元，而通过讨价还价后获得的最终报价的差异进一步扩大至比黑人低1 010美元。除种族歧视外，学者采用现场审计开展的实验研究还关注由性别（如Ayres和Siegelman，1995；Neumark等，1996）、犯罪记录（如Pager，2003）、性取向（如Hebl等，2002）等因素所导致的歧视。

另一方面，基于维修服务、医疗服务等信任品市场所开展的现场审计实验则主要研究委托-代理关系及其所导致的专家欺诈问题。例如，Balafoutas等（2013）在希腊出租车市场上让审计员假扮本地人或外地人，采用便携式GPS导航设备指引的合理路程并计算特定行程收费，再与实际路程和收费进行比较，识别两者间差别所衡量的出租车司机在绕路（过度处理）和收费（过度收费）两方面的欺诈行为。该研究发现司机利用其相对于外地人在最优路线信息和收费系统信息上的优势，对外地人比对本地人采取更多绕行和收取附加费的行为，而且相比于穿着普通的低收入乘客，司机对穿着考究的高收入乘客也会更多地采取类似的欺诈行为。Lu（2014）基于标准病人法（Standardized Patient），以参与审计的标准病人"是否参加了医疗保险分摊诊疗支出"以及"是否计划从该就诊医生处买药"这两个干预条件开展现场审计实验。研究结果表明，医生对有医疗保险的患者所开的处方药的金额要比没有保险的患者高43%，但这一结论的前提是患者计划从该医生处买药。Das 等（2016）在印度开展的一项现场审计实验同样采用标准病人法，他们探究了同样的医生同一时期在公共和私营医疗服务机构中的问诊行为及其医疗服务质量的差异。该研究发现，医生在私营医疗机构会比其在公共医疗机构问诊时付出更多努力，诊断的正确性也相对较高，但增加了更多不必要的治疗手段。Kerschbamer 等（2016）则通过在修理厂的一项现场审计实验探究消费者有无可补偿其维修费的保险对维修师行为的影响。该研究发现，保险的存在使得维修费用大大提高。研究者提出这可能是由于维修师的机会主义行为（如过度提供非必要的零件、夸大工作时间）和被保险的消费者不太关心成本最小化的双重原因造成的。在保险覆盖的情况下，维修师因知道消费者的费用由保险公司支付而倾向于提供更多或更昂贵的服务，这也被称为第二级道德风险（Second-degree Moral Hazard）。这种行为既增加了保险公司的成本，也可能因人力或物质资源的浪费而给整个社会带来高昂的成本。

与基于观测数据开展研究的识别策略相比，这些现场审计实验研究虽然能够在识别歧视过程中有效避免因敏感性或私密性考量而引发的数据失真问题，但其在方法论和实际操作上仍存在一定的局限性。首先，在方法论层面，早在20世纪90年代，Heckman 及其合作者便对现场审计实验提出了两点主要质疑：一是现场审计实验无法确保审计员的不可观测特征均值在不同实验组间相等，因此无法确保不可观测特征与可观测特征所共同决定的审计员的生产率均值在组间相等，从而导致无法确定通过现场审计实验识别出的歧视是来源于统计性歧视和偏好性歧视的加总还是只来源于偏好性歧视；二是即使假设审计员的不可观测特征在组间的均值相同，且不考虑识别歧视来源时，仅因这些特征在组间的方差差异，仍然可能导致审计实验对歧视的估计偏误，即无法有效识别歧视（Heckman,1998；Heckman 和 Siegelman,1993）。Neumark（2012）发展了基于异方差 Probit 模型（H-Probit Model）的估计方法来应对上述质疑，并从理论上证明该方法在满足一定假设的条件下可以修正因方差组间差异所导致的估计偏误，从而确保审计实验对歧视的准确识别。①

其次，在现场审计实验的实际操作层面，其所面临的具体挑战包括：第一，

---

① 具体方法论相关细节的讨论可参见本书第 10 章和第 11 章。

采用真人作为审计员的现场审计,需要花费大量人力物力去培训审计员,导致实验成本高,且研究样本往往源自某个社区或特定地区,代表性不足。例如,Grossman 和 Honig(2017)仅在尼日利亚拉各斯大学附近的一个社区开展现场审计以探究种族及社会经济特征方面的歧视问题,然而该社区中的卖家很可能与其他地区如住宅区附近市场中的卖家存在系统性差异,进而导致其研究结论很难代表整个城市或整个尼日利亚零售市场中针对种族及社会经济特征歧视的情况。第二,在开展现场审计实验时,即使真人审计员均经过严格培训,研究者也难以确保不同干预条件下所指派的审计员的不可观测特征分布对于被审计者而言完全一致,且被审计者由于个体能力、经验、偏好等方面的差异,其对同一审计员的不可观测特征的估计也可能不同,进而引致干预条件外的估计偏差(Heckman,1998)。此外,因为现场审计实验难以做到对审计员的双盲设计,所以审计员由于了解研究目的而造成实验者需求效应(Turner,1991)。例如,审计员可能有意识或潜意识地引导被审计者的行为,导致研究者对歧视水平的高估。第三,审计实验存在欺骗被审计者的伦理问题(Zschirnt,2019)。特别是在常用的配对审计的设计下,向同一个被审计者派送两个或多个审计员,很可能导致被审计者怀疑审计员的真实性,进而无法准确引出他们真实的行为反馈(Gaddis,2018)。

研究案例 5.1　病人的医学知识水平和抗生素滥用

Currie 等(2011)在中国的医疗服务市场上开展了一项现场审计实验。他们通过向医生派送成对的具有相同流感症状但医学知识水平不同的标准病人,考察病人在基础医学方面知识水平的提高对医生过度使用抗生素处方行为的影响。抗生素的过度处方问题属于过度治疗的范畴,而过度治疗是除过度收费和治疗不足外,现实医疗服务市场中最为常见的一种机会主义行为。该研究对导致我国出现抗生素滥用现象的原因进行抽丝剥茧地探索,为我国医药改革方面的政策改进提供了科学的建议。

Currie 等(2011)招募了 18 名 18—22 岁的大学生作为审计员扮演标准病人。在前往医院开展正式审计之前,这些标准病人需接受研究团队的专业指导,并前往样本池外的医院完成 5 次实践练习,这些指导及实践的内容包括就医时应如何穿着、语速训练、熟记标准病例剧本,等等。所有标准病人的主诉内容均为：

> 过去两天，我一直感到疲劳，轻微头晕和发烧，喉咙痛，食欲不振。今天早上感觉症状加重了，测了体温后是 37.2 摄氏度。

研究者将扮演标准病人的审计员进行两两随机配对，每一对中的 2 名标准病人性别相同、年龄相仿、外表也相似，并被随机分配为角色 A 和角色 B。他们须前往医院现场向同一位医生进行就诊咨询，2 名标准病人的就诊顺序是随机分配的，就诊前后的时间间隔为 2 小时。其中，角色 A 和角色 B 在进行就诊审计时分别扮演具备和不具备基础医学知识的标准病人，二者的唯一特征区别（即干预条件）在于被分配为角色 A 的标准病人依照其剧本额外向医生提供了如下信息：

> 我从网上了解到，单纯的流感/感冒患者不应该服用抗生素，对吗？

现场就医审计所开展的时段为我国流感高发季节（2008 年 1 月至 3 月、2008 年 11 月至 2009 年 2 月）。在完成现场就医审计之后，标准病人需要反馈其所接受的每位医生的诊断以及抗生素处方率，并在 1—5 级（从低到高）的里克特量表中，对这些医生所提供医疗服务的整体质量和服务态度的满意度进行评估。此外，他们还需在 0—10 级的量表框架下回答一个问题："如果您的父母有类似的症状，您有多愿意向自己的父母推荐该医生？"其中，0 表示不推荐，10 表示肯定推荐。这些指标均作为结果变量，以考察病人基础医学专业知识水平对医生处方行为的因果影响。

Currie 等（2011）的现场审计实验结果表明，通过病人向医生提供关于抗生素的知识，可以促使医生更加谨慎地使用抗生素，从而减少不必要的抗生素处方。这对于防止抗生素滥用和耐药性发展、改进医疗服务质量以及制定相关干预措施都具有重要意义。

小结：Currie 等（2011）采取了一系列措施，以尽可能确保向每一位医生问诊的拥有不同基础医学知识水平的 2 名标准病人具备可比性。首先，他们以流感作为标准病例，预先设计出标准病人与医生互动的剧本内容。其次，让这些标准病人接受培训，使之在穿着和行为上表现出尽可能相似的模式，能够依照剧本给医生提供相同的病情主诉信息及就诊互动内容，并且要求其在这一过程中不得额外提供剧本之外的信息。再次，让经过培训的标准病人参与实地实践，在正式开展审计实验之前，先完成现实就医测试，以便及时发现剧本的不足以及可能产生的突发问题,从而提高审计研究的质量和效率。最后,在向每一位不同的医生问诊之前,成对的 2 名标准病人所需负责的角色 A 或角色 B 均是随机分配的,这意味着 2 名标准病人各自所扮演角色 A 和角色 B 的次数大致是相等的,以尽量降低标准病人的无法观测特征对实验结果的干扰。[①] 确保审计员在不同实验局之间的可比性是现场审计实验能否行之有效的核心,在设计现场审计实验阶段,前述这几个举措均可供我们参考。

5.2　通信审计实验

随着互联网在社会和经济生活中被广泛应用,审计实验也在审计渠道上做出相应改进,具体体现为审计方式已由直接采用面对面的现场审计转向以电子邮件和在线平台为主要审计渠道[②]的通信审计。

5.2.1　电子邮件

现今,电子邮件作为全球常见的通信手段之一,其应用广泛,方便快捷,能够极大地降低开展审计实验的成本。在以电子邮件作为审计渠道的通信审计实验研究中,电子邮件主要被应用于审计材料的投递和被审计者行为数据的获取(Crabtree,2018)。具体而言,一方面,研究者可以依托电子邮件完成审计材料(如虚构简历)的远程投递。在开展审计材料的投递阶段之前,研究者需先完成被审计者电子邮箱信息的收集和电子邮件发送方法的选择。在收集被审计者的电子邮箱阶段,如何快速准确地获取大量被试的电子邮箱信息是这一阶段的重点工作。若是依靠研究人员人工手动收集记录下所有被试的电子邮箱信息,既存在人工搬运出错的可能性,又费力耗时,人力成本和时间成本都相对较高。幸运的是,随着计算机技术的发展,如今的研究人员已经可以借助算法软件(如 Python、R 等)快速爬取被试公开披露在互联网上的相关信息——既包括电子邮箱及联系电话,也包括人口社会学特征信息(如性别、教育背景、工作经历等)。在收集完被试的邮箱地址之后,需检查这些电子邮箱的有效性,

---

[①] 即使存在审计员无法观测特征的影响,也能通过随机化在不同实验局之间实现这些影响的平衡。

[②] 除电子邮件和在线平台外,还有少数研究采用电话(如 Purnell 等,1999;Massey 和 Lundy,2001)、书面信件(如 Bendick 等,1997;Weichselbaumer,2004)作为承载不同特征信息干预的审计渠道。

排除不具备有效电子邮箱的潜在被试,如排除不包括"@"的电子邮箱。值得一提的是,即使无法完全识别出所有失效但具备标准邮箱格式的电子邮箱,我们也可以通过将被试随机分配到不同实验局的方式,确保带有失效电子邮箱的被试在各个实验局中所占的比例保持平衡,以保障实验干预因素的因果估计不会受到部分被试缺失的影响。

另一方面,通过电子邮件,研究人员能够便捷地获取审计实验的主要结果变量,即是否收到来自被审计者的邮件反馈。如果收到邮件回复,则记为 1,反之则记为 0(如 Butler,2014;Grose,2014;Jacquemet 和 Yannelis,2012)。以劳动力市场为例,不同实验局中被审计者在邮件回复率上所产生的差异或差别待遇代表的是干预特征(如种族、性别、犯罪经历等)引致的歧视行为结果。但仅依靠邮件回复率这一结果数据开展的研究在探索歧视形成的潜在机制方面的作用相对有限。为此,不少研究人员考虑采用调查、访谈等多种形式获取相关定性数据,补充通信审计实验数据的不足,以增强研究人员对驱动审计实验结果(回复率差异)的潜在机制的理解。例如,Rivera 和 Tilcsik(2016)通过一项通信审计实验,考察了在不同社会阶层背景下,求职者性别对美国 316 家大型律师事务所面试邀请决策的影响。他们发现,即使是社会阶层背景较高的女性求职者,其所收到的回复率也比同等社会阶层背景的男性求职者低。为进一步探索推动这一实验结果发生的潜在机制,Rivera 和 Tilcsik(2016)在审计实验结束之后采访了具备招聘经验的律师,这些律师表示,他们认为相比于男性,社会阶层背景较高的女性求职者仍需负担较多的家庭责任,因此即使这些女性做出认真完成所有工作量的承诺,他们也会对此感到担忧。Gaddis(2015)则使用了另一种不同类型的定性数据来补充他的审计研究结果:雇主原本发送给他的同事但实际上误发给了求职者的电子邮件。该审计研究旨在了解录取标准严格的顶尖院校与录取标准相对宽松的高排名院校的证书如何与求职者的种族交织在一起,从而产生歧视。在雇主意外向求职者发送电子邮件的 13 个案例中,有 5 个案例提到了求职者就读的名牌大学——哈佛大学、杜克大学或斯坦福大学。该研究的作者认为这些意外的电子邮件提供了一些有限的定性洞察,可以让我们了解雇主对名校学位的重视程度。上述研究案例均表明,研究人员在使用通信审计实验方法的同时,可以通过结合其他创新性的研究方法来收集与结果变量相关的定性数据,从而揭示实验结果的潜在机制。

尽管以电子邮件为主要审计渠道的通信审计实验研究可以低成本扩大样

本规模,尽可能降低来自审计员的偏差,但其在研究对象和研究数据长度[①]上仍具有一定的局限。第一,这些通信审计研究通常只聚焦于市场中一方的行为决策,即通过改变市场的供给方(或需求方)的部分特征,来考察市场需求方(或供给方)的行为决策。例如,在劳动力市场上主要考察的是雇主而非雇员的决策(如 Bertrand 和 Mullainathan,2004),在住房市场上考察的是房东而非租客的决策(如 Hogan 和 Berry,2011)。第二,这些通信审计实验研究通常只能观测到招聘初期结果,如雇主是否提供面试机会等,数据长度有限,很难进行深入的机制分析。如前所述,研究人员可以用诸如访谈或问卷调查的方式获取相关定性数据,以开展潜在机制的探索工作。如今,随着互联网平台的崛起和多种通信工具的涌现,电子邮件不再是唯一流行的审计渠道,但基于电子邮件统计的被试回复率仍然是大多数通信审计实验研究收集数据的主要形式。

5.2.2 在线平台

除了电子邮件这一审计渠道,近年来以互联网平台为主的在线审计成为审计实地实验的主流方式,已被广泛应用到对多个类别的市场的研究中,也被称为在线审计实验。应用在线审计实验开展的现有研究关注了非常丰富的议题,包含种族、性别等各类歧视现象以及个体的择偶行为、委托-代理关系等。

在线平台既可以为研究人员提供大规模的用户样本,也可以作为研究人员与被审计者直接开展交流的审计渠道。因此,依托在线平台开展的通信审计实验也属于在线实地实验(Online Field Experiment)。这是结合了审计和在线实地实验特征的一种方法,既具有在线实地实验干预随机性强、成本低、数据准确性高等优势(翁茜和李栋,2020),也在审计渠道、审计材料制作以及审计技术改进等方面与其他形式的审计实验存在显著区别,特别是在审计技术改进方面,现今互联网和计算机技术的发展让在线审计实验研究具备获取大数据、大样本以及实现自动化审计的可能性。具体而言,第一,设计在线审计实验时,可以利用计算机爬虫或与在线平台合作的方式获取海量行政记录数据,从而能够通过大数据分析和随机化处理,制作出更贴近现实且具可比性的审计材料,也

[①] 研究数据长度是指数据收集的时间跨度或涉及的活动过程的复杂性。数据长度短通常意味着研究仅涵盖某个单一阶段或事件,而数据长度长则意味着研究跨越多个阶段,并提供更丰富的时间维度和信息。例如,若研究仅关注招聘初期并收集相关结果变量,通常只能获取求职者是否被雇主邀请面试这一单一结果,而无法进一步获取面试过程、最终录用结果以及后续的工作表现等数据。

能够对关键干预条件的设计提供指导。例如,Neumark 等(2019)将在线求职平台上超过 25 000 份简历作为样本库,创建能够随机分配多个可控制简历特征信息以及简历分组的应用程序 VBA(Visual Basic for Applications),以制作更为真实的虚构简历。He 等(2021)则依据招聘平台上数千个真实招聘广告的工资范围和工作时间要求,设计其在线审计实验中的工作职位所具有的工资和工作时间的弹性范围,以探究工作时间和地点弹性条件的变化对求职者申请的影响。第二,在线审计实验的样本获取具有低边际成本的优势,故比较容易实现大样本审计。大样本审计不仅可获得较高的统计效力,还有益于开展基于被试者间设计的在线审计实验研究。该类设计能比被试者内设计更为有效地降低被审计者怀疑或发现审计材料为虚构的风险,提高对歧视水平估计的准确性和外部有效性。第三,通过编程实现自动化录入和发送审计材料,不仅简化了审计实验的部分审计步骤(Lahey 和 Beasley,2009),还能够降低人工处理审计材料、记录审计过程时出错的概率。以上技术方面的改进,使得在线审计实验基本解决了现场审计和早期通信审计在实际中可能面临的影响数据质量及后续分析深度的问题。

既有的在线审计实验研究也存在一定的局限性。第一,干预特征信号引致的混淆影响。在线审计实验中通过文字表达的干预条件未必能够完全等价于研究者所关注的条件本身。例如,Bertrand 和 Mullainathan(2004)在简历上采用具有种族特征的名字来展现求职者的种族,但这种做法可能混淆了种族和阶级的影响。这是因为非裔美国人的社会经济地位往往较低,即种族特征署名所传达的信号不仅仅包括种族本身,还包括与种族相关的潜在社会环境因素的干扰(Pager,2007)。这种干扰导致的混淆影响甚至可能使得在线审计实验研究丧失其原有的随机控制优势,从而无法得到所关注的条件本身对结果的准确因果影响。

第二,抽样范围、结果变量和应用主题有限。现有的在线审计实验研究多集中在检验各市场中种族、性别等方面的歧视是否存在,而对歧视产生的过程及作用机理的分析尚不够深入。这主要是由于在线审计实验往往以某个平台为基础样本池,其抽取的样本仅以平台用户为主,范围有限。较少有研究能够与平台达成合作从而获取和充分利用平台的大数据,导致所能探究的结果变量有限,且往往局限于求职、议价、交往等交互过程的初步阶段。以劳动力市场为例,研究者往往只能收集到诸如"是否提供面试机会"这类雇主在招聘初期的简历筛选阶段的行为决策数据，而无法对歧视过程的作用机制，以及歧视作用于雇员绩效、企业人员结构等方面的分别影响进行深入研究。此外，在劳动力市场中，在线审计实验对劳动需求方雇主的决策行为研究应用较为广泛，但对劳动供给方雇员的决策行为研究应用却还比较初步，而且在线审计实验在其他类型市场上的应用更为有限。抽样范围、结果变量和应用主题的局限在很大程度上限制了在线审计实验研究的广度和深度。

第三，审计实验的伦理问题。尽管在线审计实验能够有效缓解传统审计实验存在的审计材料无法完美贴近实际、高成本、审计过程不透明和实验者偏差等问题，但由于审计研究要求被审计者在不知情的情况下接受审计从而避免实验员需求效应，进而确保实验结果的外部有效性，因此，在线审计实验仍然存在欺骗被审计者、浪费其时间和精力等降低社会资源利用效率的伦理问题。

对于前述提及的在线审计实验存在的三点局限，下面一一提出相应的改进方向。

第一，增加特征信号补充干预方式，提高信号传递特征的准确性。除直接明确地展示干预特征本身这一种方式外，可考虑利用互联网信息获取渠道多样化、多种渠道间联系方便快捷的优势，通过网页链接等多渠道向被审计者提供有关审计员或材料的更完整详细的信息，以避免被审计者对干预信息的不准确和过度引申解读。

第二，结合大数据信息，深入机制分析。利用互联网获取和记录信息便捷的优势，结合诸如企业人力资源大数据、招聘平台大数据等各类数据，拓宽获取被审计者个体特征、行为数据的渠道，从而提高结果变量的涵盖深度，扩大在线审计实验可考察的时间范围，将静态审计研究向动态审计研究推进，从而有助于深入挖掘和分析影响机制及作用机理。此外，可以考虑关注如雇主、雇员和招聘中介机构等多方市场主体，引入对其他市场相关问题的分析，拓展在线审计实验方法应用的领域。

第三，采取多种替代设计方案，缓解审计研究的伦理问题。最近的研究开始尝试考虑多种替代研究方案，可望有效缓解审计研究中的伦理问题。第一种方案是允许被审计者知情但同时为其提供真实激励。该激励设计避免了审计研究所需的欺骗，又能让被审计者有动机做出与真实情境一致的决策。例如，以为雇主提供与其要求匹配的真实求职者作为激励，要求雇主在知道其被审计的情况下对虚构或真实简历进行评价（如 Kessler 等，2019）。第二种方案是寻找或创造机遇,在与企业或平台合作的真实环境下开展真实版本的审计实验,例如让雇佣双方真实完成求职应聘的全过程、让租客得以真实入住等(如Abebe等,2021)。第三种方案可考虑采用双边审计实验设计。在双边审计设计下,将提供有偿服务的相关中介服务机构作为被审计者,并让其获得与在真实市场中一致的经济激励,以补偿其在接受审计过程中所花费的时间与精力成本(如Cowgill和Perkowski,2020)。

现今,基于互联网的购物、房屋租售、招聘、医疗服务咨询等领域在我国发展迅猛,兴起了诸如淘宝、京东、贝壳找房、安居客、智联招聘、猎聘、好大夫在线、春雨医生等一系列影响人民生活方方面面的超大型在线交易平台。这些在线市场的兴起为在线审计实验的应运而生提供了绝佳的试验场,在线审计实验方法克服了传统审计实验成本高、审计材料对现实群体的代表性弱、审计过程不透明等不足,具有广泛的应用基础和广阔的研究前景,为探索我国现有的劳动力市场性别歧视、婚恋市场匹配、零售和服务市场的专家欺诈等实际社会问题的应对方案提供了一个有效的研究路径。例如,有别于西方国家对种族歧视问题的关注,性别歧视是我国劳动力市场的重点关切。尽管国家早已推出相关法律法规,要求除国家规定的不适合女性的工种或岗位外,雇主在招聘时不得设置性别门槛或者男性优先特权,但仍然无法避免现实中雇主对女性求职者的隐性歧视。因利益相关或考虑到自身社会形象,雇主或招聘人员通常不会直接向公众透露其对性别歧视的真实行为反应,所以采取调查问卷或访谈的方法,往往难以了解劳动力市场性别歧视的真实状况。在线审计实验则是在被审计的雇主或招聘者不知情的情况下获取他们真实自然的显性行为数据,且因互联网平台的便利,能够以较低成本实现样本规模的扩大,与早期集中对局部地区某些企业开展的审计研究相比,样本更具代表性。此外,基于各种在线平台的维修市场、医疗服务市场、婚恋市场等也都适合采用在线审计实验开展研究,以深入理解如何防止专家欺诈、如何缓解过度治疗、如何提高婚恋匹配效率等学界、政府和社会大众共同关心的重要现实问题。

需要注意的是,若在某段时间内于同一个市场开展大量审计实验,可能会给该市场本身带来干扰,不利于该市场的健康发展和可信研究数据的获取。因此,建议实验的干预不要时间过长或频率过高。此外,最好可以获取在线平台的行政记录数据,可包括个体搜寻、购买等行为数据以及匹配、交易等结果数据,以便深化分析,为理解相关问题和制定应对方案提供更为科学、可行的政策建议。在线审计实验为研究诸如歧视、委托-代理等导致市场低效的重要社会经济问题以及探索应对这些挑战的可行措施提供了有效手段。开展更多高质量的在线审计研究,将既有助于"互联网+"新业态本身制度的完善,也有利于提升人民福祉,促进社会经济蓬勃发展。

研究案例 5.2　大学生就业存在性别歧视吗?

在每年的大学生就业季中,诸如"宁用武大郎,不选穆桂英"的报道屡见不鲜,但这些报道多聚焦于个案,无法反映整个劳动力市场的运行情况,更无法据此推断大学生就业市场中的性别歧视状况。葛玉好等(2018)通过在线上招聘网站上发布配对的虚构简历的方式,探究了我国大学生就业过程中面临的性别歧视问题。首先,研究人员选取了一个国内大型在线招聘网站("智联招聘")作为简历投递平台。其次,随机抽取该平台上公开的100份完整简历,结合该平台对求职者简历制作的基本要求,通过归纳整理提取其中的关键信息,设计出包含标准信息①的简历模板,并让来自中国人民大学、对外经济贸易大学和北京林业大学的100名真实学生根据简历模板和个人真实信息完成第一份简历具体内容的填写,与之配对的第二份简历则是在第一份简历的基础上通过转换"性别"得到的,因此,第二份简历的其他信息与第一份简历完全相同②,最后得到简历数共计192份。最后,2014年3月1日—3日期间,研究人员将配对的简历投放到在"智联招聘"网站发布的招聘广告上,并于2014年4月30日注销这些简历。长达两个月的投放周期可以让每份简历都尽可能获得足够大的浏览量。在此期间,研究人员尽量保持简历上所显示的手机号畅通,并定时查看招聘平台通知和邮箱,以便检查是否接收到雇主的面试通知。在收到面试通知之后,研究人员还需依照专业培训的相关内容(如已找到工作)婉言拒绝雇主的面试邀请。

实验结果发现:第一,女性大学毕业生在求职过程中遭受严重的性别歧视,在使用同样简历的情况下,男性大学生接到面试通知的次数比女性高42%;第二,学习成绩和学历对降低歧视没有帮助,实际上,学习成绩越好、学历水平越

---

① 标准信息具体包括6大类信息:求职者的基本信息(包括姓名、出生日期、户籍地、民族等)、学习成绩、英语水平、社团活动、实习经历和求职意愿。
② 第一份简历和第二份简历中求职者的姓名、身高和体重因真实学生个体的不同存在差异。除此之外,其余信息二者完全相同。

高的女性大学生在求职过程中会遭受更严重的性别歧视；第三，增加实习经历能够帮助女性大学生减轻受歧视的程度。这表明劳动力市场中存在雇主对大学生求职者的性别歧视。在招聘过程中，信息不对称问题非常严重，而且学历水平不能很好地发挥信号甄别功能。

葛玉好等（2018）有关大学生就业市场中性别歧视问题的研究结论为相关政策制定者提供了建设性的意见：政府应该帮助女性大学生，加快反歧视相关法律和政策的制定，加大对违反相关规定企业的处罚力度。政府还可以考虑出台相关税收减免或其他支持措施，鼓励企业雇佣女性大学生，并逐渐完善生育保险制度，合理分配国家、个人和企业在女性生育这一社会责任方面所承担的成本。女性大学生还应该增加实习经历来提高就业竞争力，将所学知识在实践中学以致用，通过实习经历向雇主发出强有力的信号，证明自己的实际劳动生产率并不低。

小结：葛玉好等（2018）以在线招聘平台作为审计渠道，结合电子邮件和手机通话的方式获取审计实验的结果变量——雇主是否发出面试邀请，以清晰识别大学生就业市场中存在的性别歧视状况。该研究采取目前学术界审计实验领域最为常见的在线审计实验法：一方面可以通过互联网招聘平台实现大规模求职审计；另一方面，可以让研究人员观察到真实劳动力市场中雇主面对相似生产力但不同性别的大学生求职者申请的自然反馈。该研究简历模板和具体内容的设计有效控制了除干预条件（性别）外其他无关变量和人为因素的干扰。虽然其虚构简历的内容确实来自真实的简历信息，但在简历呈现的自然性上仍存在一定问题，即配对的两份简历上除干预条件外的信息完全相同的情况在现实中出现的概率较低，被同一雇主发现简历为虚构的可能性较高。可以做出的改进是，利用大数据及机器学习的技术优势，在获取大量（至少上千份）在线平台真实简历所附带的信息之后，基于此，随机构建其他信息内容相似但不完全相同的虚构简历，即确保其他信息统计上相同。这样设计既可对其他条件进行有效的控制，保证配对的虚构简历之间的可比性，又可提高虚构简历的真实性和自然性，降低其被现实中的雇主发现是"非正常"简历的可能性。需要注意的是，随着技术的进步，如今采取在线审计实验方法开展的前沿研究的样本量已达到数千份或更多。现实中完整的招聘流程包括简历筛选、笔试、面试和录用等多个环节，但在该研究中仅能捕捉到雇主筛选简历的行为反馈，无法代表完整的招聘状况，这一点也是诸多通信审计实验研究共有的局限。可以考虑采取前述所提及的访谈、调查以及实验后进一步追踪雇主行为的方式，丰富研究内容，获取更完整的数据，以加深对实验结果的机制探索。

本章小结

本章主要介绍了审计实验的两种主要类型：现场审计实验和通信审计实验。现场审计实验让真人扮演特定角色，如求职者、消费者等，直接与被审计者进行面对面交流，以观察和比较被审计者在不同干预条件下的反应，从而识别歧视或探究个体行为机制。这一方法被广泛应用于住房市场、劳动力市场和零售市场等领域，研究主题聚焦于各类歧视问题。通信审计实验则主要基于通信媒介（如邮件、电话、互联网等）开展审计活动。它相比于现场审计实验的优势在于样本规模相对较大，操作相对便捷，且成本较低。但通信审计实验的数据获取通常依赖于电子邮件或在线平台，这限制了审计员获取结果变量的深度，同时仍无法避免可能涉及隐私和数据保护的伦理问题。在我国，审计实验方法已被用于探究大学生就业市场中的性别歧视、医疗服务市场中的医生机会主义行为等多个议题，研究前景向好。审计实验作为一种实证研究方法，在识别和分析社会歧视和委托-代理等问题方面均发挥了重要作用，有助于我们更加全面地理解诸如性别歧视、过度治疗等社会现象及其背后的发生机制，从而对症下药，提出具有针对性的建议，为相关政策的制定提供科学依据。

参考文献

葛玉好、邓佳盟、张帅，2018：《大学生就业存在性别歧视吗？——基于虚拟配对简历的方法》，《经济学（季刊）》第4期。

翁茜、李栋，2020：《在线实地实验研究进展》，《经济学动态》第5期。

Abebe, G., Caria, A. S., and Ortiz-Ospina, E., 2021, "The Selection of Talent: Experimental and Structural Evidence from Ethiopia", *American Economic Review*, 111(6), 1757-1806.

Ayres, I., and Siegelman, P., 1995, "Race and Gender Discrimination in Bargaining for a New Car", *American Economic Review*, 85(3), 304-321.

Balafoutas, L., Beck, A., Kerschbamer, R., and Sutter, M., 2013, "What Drives Taxi Drivers? A Field Experiment on Fraud in a Market for Credence Goods", *The Review of Economic Studies*, 80(3), 876-891.

Bendick Jr, M., Jackson, C. W., and Romero, J. H., 1997, "Employment Discrimination against Older Workers: An Experimental Study of Hiring Practices", *Journal of Aging & Social Policy*, 8(4), 25-46.

Bertrand, M., and Mullainathan, S., 2004, "Are Emily and Greg More Employable than Lakisha and Jamal? A Field Experiment on Labor Market Discrimination", *American Economic Review*, 94(4), 991-1013.

Butler, D. M., 2014, *Representing the Advantaged: How Politicians Reinforce Inequality*, Cambridge, UK: Cambridge University Press.

Cowgill, B., and Perkowski, P., 2024, "Delegation in Hiring: Evidence from a Two-Sided Audit", *Journal of Political Economy Microeconomics*, 2(4), 852-882.

Crabtree, C., 2018, "An Introduction to Conducting Email Audit Studies", in Gaddis, S. M., ed., *Audit Studies: Behind the Scenes with Theory, Method, and Nuance*, Cham: Springer International Publishing, 103-117.

Currie, J., Lin, W., and Zhang, W., 2011, "Patient Knowledge and Antibiotic Abuse: Evidence from an Audit Study in China", *Journal of Health Economics*, 30(5), 933-949.

Das, J., Holla, A., Mohpal, A., and Muralidharan, K., 2016, "Quality and Accountability in Health Care Delivery: Audit-Study Evidence from Primary Care in India", *American Economic Review*, 106(12), 3765-3799.

Feins, J. D., and Bratt, R. G., 1983, "Barred in Boston: Racial Discrimination in Housing", *Journal of the American Planning Association*, 49(3), 344-355.

Gaddis, S. M., 2015, "Discrimination in the Credential Society: An Audit Study of Race and College Selectivity in the Labor Market", *Social Forces*, 93(4), 1451-1479.

Gaddis, S. M., 2018, *Audit Studies: Behind the Scenes with Theory, Method, and Nuance*, Cham: Springer International Publishing.

Gneezy, U., List, J., and Price, M. K., 2012, "Toward an Understanding of Why People Discriminate: Evidence from a Series of Natural Field Experiments", NBER Working Paper No.17855.

Grose, C. R., 2014, "Field Experimental Work on Political Institutions", *Annual Review of Political Science*, 17(1), 355-370.

Grossman, S., and Honig, D., 2017, "Evidence from Lagos on Discrimination across Ethnic and Class Identities in Informal Trade", *World Development*, 96, 520-528.

Hebl, M. R., Foster, J. B., Mannix, L. M., and Dovidio, J. F., 2002, "Formal and Interpersonal Discrimination: A Field Study of Bias Toward Homosexual Applicants", *Personality and Social Psychology Bulletin*, 28(6), 815-825.

Heckman, J. J., and Siegelman, P., 1993, "The Urban Institute Audit Studies: Their Methods and Findings", in Hellmann, D. B., and Barrow, J. E., eds., *Clear and Convincing Evidence*: *Measurement of Discrimination in America*, Chicago: University of Chicago Press, 187-258.

Heckman, J. J., 1998, "Detecting Discrimination", *Journal of Economic Perspectives*, 12(2), 101-116.

He, H., Neumark, D., and Weng, Q., 2021, "Do Workers Value Flexible Jobs? A Field Experiment", *Journal of Labor Economics*, 39(3), 709-738.

Hoffman, L. M., and Heisler, B. S., 2020, *Airbnb, Short-Term Rentals and the Future of Housing*, New York: Routledge.

Hogan, B., and Berry, B., 2011, "Racial and Ethnic Biases in Rental Housing: An Audit Study of Online Apartment Listings", *City & Community*, 10(4), 351-372.

Jacquemet, N., and Yannelis, C., 2012, "Indiscriminate Discrimination: A Correspondence Test for Ethnic Homophily in the Chicago Labor Market", *Labour Economics*, 19(6), 824-832.

Kerschbamer, R., Neururer, D., and Sutter, M., 2016, "Insurance Coverage of Customers Induces Dishonesty of Sellers in Markets for Credence Goods", *Proceedings of the National Academy of Sciences*, 113(27), 7454-7458.

Kessler, J. B., Low, C., and Sullivan, C. D., 2019, "Incentivized Resume Rating: Eliciting Employer Preferences without Deception", *American Economic Review*, 109(11), 3713-3744.

Lahey, J. N., and Beasley, R. A., 2009, "Computerizing Audit Studies", *Journal of Economic Behavior & Organization*, 70(3), 508-514.

Lu, F., 2014, "Insurance Coverage and Agency Problems in Doctor Prescriptions: Evidence from a Field Experiment in China", *Journal of Development Economics*, 106, 156-167.

Massey, D. S., and Lundy, G., 2001, "Use of Black English and Racial Discrimination in Urban Housing Markets: New Methods and Findings", *Urban Affairs Review*, 36(4), 452-469.

Neumark, D., Bank, R. J., and Van Nort, K. D., 1996, "Sex Discrimination in Restaurant Hiring: An Audit Study", *The Quarterly Journal of Economics*, 111(3), 915-941.

Neumark, D., Burn, I., and Button, P., 2019, "Is It Harder for Older Workers to Find Jobs? New and Improved Evidence from a Field Experiment", *Journal of Political Economy*, 127(2), 922-970.

Neumark, D., 2012, "Detecting Discrimination in Audit and Correspondence Studies", *Journal of Human Resources*, 47(4), 1128-1157.

Pager, D., Bonikowski, B., and Western, B., 2009, "Discrimination in a Low-Wage Labor Market: A Field Experiment", *American Sociological Review*, 74(5), 777-799.

Pager, D., 2003, "The Mark of a Criminal Record", *American Journal of Sociology*, 108(5),

937-975.

Pager, D., 2007, "The Use of Field Experiments for Studies of Employment Discrimination: Contributions, Critiques, and Directions for the Future", *The ANNALS of the American Academy of Political and Social Science*, 609(1), 104-133.

Purnell, T., Idsardi, W., and Baugh, J., 1999, "Perceptual and Phonetic Experiments on American English Dialect Identification", *Journal of Language and Social Psychology*, 18(1), 10-30.

Rivera, L. A., and Tilcsik, A., 2016, "Class Advantage, Commitment Penalty: The Gendered Effect of Social Class Signals in an Elite Labor Market", *American Sociological Review*, 81(6), 1097-1131.

Turner, M. A., 1991, "Housing Discrimination Study: Synthesis", US Department of Housing and Urban Development, Office of Policy Development.

Weichselbaumer, D., 2004, "Is It Sex or Personality? The Impact of Sex Stereotypes on Discrimination in Applicant Selection", *Eastern Economic Journal*, 30(2), 159-186.

Zschirnt, E., 2019, "Research Ethics in Correspondence Testing: An Update", *Research Ethics*, 15(2), 1-21.

第6章
审计实验的应用价值

从审计实验方法的发展历史来看,审计实验推动了美国早期种族歧视政策的制定,并因其广泛应用,对后续更多政策的制定产生了深远影响。正如Gaddis(2018)所言:

> 审计实验的崛起,与公共政策致力于消除种族歧视和不平等的努力亦步亦趋。

在政策制定中,以审计实验研究结果为参考可以追溯到20世纪中期。当时,美国的一些社会组织①自发与学者们合作,旨在通过社区自我调查(Community Self-Surveys)的方式取得歧视的证据,并用研究报告来说服商家或工会自发调整歧视行为(Sanders,2001),或将研究报告作为法律诉讼中的证据(Boggs,1993)。审计实验因操作简单和识别准确而成为社区自我调查的主流方法,学者联合社会组织和媒体共同揭露了少数群体日常生活中所面临的歧视,推动了反歧视政策的形成和不断完善(Cherry和Bendick,2018)。

除推动政策制定外,审计实验还被用于政策评估(Verhaeghe,2022)。一些学者在政策落实后展开审计实验,并与政策落实前的歧视相比较,以探究反歧视政策对歧视的影响,进而评估政策效果。鉴于审计实验在政策的制定与评估方面应用广泛且深刻,本章将具体介绍审计实验在政策制定和评估中的经典案例,以展示审计实验方法的实践应用价值。

---

① 一些先驱组织包括社会问题心理研究学会(the Society for the Psychological Study of Social Issues,SPSSI)、全美有色人种协进会(NAACP)和社区关系委员会(Commission of Community Interrelations,CCI)。

6.1 推动政策制定的审计实验

政策制定常常是一个耗时费力的过程,政策制定时参考的材料也较为丰富多元。开展审计实验的研究者可能是与社会组织、媒体和政策制定部门合作的学者,也可能直接来源于这些组织和部门,他们的实验结果作为证据在政策制定中起到了重要作用。在一些政策制定过程中,审计实验的贡献被完整地记录了下来,本节将介绍推动政策制定的审计实验。关于审计实验作为政策依据的更多讨论可以参考 Gaddis(2018)一书中第二章的内容。

Selltiz(1955)在《调查方法在公民反歧视运动中的应用》一文中描述了 1950—1952 年东曼哈顿民权委员会开展的一组审计实验,由审计员扮演餐厅顾客,以揭露少数族裔消费者在消费中遭遇的不平等待遇。东曼哈顿民权委员会将实验结果作为歧视存在的证据,通过积极的呼吁和游说,对缓解曼哈顿餐饮业中的少数族裔歧视现象产生了深远的影响。

1950 年,东曼哈顿民权委员会从其内部以及对研究感兴趣的社会组织中招募了 68 名黑人、85 名白人,共 153 名审计员。审计员被分为种族相同组(每组全为黑人或全为白人)和种族不同组(每组中的种族不同),种族相同组与种族不同组的审计员应在性别和年龄方面相匹配,即需要保证两组审计员性别构成相同,且年龄尽可能接近。实验采用被试内设计,为了排除餐厅由于黑人组后进入而为其安排更差的用餐位置,实验要求黑人审计员组(实验组)先进入餐厅就餐,白人审计员组(控制组)在 1 分钟内跟随实验组进入同一家餐厅。在实验过程中,审计员需要记录就餐前等待时间、座位、服务和餐品质量、餐品制作时间、收费情况等服务质量指标。实验后,两组审计员共同为每家餐厅出具了一份该餐厅是否存在歧视行为证据的报告,东曼哈顿民权委员会再将实验中所有餐厅的服务情况进行汇总和分析。分析结果发现,在进行实验的 62 家餐厅中,有 26 家餐厅明显存在对黑人的歧视,主要体现在为黑人顾客安排更差的位置和提供更差的服务。

基于该研究结果,东曼哈顿民权委员会呼吁业界和各个社会组织减少餐饮市场对黑人的歧视。他们将实验结果形成的报告和反歧视声明草稿发送给该地区 364 家餐厅的老板或管理者,呼吁他们签署在经营中平等对待所有种族顾客的声明。最终,127 家餐厅签署了这一声明。实验最终报告和餐厅签署的声明被刊登在三份纽约市的主要报纸以及两份全国发行的由黑人创办且主要面向黑人读者的报纸上,引起了广泛关注。

为评估在曼哈顿餐饮业界进行反歧视呼吁的效果,在这项实验开展的两年后,东曼哈顿民权委员会再次进行实验。这次实验选取了在第一次实验中表现出明显歧视的全部26家餐厅、随机选取在第一次实验中没有表现出明显歧视餐厅中的17家,以及在第一次实验中未考察过的另外50家餐厅开展实验。该轮实验的结果表明,在全部93家餐厅中,仅有15家明显表现出对黑人的歧视。与第一次实验的结果相比,存在歧视的餐厅占比大大减小。虽然在两次实验的两年间,也有很多社会组织自发地为减少种族歧视而努力,但东曼哈顿民权委员会展开的实验和游说行为被广泛认为为减少曼哈顿餐饮业种族歧视做出了重要贡献。

类似地,研究者将已有的审计实验结果通过媒体曝光、诉诸法律等方式传达给各方,呼吁各个市场减少歧视行为。比如,在住房市场中,Yinger(1986)发现寻找住房的黑人被告知的可用住房比白人少30%。这一发现被认为对1988年美国《公平住房法案》修正案的出台起到了重要的推动作用。在出租车出行市场中,美国霍华德大学的社会学家采用审计实验的方式调查出租车对非裔美国乘客和前往非裔美国人占多数的社区的乘客的歧视。该研究的结果推动了对三家出租车公司的成功诉讼,并推动了出租车公司应对司机的歧视行为负责这一行业规范的形成(Boggs,1993)。在劳动力市场方面,Bendick等(2010)在曼哈顿高档餐厅使用审计实验发现,在应聘服务员的审计员中,有色人种审计员获得工作机会的可能性只有同性别白人审计员的55%。一个关注餐饮业劳动力市场种族问题的社会组织"联合餐馆机会中心"(Restaurant Opportunity Center United,ROCU)在其发表的《美国餐饮业的职业隔离和不平等》(Occupational Segregation & Inequality in the US Restaurant Industry)报告中参考了这一审计实验的研究结果,以提高有色人种和新移民餐厅员工的工资与工作条件。

基于国情,我国的审计实验研究并不聚焦于种族歧视,而是多着眼于性别歧视、学历歧视等,这些审计实验也为中国政策制定带来了重要依据。例如李彬和白岩(2020)探究了中国劳动力市场中,劳动者因大学本科学历差异受到的歧视对待。他们于2018年2月至2018年4月向在互联网招聘平台上公开发布招聘广告的企业发送邮件,递交虚构简历。虚构求职者均为"211大学"毕业的硕士研究生,本科则分别毕业于"211大学"和"非211大学",并随机变动简历中的其他内容。每家公司都将以一定的时间间隔收到来自4个不同虚构求职者的邮件。其中，一半的求职者本科毕业于"211大学"，另一半本科毕业于"非211大学"。实验结果发现，在控制其他因素后，本科毕业于"非211大学"的虚构求职者收到回复的可能性比毕业于"211大学"的虚构求职者低51%。这足以说明中国劳动力市场中存在第一学历歧视。

这一研究促进了我们对中国劳动力市场中歧视的了解，为后续反歧视政策的制定提供了重要依据。在2024年教育部印发的《关于做好2025届全国普通高校毕业生就业创业工作的通知》中指出，要严格落实校园招聘"三严禁"要求（其中包括严禁发布含有限定"985高校""211高校"等字样的招聘信息等）。这一政策有望缓解校园招聘中对学历的歧视，象征着中国劳动力市场反歧视政策迈出了新的一步。

6.2 评估政策效果的审计实验

经济学中存在基于观测数据尝试对政策进行评估的研究传统。比如，Neumark和Song（2013）使用美国健康和退休研究（Health and Retirement Study, HRS）数据分析发现，力度更大的反年龄歧视政策能够促进65岁以上老年人的就业。但由于数据的限制——仅能通过老年人就业数量等变量作为歧视代理变量，基于观测数据的研究难以直接衡量在政策实施前后歧视程度的变化，从而无法直接评估反歧视政策的效果。审计实验基于其可以直接衡量歧视的优势，在很大程度上能够缓解观测数据研究中的数据限制，从而可以更好地用于政策评估分析。本节将基于不同政策类型介绍审计实验在评估政策效果中的应用。

6.2.1 评估有关政策对歧视水平的影响

自美国1963年颁布《同工同酬法案》起，近年来有多个国家颁布了针对各自劳动力市场的反歧视法律或宣言，比如《中华人民共和国劳动法》中第十二条规定："劳动者就业，不因民族、种族、性别、宗教信仰不同而受歧视"，第十三条规定："妇女享有与男子平等的就业权利。在录用职工时，除国家规定的不适合妇女的工种或者岗位外，不得以性别为由拒绝录用妇女或者提高对妇女的录用标准"等。除国家进行立法外，公司、学校和其他组织也采取了各种降低歧视的措施。

审计实验在识别歧视方面的优势,使其能够帮助学术界和公共部门评估反歧视政策的效果。现有研究通过两种方法来评估这些政策的实施效果:第一种是利用空间比较的方法。在同一时间内,分别在反歧视法案覆盖地区和未覆盖地区进行审计实验,运用双重差分法或断点回归法等计量方法,比较不同地区的歧视差异。该方法的核心假设是,如果两个地区实施相同的反歧视政策,它们的歧视效果应当相同,即不存在地区之间的系统性差异。虽然这是一个较强的假设,一旦假设不成立,政策评估就可能产生一定的偏差,但其优势在于可以进行全国范围的分析,从而获得具有代表性的证据。因此,这一方法在一些研究中被广泛采用,并得到了学术界的认可。

Ameri等(2018)使用这种方法对美国各州的《残疾人法案》进行政策评估。这一研究运用《美国残疾人法案》(Americans with Disabilities Act, ADA)和各州《残疾人法案》覆盖企业的不同要求,对审计实验结果进行差分和断点回归估计,从而进行政策评估。

《美国残疾人法案》的就业部分要求雇主确保残疾人在招聘时享有与其他员工同等的机会,禁止在招聘过程中因残疾状况而歧视求职者,也不得进行不合理的健康检查或询问其残疾状况。违反该法案的雇主可能面临经济赔偿、法律诉讼以及强制性政策调整等多方面的处罚。然而,各州通常也有各自独立的反歧视法案,对适用的企业规模设定了不同的标准。这篇文章对《美国残疾人法案》和各州的残疾人法案实施效果进行了分别评估。

首先,Ameri等(2018)运用通信审计实验衡量雇主对残疾人的歧视水平。他们选取会计职位的招聘广告,向招聘广告中发布空缺职位的招募者投递虚构简历。在残疾类型上,他们挑选了两种不会本质上限制患者的生产力并受《美国残疾人法案》和所有州法律保护的疾病,这为评估反歧视政策提供了前提条件。

作者在和虚构简历一同投出的求职信中披露了虚构求职者的残疾状况。为保证对残疾信息的披露自然而不引起雇主怀疑,作者在所有求职者(包括非残疾人)的求职信提到了求职者在残疾组织中从事志愿工作的经历。

作者一共虚构了两份简历模板,分别对应刚从大学毕业的新人求职者和具有六年工作经验及注册会计师资格的有经验的求职者。该实验采取被试间设计,在一家就业搜索引擎网站上搜集会计职位求职广告,并向每个空缺职位随机投递一份包含姓名、工作经验和残疾状况的虚构简历,以进一步降低市场中雇主怀疑的可能性。

在 2013 年 6 月 1 日至 8 月 31 日期间,作者向代表雇主招聘会计职位的招募者共提交了 6 016 份申请。作者将招募者的回复分为三类:面试邀请、积极回复和无兴趣①。

实验结果表明,残疾人求职者收到面试邀请和积极回复的可能性显著低于非残疾人求职者。在有工作经验的求职者中,残疾人和非残疾人之间的回复率差异更为明显。这一结论符合常识,即残疾人在劳动力市场中往往面临比非残疾人更不利的待遇。一方面,这可能是因为残疾人通常拥有较低的教育水平或受限的技能,进而导致较低的劳动生产率或额外的支持措施和费用。另一方面,雇主对残疾人的歧视也可能降低残疾人的就业机会和工资水平。这一结果也与以往的研究相一致。例如,Baert(2016)在比利时进行的通信审计实验发现,披露残疾状况的虚构求职者收到的回复显著低于未披露残疾的虚构求职者。

其次,作者利用《美国残疾人法案》的特点评估其反歧视效果。《美国残疾人法案》中的就业部分适用于拥有 15 名或以上雇员的雇主,对于雇员人数少于 15 人的小型私营企业,该法案不具备强制适用性。

为了探究反歧视法案的实施效果,作者运用雇主规模进行了异质性分析。结果显示,不在《美国残疾人法案》涵盖范围内的、雇员少于 15 人的小型私营部门雇主,对残疾人与非残疾人求职者的回复率差异最大。相比于小型私营部门雇主,被《美国残疾人法案》覆盖的雇主向残疾求职者发送积极回复的可能性更高,但在各州的残疾人歧视法覆盖下的雇主向残疾求职者发送积极回复的可能性与未被该法覆盖的雇主相比,没有显著差异。对于不被《美国残疾人法案》覆盖而在州残疾人歧视法覆盖范围内的小型私营部门雇主来说,州残疾人歧视法的实施对于雇主对残疾人的回复率没有显著影响。

随后,作者采用断点回归估计方法,考察了雇主对残疾和非残疾求职者的回复率差异如何随着雇主规模的增长以及是否被《美国残疾人法案》或各州残疾人歧视法覆盖而变化,结果表明,雇主的积极回复在 15 名雇员这一规模要求

---

① 积极回复包括要求求职者提供进一步的文件或证书、邀请求职者申请公司的另一个职位、询问求职者是否清楚工作地点,或要求求职者通过公司网站申请;无兴趣包括没有回复和拒绝。

附近没有显著变化。

总体而言，Ameri 等（2018）的结果证明了《美国残疾人法案》会导致雇主对残疾人的歧视水平下降，但是州残疾人歧视法对此并没有显著的影响。

除了探讨某一反歧视法案是否能够减少歧视，法案中不同条款对歧视程度的影响也值得关注。美国各州法律覆盖范围的差异为研究者提供了机会，使研究者能够进一步分析哪些具体规定在减少歧视方面更为有效。Neumark 等（2019）正是利用了州法律的这种差异，探究了保护老年工人免受年龄歧视的州法律如何影响雇主在招聘零售销售职位工人时的年龄歧视。

随着人口老龄化加剧，劳动力市场的供给减少，老年人就业情况低迷会导致经济增长速度放缓，并给国家财政带来压力。老年人在劳动力市场中可能面临年龄歧视问题是阻碍老年人就业的因素之一，进而会导致鼓励延迟退休的政策效果甚微。在此背景下，各国推行了缓解老年人就业歧视的政策，比如直接反对年龄歧视的《美国就业年龄歧视法案》（Age Discrimination in Employment Act, ADEA）或同样也能保护部分残疾老年人的《美国残疾人法案》。

美国各州的反年龄歧视法比联邦法案更强有力、覆盖范围更广。为了探究更强有力的年龄和残疾歧视法律是否可能增加雇主对老年工人的招聘，Neumark 等（2019）在美国所有 50 个州开展了一项针对此类法律的大规模通信审计实验。

具体而言，作者通过大量公开的简历库创建虚构简历，采用与其他研究可比的求职者年龄（29—31 岁）作为年轻求职者的年龄范围，并将年轻求职者的求职申请结果与接近退休年龄（64—66 岁）的老年求职者进行比较。为了自然地在简历中加入求职者年龄信息，作者通过高中毕业年份变化区分不同求职者的年龄，并且选择对应年龄出生队列的常用姓名；同时，选取老年工人比例较高的零售销售职位作为研究对象，并根据招聘广告所在城市分别定制了高技能水平简历和普通简历。

作者在某招聘网站上搜寻招聘广告并投递虚构简历，他们向每个招聘广告投递 4 份简历，包括一名年轻和一名老年男性求职者以及一名年轻和一名老年女性求职者。最终共向 3 607 个招聘广告投递了 14 428 份虚构简历，遍布美国各州。作者通过电子邮件和电话接收雇主的回复，将面试邀请、模棱两可的回复（进一步询问）视为回复，将明确的负面回答视为拒绝。

图 6.1 报告了雇主的相对回复率（老年虚构求职者回复率/年轻虚构求职

者回复率),作者用雷达图呈现各州按性别分列的老年和年轻求职者回复率之间的差异。虚线圆代表了老年和年轻求职者具有相同的回复率,大部分数据集中在该圆内说明大多数州的雇主对老年求职者的回复率较低,且这一差距对女性来说更为明显。

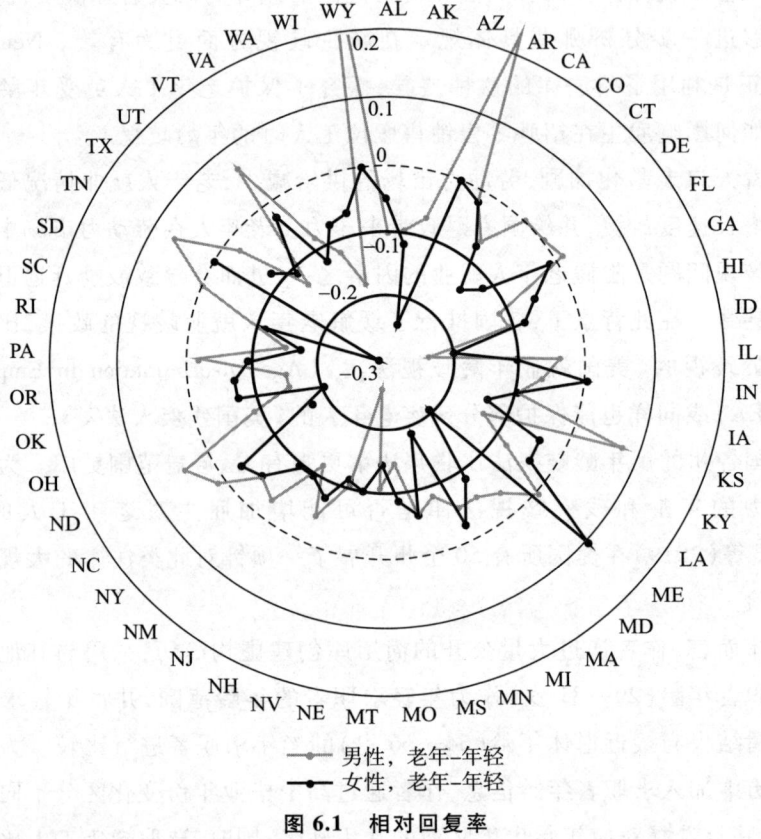

图 6.1　相对回复率

注:圆圈外围的字母代表美国各州,如 AL 代表亚拉巴马州(Alabama)、AK 代表阿拉斯加州(Alaska)等。

为了区分不同强度反歧视政策引起的效果,作者首先评估了各州反歧视政策的强度,他们对各州的年龄歧视法和残疾歧视法分别进行编码,包含能覆盖的最小公司规模、与全国法案相比惩罚性损害赔偿是否更大,以及各州残疾人法中是否包含对残疾人更广泛的定义等,然后将形成的州法律的特征向量加入 Probit 模型中进行分析。

分析结果发现,残疾人歧视法中更大的惩罚性损害赔偿对老年求职者收到的回复率差异没有显著影响。此外,残疾人歧视法中对残疾人有更广泛的定义对该回复率差异也无显著影响,作者认为,这有可能是由于更广泛的残疾人歧视法产生的两种效果相互抵消导致的:一方面,更广泛的残疾人歧视法可以扩大法案覆盖范围并提高回复率;另一方面,由于老年人比年轻人更可能被纳入法案覆盖范围,更广泛的残疾人歧视法可能会使雇主更谨慎地雇佣老年人,从而降低了回复率。

Ameri 等(2018)和 Neumark 等(2019)这两项研究均通过对比实施反歧视政策地区和尚未实施或未强力实施反歧视政策地区的歧视水平进行政策评估。但是,由于只能获取截面数据,这两篇文章均未能对比政策实施前后的歧视水平,不能排除政策覆盖地的系统性特征可能产生的潜在偏差。

解决这一偏差的方法是运用审计实验方法进行政策评估的第二种方法:运用时间进行比较的方法。这种方法选取政策覆盖地区作为实验组,政策未覆盖地区作为控制组,在反歧视法案实施前后,在两种地区分别开展审计实验,通过双重差分法评估法案实施前后歧视水平在两个地区之间的差异,从而衡量反歧视法案的政策效果。在本章案例分析中将要介绍的 Agan 和 Starr(2018)便是一篇经典的用于政策评估的审计实验研究,具有极高的学术价值和政策贡献。他们在美国"禁止访问犯罪记录"措施实施前后分别进行审计实验,探究这一措施对种族歧视的影响。由于该研究是在同一地区内进行比较,因此放松了前一种方法中关于确保不同地区之间不存在系统性差异的假设。另外,He 等(2023)通过对比中国生育政策变化前后女性在劳动力市场受到的歧视分析这项生育政策可能带来的问题,也是利用审计实验进行政策分析的优秀案例。这篇文章将在第 11 章中详细介绍。

研究案例 6.1 "禁止访问犯罪记录"措施

美国的"禁止访问犯罪记录"(Ban-the-box,BTB)措施是一项较有争议的措施,围绕犯罪记录的审计实验为这项措施的讨论提供了重要的论据。下文将分别介绍支持和反对"禁止访问犯罪记录"措施的审计实验,展示使用同一研究方法的学者提出的不同观点。

"禁止访问犯罪记录"措施限制雇主在进行招聘决策时查看求职者的犯罪记录,旨在促进劳动力市场的公平性,防止刑满释放人员陷入贫困或再次犯罪。自 1998 年以来,"禁止访问犯罪记录"措施已被纳入美国 33 个州的立法。然而，关于这项措施是否应当推行仍存在争议，许多学者通过实证研究或实验研究发表了他们对该政策的不同看法。在进入立法之初，基于追踪调查数据的一些研究发现入狱经历对就业概率和收入有很强的负面影响（Western 和 Beckett,1999），但这一结果存在很强的内生性，诸如药物滥用、能力低下等因素均有可能同时影响入狱经历和劳动力市场产出，故犯罪经历/不允许查看犯罪记录对就业的因果影响难以准确估计（Grogger,1995）。为了解决内生性问题，自 Schwartz 和 Skolnick（1962）起，研究者开始开展审计实验，以探究犯罪记录对劳动力市场各方面结果的因果影响。

一个经常被"禁止访问犯罪记录"支持者引用的文献是 Pager（2003）在密尔沃基开展的现场审计实验。实验招募了 4 名 23 岁的男性审计员，如图 6.2 所示，4 人一组，交替扮演有犯罪记录（由于滥用毒品被判 18 个月监禁）和无犯罪记录的求职者，保证角色分配具有一定随机性，以消除审计员的不可观测因素对实验结果的影响。两位同种族的审计员被分为一组，每组随机匹配一个从报纸或招聘网站上选取的职位来申请。一人先前往雇主处申请应聘该职位，另一人则在同组人申请的第二天前往申请，两人的申请顺序随机。为了处理有犯罪记录审计员由于 18 个月监禁而产生的职业空白期，该研究将简历设计为有犯罪记录的审计员在狱中有 6 个月的工作经验，另外 12 个月无工作经验，无犯罪记录的审计员则在高中留级一年，之后在一家临时机构从事了 6 个月的低技能工作。

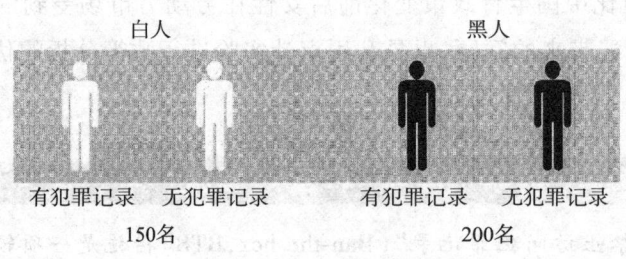

图 6.2　Pager（2003）的审计实验设计

实验结果如图 6.3 所示，黑人求职者获得的回复率低于白人，有犯罪记录的求职者获得的回复率低于无犯罪记录的求职者，而且犯罪记录对黑人的负面影响比白人大 40%。Devah Pager 认为，雇主对有犯罪记录的求职者的歧视可能会使本就在劳动力市场中处于弱势地位的黑人求职者的总体处境更为艰难。因此，在招聘过程中公开犯罪记录在降低服刑结束人员找到稳定工作的概率从而增加他们再次犯罪可能性的同时,还加剧了劳动力市场中的种族不平等现象。Pager 等(2009)在纽约的低工资劳动力市场中重复了这一实验,得到了相似的结论。

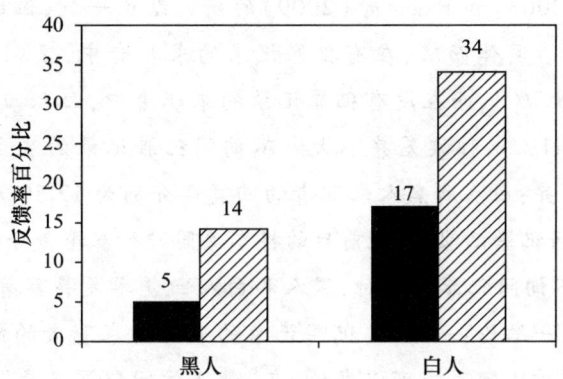

图 6.3　犯罪记录对黑人和白人求职者的影响

注:黑色代表有犯罪记录,条纹代表没有犯罪记录。

Devah Pager 的这一系列实验成为"禁止访问犯罪记录"支持者的重要统计依据。但一些学者提出不提供犯罪记录可能会产生加剧种族差异的预期外效果,这引起了学界对这一政策的广泛讨论和争论。其中,Agan 和 Starr(2018)开展了一项通信审计实验研究发现该措施加剧了种族歧视的证据。新泽西州和纽约市在 2015 年先后执行"禁止访问犯罪记录"法律,Amanda Agan 和 Sonja Starr 在两地该措施进入立法前和进入立法后各进行了一轮审计实验,通过两家大型招聘网站共发送了约 15 000 份虚构简历进行在线求职申请。

在"禁止访问犯罪记录"措施执行前和执行后,他们分别向同一批雇主投递了一轮虚构简历,对于那些在进入立法后停止招聘的雇主,他们采用向该州内同样品牌的其他连锁店发送简历的方式进行补充。每一轮简历投递的实验采用被试内设计,作者向同一雇主发送匹配的一份黑人简历和一份白人简历,通过简历中典型的黑人和白人姓名体现求职者的种族特征。每个雇主在两轮投递实验中可能会收到最多四份简历,分别来自不同时期和不同种族。然而,由于招聘渠道可能在投递过程中关闭,实际收到的简历数量可能少于四份。作者记录了每个雇主对每份虚构简历的回复情况,即是否向求职者打电话或发送电子邮件。犯罪经历选取经济犯罪和吸毒两种非暴力罪行,仅向要求求职者提供犯罪记录的雇主提供。

作者先通过双重差分方法比较了询问犯罪记录和未询问犯罪记录的雇主回复率的种族差异。在对"禁止访问犯罪记录"实施前的实验结果进行回归分析后发现,在询问犯罪记录的雇主中,虽然是否存在犯罪记录对回复率影响极大,这与Pager(2003)和Pager等(2009)的研究结论一致,但这一影响在种族之间无显著区别。具体而言,在有犯罪记录的求职者中,黑人回复率略高(黑人8.6%与白人8.3%),而在没有犯罪记录的求职者中,白人回复率更高(白人14.0%与黑人13.1%),种族差异不大。不询问犯罪记录的雇主的回复率出现了显著的种族差异:白人和黑人求职者的回复率分别为12.5%和9.4%。

将"禁止访问犯罪记录"实施前后的样本共同进行双重差分分析得到了相似的结论:当雇主不询问犯罪记录时,黑人和白人回复率差异显著提升了。图6.4直观地展现了这一结论:一方面,犯罪记录的确会对求职者的回复率产生负面影响;另一方面,对比回复率可以发现,在"禁止访问犯罪记录"措施实施之前,无论是否有犯罪记录,白人求职者的回复率仅略高于对应情况的黑人求职者,比黑人求职者多收到7%的回复,但在"禁止访问犯罪记录"措施实施之后,白人求职者比黑人求职者多收到43%的回复。

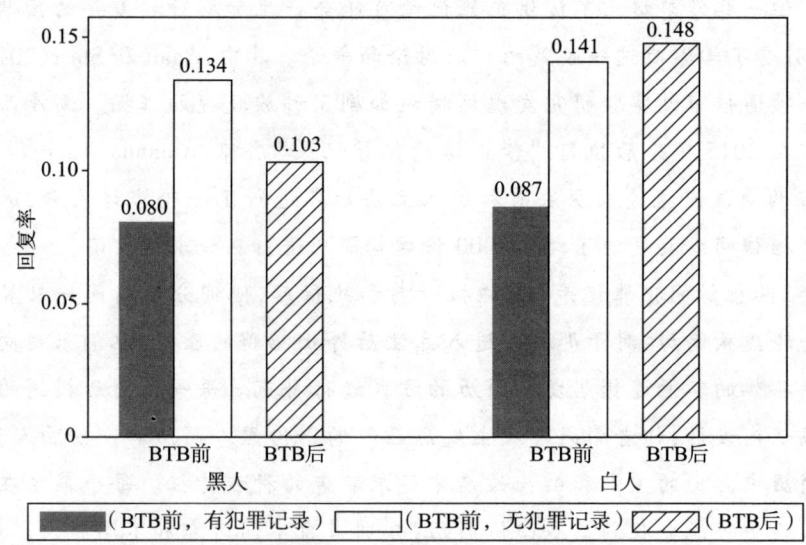

图6.4 按种族、犯罪记录和时期划分的回复率

作者进一步运用三重差分(Triple-Differences)方法考察"禁止访问犯罪记录"措施对种族歧视的因果影响。通过假设雇主在"禁止访问犯罪记录"措施实施前后没有受到其他因素的显著影响,三重差分方法能够排除这些其他因素

对雇主回复率的干扰。三重差分分析能够识别出那些遵从"禁止访问犯罪记录"措施的雇主在该措施实施后对黑人和白人回复率的变化。估计结果表明，白人求职者的回复率与其他特征相同的黑人求职者回复率之差在"禁止访问犯罪记录"措施实施之后增长了 3.9 个百分点。这一结果意味着，雇主在无法确认求职者犯罪记录的情况下，根据黑人有犯罪记录概率较高的信念，通过种族对犯罪记录进行推测，从而降低了黑人能够获得的总体回复率，也即"禁止访问犯罪记录"对没有犯罪记录的黑人产生了极大的负面因果影响。

以该研究结果为依据，Amanda Agan 和 Sonja Starr 认为虽然"禁止访问犯罪记录"确实达到了帮助服刑结束的求职者重新进入劳动力市场的目的，但这会导致市场中更加严重的种族歧视问题，决策者可以考虑寻求替代的政策缓解有犯罪记录求职者的求职现状，如直接的安置计划等。

表 6.1 总结了审计实验在"禁止访问犯罪记录"措施讨论中的应用。值得注意的是，学界对"禁止访问犯罪记录"是否能缓解种族歧视暂无定论，这一讨论仍在持续。审计实验在对此政策的效果评估过程中所产生的作用，也可在其他政策的效果评估中进行推广。

表 6.1 "禁止访问犯罪记录"措施相关的审计实验

	研究	主要内容
支持"禁止访问犯罪记录"的证据	Pager(2003) Pager 等(2009) Decker 等(2015) Leasure 和 Andersen(2016) Leasure 和 Martin(2017)	犯罪记录对求职回复率有负面影响 有犯罪记录的人在寻求稳定住房方面存在障碍
反对"禁止访问犯罪记录"的证据	Agan 和 Starr（2018）	"禁止访问犯罪记录"增加了种族歧视

6.2.2 委托-代理领域的评估

与评估反歧视政策类似，审计实验同样被用于评估委托-代理市场中的政策效果。

一个例子是，在金融市场中，Giné 和 Mazer(2022)开展了一项现场审计实验，以评估加纳、墨西哥和秘鲁三国金融机构的强制性信息披露政策的执行情况。该研究所用的政策评估方法相对简单,也就是通过审计员与金融机构的交流过程,可以直接观察到金融机构是否遵守了相关政策。这与歧视研究有所不同,后者难以通过个体是否收到雇主积极的回复而判断雇主的歧视。

作者与三个国家的监管机构合作,在秘鲁、墨西哥和加纳首都附近的城郊地区以及秘鲁和加纳的两个省级城市开展了这项审计实验。研究者在每个地区的商业中心随机抽取一个 1.5 千米半径的圆形区域,选取区域中的所有金融机构作为研究对象。作者从这些区域附近招募了 76 名来自低收入家庭的审计员扮演客户。每位审计员会被随机分配一份剧本,他们需要牢记被分配的剧本并使用统一的语言询问金融产品。

如表 6.2 所示,作者设计了 8 个剧本,涵盖信贷和储蓄两种业务。在剧本中,信贷业务审计员扮演贷款客户,向金融机构申请高额度或低额度的贷款;储蓄业务审计员则扮演储蓄客户,向金融机构申请开设一个定期或活期的储蓄账户。

表 6.2 实验剧本设计

信贷业务		高金融知识水平	低金融知识水平
	高贷款额度	1	2
	低贷款额度	3	4
储蓄业务			
	定期	5	6
	活期	7	8

为了衡量金融机构职员信息披露的程度,作者构建了一个透明度指数,该指数表示职员自愿披露的内容(如贷款的实际利率、产品费用和附加条款等)占产品应披露的全部内容的比例。这一指数作为该研究的结果变量,类似于劳动力市场研究中的面试邀请或回复。

实验结果显示,在信息披露上,尽管审计员得到了和他们的期限偏好相匹配的产品,但他们很少会被提供利息最优的产品。金融机构职员自愿披露的产品信息很少,顾客只有通过询问才能得知这些信息。法律要求披露的信息很少被主动披露,可见,强制披露措施在现实中只得到了部分执行。

另一个例子是一项关于美国各州托育机构管理标准的执行情况评估。美国的托育机构作为营利机构,它们有激励通过雇佣低质量的教师或采用低质量的运营方式降低成本,而托育服务质量可能会直接影响儿童的认知和社会情感发展。托育机构中存在的这种外部性问题可能会导致市场均衡的托育服务质量低于最优质量水平。因此,美国各州公布了托育机构管理条例,通过调整托育机构的成本结构来提高托育服务的质量。此类条例涵盖幼儿与托育机构规模、员工比例、管理层和教师的从业经验与教育程度、免疫接种、食品安全等不同方面。

为了研究美国托育机构管理条例对这些机构招聘教师的影响,Boyd-Swan 和 Herbst(2018)在美国 14 个州开展通信审计实验,向托育机构的招聘广告投递虚构教师简历,以检验这些托育机构是否招聘符合托育机构管理条例的教师。在工作经验方面,他们设计了无早教经验、有六个月早教经验和有两年早教经验三种类型,其中,六个月的早教经验往往符合或略低于各州的最低标准,而两年的经验通常高于这些标准。在教育经历方面,他们变动了虚构简历中的学历(高中、大专或学士学位)、专业(早教、护理或工商管理)和 GPA(2.8、3.3 或 3.8),这些特征均从事先设计的三种可能中以三分之一的概率进行随机抽取。

该研究采用被试者内设计,向每份招聘广告投递最多 4 份虚构简历,最终共向 2 772 个招聘广告提交了 10 986 份虚构简历。为了提高"真实性",每份简历采用不同的模板,向同一个招聘广告提交的每份简历间隔 2 到 4 小时。实验记录了托育机构的面试邀请并将其作为主要结果变量,还记录了其他回复用作稳健性检验。该研究的结果表明,托育机构更青睐拥有六个月早教经验和大专或学士学位的求职者。

为了进行政策评估,该研究首先考察托育机构工作职位要求和所在州管理条例中的招聘标准是否一致,即招聘广告上的职位要求是否符合或超过了所在州对教师经验和教育水平的最低标准。结果表明,所在州招聘标准强烈影响了托育机构的教师招聘决策,但依然有一些托育机构发布的职位广告要求低于规定的最低标准。

其次,该研究分析了求职者是否满足这些要求与获得面试邀请之间的关系。结果发现,托育机构的确更倾向于面试符合所在州招聘标准的求职者。但描述性统计证据表明,仍有约 14% 的不符合最低标准的简历收到了面试邀请。上述相关证据表明,各州的托育机构管理条例对托育机构的招聘行为有影响,但较为有限。

与之前介绍的 Ameri 等（2018）和 Neumark 等（2019）的研究类似，本节介绍的这两项研究也利用同一时间的审计实验结果对政策进行了分析。审计实验在这些政策评估中的主要作用在于通过匿名方式检验政策是否对服务提供者产生了约束效果。这种方法能够揭示通过服务提供者自我报告所无法得出的结果，有效评估政策的实际执行情况。

研究案例 6.2　促进生育的副作用——性别歧视

近年来，我国面临着人口结构转变的挑战。为应对日渐低迷的人口增长率，我国政府先后出台了单独二孩政策、全面二孩政策及三孩政策。这些促进生育的政策在一定程度上缓解了我国面临的人口结构问题，但一些审计实验研究发现，其推行也可能加剧劳动力市场中的性别歧视。因此，配套的反歧视政策亟待完善，以确保生育政策的有效实施与劳动力市场中的性别平等。

由于生理差异和社会规范的影响，女性劳动者在生育后可能面临生产力显著下降的情况。一方面，女性承担着妊娠和分娩的生理成本；另一方面，在中国特有的社会文化背景下，"男主外、女主内"的观念根深蒂固，使女性在家庭中承担了绝大部分的育儿责任。这种生产力下降的预期可能导致雇主在招聘时对女性产生偏见，从而加剧劳动力市场中的性别歧视。

Li 和 Xiao（2025）在三孩政策实施后进行了劳动力市场的审计实验。他们在我国大型招聘网站之一——前程无忧网站上投递了 18 728 份虚构简历，并在简历中披露了虚拟求职者的性别和婚姻及育儿状况——已婚、已婚无子女和已婚有子女。这几种虚构简历获得的回复率如图 6.5 所示，其中单身女性的回复率显著高于已婚女性，而已婚女性无论有无子女均面临更低的回复率。相比之下，男性申请者的回复率不受婚姻状况或育儿责任的影响。进一步对雇主的调查结果显示，产生这种回复率差异的主要原因在于雇主对求职者婚姻与育儿状况的个人偏好和对产假的顾虑。

Li 和 Xiao（2025）提供了充分的证据证明，女性因其潜在的生育可能性，至少会在劳动力市场的招聘环节中受到歧视。在中国生育政策调整的背景下，生育促进政策的实施增加了女性的潜在生育子女数量，延长了女性可能退出劳动力市场的时间，这无疑强化了雇主对女性未来生产力下降的预期。因此，生育促进政策可能带来意想不到的副作用，即加剧女性在劳动力市场中遭受的性别歧视。

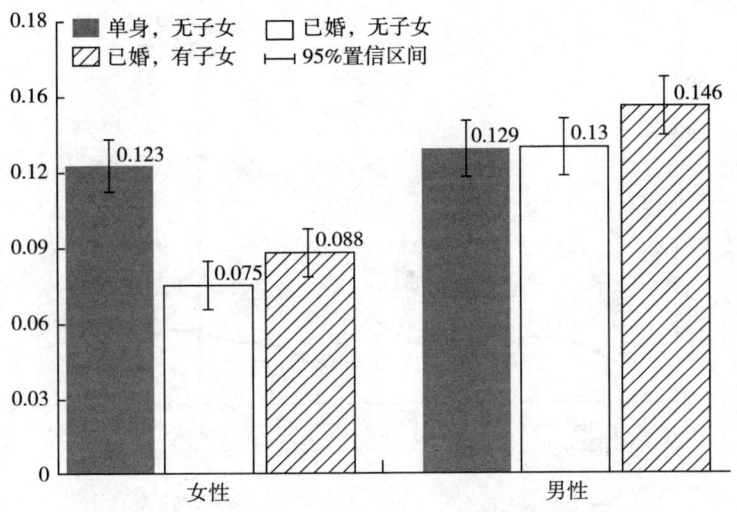

图 6.5　不同性别及家庭状况虚拟求职者的回复率

二孩政策和三孩政策

Li 等（2022）在 2021 年三孩政策实施前后的 2020 年 6 月至 2021 年 9 月在 58 同城上投递虚构简历进行审计实验，共覆盖了中国 148 个地级市，这些城市的总人口数占全国人口的 94.41%。他们对女性的育儿状况进行了更精细的分类——未婚未育、已婚未育、已婚育有一子、已婚育有两子以及已婚育有三子。不同类别的女性在不同生育政策下面临的歧视程度可能存在差异：在二孩政策实施后，已婚育有两子的女性当时再生育的可能性较低，而在三孩政策实施后，他们可以再生育一个子女。此外，研究者还设计了未披露育儿状况信息的虚构简历。

图 6.6 展示了审计实验的结果。三孩政策使所有女性回复率下降了 5.3 个百分点，而这一政策对已婚育有三子女性的回复率没有显著影响。这说明三孩政策的实施加剧了女性在劳动力市场中受到的歧视。作者在二孩政策实施前后开展了相似的审计实验，他们发现三孩政策导致的歧视增加程度高于二孩政策。

He 等（2023）以二孩政策的全面实施为研究节点，比较独生子女与非独生子女在政策实施前后的回复率差异并得出了相似的结论：促进生育政策加重了劳动力市场中的性别歧视。

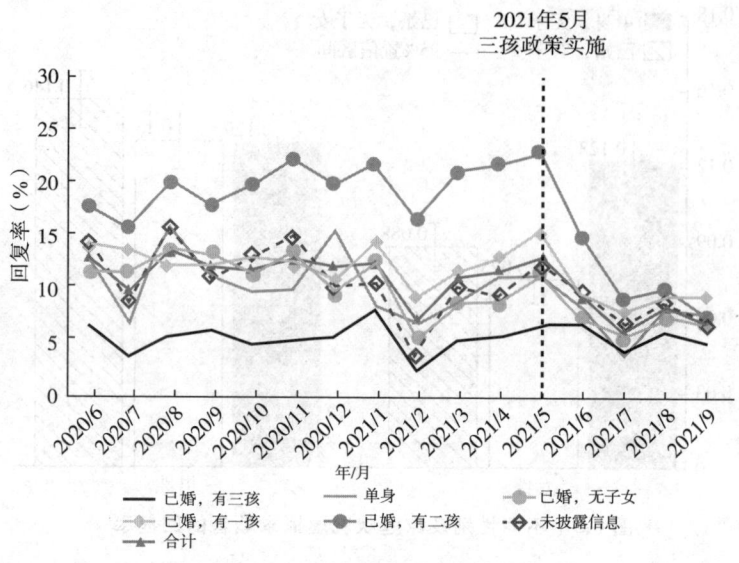

图 6.6 不同婚育状况求职者的回复率

因此,我国在放开生育限制的同时,应配套相应措施,以推动劳动力市场的性别平等,如政府可以通过税收减免、财政补贴等手段,鼓励企业雇佣女性,降低因生育可能性导致的歧视,使女性能够在无后顾之忧的情况下兼顾生育与职业发展。

产假延长政策

Wang 和 Chen(2023)在上海和深圳分别开展审计实验,利用两座城市就业市场的相似性以及产假政策的差异——上海法定产假为 128 天,而深圳为 178 天——探讨产假时长对雇主歧视行为的影响。研究结果表明,深圳未生育女性与已生育女性的就业回复率差异大于上海。进一步将两个城市的产假长度纳入回归分析后发现,在金融行业中,产假政策对未生育女性的就业回复率具有显著影响。这表明,更长的产假政策可能在特定行业加剧女性所面临的就业歧视。

以上结论表明,尽管延长带薪产假能够为父母提供更多育儿时间并缓解育儿压力,但这一政策也可能加剧女性在就业中受到的歧视,使她们难以放心暂离职场投身家庭,从而削弱促进生育政策的实际效果。为缓解这一负面影响,政府应相应配套措施,如向企业和父母提供育儿津贴,并加强公共托育服务供给,提高 3 岁以下儿童的专业照护比例,以减轻家庭育儿负担,降低女性因育儿责任而被职场边缘化的风险。只有综合施策，才能在鼓励生育的同时，推动劳动力市场的性别平等。

本章小结

自20世纪50年代起，审计实验作为一种研究工具，伴随着社会对歧视问题重视程度的不断提升而逐渐得到广泛应用。从Sander(2001)中介绍的那些社区自发性审计实验初露端倪，到Bertrand与Mullainathan(2004)所设计的具有里程碑意义的经典通信审计实验，这些研究深刻揭示了人们在面对不同社会群体时所展现出的行为差异与潜在偏见。正如本章所阐述的，审计实验不仅在促进社会进步政策的创新与发展方面扮演了关键角色，为政策制定者提供了宝贵的实证依据与洞见；同时，在政策的后续评估与优化过程中，它们也发挥了不可替代的作用，为评估政策效果、识别潜在问题并推动政策调整贡献了重要力量。

参考文献

李彬、白岩，2020：《学历的信号机制：来自简历投递实验的证据》，《经济研究》第10期。

Agan, A., and Starr, S., 2018, "Ban the Box, Criminal Records, and Racial Discrimination: A Field Experiment", *The Quarterly Journal of Economics*, 133(1), 191–235.

Ameri, M., Schur, L., Adya, M., Bentley, F. S., Mckay, P., and Kruse, D., 2018, "The Disability Employment Puzzle: A Field Experiment on Employer Hiring Behavior", *ILR Review*, 71(2), 329–364.

Baert, S., 2016, "Wage Subsidies and Hiring Chances for the Disabled: Some Causal Evidence", *The European Journal of Health Economics*, 17(1), 71–86.

Bendick, M., Jr., Rodriguez, R., and Jayaraman, S., 2010, "Employment Discrimination in Upscale Restaurants: Evidence from Paired Comparison Testing", *The Social Science Journal*, 47(4), 802–818.

Bertrand, M., and Mullainathan, S., 2004, "Are Emily and Greg More Employable than Lakisha and Jamal? A Field Experiment on Labor Market Discrimination", *American Economic Review*, 94(4), 991–1013.

Boggs, R., Sellers, J., and Bendick, Jr., M., 1993, "Use of Testing in Civil Rights Enforcement", in Fix, M., and Struyk, R., eds., *Clear and Convincing Evidence: Measurement of Discrimination in America*, Washington, DC: Urban Institute Press.

Boyd-Swan, C., and Herbst, C. M., 2018, "The Demand for Teacher Characteristics in the Market for Child Care: Evidence from a Field Experiment", *Journal of Public Economics*, 159, 183–202.

Cherry, F., and Bendick, M., 2018, "Making It Count: Discriminating Auditing and the Activist Scholar Tradition", in Gaddis, M., ed., *Audit Studies: Behind the Scenes With Theory, Method, and Nuance*, Cham: Springer International Publishing, 45–62.

Decker, S. H., Ortiz, N., Spohn, C., and Hedberg, E., 2015, "Criminal Stigma, Race, and Ethnicity: The Consequences of Imprisonment for Employment", *Journal of Criminal Justice*, 43(2), 108–121.

Gaddis, S. M., 2018, *Audit Studies: Behind the Scenes with Theory, Method, and Nuance*, Cham: Springer International Publishing.

Giné, X., and Mazer, R. K., 2022, "Financial (Dis-)Information: Evidence from a Multi-country Audit Study", *Journal of Public Economics*, 208, 104618.

Grogger, J., 1995, "The Effect of Arrests on the Employment and Earnings of Young Men", *The Quarterly Journal of Economics*, 110(1), 51–71.

He, H., Li, S. X., and Han, Y., 2023, "Labor Market Discrimination against Family Responsibilities: A Correspondence Study with Policy Change in China", *Journal of Labor Economics*, 41(2), 361–387.

Leasure, P., and Andersen, T. S., 2016, "The Effectiveness of Certificates of Relief as Collateral Consequence Relief Mechanisms: An Experimental Study", *Yale Law & Policy Review Inter Alia*, 35, 11–22.

Leasure, P., and Martin, T., 2017, "Criminal Records and Housing: An Experimental Study", *Journal of Experimental Criminology*, 13(4), 527–535.

Li, Q., and Xiao, D., 2025, "Fertility Discrimination in the Chinese Labor Market: Evidence from a Correspondence Study and an Employer Survey", *Labour Economics*, 92, 102668.

Li, X., Wen, D., Ye, L., and Yu, J., 2022, "Does China's Fertility Policy Induce Employment Discrimination Against Women? Evidence from a Nationwide Correspondence Experiment", *Working paper*.

Neumark, D., and Song, J., 2013, "Do Stronger Age Discrimination Laws Make Social Security Reforms more Effective?", *Journal of Public Economics*, 108, 1–16.

Neumark, D., Burn, I., Button, P., and Chehras, N., 2019, "Do State Laws Protecting Older Workers from Discrimination Reduce Age Discrimination in Hiring? Evidence from a Field Experiment", *Journal of Law & Economics*, 62(2), 373–402.

Pager, D., 2003, "The Mark of a Criminal Record", *American Journal of Sociology*, 108(5),

937-975.

Pager, D., Western, B., and Bonikowski, B., 2009, "Discrimination in a Low-Wage Labor Market: A Field Experiment", *American Sociological Review*, 74(5), 777-799.

Sanders, K. M., 2001, "The Burlington Self-survey in Human Relations: Interracial Efforts for Constructive Community Change, 1949—1951", *The Annals of Iowa*, 60(3), 244-269.

Schwartz, R. D., and Skolnick, J. H., 1962, "Two Studies of Legal Stigma", *Social Problems*, 10(2), 133-142.

Selltiz, C., 1955, "The Use of Survey Methods in a Citizens' Campaign against Discrimination", *Human Organization*, 14(3), 19-25.

Verhaeghe, P.-P., 2022, "Correspondence Studies", in Zimmermann, K. F., ed., *Handbook of Labor, Human Resources and Population Economics*, Cham: Springer International Publishing.

Wang, P., and Chen, J., 2023, "Fertility-based Employment Discrimination and Family Policy: Evidence from a Field Experiment", *Social Policy & Administration*, 57(7), 1135-1149.

Western, B., and Beckett, K., 1999, "How Unregulated is the U. S. Labor Market? The Penal System as a Labor Market Institution", *American Journal of Sociology*, 104(4), 1030-1060.

Yinger, J., 1986, "Measuring Racial Discrimination with Fair Housing Audits: Caught in the Act", *American Economic Review*, 76(5), 881-893.

第3篇
审计实验方法

03

第7章
审计实验的因果推断策略

自古以来,人类便着迷于探索事物间的因果关系,以了解世间各种现象和事件背后的本质原因(Cunningham,2021)。例如,古罗马医学家 Galen(公元130—200年)曾通过一系列动物解剖实验发现了诸多生理现象的本质,如动脉的搏动源于心脏、尿液产生于肾脏而非膀胱,以及声音来自喉部等,这些研究成果为后来生物学和现代医学的发展奠定了基础。而今,因果关系研究已成为一个涵盖多学科(如经济学、统计学、生物学、哲学、医学与公共卫生等)的领域。

在经济学领域,探索因果关系的既往研究已发展出一系列研究方法或工具,用以推断因果关系。这些方法(主要包括匹配法、工具变量法、双重差分法、断点回归设计以及随机对照实验等)如今均已得到广泛应用。其中,随机对照实验通常被认为是研究因果关系的黄金标准。正如本书导论所述,相比于其他工具,实验方法在因果关系的推断上具备明显优势,可以更清晰有效地识别因果影响的方向和大小。审计实验作为实验的一种重要类型,也常被用于探究各类社会经济问题(特别是涉及高私密性和敏感性的问题)背后的因果关系。

本章从方法论角度介绍审计实验的因果推断策略。首先,第1节提出经济学家关注因果关系的必然性,明晰实证经济学研究开展因果关系推断时所面临的主要困难。而后,第2节介绍非实验性实证研究进行因果推断的主要方法、基本原理及各方法的局限性,并结合相关的经典案例进行讨论。前述两节的内容主要介绍了因果推断研究的方法论层面,第3节则介绍审计实验方法在因果推断上的相对优势,并强调实践中确保审计实验提供有效因果推断的基本原则。第4节结合审计实验因果推断策略的实证应用具体论述审计实验的独特优势,这部分内容涉及歧视识别、歧视来源分析以及委托-代理问题。

7.1 因果推断概述

因果关系的推断是揭示经济现象内在本质及经济运行规律的重要途径。接下来,我们将从事物之间存在的相关性切入,剖析相关性在探索事物现象本质上的局限性,进而强调对因果关系的推断在经济学研究中的核心地位;随后,阐述非实验性实证研究中因内生性问题而难以开展因果推断的常见原因,比如遗漏变量、样本选择偏差、反向因果等,为后续引入一系列旨在解决这些挑战的因果推断方法(如双重差分法、匹配法、审计实验法等)奠定基础,本章第 2 节和第 3 节将详细介绍这些方法。

7.1.1 为什么我们要关心因果关系?

一只南美洲亚马孙河流域热带雨林中的蝴蝶,偶尔扇动几下翅膀,可以在两周以后引起美国得克萨斯州的一场龙卷风。这一现象有个耳熟能详的名字——"蝴蝶效应"。我们生活在一个相互关联的世界中。蝴蝶效应说明蝴蝶翅膀的扇动和龙卷风两个现象之间可能存在相关性(Correlation),却不能说明两者之间存在因果关系,即无法明确蝴蝶翅膀的扇动是否必然导致龙卷风的发生。对此,经济学家更感兴趣的问题通常是:为什么一个蝴蝶的振翅会导致一场龙卷风?或者更一般地说:什么样的条件下,一个微小的变动会引发一个巨大的结果?

相关性虽然可以给人们提供有用的信息,但也可能造成误导。例如,Stanovich(1992)在其著作中描述了一个医学史上的经典案例:在 20 世纪初期的美国南部,医生们观察到糙皮病的发病率与糟糕的污水处理条件之间存在显著的相关性——这似乎支持了当时的主流观点,即糙皮病是一种由微生物引起、通过患者排泄物在不卫生条件下传播的传染病。然而,这是否能证明卫生条件差就是糙皮病的根本原因? 一位名叫约瑟夫·戈德伯格(Joseph Goldberger)的医生对此提出了质疑。戈德伯格深入研究发现,污水处理条件和糙皮病其实都与一个更根本的第三变量高度相关:贫困。贫困家庭更可能既生活在污水处理条件差的区域,同时也负担不起富含动物蛋白(如肉类、蛋类、牛奶)的均衡饮食,而正是这种营养缺乏才是导致糙皮病的真正原因。这个研究实例表明,仅依靠相关性往往很难发现社会经济现象背后的真实原因。如果我们想要揭示社会经济现象背后的本质规律,希望对未来做出有效的预测和干预,我们就必须探究事物之间的因果关系。

在经济学领域,研究者常常会关注某种处理或干预对结果的影响。比如在上面的案例中,我们想要知道改善卫生条件是否有助于减少糙皮病的发生。然而在一些情况下,一些预期外的干扰因素会妨碍我们估计真实的处理效应(Treatment Effect),这时内生性(Endogeneity)就会产生。下面用一个经典的例子来解释内生性这一概念。假设我们想要估计上大学对个人收入的影响,也就是上大学的处理效应,我们可以用一个线性回归模型来表示这个关系:

$$income = \alpha + \beta \times college + u \tag{7-1}$$

其中,$income$ 表示个人收入;$college$ 表示上大学这个二元变量(1 表示上大学,0 表示不上大学);α 是截距项;β 是我们感兴趣的参数,表示上大学对收入的影响;u 是误差项,表示其他影响收入的因素。如果我们用普通最小二乘法(Ordinary Least Squares,OLS)来估计这个模型,需要满足无偏性假设——上大学这个变量和误差项没有相关性,也就是说,上大学这个决定不受其他影响收入的因素的影响。但是,在现实中,这个假设很可能不会成立。因为上大学这个决定可能受到很多因素的影响,比如个人能力、家庭背景、社会环境等,而这些因素也可能同时影响收入。比如说,能力高的人有更大概率考入大学,也更有可能获得高收入;家庭富裕的人更有可能上大学,也更有可能有高收入;社会环境好的地区更有可能提供上大学的机会,也更有可能提供高收入的机会。这些因素就构成了内生性问题,导致我们用 OLS 估计出来的 β 存在偏误,即无法反映出上大学对收入的因果影响。

7.1.2 造成内生性的常见原因

当回归模型中的一个或多个解释变量与误差项相关时,内生性会导致参数估计的无偏性和一致性失效,从而使得模型的估计结果不可靠。内生性是经济学研究中普遍存在的问题,也是自 20 世纪 90 年代的"可信度革命"以来,计量经济学家最为关注的问题之一。内生性的产生原因是多种多样的,下面介绍几个常见的原因。

遗漏变量(Missing Variables)是指回归模型中未包含的一个或多个重要的控制变量,这些变量不仅与被解释变量相关,而且与我们感兴趣的解释变量相关。如果存在遗漏变量,那么这些未包含的控制变量就会被包含在误差项中,导致解释变量与误差项相关,从而违反了 OLS 的无偏性假设。例如,在估计教育水平对个人收入的影响时,如果没有控制个人能力、家庭背景、社会环境等因素,那么教育水平就可能与误差项相关,因为这些因素既影响个人收入,又影响上大学的决定。这样就会使得 OLS 估计出来的教育水平的系数是有偏的,也就是说,它不等于真实的教育水平对个人收入的处理效应。增加控制变量是一种常用的解决遗漏变量问题的策略,其基本思想是通过引入一些与自变量和因变量相关的其他变量,来消除或减少遗漏变量对估计结果的影响。然而由于影响被解释变量的因素有很多,而我们很难观察和控制全部的影响因素而杜绝遗漏变量,因此这一方法的效果实际上是有限的。

测量误差(Measurement Error)是指观测数据与真实数据之间的偏差。如果回归分析中的解释变量或被解释变量存在测量误差,并且这些误差与解释变量的真实值相关,那么 OLS 估计量就会存在内生性偏误,从而违反了无偏性假设。举例来说,假如我们想要衡量个体的受教育年限对个人收入的影响,如果一个人正好是初中、高中或大学毕业,那么我们可以根据其学历水平精确地换算他的受教育年限,但是如果这个人曾经跳级、留级或肄业,那么我们根据学历换算他的受教育年限就可能有误差,而且这种误差与受教育年限本身相关,因此会影响回归结果的准确性。

反向因果(Reverse Causality)是指回归分析中的解释变量和被解释变量之间存在相互影响的关系,即解释变量影响被解释变量,同时被解释变量也反过来影响解释变量。这种情况也会违背回归模型的无偏性假设,从而导致内生性偏误。在前面的例子中,我们想要估计上大学对收入的影响。然而,收入也会反过来影响上大学的决定,因为收入高的人更有可能负担得起大学的费用,也更有可能为了提升自己的能力和竞争力而选择继续深造。在这种情况下,我们需要同时估计以下两个线性回归模型:

$$income = \alpha_1 + \beta_1 \times college + u_1 \tag{7-2}$$

$$college = \alpha_2 + \beta_2 \times income + u_2 \tag{7-3}$$

将式(7-2)代入式(7-3)并整理可得:

$$college = \frac{1}{1 - \beta_1\beta_2}(\alpha_2 + \alpha_1\beta_2 + \beta_2 u_1 + u_2) \tag{7-4}$$

从式(7-4)可以看出,是否上大学和误差项 u_1 相关,因此如果我们单独地估计式(7-2)将不会满足无偏性假设。在这种情况下,OLS 回归的系数不等于上大学真实的处理效应。

样本选择偏差(Selection Bias)指的是在进行统计分析时,由于样本的选择不是随机的,而是受到某些不可观测变量的影响,导致样本不能代表总体,从而影响了分析结果的有效性和一致性。样本选择偏差实质上是遗漏变量问题的一种特殊情况。例如,Heckman(1979)尝试研究女性的劳动供给函数,即劳动收入会如何影响女性的工作时间。但是基于劳动力市场数据,我们只能观察到那些已经参加工作的女性的数据,而不能观察到那些没有参加工作的女性的数据。事实上,女性是否参加工作可能取决于她们的个人偏好、家庭状况、教育水平等因素,这些因素也很可能影响她们的工作时间和劳动收入,但是我们很难将这些因素全部纳入模型中。如果我们不考虑女性是否参加工作的选择过程,就很可能得到一个有偏的劳动供给函数。

7.2 基于计量经济学的因果推断方法

统计学中常见的因果推断方法包括工具变量法、双重差分法、断点回归设计,以及匹配法等。接下来,我们将逐一介绍这些常见的计量方法。

7.2.1 工具变量法

工具变量法是一种适用于多种数据类型的因果推断方法,被广泛用于处理测量误差、遗漏变量、反向因果、样本选择等多种内生性问题。工具变量法的核心思想是利用一个或多个与误差项无关的外生变量(即工具变量)来分离内生解释变量中的外生部分,从而消除内生性部分的影响,提高因果效应的可信度。在实际应用中,工具变量回归通常是通过两阶段最小二乘法(2-stage Least Squares,2SLS)来实现的,其具体步骤可以分为两个阶段:第一阶段,对每个内生解释变量进行回归,以得到其对工具变量和其他外生解释变量的预测值,这一步的目的是提取内生解释变量中的外生部分;第二阶段,对被解释变量进行回归,以得到其对第一阶段回归的预测值和其他外生解释变量的估计系数,这一步的目的是利用外生部分来估计因果效应,得到一致的估计量。

工具变量法虽然应用广泛,但是要求工具变量必须满足相关性和外生性两个条件。相关性要求工具变量与内生解释变量存在显著的相关关系,即工具变量能够有效地影响内生解释变量;外生性要求工具变量与误差项无关,即工具变量仅通过影响内生解释变量来影响被解释变量。这两个条件是保证工具变量法有效性的必要条件,但在实证研究中找到符合这两个条件的工具变量往往并不容易。

Angrist 和 Krueger(1991)利用工具变量法探讨了个人受教育年限对收入的影响,展示了工具变量法在经济学实证研究中的强大作用。由于受教育年限不仅受到政策制度的影响,还受到个人能力、偏好、家庭背景等因素的影响,因此直接用普通最小二乘法(OLS)估计可能导致遗漏变量偏误,得到有偏的估计结果。为了解决这个内生性问题,Joshua Angrist 和 Alan Krueger 提出了一个巧妙的工具变量,即使用学生的出生季度作为受教育年限的工具变量。这一工具变量的设计来自美国的一项教育政策:美国大多数州规定学生必须在6岁之前入学,而且学生在满16或17岁之前不得退学。这样一来,当学生达到法定退学年龄(通常是16或17岁)时,出生在一年前三个季度(第一、二、三季度)的学生比出生在最后一个季度(第四季度)的学生平均多上学半年左右。作者认为,出生季度作为工具变量满足相关性和外生性条件:一方面,数据表明出生季度确实与受教育年限有显著的相关关系;另一方面,除了通过受教育年限,出生季度不会直接或间接地影响收入。作者使用了1940、1950和1960年美国人口普查数据中18至65岁非农业男性雇员样本来进行实证分析。他们首先用 OLS 估计了受教育年限对收入的影响,并得到了一个正向且显著的结果,即每多上一年学,收入就会增加7%~8%左右。然后,他们用出生季度作为工具变量来估计受教育年限对收入的影响,并得到了一个类似的结果,即每多上一年学,收入就会增加约7.5%。这说明 OLS 估计结果并没有受到内生性问题的严重影响,也说明强制性教育法对那些本来想退学但被迫继续上学的学生有着显著的提高收入的效果。

7.2.2 双重差分法

双重差分法,又称倍差法,是一种广泛应用于面板数据分析的因果推断方法。该方法通过比较两组样本在政策实施前后结果变量的差异,来估计政策效应。其中,实验组或治疗组是受到政策干预影响的样本,而对照组或控制组是没有受到政策干预影响的样本。假设在没有政策干预时,两组样本结果变量具有相同的趋势,即满足共同趋势假设(Common Trend Assumption),那么,在政策干预后,两组样本结果变量的不同变化趋势就可以归因于政策效应。这就是所谓的双重差分,即实验组与对照组之间的差分,以及干预前与干预后之间的差分。这种方法可以消除不随时间变化的遗漏变量和样本选择偏差等多种内生性问题的影响,从而得到更准确和更可信的因果推断。

Card 和 Krueger(1994)的研究是应用双重差分法的经典案例之一。他们利用美国新泽西州和宾夕法尼亚州在 1992 年 4 月之间发生的最低工资法变化,来评估最低工资法对快餐业就业率水平的影响。1992 年 4 月 1 日,新泽西州将最低工资从每小时 4.25 美元提高到 5.05 美元,而相邻的宾夕法尼亚州则没有改变最低工资。这为作者提供了一个自然实验的机会,来比较两个州在最低工资法调整前后快餐业的就业情况。具体地,作者将新泽西州作为实验组,宾夕法尼亚州作为对照组,并计算了两个州在两个时间点就业率水平差异的差异,即 DID 估计量。作者还将新泽西州的快餐店分为初始工资高于 5 美元和低于 5 美元的两类,并比较了这两类店在最低工资法调整前后的就业率水平变化。作者发现最低工资法的变化并没有导致快餐业就业率水平下降,反而有可能增加了就业人数。这个结论与传统的劳动供求理论相悖,随即引起了广泛的关注和讨论。例如,Neumark 和 Wascher(2000)就对该研究的数据和方法的严谨性提出了质疑。作为回应,Card 和 Krueger(2000)补充了共同趋势假设等一系列检验。图 7.1 展示了共同趋势检验的结果,可以看出,在 1992 年 4 月之前,两个州快餐业就业率水平的变化趋势并无显著差别,而在新泽西州的最低工资提高后,其就业率水平相比宾夕法尼亚州有一个显著的增长。在 1996 年 10 月,美国通过了联邦最低工资法案,该法案对宾夕法尼亚州有约束力而对新泽西州没有,因此两个州的快餐业就业率水平又回归一致。

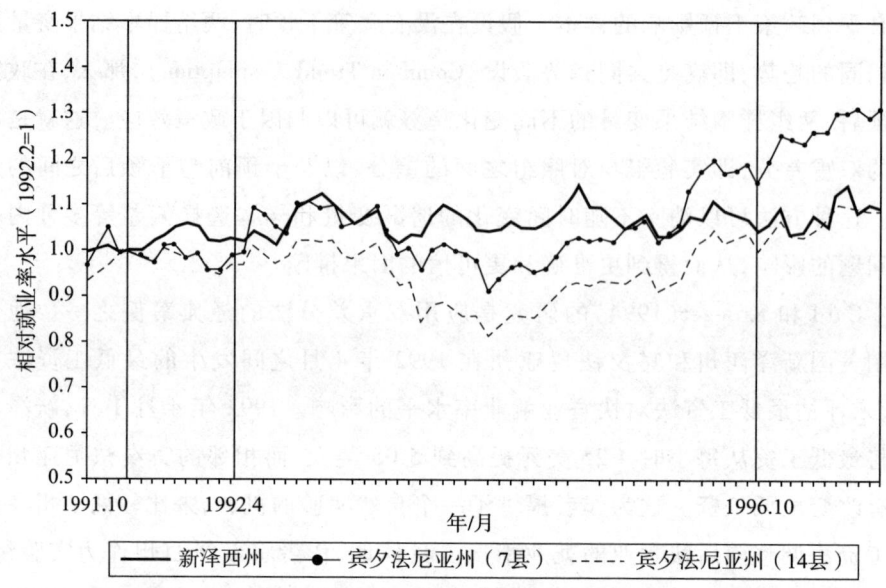

图 7.1 新泽西州和宾夕法尼亚州快餐店的相对就业率变化

注:该图展示了 1992 年 4 月新泽西州最低工资上调及 1996 年 10 月联邦最低工资法案对快餐业就业率水平的影响。作为对照组的宾夕法尼亚州,分别显示了与新泽西州地理和经济条件相近的 7 个县,以及覆盖更广区域的 14 个县的相对就业率变化。

7.2.3 断点回归设计

断点回归设计是另一种构造准自然实验的常见方法。断点回归设计有三个重要的条件:第一,存在一个连续的驱动变量(Forcing Variables),它决定个体是否接受干预或接受干预的概率;第二,存在一个明确的临界值,它将个体分为处理组和对照组;第三,在临界值附近,驱动变量不能被操纵或选择,即个体是否接受干预或接受干预的概率是外生的。在此条件下,临界值附近的个体由于随机因素或微小的差异,可能会落在不同的组别中,从而形成一个类似于随机实验的局部区域。在这个区域内,可以比较两组个体在结果变量上的差异,从而可以估计政策或干预的局部平均处理效应,得到有因果解释力的估计结果。断点回归设计又可细分为精确断点回归(Sharp Regression Discontinuity,SRD)和模糊断点回归(Fuzzy Regression Discontinuity,FRD)。前者在断点两侧的处理概率由 0 跳跃到 1,而后者则放松了这一限制,仅要求在断点两侧接受处理的概率不同。

以 Lee(2008)为例介绍断点回归设计的实际应用。该研究探讨了一个有趣的问题:在美国众议院选举中获胜的候选人是否享有"在位优势",即他们是否更有可能在下一届选举中延续其优势?为了回答这一问题,作者使用了断点回归设计构建准自然实验。这种方法利用了美国众议院选举中的一个特点:当候选人的得票率与对手的得票率相差非常小的时候,究竟谁能当选在很大程度上是随机的,因为最终的计票结果可能受到误差和不确定性的影响。因此,作者将得票率差距(Vote Margin)作为驱动变量,将 0 作为临界值,将当选者和落选者分别作为处理组和对照组。作者使用了精确断点回归模型来拟合数据,并发现在 0 附近存在一个显著的不连续跳跃,如图 7.2 所示。这一结果支持了在位优势的假设,即在众议院选举中获胜的候选人更有可能在下一届选举中延续其优势。作者估计,获胜可使候选人在下一届选举中保持席位的概率提高 45%;而选举失败的候选人再次参加同一席位选举的可能性会降低 43%。

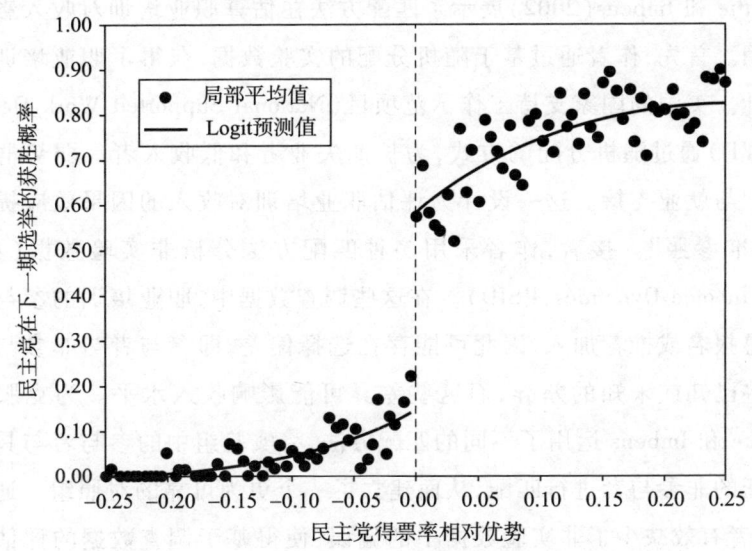

图 7.2　选举得票率差距对下一期选举获胜概率的影响

7.2.4　匹配法

匹配法的基本思想基于这样一种直觉:如果可以找到两组或多组在可观测特征上相似但处理状态不同的个体,通过比较他们在结果变量上的差异,就可以消除内生变量与误差项的相关性,得到无偏的因果效应估计。匹配法有很多种形式,如一对一匹配、多对一匹配、倾向得分匹配等。匹配法的优点是,它可以灵活地根据数据的特点选择合适的匹配方法和匹配变量,从而提高估计效率和准确度。由于匹配法不需要对潜在结果的分布做任何假设,因此也可以避免一些传统回归方法中的问题,如函数形式的设定、多重共线性、异方差性等。但是匹配法的应用也需要满足一些限制条件,如数据需要满足强可忽略性假设(Strong Ignorability Assumption),即处理状态只依赖于观测到的特征,而与未观测到的特征无关。这意味着如果存在一些无法观测或无法测量的干扰因素,而这些因素恰好与处理变量相关,那么匹配法就不能完全消除内生性问题。此外,匹配法也需要有足够多的共同支撑区域(Common Support Region),即处理组和对照组在观测到的特征上有足够的重叠度。这意味着如果处理组和对照组之间存在明显的差异,那么匹配法就不能找到合适的对比对象,从而影响估计结果的有效性。

Abadie 和 Imbens(2002)展示了匹配方法在估算职业培训对收入影响中的经典应用。首先,作者通过基于随机分配的实验数据,获得了职业培训效果的无偏估计。美国的国家支持工作示范项目(National Supported Work Demonstration,NSWD)通过随机分配的方式,为长期失业者和低收入者等弱势群体提供职业培训与就业支持。这一设计为评估职业培训对收入的因果效应提供了可靠的"标准参照"。接着,作者采用多种匹配方法分析非实验数据(如 Panel Study of Income Dynamics,PSID)。在这些调查数据中,职业培训的参与者通常通过自愿报名或推荐加入,因此可能存在选择偏差,即参与者与非参与者之间存在某些已知或未知的差异,而这些差异可能影响收入水平。为克服这一问题,Abadie 和 Imbens 运用了不同的匹配方法,将实验组中的参与者与具有相似背景特征的非参与者进行匹配,从而建立了一个更为可靠的对照组。通过这一方式,作者有效减少了非实验数据中的偏误,使得基于调查数据的评估结果更加接近实验数据的结果,提升了评估的准确性与可靠性。

综上,不同因果推断方法所解决的内生性问题有所不同,各具优势。下面总结前述 4 种常见的因果推断方法及实地实验方法的优势与局限性,如表 7.1 所示。

表 7.1 常见因果推断方法的优势与局限性

方法	优势	局限性
工具变量法	广泛用于处理内生性问题,特别适合应对遗漏变量、反向因果等情况	工具变量必须满足相关性和外生性要求,实操难度较高
双重差分法	适合处理政策干预前后的差异,控制不可观测的固定效应	依赖共同趋势假设,若干预前两组趋势不同,可能导致结果偏差
断点回归设计	利用政策或临界值的自然变化构建准自然实验,对局部区域有强解释力	结果不具备广泛的外部有效性,临界值的选择和样本分布可能受质疑
匹配法	不需要对潜在结果的分布进行假设,适合多种数据类型	依赖于足够的共同支撑区域,在处理组与对照组差异较大时效果不佳
实地实验	在控制实验环境下直接推断因果关系,从源头解决内生性和选择偏差	成本较高,可能存在伦理问题,样本可能缺乏代表性

7.3 审计实验的因果推断原则

作为一类特殊的实地实验,审计实验通过人为设计多组在关键特征(如性别、种族、年龄等)上不同但在其他方面相似可比的个体,观察市场参与者对不同组个体的反应差异,以估计其对特定群组的行为或态度。审计实验具备实验方法的一般性优势:相比于前述提及的四种非实验类因果推断方法,审计实验能够通过随机化设计更好地解决由遗漏变量和样本选择偏差造成的内生性问题。相较于其他实验类型(如实验室实验),审计实验能够在被审计者不知情的自然情境下开展实验干预与数据采集工作。该方法能有效避免被审计者由于个人利益、社会形象等因素而有意或无意地采取非自然或欺骗行为,确保观察到被审计者真实可信的行为反应,从而提高研究结果的外部效度。

由于上述特点,审计实验在研究歧视、刻板印象等不公平行为时具有独特优势。例如,为了研究劳动力市场是否存在种族歧视,研究者常通过让两组条件相近但种族不同的求职者应聘相同职位,以比较他们获得面试回复的概率。

然而,现实中很难找到两组仅在种族上存在差异,而在教育背景、工作经验等方面相似的求职者,这就增加了实验的难度。此外,由于实验成本较高,要实现足够大的样本量以满足实证分析的效度要求也面临挑战。相比之下,通信审计实验作为一种替代方案,通过发送虚构信件、电子邮件或电话等方式模拟求职者的求职行为，受到研究者的广泛欢迎。例如，Bertrand 和 Mullainathan（2004）在美国波士顿和芝加哥的招聘广告中使用虚构的求职者简历，操控简历上名字的种族感知，发现具有非洲裔美国人名字的简历收到的面试回复率比白人名字的简历低 50%。这一结果表明，美国劳动力市场中确实存在显著的种族歧视。

为了保证实验结果具有因果解释力，审计实验同样需要满足随机对照试验的随机化（Randomization）原则、控制（Control）原则和盲法（Blinding）原则。

首先，随机化原则要求研究者将可能影响结果的其他特征（如教育、经验、技能等）控制在相同或相似的水平，从而消除选择偏差和混杂因素。在现场审计实验中，我们可以通过随机地将审计员分配到不同实验组，来保证作为应聘者、申请者或顾客的审计员群体在其他特征方面没有系统性差异。而在通信审计实验中，研究者可以将除研究特征以外的其他特征进行随机化，从而保证被试者的行为差异可以完全归因于所研究特征的变化，而不会受到其他特征的影响。例如，如果要检测性别对应聘结果的影响，那么我们可以先创建一批相同或相似的简历，然后随机将其中一半的简历性别修改为男性，另一半改为女性，再将这些简历随机发送给同一批招聘单位。每个招聘单位都会同时收到男性求职者和女性求职者的简历，以便直接比较他们在相同条件下对不同性别求职者的反应。这样，我们就可以保证不同性别的应聘者在其他方面没有系统性差异，从而可以更准确地评估性别对应聘结果的影响。

其次，控制原则要求实验中必须设置有相应的控制组，以便于与处理组进行比较。一般来说，控制组通常是没有受到歧视或偏见影响的群体，如白人、男性等。处理组则是可能受到歧视或偏见影响的弱势群体，如黑人、女性等。通过比较控制组和处理组在结果方面的差异，可以评估是否存在歧视或偏见及其程度。例如，如果要检测租客的族裔对租房结果的影响，那么可以设置白人为控制组，黑人为处理组，然后比较他们收到的回复率、租金报价等指标。

最后，盲法原则要求我们避免被试者知晓实验目的或具体的干预措施。特别是在歧视、刻板印象等敏感主题上，被试者可能有意识地避免展现不公正的行为。幸运的是，由于审计实验大多依托于真实的市场环境，良好的实验设计可以在多数情况下避免上述情况的发生。根据被试者和实验者之间的信息不对称程度，可以采用不同方法，较常见的有单盲法（Single Blinding）和双盲法（Double Blinding）。单盲实验是指只有被试者不知道实验目的或自己所属的分组,这种实验设计可以减少参与者的主观偏差和安慰剂效应;双盲实验是指除了被试者,实验的执行者(审计员)也不知道实验的目的或分组情况,这种方法可以减少实验者的主观偏差和无意识的暗示,进一步提高实验的客观性和可信度。一般来说,在实验条件允许的情况下最好采用双盲设计,在最大程度上保证实验结果不受系统性干扰的影响。

7.4　因果推断策略在审计实验中的应用

审计实验在缓解内生性问题、提高外部有效性以及获取可信的敏感数据等方面均具有显著优势。围绕审计实验研究中应用因果推断策略探索的常见主题,下面从歧视的因果识别、来源分析,以及理解委托-代理问题这三方面展开介绍。

7.4.1　歧视因果识别

在 Becker(1957)对歧视研究的开山之作《歧视经济学》(*The Economics of Discrimination*)中,歧视被定义为:不惜付出一定成本以减少与某一特定群体联系的行为。被歧视群体的划分标准可以是族裔、性别、年龄、犯罪记录甚至外貌等。歧视的成本既可以是高昂的直接成本,如法国顾客愿意支付更多金钱以避免与黑人移民雇员的接触(Combes 等,2016);也可以是间接成本,如在纽约低工资劳动力市场中,无犯罪经历少数族裔申请人的职位申请回复率与刚出狱的白人申请人相当(Pager 等,2009),雇主宁愿承担有犯罪经历雇员所带来的风险(如偷盗等),也要雇佣白人。歧视的存在不仅会降低被歧视群体的福利水平,还会使个体决策偏离收益最大化的决策,进而造成社会成本增加和社会效率降低。因此,识别不同市场中可能存在的歧视受到研究者们的广泛关注。

然而,特别值得注意的是,不能将不同群体所受到的总体差别待遇直接定义为歧视。研究者只有剥离群体身份特征以外的其他所有特征的潜在影响,才能将所发现的差别待遇定义为歧视。以审计实验最广泛应用的劳动力市场为例,歧视被定义为拥有相同潜在生产力的不同群体求职者或雇员受到的待遇差异,如拥有相同潜在生产力的男性与女性求职回复率不同(葛玉好等,2018),或相同生产力水平的男性与女性律师的薪资待遇不同(Azmat 和 Ferrer,2017)等。因此,在歧视的因果识别中,如何找到一对来自不同群体的除群体身份特征外,其他特征完全相同的个体十分重要。由于生产力数据往往难以获得,这对使用观测数据的研究构成了一项挑战(Gunderson,1989)。歧视的因果识别研究面临的另一项挑战是个体往往不会准确报告自己对少数群体的真实态度(La Piere,1934),甚至他们难以意识到自身存在的歧视(Devine,1989),这又使得运用调查和面谈方法对歧视的识别结果不可信。

审计实验在歧视的因果识别中能发挥得天独厚的优势。首先,审计实验无须寻找如上文所述的来自不同群体却具有相同生产力的真实的成对个体,而是采用直接构造的方式,即可以从特定的样本特征库中随机选取与群体特征无关的特征组合,用这些特征构造虚拟的个体进行研究,这使审计实验识别的歧视更具有说服力。其次,被审计者往往不会意识到自己正在接受审计(Balfe等,2021),这从根本上杜绝了由于被审计者迎合社会期望,即倾向于不表现出歧视,造成识别出的歧视存在向下偏误的情况。

已经有一系列文献对歧视的因果识别相关研究进行了充分的讨论(如Riach和Rich,2002;Rich,2014;Bertrand和Duflo,2017;Neumark,2018等)。下面将主要介绍各种歧视的因果识别方法和优缺点,以及其与审计实验这一方法的区别,并介绍审计实验在歧视因果识别中的相对优势。

(1)基于观测数据的实证方法

由于观测数据只能观测到交易发生后的个体特征,比如在劳动力市场中,观测数据往往包含雇员的个体特征而不包含那些申请但未受雇佣的求职者的个体特征。因此,与审计实验常用来识别初次接触过程中的歧视不同,使用观测数据进行研究的优势在于可以观测到已达成交易的不同群体受到的待遇差异,比如劳动力市场中不同群体劳动者的工资差异(Oaxaca,1973;Hellerstein等,1999),或租房市场中不同群体面对的租金差异(Laouénan和Rathelot,2022)等,其中最经典的方法是回归分解法(Oaxaca,1973)。该方法的基本思想是在工资回归方程中尽可能地加入两个群体之间与生产力相关的特征作为控制变量,再将群体之间剩余的工资差异,也即控制变量后仍无法解释的工资差异,作为歧视的估计。以劳动力市场为例,如何控制劳动者的实际生产力,使得识别出的工资差异仅由歧视导致,即如何排除其他所有可能造成工资差异的非歧视因素,是回归分解法等使用观测数据进行歧视的因果识别所面临的最大挑战。尽管有一些研究可以观测到劳动者的实际生产力水平(Azmat和Ferrer,2017),但这类数据通常仅存在于较为特殊的劳动力市场中。因此,如何准确衡量或估计劳动者的实际生产力水平仍然是基于观测数据研究亟待解决的问题(Riach 和 Rich,2002)。

此外,回归分解法存在两个可能的缺陷:第一,回归中控制的个体特征可能无法完全反映生产力水平,即无法解释的工资差距可能源于某些不可观测的特征。例如,Becker(1985)中的模型认为,由于育儿和家务劳动的压力,已婚女性在工作中投入的精力少于已婚男性。在这个例子中,投入工作的精力水平往往难以在观测数据中获取,这一不可观测变量带来的工资差异将进入回归的残差项,因此使用回归分解法将高估已婚女性在劳动力市场中受到的歧视。第二,回归分解中的控制变量可能存在内生性。例如,由于女性在工作中受到歧视,她们的工作经验有更大的可能性不如男性(Gronau,1988),即工作经验和歧视互为因果。在这种情况下,在回归中控制工作经验可能是一种过度控制,最终导致了对女性受到歧视的低估。

近年来,雇主-雇员匹配数据的出现使估计劳动者真实生产力有了新的可能。Hellerstein 等(1999)发明了使用雇主-雇员匹配数据的生产函数法,直接估计了生产力水平的群体差异。该方法使用企业间生产力差异与企业内不同群体劳动者份额的相关关系识别出不同群体劳动者边际生产力的差异。通过这种类似结构式估计的方法控制住边际生产力的群体差异后,那些不能被解释的群体工资差异即可以作为歧视的估计。例如,如果工资中的性别差异显著超过边际生产力中的性别差异,就表明工资差异中存在性别歧视。然而,此方法也存在一些缺点。首先,雇主-雇员匹配数据通常难以获得,而且为了实现与一定数量的雇员匹配,雇员少的小型企业往往不被考虑作为该类数据的样本企业,导致样本缺乏代表性的问题。其次,该方法很难排除生产力更高的企业雇佣生产力更高的劳动者这一自选择现象所造成的歧视估计偏误。例如,如果男性和女性劳动者的生产力分布不同,生产力较高的企业更可能雇佣生产力分布更具优势的性别的劳动者,通过这种方法估计性别歧视,原本企业生产力的差距就会被认为是性别歧视。识别出的"歧视"实际上包含了不同性别生产力本身的差异,因此是有偏的。

(2)非审计实验的实验方法

近年来,有一些研究运用虚拟情境法(Vignette)识别歧视。该方法通过选取不同个体特征进行组合构造虚拟个体,再让被试在模拟真实世界的虚拟情境中选择其中最为偏好的虚拟个体或为虚拟个体评分。例如,Blommaert 等

(2014)在一项识别种族歧视的研究中招募荷兰的学生作为被试,向他们提供虚构简历,要求他们作为招聘者来选择是否邀请虚拟求职者进行面试,并对每位虚拟求职者与职位的适合度进行评分(从 0 到 10)。他们通过求职者姓名和父母的出生国来表明虚拟求职者的摩洛哥、土耳其或荷兰族裔身份,最终识别出这些学生对少数族裔存在歧视。

这种方法的优势在于:一是可以在虚拟情境中更自由地设计虚拟个体的各项特征;二是可以了解被试的个人特征,并可以结合虚拟个体和被试的个人特征进行异质性分析;三是可以直接询问被试歧视行为的动机,进而分析歧视的来源。但显然,与审计实验相比,这种方法缺乏内部和外部有效性。首先,为了模拟真实的劳动力市场情境,最佳的被试应是公司中做出招聘决策的人力资源管理者,但这些样本很难触及或触及成本较高。一些研究招募学生或者没有决策权的招聘员,缺乏样本代表性。其次,这种研究方法往往缺少合适的激励,即与现实情况中歧视存在成本的现象不一致,虚拟情境中被试的歧视行为没有成本,难以证明他们的歧视行为能够代表现实中发生的歧视行为。此外,被试出于社会期望偏见可能会选择掩盖歧视,即被试自我报告看法或态度时倾向于隐藏诸如歧视等不符合社会期望的观点(Norton 等,2004;Norton 等,2006),从而导致对歧视的低估。

为了弥补虚拟情境法的以上缺陷,学者们致力于寻找一种有效的激励手段,提高该方法估计的有效性。例如,Chan(2022)在一家医疗服务线上平台开展虚拟情境实验,让有就医需求的患者选择具有不同特征的虚拟医生,以识别在医疗市场中患者对少数族裔医生的歧视行为及其来源。这一实验设计的巧妙之处在于,患者的虚拟医生选择结果将与他们实际就医时能找到的真实医生相关——研究者会根据被试在实验中的选择向其推送最满足其要求的真实医生。这一设计为被试提供了现实激励,使他们在实验中的选择更加贴近真实的市场行为,从而获得了对歧视及其来源的有效识别。但值得注意的是,这种虚拟情境实验设计方法依赖特殊的研究场景和机会,通常难以被推广。

此外,也有研究利用外生变化的冲击作为自然实验方法识别歧视,如 Goldin 等(2000)利用管弦乐队面试改为采用盲选方法这一改革识别歧视。在盲选招聘中,候选人在幕布后演奏,雇主进行招聘决策时观察不到候选人身份。该研究对比改革前后女性被雇佣的概率,识别出改革前劳动力市场中存在性别歧视。利用这种自然实验方法进行的歧视因果识别十分有说服力,但是外生冲击形成的自然实验机会可遇不可求，故基于此来开展研究的主题受限。当然，外生冲击的存在对审计实验的因果识别也有一定的帮助，如 He 等（2023）利用 2016 年中国二孩政策变动所形成的自然实验机会，在政策变动前后分别进行审计实验，发现中国劳动力市场中存在源于雇主基于家庭责任预期的性别歧视。

（3）审计实验法

与其他实验方法相比，审计实验方法可以在被审计者不知情时识别其歧视行为，为研究歧视这一拥有高私密性和敏感性的议题提供有效手段。尽管一些情景模拟实验的被试是真实的雇主而不是学生（Rosen 和 Jerdee，1974），但因被试在决策前已获知自己在被研究者观察，故该类研究的结果依然面临内部有效性的质疑。审计实验中被试的行为是其在不知情的情况下所展现出的真实行为，这一特点能极大地缓解情景模拟实验等实验室实验面临的内部有效性问题。

除此之外，运用调查和个人访谈方法或者运用虚拟情境的实验室实验方法得到的被试自我报告的歧视可能存在误差。一方面，被试可能由于考虑自身利益、社会形象等而倾向于不报告真实的歧视态度，甚至故意隐瞒对某一群体的歧视。另一方面，由于可能存在无意识的隐性歧视，被试自报告的歧视态度可能与被试真实的歧视行为不一致。例如 Pager 和 Quillian（2005）发现雇主自我报告的歧视行为和审计实验中识别出的歧视行为存在差异。虽然雇主在调查中表示其在招聘中不考虑求职者的种族，但审计实验观察到了他们在真实招聘活动中的歧视行为。在审计实验中，被审计者往往不能意识到实验的发生，没有隐藏自己歧视行为的激励，其歧视行为与现实生活中的歧视行为一致。因此，审计实验方法可以有效识别出现实生活中真实发生的歧视行为。

7.4.2　歧视来源分析

主流的歧视理论按照歧视来源的不同一般将歧视分为偏好性歧视和统计性歧视。顾名思义，偏好性歧视是来自歧视者的偏好，而统计性歧视则是歧视者根据可观测信息推测被歧视者实际特征，由于不完全信息而产生的歧视。也就是说，审计实验识别出的歧视可能是统计性歧视和偏好性歧视的加总，也可能仅是其中一种歧视。分析歧视的来源具有深远的现实意义，政府部门可以根据不同的歧视来源设计不同的反歧视政策。例如，招聘平台可以向雇主提供更多关于求职者的信息，使雇主能够更准确估计求职者的实际生产力，从而达到减少劳动力市场统计性歧视的目的。针对偏好性歧视的反歧视政策则可以提高歧视的成本,迫使歧视者不再歧视。

偏好性歧视可以通过对歧视者进行问卷调查的方式识别,如直接询问他们是否对特定种族的服务人员感到厌恶(Bar 和 Zussman,2017)。而识别统计性歧视的最常见方法是观察歧视者在所获得的信息发生改变后歧视的变化。如果歧视者获得更多被歧视者的信息后歧视的程度降低,则可以证明初始的歧视中存在统计性歧视。一些研究使用这种方法,结合观测数据证实了统计性歧视的存在(如 Farber 和 Gibbons,1996;Altonji 和 Pierret,2001)。最近的研究还进一步识别了基于有偏差信念所产生的统计性歧视(如 Bohren 等,2019;Chan,2022)。

审计实验也可以运用到歧视的来源分析中。一些审计实验设计通过随机改变被审计者获得的信息多少,来识别统计性歧视,从而实现歧视的来源分析(Bertrand 和 Mullainathan,2004)。此外,审计实验对歧视的因果识别也可为进行歧视的来源分析打下良好基础,再进一步通过调查或其他补充实验和审计实验相结合的方式进行歧视的来源识别和分析(如 List,2004;Zussman,2013)。

下面将简述歧视来源的一般性分析方法,并介绍审计实验在歧视来源分析中的应用。

(1) 歧视来源的一般性分析

偏好性歧视源自歧视者的个人品味,即歧视者对某一群体存在厌恶心理,这体现在他们愿意为避免与该群体成员互动而付出代价。Becker(1957)在《歧视经济学》中提出了劳动力市场中三种偏好性歧视可能的来源:雇主、同事和顾客。来源于雇主的偏好性歧视指雇主不愿雇佣某一特定群体的雇员。同事带来的偏好性歧视体现在需要向与某一特定群体成为同事的员工支付更高的工资。而来自顾客的偏好性歧视则体现在顾客更愿意与某一特定群体以外的雇员进行交易。无论偏好性歧视是否来自雇主,它们最终均会体现在雇主的雇佣决策中。因此,审计实验识别出的偏好性歧视是来源群体不同的偏好性歧视的总和,通常难以对偏好性歧视的来源做出进一步区分。有一些实证研究尝试进行偏好性歧视的来源分解,使用调查或模型的方法识别出了偏好性歧视中来自顾客的部分(如 Bar 和 Zussman,2017;Combes 等,2016)。

在简单的偏好性歧视模型中,Becker 通过在雇主的效用函数中引入雇佣女性雇员的负效用表示来源于雇主的偏好性歧视。存在歧视的雇主的效用函数可以简单地表示为

$$U_D = y - w_M \cdot M - w_F \cdot F - d \cdot F \quad (7\text{-}5)$$

下标 D 代表存在歧视的雇主，y 代表雇佣某员工的产出，M 代表男性，F 代表女性，w_M 和 w_F 分别代表男性和女性的工资，常数 $d > 0$ 表示雇主对雇佣女性的厌恶程度。雇主通过最大化此效用函数进行雇佣决策，歧视女性雇员这一负效用的存在将体现在雇主的雇佣决策中，造成劳动力市场中受雇佣概率和工资的性别差异。

在实证中，偏好性歧视可以通过调查的方式直接识别。Bar 和 Zussman（2017）通过消费者调查直接识别了以色列劳动密集型服务市场中对阿拉伯工人的顾客歧视。也有一些实证文献通过分析不同工作中劳动者与顾客接触的程度差异，识别了基于顾客偏好的种族歧视。如 Combes 等（2016）根据法国培训和职业资格调查数据（Formation et Qualification Professionnelle，FQP）计算出每个劳动者在工作中需要和顾客接触的程度，运用法国人口普查数据，识别了法国劳动力市场中源自顾客的偏好性歧视。

与偏好性歧视模型相对，Arrow（1973）和 Phelps（1972）提出了统计性歧视模型。在这一模型中，对某一特定群体的歧视是由不完全信息导致的。以劳动力市场为例，由于每个人的生产力不同，雇主在招聘决策时需要通过有限的可观测信息对岗位候选人的生产力进行评估。

统计性歧视模型的一种基本设定是雇主可以接收到求职者生产力的信号 s，这一信号由来自求职者的实际生产力 q 和扰动项 u_G 组成：

$$s = q + u_G, \text{ 其中 } u_G \sim N(0, \sigma_G^2) \quad (7\text{-}6)$$

简单地，假设扰动项 u_G 服从均值为 0、方差为 σ_G^2 的正态分布，那么扰动项的方差可以体现出不同群体的信号精度（定义为扰动项标准差的倒数，即 $\frac{1}{\sigma_G}$）。在劳动力市场的性别歧视研究中，通常假设女性的生产力信号精度不如男性，即 $\sigma_F^2 > \sigma_M^2$。雇主观测到信号后通过贝叶斯更新形成对求职者真实生产力的后验期望（Posterior Belief），信号精度参数进入后验期望的表达式中：

$$E(q \mid s) = E(q) \frac{\sigma_G^2}{\text{Var}(q) + \sigma_G^2} + s \frac{\text{Var}(q)}{\text{Var}(q) + \sigma_G^2} \quad (7\text{-}7)$$

这种信号精度的差异会导致基于相同信号，雇主对不同群体真实生产力的评估存在差异，从而导致了雇主雇佣决策结果中的歧视。

传统的统计性歧视模型假设不同群体的实际生产力期望 $E(q)$ 相同且雇

主已知该期望。但是，在现实情况中，不同群体是否具有相同实际生产力没有定论，并且该真实分布很难获得。因此，一些学者提出，存在不准确的统计性歧视（Inaccurate Statistical Discrimination）或基于有偏差信念的统计性歧视（Bohren 等，2025a）。雇主在接受求职者传递的信号 s 并形成后验期望的过程中，用其对特定群体实际生产力期望的先验信念代替 $E(q)$。如式（7-8）所示，参考 Bohren 等（2019）中的表示方法，雇主的先验信念用 $\hat{\mu}_G$ 来表示，雇主接收信号后的后验信念则用 $\hat{\mu}_G^{post}$ 表示。如果特定群体的真实生产力期望用 μ_G 来表示，当 $\hat{\mu}_G \neq \mu_G$ 时，则称雇主 i 对特定群体的统计性歧视中存在不准确的统计性歧视。

$$\hat{\mu}_G^{post} = \hat{\mu}_G \frac{\sigma_G^2}{\text{Var}(q)+\sigma_G^2} + s \frac{\text{Var}(q)}{\text{Var}(q)+\sigma_G^2} \tag{7-8}$$

从式（7-8）可以看出，对求职者生产力的后验信念 $\hat{\mu}_G^{post}$ 可能受两方面影响——信号精度和先验信念。一方面，统计性歧视随着信号精度的提高而减小。极端情况下，信号精度趋于 0，即 σ_G^2 趋于无穷时，统计性歧视最大。另一个极端是劳动者传递的信号可以精确反映劳动者的实际生产力，即 $s = q_G$，这意味着雇主可以观察到每位候选人的实际生产力。在这种情况下，不存在源于信号精度的统计性歧视。另一方面，由偏见或不完全信息导致的有偏差的先验信念也会增加统计性歧视。先验信念对统计性歧视的影响也会因信号精度改变而改变，信号精度越高，基于有偏差信念的统计性歧视越小。

基于统计性歧视的以上特点，一些文献通过向歧视者提供不同数量或质量的信息作为信号，改变歧视者接收的信号精度，以识别出统计性歧视，完成对歧视来源的分析。而识别不准确的统计性歧视有两种方法：一种是直接引出对实际生产力均值的先验信念并将其与真实生产力相比较，但不同群体的真实生产力分布难以获得；另一种是在通过变化信号精度识别出统计性歧视的基础上，运用模型假设证明歧视者存在有偏差的先验信念。

Laouénan 和 Rathelot（2022）爬取租房平台爱彼迎（Airbnb）的租房价格、特征和评论数据识别了北美和欧洲 19 个城市租房市场中对少数族裔房东的统计性歧视。他们将信号扰动项的标准差和房东收到的评论数 K 相联系，将房东 i 的信号扰动项方差 σ_i^2 定义为 $\sigma_i^2 = \frac{\sigma^2}{K}$，即评论数越多，潜在房客接收到的信号越精确，少数族裔房东受到的源于信号精度的统计性歧视越小。他们基于

Altonji 和 Pierret（2001）的统计性歧视模型对爱彼迎平台上白人和少数族裔房东的房租价格差异进行分析，结果显示这种差异可以完全由统计性歧视解释。在识别统计性歧视的基础上，他们进一步假设租客在入住时可以获得真实的房屋质量信息并将这一信息反映在评论中，而房东所面临的房价中又能反映出租客对房屋质量的先验信念。结果表明，在统计性歧视造成的不同族裔房东的房价差距中，约有四分之三来源于不准确的统计性歧视。

此外，Bohren 等（2025b）将偏好性歧视和统计性歧视归结为直接歧视（Direct Discrimination），与之相对，他们探讨了系统性歧视（Systemic Discrimination）的存在。他们将系统性歧视定义为基于群体的非群体特征差异。以劳动力市场的性别歧视为例，即使当前雇主并未在招聘决策中进行直接歧视，但之前存在的对女性的歧视（如女性更难接受到教育和职业培训等）可能会造成女性的可观测特征水平低于相同生产力的男性，从而导致雇主在招聘决策中对女性存在系统性歧视。他们通过实验室实验模拟真实劳动力市场，证实了系统性歧视的存在，解释了系统性歧视的作用原理。但 Bohren 等（2025b）认为在线通信审计实验所采用的随机分配群体特征的方式无法识别非群体特征中存在的系统性歧视。

（2）运用实验设计进行歧视来源分析

除了传统的运用观测数据进行的研究，审计实验在歧视来源分析中也发挥着重要作用。使用 Altonji 和 Pierret（2001）的模型，利用观测数据识别统计性歧视的问题在于研究者并不能完全观测到雇主能观测到的与生产力有关的信息，在分析中遗漏了重要变量会造成分析结果的偏误。审计实验可以通过外生变化提供给被审计者的信息识别统计性歧视，从而大大缓解遗漏变量的问题。例如，在通信审计实验中，常常通过外生改变简历中诸如实习、工作经历等影响雇主评估候选人生产力的信息来识别统计性歧视。

一个典型的例子是李彬和白岩（2020）对招聘市场中第一学历歧视的研究。为了进一步探究招聘市场中第一学历歧视的来源主要是偏好性歧视还是统计性歧视，他们除改变第一学历学校外，还在虚构简历中加入实习经历、校内表现和资格证书等信息来改变被审计者获得的信息量。他们对简历的设计如表 7.2 所示：

表 7.2　简历质量设计

简历项目	高质量简历	低质量简历
实习经历（校园招聘）	在 2—3 个知名企业进行了较深入类型的实习	1 个普通企业的实习
工作经历（社会招聘）	在行业内综合排名前十企业的工作经历（基于百度的分行业企业排名）	普通企业工作经历
荣誉奖励（成绩）	获得奖学金（代表成绩）和数学、英语、科研等竞赛结果共计 5 个左右的荣誉	1—2 个低水平的荣誉称号
校园工作	校内学生会或社团主席级别的校园活动	校内学生会或社团干事级别的校园活动
资格证书	除大学英语四六级外的 2 个各类从业资格证、注册会计师（通过若干科目）等	大学英语四六级

分析结果表明，提高简历质量可以显著降低第一学历歧视，这说明第一学历歧视至少有一部分源于不完全信息造成的统计性歧视。

除在线招聘平台外，其他线上平台也可以通过外生改变为被审计者提供的信息以进行歧视的来源分析。例如，在一些商品或服务可以反复交易的在线平台上（如租房平台、在线医疗问诊平台等），为了平台发展得更好，通常允许消费者在购买平台商品或服务后进行评价，以向潜在的未来消费者提供商品质量的进一步信息。审计实验可以外生改变评论系统中评论的质量或数量，以提供给被审计者不同程度的信息，从而进行歧视的来源分析。

一个有趣的例子是 Bohren 等（2019）对性别歧视中的统计性歧视所开展的研究。他们外生改变某线上数学问答平台上评价的数量和质量，识别出了该线上平台中的统计性歧视，还因发现了性别歧视中的反转现象而进一步识别出基于有偏差信念的统计性歧视。这项研究在一家线上数学问答平台上开展，用户可以在平台上发表问题或回答其他用户的问题，看到问题和回答的其他用户可以对该用户的提问和答案进行匿名评价，包括点赞（Upvoting）或点踩（Downvoting）。这些由其他用户做出的评价形成用户的声望（Reputation），用户的声望值会在其提问或回答的每个帖子中展示。具体而言，Bohren 等（2019）在该平台上新建了 280 个账户，其中 140 个账户为全新账户（Novice Account），这些账户没有发布过任何提问和回答；另外 140 个账户则为高级账户（Advanced Account），他们事先使用这些账户发布了一些提问与回答，将这些账户的声望值提高到平台排名前 25% 的水平。随后，他们随机给这些账户分配不同性别的用户名，最终形成女性全新账户、女性高级账户、男性全新账户、男性高级账户四组，每组 70 个账户。作者使用这些账户在平台上发表问题和回答问题，记录平台其他用户对这些问题和回答做出的评价，包括在发表问题或回答问题 7 天内账户获得的净点赞量（点赞数减去点踩数）和账户在这 7 天内的声望变化，以观察平台用户对这些账号的提问或回答的质量评价中所可能存在的性别歧视。

Bohren 等（2019）证实了该平台上性别歧视的存在——他们观察到女性全新账户收到的评价低于男性全新账户，并发现了统计性歧视的证据。和前文介绍的统计性歧视模型对应，该实验设计意味着被审计者可以从高级账户中观测到比全新账户更精确的能力信号。因此，若所有账户均发表和回答同等质量的问题，而以男性账户为基准组，女性高级账户收到的评价相对于女性全新账户更好，则可以证明在平台用户的评价中存在针对性别的统计性歧视。研究的结果证明了统计性歧视的存在，且女性全新账户相比女性高级账户面临更严重的歧视。

有趣的是，Bohren 等（2019）发现在声望提高之后，对女性账户的歧视不仅减少了，歧视的方向还发生了逆转：与男性高级账户相比，女性高级账户的发帖获得了更高的评价。作者通过这一歧视逆转现象证明了基于有偏差信念的统计性歧视的存在。具体而言，他们建立了一个包含多次贝叶斯更新的动态歧视模型。Bohren 等（2019）认为，平台上存在两种用户：第一种用户被称为直接推断用户（Heuristic Evaluators），他们没有意识到声望值中已经包含性别歧视；而第二种用户被称为均衡用户（Proportion Evaluators），他们意识到了这一点，故他们理解获得同样高声望值的女性比男性拥有更高的能力。因此，均衡用户为了纠正声望值中已有的性别歧视，会为女性高级账户给出更高的评价。模型推断的结果如图 7.3 所示，均衡用户占比的提高会导致在高级账户中出现歧视男性的现象。Bohren 等（2019）进一步通过模型证明，只有在用户对女性账户能力存在有偏差信念的情况下，这种歧视逆转的现象才会发生，从而巧妙地证明了基于有偏差信念的统计性歧视的存在。

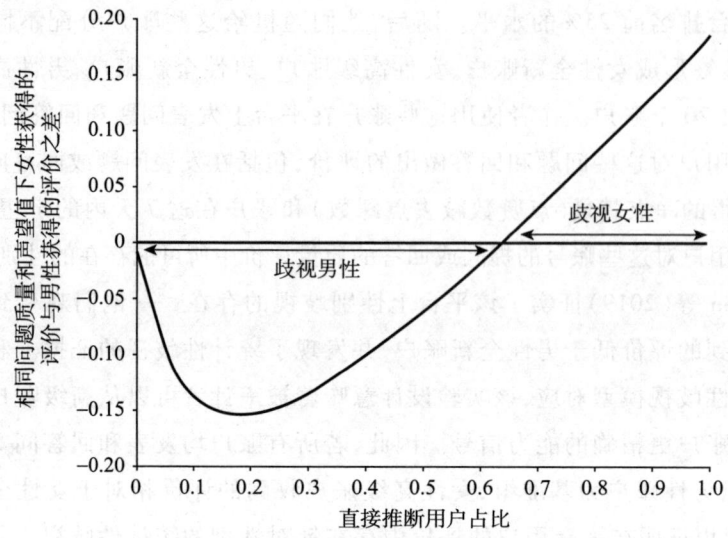

图 7.3　性别歧视现象与两种用户占比的关系

（3）与其他研究方法结合进行歧视来源分析

除以上通过特殊的审计实验设计改变被审计者获得信息的方法外，审计实验还可以配合其他方法进行歧视的来源分析，如对被审计者进行后续研究（List，2004）或者将审计实验与外生冲击结合（Agan 和 Starr，2018）。例如，Zussman（2013）先通过审计实验衡量了以色列二手车市场中的卖家对阿拉伯人的歧视，再以其他名义对他们进行电话调查，以找寻对阿拉伯人有明显歧视的卖家的共同特性，如是否对阿拉伯人存在某种特定的偏见等，再通过判断这种偏见是偏好性的还是统计性来进行歧视的来源分析。具体而言，Zussman（2013）在通信审计实验中使用表示阿拉伯人名字（Muhammad）和犹太人名字（Moshe）的邮箱向二手车市场的卖家发送购买意向邮件，记录卖家对邮件的回复。与此同时，收集卖家电话，在审计实验研究结束后，以以色列公民调查的名义向卖家进行电话调查，主要的问题如下：

> 针对以下六种观点，请在强烈反对、不同意、同意、非常同意中选择最符合您观点的选项：
> "以色列的阿拉伯人比犹太人更暴力。"
> "以色列的阿拉伯人比犹太人更有可能作弊。"
> "以色列的阿拉伯人的智力比犹太人低。"
> "我不想和一个阿拉伯人住在同一栋楼里。"

"犹太人和阿拉伯人应该在娱乐场所（指餐馆、咖啡店、酒吧和俱乐部等场所，以及海滩和公园等户外场所）分开。"

"应该出台禁止以色列犹太人和阿拉伯人通婚的法律。"

前三个论述描述了被审计者对种族差异的信念，这种信念造成的歧视可被视为统计性歧视。后三个则是询问卖家是否厌恶种族接触，对接触其他种族人的厌恶造成的歧视则为偏好性歧视。Zussman（2013）在分析卖家的这些歧视态度和真实歧视行为的相关性后发现，仅有一种态度与歧视行为的差异密切相关：强烈反对"以色列的阿拉伯人比犹太人更有可能作弊"的犹太人二手车卖家对阿拉伯买家的歧视行为明显低于其他卖家。这说明，在二手车市场上存在对阿拉伯买家的统计性歧视。这种歧视来源分析方法的明显缺点之一是后续调查的参与率低，无法保证可以联系到大多数被审计者。最终，Zussman（2013）仅成功调查了37%的被审计卖家。然而通过调查询问的方式仍然无法避免被试不愿意透露真实想法的问题，降低了研究的可信度。

7.4.3 委托-代理问题探究

在合作关系中，委托人通常需要将特定事项委托给代理人，由后者代替前者执行所委托事项。因代理人具有实现其自身利益的动机，所以会按照自身利益最大化的方式行动。而当代理人利益与委托人利益不一致时，就会出现委托-代理问题（Scott 和 Vick，1999），这类问题往往会造成市场的低效率（Eisenhardt，1989）。

委托-代理问题在信任品（Credence Goods）领域尤为突出。信任品是指消费者由于专业知识或实际经验不足，难以准确感知其质量的商品（Darby 和 Karni，1973）。当消费者购买信任品时，他们需要委托专业的服务提供者（代理人）来代行购买决策，因此，代理人不仅提供服务，同时也成为决定委托人具体需求的专家（Emons，1997；Fong，2005；Liu，2011；Gottschalk，2018），这为诸如欺诈等专家机会主义行为提供了空间。比如，在医疗服务市场中，医生会欺骗患者，夸大或低估患者的实际治疗需求，产生诱导需求行为（Barigozzi 和 Levaggi，2008）。

有关信任品和专家服务市场的理论研究通过构建模型分析存在专家欺诈现象的可能性（Pitchik 和 Schotter，1987），解释专家机会主义行为的动机（Evans，1974），并主要从制度（如 Gosden 等，2000；Chawla 等，1997）、市场（如

Pesendorfer 和 Wolinsky,2003；唐要家和王广凤,2008)和特征信息(如 Fong,2005；王建华等,2016)三个方面具体分析影响专家行为的潜在因素。实证研究则主要以证实专家机会主义行为和发现新的影响因素为目的,在诸如医疗服务、法律咨询、汽车或计算机维修和理财咨询等市场开展。本小节简述审计实验在深入分析委托-代理问题中的专家机会主义行为及其影响因素方面所发挥的作用。

(1) 专家机会主义行为的识别

基于观测数据的实证研究提供了各个市场中存在专家机会主义行为的证据,这些研究通过考察供给的外生变化是否带来需求变化证明市场中是否存在机会主义行为。比如,Baker(2010)发现,在美国非放射科医生购买核磁共振成像设备,并且可以自行收取检查费用后,核磁共振检查数量上升了38%。这一证据证明医生为了收取更多检查费用,引导患者进行不必要的检查,增加了患者不必要的支出。在中国的医疗市场中,毛正中和蒋家林(2006)利用2003年全国卫生服务调查考察医疗服务供给数量对医疗服务需求的影响,发现医生供给的医疗服务增加会导致门诊消费的增加,从而证明了医生有诱导需求的动机,间接证明了诱导需求的存在。

使用观测数据的研究存在一些天然的缺陷:首先,这些证据成立的前提是在供给变化前市场处于均衡状态,即不存在供不应求的情况,这一假设在中国等发展中国家难以证明。其次,观测数据研究无法控制医患互动过程,易出现遗漏变量问题。最后,由于受到数据的限制,使用观测数据的研究无法在个体层面上深入了解专家机会主义行为的影响因素,难以进行进一步分析。一些实验室实验的研究也为专家机会主义行为提供了证据,如 Beck 等(2014)招募汽车修理工和学生作为样本,观察在不同信息结构框架下两类被试作为专家所推荐的信任品服务的数量及对其索取的价格。研究发现,专业的汽车修理工比学生更有可能提供不必要的服务,造成市场的效率损失。虽然该研究的样本为真实的汽车修理工,一定程度上缓解了实验室实验中存在的外部有效性问题,但汽车修理工在实验中的行为仍可能与其在现实生活中的行为存在偏差。

由于专家机会主义行为甚至欺诈行为的敏感性,观测数据和实验室实验的研究很难获得此类数据。审计实验研究则可以通过扮演消费者的方式获取被审计专家个体层面的行为数据。一方面,研究者可以观察和操纵消费者的真实需求;另一方面,被审计专家在没有意识到被研究的情况下,没有动机偏离其真实行为,这让审计实验所发现的专家机会主义行为甚至欺诈行为的证据更有说服力。比如,Gottschalk 等(2020)在瑞士牙科市场开展审计实验。他们选取了一名可以代表当地居民的瑞士白人作为审计员,携带同样的 X 光片前往随机抽取的 180 位瑞士牙医的诊所就医。尽管从 X 光片所反映出的该患者的龋齿情况未发展到牙质,故而无须进行治疗,但患者拜访的 180 位牙医中有 50 位推荐患者进行治疗,这意味着可能有超过四分之一的牙医会实际提供过度的医疗服务,产生不必要的治疗费用。Mullainathan 等(2012)则在金融市场中发现了投资顾问的机会主义行为证据。在这一实验中,持有不同投资组合的审计员向投资顾问寻求投资建议,研究结果发现,投资顾问倾向于推荐高手续费的投资组合,并试图通过温和的措辞掩盖其所推荐的高手续费投资组合的缺点,如"2%的手续费并未高出行业平均水平多少"以实现自身利益最大化。此外,还有一些审计研究在出租车出行市场(如 Balafoutas 等,2013,2017;Castillo 等,2013)和维修市场(如 Kerschbamer 等,2019)中也发现了专家机会主义行为或欺诈行为的证据。

(2) 专家机会主义行为的影响因素

证明专家机会主义行为存在后,研究者进而致力于检验理论研究中预测的各类影响因素对专家机会主义行为的因果影响,这些影响因素主要包括制度因素、市场因素和特征信息因素。基于观测数据的研究提供了制度因素(如专家薪酬制度改革(Chen 等,2010))和市场因素(如专家个人声望(Liu 等,2016))对专家所提供的信任品质量的影响,并给出提升信任品市场效率的政策建议。一些实验室实验研究也通过外生改变专家薪酬制度,考察制度因素对服务质量的因果影响(如 Hennig-Schmidt 等,2011;陈叶烽等,2020)。

审计实验具有可以外生改变消费者特征信息的优势,使之可以用来研究消费者的各类特征信息(如消费者的社会经济地位和信息水平等)对专家行为所产生的影响。仍然以 Gottschalk 等(2020)在瑞士牙科市场开展的审计实验为例,他们采用 2×2 的实验设计,考察消费者社会经济地位和信息水平对专家服务质量的影响。他们选取的审计员通过两种穿戴和职业的组合分别扮演社会经济地位高和社会经济地位低的患者,以考察消费者社会经济地位对专家服务质量的因果影响。第一组的审计员穿着名贵西装,佩戴高级手表,携带高端车钥匙和手机,并宣称自己在银行工作,以扮演具有较高社会经济地位的患者;第二组审计员则穿着廉价、无品牌的衣服并携带一个旧背包以扮演具有较低社会经济地位的学生患者。然后,审计员向随机选取的牙医表示他已将 X 光片上传到专业牙医提供免费建议的互联网平台,但尚未收到平台上的信息这一情况,以考察患者的信息水平,即是否拥有第二意见对专家行为的影响。其研究结果如表 7.3 所示,研究发现低社会经济地位的患者得到过度治疗的可能性更高,患者是否拥有其他信息渠道对牙医是否过度治疗也有影响。

表 7.3 各个实验局中过度治疗的比例

社会经济地位	是否有第二意见		平均
	否	是	
低	37.78%（17/45）	26.67%（12/45）	32.22%（29/90）
高	20.00%（9/45）	26.67%（12/45）	23.33%（21/90）
平均	28.88%（26/90）	26.67%（24/90）	27.78%（50/180）

注:括号内为观察频数/总观察数。

是否存在第三方为消费者支付专家服务费用对专家服务质量也有影响。比如,Lu(2014)在医疗市场开展审计实验,研究了向医生表明患者是否有医疗保险对医生开具处方药品价格的影响。研究发现,如果患者从医生处买药,医生将对有医疗保险的患者开具价格更高的处方药,这一价格比给没有保险的患者开具的处方药价格贵 43%;但若患者不从医生处买药,则是否有医疗保险分摊支出不影响处方要价。这一结果反映了医生提高处方药品价格的行为来源于自利而非利他动机。Kerschbamer 等(2016)研究是否拥有保险对计算机维修服务质量的影响。他们将损坏随机元件的计算机送至随机选取的计算机维修机构进行维修。离开维修机构前,审计员向维修机构索要账单,并暗示此次维修是否可以通过保险报销。在控制组中,审计员的表述为:"我需要一份维修账单";而在保险组(处理组)中,审计员的表述则为:"我需要一份维修账单,因为我有可以涵盖维修费用的保险"。图 7.4 将控制组和保险组所得到的维修报价从低到高排列,形成了在组内特定频率百分比下审计员获得的维修报价情况。从图中可以看出,在相同的相对累积频率百分比下,审计员在保险组获得的报价始终高于控制组。这一结果说明维修机构更有可能向有维修保险的消费者索要高价。此外,Balafoutas 等(2017)在出租车出行市场中开展的审计实验也得到了相似的结论,当出租车司机知道乘客的费用由雇主报销时,出租车司机存在过度收费的问题。这些例子将在后续的章节详细介绍。

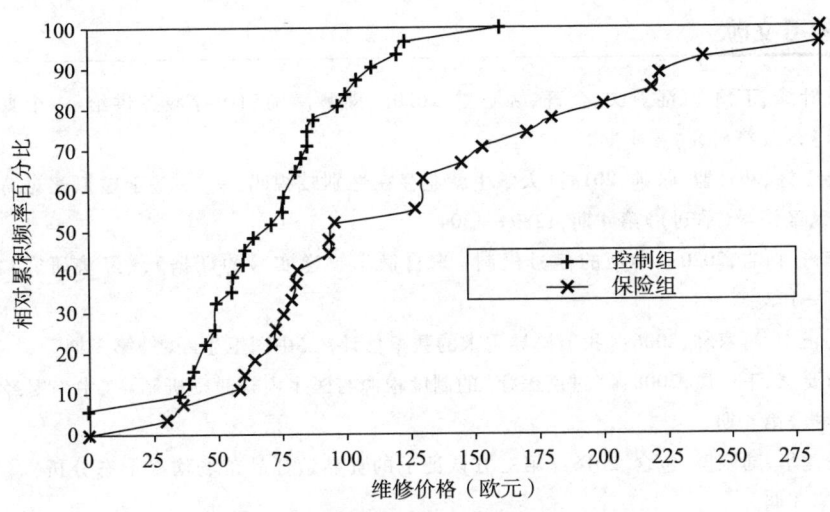

图 7.4 维修价格的相对累积频率百分比

本章小结

本章重点探讨了审计实验在因果推断策略中的应用，特别是在歧视分析领域的重要作用。首先，我们认识到人类对因果关系的探索是理解世界的关键，除工具变量、双重差分法、断点回归等常见的因果推断方法外，经济学家也关注如何通过实验方法揭示现实现象背后的因果机制。审计实验作为一种工具，能够帮助我们识别和分析歧视的来源。接着，我们围绕审计实验研究中应用因果推断策略探索的常见主题——歧视的因果识别、来源分析和委托-代理问题，从因果推断的方法论角度介绍审计实验方法。审计实验可以通过随机改变审计员的信息（如工作经验、教育水平等）识别统计性歧视，为歧视的来源分析提供了基础。此外，研究者能够通过审计实验获取被审计者个体层面的行为数据，有助于揭示委托-代理关系中可能存在的机会主义行为或欺诈行为。审计实验不仅加深了我们对因果关系的理解，也为经济学研究提供了一种强有力的工具，在探究诸如歧视分析、欺诈行为识别等现实问题中具有应用价值。通过设计严谨的审计实验，我们可以更准确地识别和分析歧视的来源，获取人们在现实委托-代理关系中真实的行为决策，这对于制定有效的政策干预措施，减少劳动力市场中的歧视或者委托-代理关系中的道德风险等现实问题具有重要意义。

参考文献

陈叶烽、丁预立、潘意文、金菁、姚沁雪,2020:《薪酬激励和医疗服务供给:一个真实努力实验》,《经济研究》第 1 期。

葛玉好、邓佳盟、张帅,2018:《大学生就业存在性别歧视吗?——基于虚拟配对简历的方法》,《经济学(季刊)》第 4 期,1289—1304。

李彬、白岩,2020:《学历的信号机制:来自简历投递实验的证据》,《经济研究》第 10 期,176—192。

毛正中、蒋家林,2006:《我国诱导需求的数量估计》,《中国卫生经济》第 1 期。

唐要家、王广凤,2008:《"过度医疗"的制度根源与医生声誉激励机制》,《中南财经政法大学学报》第 4 期。

王建华、陆晓博、包含,2016:《第三方认证下的食品信任品市场均衡形态分析》,《工业工程》第 3 期。

Abadie, A., and Imbens, G. W., 2002, "Simple and Bias-corrected Matching Estimators for Average Treatment Effects", *Econometrica*, 70(1), 59–73.

Agan, A., and Starr, S., 2018, "Ban the Box, Criminal Records, and Racial Discrimination: A Field Experiment", *The Quarterly Journal of Economics*, 133(1), 191–235.

Altonji, J. G., and Pierret, C. R., 2001, "Employer Learning and Statistical Discrimination", *The Quarterly Journal of Economics*, 116(1), 313–350.

Angrist, J. D., and Krueger, A. B., 1991, "Does Compulsory School Attendance Affect Schooling and Earnings?", *The Quarterly Journal of Economics*, 106(4), 979–1014.

Arrow, K. J., 1973, "The Theory of Discrimination", in Ashenfelter, O., and Rees, A., eds., *Discrimination in Labor Markets*, Princeton: Princeton University Press.

Azmat, G., and Ferrer, R., 2017, "Gender Gaps in Performance: Evidence from Young Lawyers", *Journal of Political Economy*, 125(5), 1306–1355.

Baker, L. C., 2010, "Acquisition of MRI Equipment by Doctors Drives up Imaging Use and Spending", *Health Affairs*, 29(12), 2252–2259.

Balafoutas, L., Beck, A., Kerschbamer, R., and Sutter, M., 2013, "What Drives Taxi Drivers? A Field Experiment on Fraud in a Market for Credence Goods", *The Review of Economic Studies*, 80(3), 876–891.

Balafoutas, L., Kerschbamer, R., and Sutter, M., 2017, "Second-degree Moral Hazard in a Real-world Credence Goods Market", *The Economic Journal*, 127(599), 1–18.

Balfe, C., Button, P., Penn, M., and Schwegman, D., 2021, "Infrequent Identity Signals and Detection Risks in Audit Correspondence Studies", National Bureau of Economic Research, Working Paper No. w28718.

Barigozzi, F. and Levaggi, R., 2008, "Emotions in Physician Agency", *Health Policy*,

88(1), 1-14.

Bar, R., and Zussman, A., 2017, "Customer Discrimination: Evidence from Israel", *Journal of Labor Economics*, 35(4), 1031-1059.

Beck, A., Kerschbamer, R., Qiu, J., and Sutter, M., 2014, "Car Mechanics in the Lab-Investigating the Behavior of Real Experts on Experimental Markets for Credence Goods", *Journal of Economic Behavior & Organization*, 108, 166-173.

Becker, G. S., 1957, *The Economics of Discrimination*, Chicago: University of Chicago Press.

Becker, G. S., 1985, "Human Capital, Effort, and the Sexual Division of Labor", *Journal of Labor Economics*, 3(1, Part 2), S33-S58.

Bertrand, M., and Duflo, E., 2017, "Field Experiments on Discrimination", in Banerjee, A.V., and Duflo, E., eds., *Handbook of Economic Field Experiments*, Amsterdam: Elsevier.

Bertrand, M., and Mullainathan, S., 2004, "Are Emily and Greg more Employable than Lakisha and Jamal? A Field Experiment on Labor Market Discrimination", *American Economic Review*, 94(4), 991-1013.

Blommaert, L., Coenders, M., and Van Tubergen, F., 2014, "Ethnic Discrimination in Recruitment and Decision Makers' Features: Evidence from Laboratory Experiment and Survey Data Using a Student Sample", *Social Indicators Research*, 116, 731-754.

Bohren, J. A., Haggag, K., Imas, A., and Pope, D. G., 2025a, "Inaccurate Statistical Discrimination: An Identification Problem", *Review of Economics and Statistics*, 107(3), 605-620.

Bohren, J. A., Hull, P., and Imas, A., 2025b, "Systemic Discrimination: Theory and Measurement", *The Quarterly Journal of Economics*, 140(3), 1743-1799.

Bohren, J. A., Imas, A., and Rosenberg, M., 2019, "The Dynamics of Discrimination: Theory and Evidence", *American Economic Review*, 109(10), 3395-3436.

Card, D., and Krueger, A. B., 1994, "Minimum Wages and Employment: A Case Study of the Fast-food Industry in New Jersey and Pennsylvania", *American Economic Review*, 84(4), 772-793.

Card, D., and Krueger, A. B., 2000, "Minimum Wages and Employment: A Case Study of the Fast-food Industry in New Jersey and Pennsylvania: Reply", *American Economic Review*, 90(5), 1397-1420.

Castillo, M., Petrie, R., Torero, M., and Vesterlund, L., 2013, "Gender Differences in Bargaining Outcomes: A Field Experiment on Discrimination", *Journal of Public Economics*, 99, 35-48.

Chan, A., 2022, "Discrimination against Doctors: A Field Experiment", Unpublished manuscript.

Chawla, M., Windak, A., Berman, P., and Kulis, M., 1997, *Paying the Physician: Review* of Different Methods, Boston: Department of Population and International Health, Harvard School of Public Health.

Chen, J.Y., Kang, N., Juarez, D.T., Hodges, K.A., and Chung, R.S., 2010, "Impact of a Pay-for-Performance Program on Low Performing Physicians", *Journal for Healthcare Quality*, 32(1), 13–22.

Combes, P. P., Decreuse, B., Laouénan, M., and Trannoy, A., 2016, "Customer Discrimination and Employment Outcomes: Theory and Evidence from the French Labor Market", *Journal of Labor Economics*, 34(1), 107–160.

Cunningham, S., 2021, *Causal Inference: The Mixtape*, New Haven: Yale University Press.

Darby, M. R., and Karni, E., 1973, "Free Competition and the Optimal Amount of Fraud", *The Journal of Law and Economics*, 16(1), 67–88.

Devine, P. G., 1989, "Stereotypes and Prejudice: Their Automatic and Controlled Components", *Journal of Personality and Social Psychology*, 56(1), 5–18.

Eisenhardt, K. M., 1989, "Agency Theory: An Assessment and Review", *Academy of Management Review*, 14(1), 57–74.

Emons, W., 1997, "Credence Goods and Fraudulent Experts", *RAND Journal of Economics*, 28(1), 107–119.

Evans, R. G., 1974, "Supplier-induced Demand: Some Empirical Evidence and Implications", in Perlman, M., ed., *The Economics of Health and Medical Care: Proceedings of a Conference Held by the International Economic Association at Tokyo*, London: Palgrave Macmillan, 162–173.

Farber, H. S., and Gibbons, R., 1996, "Learning and Wage Dynamics", *The Quarterly Journal of Economics*, 111(4), 1007–1047.

Fong, Y. F., 2005, "When Do Experts Cheat and Whom Do They Target?", *RAND Journal of Economics*, 36(1), 113–130.

Goldin, C., and Rouse, C., 2000, "Orchestrating Impartiality: The Impact of 'Blind' Auditions on Female Musicians", *American Economic Review*, 90(4), 715–741.

Gosden, T., et al., 2000, "Capitation, Salary, Fee-for-service and Mixed Systems of Payment: Effects on the Behaviour of Primary Care Physicians", *Cochrane Database of Systematic Reviews*.

Gottschalk, F., Mimra, W., and Waibel, C., 2020, "Health Services as Credence Goods: A Field Experiment", *The Economic Journal*, 130(629), 1346–1383.

Gottschalk, F., 2018, "What Characterizes Credence Goods? A Critical Look at the Literature", SSRN Working Paper.

Gronau, R., 1988, "Sex-related Wage Differentials and Women's Interrupted Labor Careers-The Chicken or the Egg", *Journal of Labor Economics*, 6(3), 277–301.

Gunderson, M., 1989, "Male-female Wage Differentials and Policy Responses", *Journal of Economic Literature*, 27, 46-72.

Heckman, J. J., 1979, "Sample Selection Bias as a Specification Error", *Econometrica*, 47(1), 153-161.

He, H., Li, S. X., and Han, Y., 2023, "Labor Market Discrimination Against Family Responsibilities: A Correspondence Study with Policy Change in China", *Journal of Labor Economics*, 41(2), 361-387.

Hellerstein, J. K., Neumark, D., and Troske, K. R., 1999, "Wages, Productivity, and Worker Characteristics: Evidence from Plant-level Production Functions and Wage Equations", *Journal of Labor Economics*, 17(3), 409-446.

Hennig-Schmidt, H., Selten, R., and Wiesen, D., 2011, "How Payment Systems Affect Physicians' Provision Behaviour—An Experimental Investigation", *Journal of Health Economics*, 30(4), 637-646.

Kerschbamer, R., Neururer, D., and Sutter, M., 2016, "Insurance Coverage of Customers Induces Dishonesty of Sellers in Markets for Credence Goods", *Proceedings of the National Academy of Sciences*, 113(27), 7454-7458.

Kerschbamer, R., Neururer, D., and Sutter, M., 2019, "Credence Goods Markets and the Informational Value of New Media: A Natural Field Experiment", *Working Papers in Economics and Statistics*(No. 2019-02).

Laouénan, M., and Rathelot, R., 2022, "Can Information Reduce Ethnic Discrimination? Evidence from Airbnb", *American Economic Journal: Applied Economics*, 14(1), 107-132.

LaPiere, R. T., 1934, "Attitudes vs Actions", *Social Forces*, 13(2), 230-237.

Lee, D. S., 2008, "Randomized Experiments from Non-random Selection in U.S. House Elections", *Journal of Econometrics*, 142(2), 675-697.

List, J. A., 2004, "The Nature and Extent of Discrimination in the Marketplace: Evidence from the Field", *The Quarterly Journal of Economics*, 119(1), 49-89.

Liu, T., 2011, "Credence Goods Markets with Conscientious and Selfish Experts", *International Economic Review*, 52(1), 227-244.

Liu, X., et al., 2016, "The Impact of Individual and Organizational Reputation on Physicians' Appointments Online", *International Journal of Electronic Commerce*, 20(4), 551-577.

Lu, F., 2014, "Insurance Coverage and Agency Problems in Doctor Prescriptions: Evidence from a Field Experiment in China", *Journal of Development Economics*, 106, 156-167.

Mullainathan, S., Noeth, M., and Schoar, A., 2012, "The Market for Financial Advice: An Audit Study", National Bureau of Economic Research, Working Paper No. w17929.

Neumark, D., and Wascher, W., 2000, "Minimum Wages and Employment: A Case Study of the Fast-food Industry in New Jersey and Pennsylvania: Comment", *American Economic Review*, 90(5), 1362-1396.

Neumark, D., Bank, R. J., and Van Nort, K. D., 1996, "Sex Discrimination in Restaurant Hiring: An Audit Study", *The Quarterly Journal of Economics*, 111(3), 915-941.

Neumark, D., 2018, "Experimental Research on Labor Market Discrimination", *Journal of Economic Literature*, 56(3), 799-866.

Norton, M. I., Sommers, S. R., Apfelbaum, E. P., Pura, N., and Ariely, D., 2006, "Color Blindness and Interracial Interaction: Playing the Political Correctness Game", *Psychological Science*, 17(11), 949-953.

Norton, M. I., Vandello, J. A., and Darley, J. M., 2004, "Casuistry and Social Category Bias", *Journal of Personality and Social Psychology*, 87(6), 817-831.

Oaxaca, R., 1973, "Male-female Wage Differentials in Urban Labor Markets", *International Economic Review*, 14(3), 693-709.

Pager, D., Bonikowski, B., and Western, B., 2009, "Discrimination in a Low-wage Labor Market: A Field Experiment", *American Sociological Review*, 74(5), 777-799.

Pesendorfer, W., and Wolinsky, A., 2003, "Second Opinions and Price Competition: Inefficiency in the Market for Expert Advice", *The Review of Economic Studies*, 70(2), 417-437.

Phelps, E. S., 1972, "The Statistical Theory of Racism and Sexism", *American Economic Review*, 62(4), 659-661.

Pitchik, C., and Schotter, A., 1987, "Honesty in a Model of Strategic Information Transmission", *American Economic Review*, 77(5), 1032-1036.

Riach, P. A., and Rich, J., 2002, "Field Experiments of Discrimination in the Market Place", *The Economic Journal*, 112(483), F480-F518.

Rich, J., 2014, "What Do Field Experiments of Discrimination in Markets Tell Us? A Meta-analysis of Studies Conducted Since 2000", IZA Discussion Papers, No. 8584.

Rosen, B., and Jerdee, T. H., 1974, "Influence of Sex Role Stereotypes on Personnel Decisions", *Journal of Applied Psychology*, 59(1), 9-14.

Scott, A., and Vick, S., 1999, "Patients, Doctors and Contracts: An Application of Principal-agent Theory to the Doctor-patient Relationship", *Scottish Journal of Political Economy*, 46(2), 111-134.

Stanovich, K. E., 1992, *How to Think Straight about Psychology*, New York: Harper Collins Publishers.

Turner, M. A., Fix, M., and Struyk, R. J., 1991, *Opportunities Denied, Opportunities Diminished: Racial Discrimination in Hiring*, Washington, DC: Urban Institute Press.

Zussman, A., 2013, "Ethnic Discrimination: Lessons from the Israeli Online Market for Used Cars", *The Economic Journal*, 123(572), F433-F468.

第8章
审计材料的设计

　　审计材料,诸如虚构简历和审计员剧本等,是确保审计实验成功实施的基石。这些材料不仅有助于研究者在审计实验中准确模拟出真实世界的互动情境,还有利于研究者实现对审计实验中的各类因素的高度控制。在现有审计实验研究所使用的众多审计材料中,以在劳动力市场对招聘者开展实验所构造的虚构简历最具代表性,已成为通信审计实验的主要依托。研究者通过虚构简历的精心设计,可以在保持其他因素不变的前提下,直接外生变动简历上求职者的种族或性别等因素,以识别这些外生变动因素对雇主招聘、房屋租售等决策变化的影响。相比之下,虽然标准剧本在现场审计实验研究中同样重要,但要达到虚构简历那样的审计效果,则需依赖训练有素的审计员在现场审计时能够严格遵循标准剧本,同时尽量保持一致的语气、行为状态等,这些要求难以在实验之后得以完全验证,所需的人工成本也较为高昂。因此,当前的审计实验研究多倾向于采用虚构简历作为主要的审计材料,采用通信审计实验方法来高效探究研究者所关心的研究问题。

　　如何设计一份符合学术标准的审计材料?这是本章探讨的关键问题。鉴于虚构简历在审计实验研究中应用的普遍性以及讲解的便捷性,我们将以虚构简历作为审计材料设计的范例,阐述其设计所需遵守的基本原则,以及在审计实验研究中遵循这些设计原则的必要性。随后,我们结合审计实验研究中常用的虚构简历设计形式,对虚构简历的制作流程展开细致讲解。此外,我们还将以医疗背景下审计实验所采用的标准剧本为例,简要介绍编写标准病人剧本所需的基本内容。需要注意的是,审计材料的设计与制作需根据具体研究问题灵活调整。本章旨在为读者提供一个设计方法上的框架与参考,在实际操作中可因地制宜,以确保审计材料的严谨性与有效性。

8.1 虚构简历设计

在本部分,我们将详细探讨如何设计一份在真实劳动力市场中开展审计实验所需要的虚构简历材料。劳动力市场作为社会经济生活的重要场所,历来是审计实验方法得以广泛应用的一个核心领域。特别当涉及劳动力市场歧视问题的研究时,虚构简历作为一种关键的审计材料,在准确考察真实劳动力市场中求职者如何受到雇主的歧视现象方面,发挥着举足轻重的作用(如 Bertrand 和 Mullainathan,2004;Kroft 等,2013;Agan 和 Starr,2017;He 等,2023)。需要注意的是,虚构简历的设计并非简单的文字堆砌,而是须遵循一系列严谨科学的原则与方法,既要确保简历信息包含研究干预所关心的条件,又要考虑到简历信息的合理性与自然性,避免出现夸张或矛盾的描述。下面介绍设计一份科学、有效的虚构简历材料应该满足的三大基本原则,以及制作方法。

8.1.1 设计虚构简历的原则

设计虚构简历的三大基本原则包括凸显性、可比性和外部有效性。接下来,我们将结合使用虚构简历的相关审计实验研究,对这些原则逐一展开介绍。

(1)凸显性

如何在虚构简历中明确地凸显涉及实验干预的信息,但又不失凸显的自然性,是我们在设计审计材料过程中需要考虑的一个关键问题。这主要是因为信息在虚构简历中的凸显性直接影响着作为被试的雇主能否成功识别到研究者想要传递的信息。首先,可以考虑将需要凸显的干预信息放到虚构简历中对应模块的前置部位(如左上角),或者结合招聘网站中既有的简历模板,对涉及干预信息的所有模块进行详细且完整的填写,特别是在主页部分进行优先显示的模块。其次,在确保虚构简历中的干预信息在被试面前的披露程度足够明显之后,还需考虑以下两方面的注意事项:

一方面,研究者应当在虚构简历中正常而不刻意地凸显干预信息,以降低被雇主发现的风险。这涉及研究者使用的指标是否为简历中常见的信息,例如在美国,把年龄写在简历上是不被允许的,大多数的雇主都会通过求职者的高中毕业日期来辨识其年龄。在中国,求职者一般不会在简历中主动披露残疾状况、婚姻或生育等个人信息。如果在研究中直接在虚构简历里显示这些内容,可能导致测量结果偏离真实情况（因这些信息在实际求职过程中通常不会出现），这种因研究设计与真实情境脱节而导致的效度问题被称为"建构效度不足"（Shadish 等，2002）。因此，在设计简历时，需要考虑使用何种方式来传递研究者希望表达或操控的干预信息。倘若通常的简历中本来就包含研究者关注的特征，比如性别、教育经历（公／私立学校、第一学历）、工作经历（创业）等，那么只需直接在简历中标明即可。如果信息是"奇怪"的，那么就不应该被直接写进简历中，或者至少应该寻找证据证明在简历中传递这些信息是合理的。此外，也可以通过其他部分来暗示研究关注的特征。例如，种族、移民特征通常通过求职者的姓名来表示（如 Bertrand 和 Mullainathan，2004；Oreopoulos，2011；Nunley 等，2015）。He 等（2023）在简历的自我评价部分的开头表示申请人是独生子女（"我是家里唯一的孩子"），研究者通过在线网站的真实简历数据证明这种表述在现实中并不罕见；Ameri 等（2018）通过在求职信中提到申请人曾在残疾人组织中担任志愿者的经历来表明申请人的残疾人身份，等等。

另一方面，在确保干预信息的凸显性和自然性的同时，需要格外注意的是，是否在凸显信息的同时避免了其他因素的混淆影响。换言之，研究者需要确保在雇主能够识别到我们想传递的信息的同时，实验组和控制组之间仅仅在研究者所关注的干预信息上存在差异，而没有在无意中也传递了其他可能干扰实验结果的额外/引申信息。例如，对于在虚构简历中以姓名暗示求职者种族特征这一类的信息干预，常见的一种担忧便是姓名这一信息除了会传递出求职者的种族特征，还可能会引入社会阶层差异、移民地位等其他信息的混淆影响（如 Bertrand 和 Mullainathan，2004；Gaddis，2017a，2017b），即雇主在看到求职者姓名时所联想到的不仅仅是种族这一信息，还可能是种族引申而来的社会阶层高低的信息。如果存在其他信息的混淆，那么最终实验组和控制组之间反馈率的差异就不仅仅是研究者所关注的干预信息导致的，从而导致实验结果产生偏误。

（2）可比性

除须满足前述提及的凸显性原则外，虚构简历材料在各实验局之间还应具备可比性，即除实验干预条件外，虚构简历上显示的其他内容（作为控制变量）均保持统计上的一致性，以确保审计实验中不同实验局之间的实验结果可以被用于开展比较分析。相比于以真人作为审计员的现场审计，虚构简历作为审计材料本身更容易满足不同实验局之间的可比性要求。首先，除部分简历要求提供求职者照片外，简历上所展示的基本信息均为文本材料，无须真人扮演。以配对审计中两份虚构简历的设计为例,为确保这两份虚构简历的可比性,常见的设计形式有两种:一是除干预条件的信息外,两份虚构简历上作为控制变量的信息内容完全保持相同(如 Bertrand 和 Mullainathan,2004)。在这样的设计下,我们可以得到对实验条件的高控制性。然而,正如每片树叶的脉络都是独一无二的,虽然作为控制变量的信息内容编写大多参照了真实求职者的简历信息,但在现实中亦不存在两份信息内容完全相同的求职者简历。因此,这种方式下设计出的简历内容的丰富度有限,也增加了雇主发现简历为虚构的可能性。二是现今的通信审计实验研究最为常用的一种设计形式——利用真实劳动力市场所披露的大量求职者简历信息开展模式分析与机器学习,可以将作为控制变量的所有信息特征在两份虚构简历之间进行随机化处理(如 He 等,2023)。尽管这一设计形式无法使得每一对简历在每一个控制变量的信息上保持相同,但不同实验局中虚构简历上的这些信息在统计上是一致的。而且,此方式能够在不失实验控制性的同时,更好地模拟现实劳动力市场中求职者的多样性。

其次,即使虚构简历上的某些信息可能引发研究人员对一些不可观测因素的担忧,这些因素出现的可能性也会因为虚构简历在不同实验局之间的可比性而被最大程度地平衡和抵消。也就是说,这些不可观测因素在总体上不会对实验结果的估计造成干扰,从而确保实验结果的有效性和可比性(List 和 Rasul,2011)。

(3)外部有效性

外部有效性,即研究结果的普遍适用性和可推广性。在审计材料满足凸显性和可比性的前提下,我们可以得到具备内部有效性也即可靠且有效的审计实验结果。为确保审计实验研究结果的外部有效性,虚构的简历材料通常须具备代表性、真实性和自然性,与之对应的简历设计要素包括简历对象、简历质量,以及简历风格(Lahey 和 Beasley,2018)。

简历对象

在设计简历之前,研究者需要充分、全面地考虑其所感兴趣的研究对象,并据此精心选择一系列满足研究需求的类型特征,这通常包括目标群体的年龄段、所在城市、行业领域,以及虚构简历投放的时间点(例如招聘的旺季/淡季)。同时,选择通过何种方式发布虚构简历也很重要。一方面,投递方式主要包括电子邮件和平台渠道。早期的通信审计实验研究通常采用向雇主或者代表雇主招募职员的招募者的邮箱发送电子邮件的方式进行虚构简历的投递，现今的通信审计实验研究更多是基于现有的在线招聘平台上雇主的联系渠道，向其目标岗位投递虚构简历。另一方面，对于平台渠道，具体的平台/在线招聘网站渠道选择也是一项重要决策，因为不同的招聘网站可能吸引不同类型的求职者。这便要求我们在选择平台之前明确自己关心的研究对象，并对现有大型在线招聘平台上的用户群体做好基本的调研，以便做出科学正确的平台选择，从而确保样本群体具有代表性。以研究对象是中高端人才为例，针对这部分人群对应岗位/雇主要求的虚构简历，可能并不适合在用户多为蓝领工人的平台上进行投递。因为这样的虚构简历对于该类平台用户而言不具备代表性，而样本代表性是保证样本外部有效性的前提之一。如果样本代表性好，则样本数据可以有效地反映总体特征，从而更好地为决策或预测提供依据。例如，Neumark等（2019）对劳动力市场中的年龄歧视进行了探究，在选择行业时，参考了人口调查数据中具有较高代表性的销售、收银员、保安等工作。He 等（2023）对中国劳动力市场中的预期家庭责任歧视进行研究，使用了当时在中国具有很大影响力的招聘网站"前程无忧"作为实验平台，并且主要选择来自一线城市的群体作为虚构简历所依托的对象，以增强实验结果的代表性。

简历质量

简历质量的高低在设计过程中也是一个需要我们重点考虑的因素。如果虚构简历的质量太低，很可能在投递给雇主之后，难以得到任何积极的反馈（如面试邀请）。在这种情况下，无论是控制组还是处理组中所投递的虚构简历，都可能被雇主以同等的方式对待，即一并忽略或不予考虑。然而，这样的结果并不能证明劳动力市场上不存在歧视，反而可能因为简历本身被设计得质量过低的问题，而掩盖了市场中真实存在的歧视情况。反之，如果虚构简历的质量太高，比如简历呈现的内容过于完美或超出了一般求职者的能力水平，也可能导致实验结果偏离真实的情况。一方面，高质量的简历可能会让雇主产生"岗不配人"的担心，或者是认为这样的求职者并非他们想要招聘的目标人群，从而使得控制组和处理组中投递的虚构简历也可能都被雇主以某些特殊理由拒绝或不予考虑。比如简历中的技能或工作经历情况过于超出岗位需求，雇主会认为求职者最终可能不愿意接受这份工作，所以即使给这样的求职者发送面试通知，其收到求职者积极反馈以及求职者接受岗位的概率也会很低。另一方面，有的雇主会认为简历中学历、工作经历等背景等过于高质量的话，求职者可能难以融入其所在企业文化或团队氛围,也难以长期留在该岗位,甚至会怀疑求职者简历的真实性,担心这些高质量的信息存在夸大的成分。

此外,不论是质量过低还是过高的虚构简历,一旦在真实劳动力市场中投递的数量过多,就可能对目标行业所在的市场造成一定的扰动。这种扰动可能会干扰雇主对市场求职者能力分布情况的判断,使得他们难以根据简历筛选到真正适合其岗位的求职者。这可能会损害那些真实求职者的求职利益,导致他们错失合适的就业机会,进而造成科研伦理问题。而且这样的实验设计无法反映劳动力市场的真实情况,从而影响研究结果的可靠性。因此,构建与真实市场求职者情况相近、质量类似的虚构简历,既是确保审计实验研究结果有效的必要条件,更是降低科研伦理风险的重要环节。在设计虚构简历时,必须提前深入了解目标行业的市场情况,准确把握求职者的整体水平和分布情况,确保虚构简历的质量与真实市场情况相匹配,使之具备尽可能高的真实性。

简历风格

与审计材料真实性息息相关的是材料形式与内容的自然性。由于简历的样式和风格会随着时代的变迁而发生变化,在设计虚构简历材料之前,为确保虚构简历所呈现给雇主的形式和内容的自然性,了解现实中求职者简历风格的发展趋势对实现此目标的重要性不言而喻。例如,不同时期的简历风格迥异,在模板设计、教育背景和工作经历等各部分内容的权重以及排版格式等方面都可能存在显著的差异。如果审计实验中使用的是多年前的简历模板,很可能会让雇主产生疑虑,认为求职者未能跟上时代的步伐,从而降低了简历的吸引力和可信度,甚至对虚构简历的真实度和自然性产生疑问,并予以忽视。

此外,不同国家的简历风格也存在差异。这种风格的不一致性同样需要纳入虚构简历设计的考量,使得雇主认为其所收到的虚构简历的呈现方式是自然的,也就是符合其所在社会、环境及时代特点的。因此,在实验开始之前,我们需要提前深入了解并确定感兴趣的市场目前流行的简历样式。这可以通过查看近期的真实求职者简历、与相关职位的 HR 交谈,或者向专业 HR 进行问卷调查等方式来实现。在面向专业 HR 开展的调查问卷或访谈中,具体可以通过测试专业 HR 是否能从多份真实简历和虚构简历中准确找到虚构简历的方法,来评估简历的自然性。

如今,相较于实验室实验,在各种真实市场背景下开展的审计实验已具备其独特的方法优势——能够在被审计者不知情的情况下获取其自然且真实的行为决策,从而极大地提升了研究结果的外部有效性。需要注意的是,早期的审计实验往往受限于特定的时间段、地区和被审计群体,只能在一个有限的市场范围内采用既定标准剧本的现场审计材料进行测试,难以进行大范围推广,这使得其结果的可推广性受到了很大的限制。然而,随着互联网技术近年来的迅速发展,为克服早期审计实验研究测试范围的局限性,依托电子邮件及互联网平台,并以虚构简历作为审计材料的通信审计实验应运而生,现今已成为一个具有更大普适性的强大研究工具。它能够被广泛且深入地用于探究多种真实市场背景下人们的行为,例如可以对不同地区、不同行业中的歧视现象进行科学、系统的研究和分析。这种广泛的审计覆盖范围使得基于虚构简历开展的通信审计实验方法备受社会科学研究者的推崇。

8.1.2 制作虚构简历的方法

既有的通信审计实验研究通常以真实简历内容作为基础的参考资料,然后外生变动指代干预条件的信息(如性别、年龄、民族或种族等),来创建用于审计的虚构简历(如 Bertrand 和 Mullainathan,2004;Lahey,2008;Kroft 等,2013)。其优势在于比完全虚构的简历更具真实性,从而避免雇主对简历的真实性产生疑问。具体而言,首先,研究人员通常会在简历库网站(如 Americasjobbank.com)或在线招聘网站(如 51job.com)上获取真实简历的素材,以构建一个用以辅助虚构简历制作的简历库。在构建简历库时,研究者需考虑所采用的简历是否与研究目标相匹配,例如,简历质量是否相符,求职者所属城市、行业、岗位是否一致,简历内容和风格是否与实验时期所流行的风格一致,等等。21 世纪初的简历审计实验经常使用 Americasjobbank.com 作为创建虚构简历的依据,但该简历库中的简历质量通常不高,并且年代越久远,质量越低。因此,如今的通信审计实验研究所采用的简历库多来自大型在线招聘网站。

其次,研究人员可根据简历库的丰富程度、配对和非配对审计选择等因素,结合自身研究要求(如虚构简历所需特征的自然性需求、大样本等),考虑采用完全复制真实简历素材、随机化真实简历素材或者综合复制与随机化真实简历素材中的一种方式,来完成虚构简历的制作。第一,完全复制真实简历素材的方式,指的是研究人员可以直接复制真实简历上对应的特定组成要素(如工作经历)的内容,以保持与真实简历的高度一致性。第二,随机化真实简历素材的方式,指的是研究人员可以先将真实简历中的每一个特定组成要素的所有可能内容进行汇总、整理和分析(如语句模块化的分解),然后采用随机组合的方式,生成既能代表真实简历,又不失多样性的新内容以组构虚构简历。随机化真实简历素材的方法在确保虚构简历所有信息来源高度仿真性的同时,还有效地模拟了真实简历中可能出现的各种情况,增加了审计材料的丰富性和多样性。第三,综合复制与随机化真实简历素材的方式,指的是虚构简历中的一部分特征设置直接复制真实简历素材(如工作经历);另一部分特征则采用随机化真实简历素材的方式进行填充(如自我评价)。这一方式设计下的虚构简历也具备较高的仿真度与自然性。此外,研究人员通常会有选择性地根据研究目的修改真实简历中涉及的住址、联系电话等敏感信息,从而避免在投递过程中因与真实申请人发生冲撞而对其求职行为产生负面影响。

现今的通信审计实验研究通常以一个或多个大型在线招聘平台作为虚构简历的投递渠道,对这些平台上开放招聘的雇主开展审计,并在实验设计的准备阶段采用爬虫的方式获取大量来自大型在线招聘平台上公开披露的真实简历信息,作为制作虚构简历素材来源的简历库。下面,我们将以通信审计实验研究中常采用的劳动力市场背景作为例子,来清晰、全面地介绍如何基于既有简历库中真实的简历内容准备虚构简历制作所需的素材,以及关于这些简历素材的具体编写过程,并提供如何在实证研究中选择并应用合适的审计素材组合形式的参考性建议。

(1) 选定招聘职位

在编写简历内容之前,我们需要提前设定好简历投递的目标行业、职位,方能针对性地准备简历素材。例如,中国具有代表性的大型在线招聘网站——"前程无忧"和"智联招聘",提供了大量求职者投递的真实简历信息[1],涉及劳动力市场上能见到的几乎所有行业,而且每个行业下包含多种职位类型。不同行业不同职能类别的求职者简历在工作经验(如工作内容)、专业技能要求(如打字速度)等方面存在较大差异。为了寻找到尽可能多的职位,以便更好开展实验研究,我们可以基于这些求职网站上不同行业、不同职能各自的职位数量分布,以及某个职位或行业在招聘网站上收到的求职者申请简历数量,选定目标城市热门行业和职能来开展相关审计实验研究。例如,He 等(2023)选择了

---

[1] 真实简历信息指的是来自招聘网站(如"前程无忧"和"智联招聘")上的真实求职者所提交的简历数据。这些简历是求职者在申请职位过程中主动上传并提供的,通常反映了求职者在特定岗位和行业中的真实背景、经历、技能和求职意向等。

每个目标城市在实验前两个月内职位数量最多的两个行业(上海和北京的互联网、金融行业,广州的互联网、快消品行业,深圳的互联网、电子行业),以及最热门的三种职能:销售、行政助理和客户服务,最终通过2个行业和3种职能的交互,确定了6个目标行业-职能的投递类别。

(2)准备简历素材

目前国内主要的招聘网站均为求职者提供了在线简历模板供其填写,所需填写的内容一般包括:①个人信息(姓名、性别、年龄、工作年限、居住地、邮箱、手机号码、求职状态);②教育经历;③工作经历;④自我评价。因此,研究人员需要事先准备好这些素材信息以完成后续虚构简历的内容组合,针对每一类素材,具体信息的选择方法如下所示:

① 个人信息

姓名。姓名由姓氏和名字两部分组成,前者一般取用常见的姓氏,后者取用一个当下流行的男性或女性的名字。若需要突出申请人的性别,实验需要避免中性的名字。

例如:首先,参照武洁和杨建春(2014)基于2010年第六次全国人口普查发现的姓名结构,选择前四大姓——李、王、张、刘作为备用姓。其次,为了提高男性和女性名字的差异性但不至于生僻,选择日常中多见的男性(毅、勇、磊、浩)和女性名字(婷、娟、莉、娜)作为名字数据库,即可得

姓氏:李、王、张、刘

男名:毅、勇、磊、浩

女名:婷、娟、莉、娜

性别。中国的大型招聘网站通常会强制要求求职者提供性别信息,这一限制性规定为我们在简历中控制性别信息提供了便利,即可以直接通过勾选"男性"或"女性"来实现对虚构简历性别的控制,无须额外通过制作其他材料或展示其他信息来进行间接控制。

年龄(出生年份)。通过结合求职者通常在获得相应学历时的年龄(例如,若求职者在6—7岁上小学,本科毕业时一般为22—23岁,大专毕业时为21—22岁)和其工作年限,推算出求职者的年龄,并据此倒推其出生年份。

例如:假设当前年份为2024年,某位求职者为大专毕业,通常认为该求职者大专毕业时年龄为22岁(该年龄设定的前提条件是:求职者7岁上6年制小学,然后依次经历3年初中、3年高中和3年大学)。如果该求职者的工作年限

为 0—1 年,则意味着该求职者的大学毕业时间为 2023 年 7 月。因此,我们可以大致推断出该求职者的出生年份为 2001 年,当前年龄为 23 岁(确切的年龄还需根据求职者身份证上的出生月日进行确认,可能为 23 岁或 22 岁)。

工作年限。用"所申请工作要求工作年限+[0,1)"来决定。

例如:职位要求 1 年工作经验,则生成拥有 1—2 年工作经验的简历,职位要求是 2 年工作年限,则生成拥有 2—3 年工作经验的简历,以此类推;如果职位要求 1—3 年工作经验,则生成拥有 2—3 年工作经验的简历,以此类推;如果职位并未对工作年限有具体要求,则可首先在该网站常见的工作年限区间中随机产生一个数字,然后确定求职者工作年限为"随机选定数字+[0,1)",比如某职位并未对工作年限有要求,我们首先通过随机数字选中 2,那么意味着我们需要生成拥有 2—3 年工作经验的简历投递给该公司。

居住地。职位的工作所在地城市。

手机号码。可购买实验专用手机号码,不同实验局分别对应不同手机号,需要确保简历用本地的电话号码,但各个电话号码之间看起来差异较大,尽量选择前三位不同的手机号码。实验所需手机号码个数等于每个招聘职位投递的简历份数。

邮箱。可注册实验专用电子邮箱,不同实验局分别对应不同的电子邮箱,具体的邮箱地址可由 MATLAB 统一随机生成,常见的邮箱名如"姓名拼音+4 位随机数@126.com",或者"姓名拼音+手机号码后 4 位@163.com",并使用该电子邮箱账户完成招聘平台上的账户注册。

求职状态。离职,正在找工作。

② 教育经历

第一,在学历方面,可以选择绝大多数职位所要求的水平——本科、大专,也可以根据研究目标适当移除或增加其他学历水平样本,如移除大专学历,增加硕士学位等。

第二,教育经历的起止时间可以根据年龄和工作年限进行推算。

例如:开始时间用"出生年份+19"9 月,完成时间用"出生年份+23(本科)/出生年份+22(大专)"7 月(前提条件是:大专为 3 年,本科为 4 年)。

第三,根据前面所选定的招聘职位所对应的专业技能需求确定与之相关的专业类型。

例如:审计实验研究中常见的专业类型包括会计、经济、金融、工商管理、市场营销、历史、国际经济与贸易、中文等。

第四,在学校选择方面,应结合研究目的,根据可比性原则来选择学校质量、学校类型以及是否保持校企地点的一致性。

例如,在每个目标城市开展实验时,选取四所本科学校。其中,两所为本地学校,另外两所为外地学校。在选取学校时,需要确保两所外地学校来自同一个城市,并且外地学校所在城市的 GDP 总额、人口总数等主要指标与目标城市相近。同时,选取的两所本地学校要确保质量上有差异,即两所本地学校在质量上有"高(好)"与"低(差)"之分,且这个差异足够明显,外地学校也应存在类似程度的质量差异。划分学校质量"高(好)"与"低(差)"的具体标准可以参考权威排名(例如可参考"武书连中国大学排名"),或者看学校是否为"985"工程、"211"工程或"双一流"院校等(例如"是"属于"高(好)质量学校","否"属于"低(差)质量学校")。需要注意的是,如果采用权威排名这种标准,高质量大学的排名不能过高(如全国前十名),低质量大学的排名也不能过低,且应确保这些学校均为大学,而非某些学院。此外,在选择这四所学校时,优先考虑提供本科教育的学校。如果由于诸如研究样本代表性等特殊原因需要选择专科学校时,需要考虑其是否满足实验的其他相关条件。为了保证实验的顺利进行,最好选择综合性大学,因为这类学校通常提供更多的学科和专业,能够确保实验所需的各个专业都有开设。

③ 工作经历

首先,招聘职位对候选人工作经历的要求因行业、职位类别和企业性质的不同而存在差异。到底需要在多大的工作年限范围内搜索工作经历内容,取决于劳动力市场上招聘职位的要求。一般建议在 0—5 年工作经历的时间段(尽可能涵盖在线招聘平台的招聘广告所要求的工作年限范围)限制下筛选出用于构建工作经历素材的真实求职者简历资料。筛选真实简历资料的主要原则如下:

第一,为了避免投递过程中出现虚构简历工作经验与真实求职者一致而导致 HR 对简历真实性产生怀疑,建议限定真实求职者简历的更新时间在实验开始的一年之前。

第二,选择工作时长合适的工作经验。假定存在一个企业职位要求的学历为大专,工作年限为 1 年,则与其对应的虚构简历工作年限为 1—2 年,基于此倒推申请人的毕业时间,并根据研究内容来考虑是否在每段工作经历之间设置失业期。

第三，保证整个选择工作经验过程的随机化和自然化，忽略描述虚假或者刻意突出工作表现的工作经历。同时，删除对个人业绩、离职原因、公司背景的相关说明，除以上内容外，其他内容尽可能不做修改。

第四，每个工作经验所包含的工作经验份数（过去任职过的经验次数）建议不超过三份，即每个求职者不能在超过三家公司任职过。

第五，为了保证反馈率，我们还需要保证在给定简历工作年限后，求职者应有至少一半的时间在选定相同的行业以及相似的职能上工作过，且最近一份工作为所申请工作的相同行业和相似职能。

例如，假如我们想申请金融行业的销售代表，那我们投递给企业的简历需要保证至少一半的时间是在金融行业做销售代表或近似的工作（理财助理等），且最近一份工作经验是在金融行业做销售代表或近似职能工作。

第六，对于每一个招聘广告，从已经收集好的工作经历库中随机抽取与目标城市、行业和职能相匹配的工作经历分配给每位虚拟申请人。

值得注意的是，实验组和控制组的申请人可能分别具有不同类型的工作经历，应根据实际情况进行调整。

例如，Deming 等（2016）探究了分别获得营利性院校和公立院校学士学位申请人收到雇主面试邀请的差异。在设计申请人简历中的工作经历内容时，考虑到现实中这些申请人具有两种不同的工作经历，分别是全职和兼职（其中，全职工作在营利性院校的学生中更为常见，而后者在公立院校的学生中更为常见），因此，他们的处理方法是，选择具有"共同支持"的简历库（即采用覆盖公立院校和营利性院校申请人的某大型就业网站上超两百万份的简历作为简历库），并从"非对角线"组中提取实际工作经历（即公立院校但全职工作的、营利性院校但兼职工作的），以确保简历看起来合理且具有代表性。

④ 自我评价

有关自我评价的内容编写可以通过将既有真实简历对应的自我评价素材进行随机组合而成。

例如，某在线招聘网站上的真实简历在自我评价部分的内容多由自身性格介绍和工作能力介绍这两部分组成。通过整理、分析这些真实简历中自我评价的文本内容，可以得到以下信息。

第一,自身性格介绍常见用语:

热情随和,具有进取精神和团队精神。

适应力强,反应快、积极、灵活,爱创新。

注重理论与实践的结合,能够面对任何困难和挑战。

性格开朗、成熟稳重;待人热情真诚、谦虚谨慎。

……

第二,工作能力介绍常见用语:

有较强组织能力和团队协作精神,具有较强的适应能力。

工作认真、细心且具有较强的责任心和进取心。

乐于与他人沟通,具有良好和熟练的沟通技巧。

能按时完成领导交付的工作,和同事之间关系相处融洽。

……

虚构简历中的自我评价内容将从第一部分和第二部分里分别随机抽取一条内容进行组合而成,如"我性格开朗、成熟稳重;待人热情真诚、谦虚谨慎。有较强组织能力和团队协作精神,具有较强的适应能力。"

此外,自我评价部分也可以被用以披露研究所关注的干预信息。研究人员可以参考真实简历上已有的相关内容信息,根据具体研究目标进行表达上的标准化调整。

例如,He等(2023)通过简历模板中的自我评价项来告诉雇主申请人是独生子女或非独生子女,从而传递申请人预期生育情况的信号。具体而言,自我评价以"[1]作为家中唯一的孩子……"或"[2]作为家中的孩子之一……"开始,之后是申请人作为一名好员工相关的品质特征,从多组句子中随机抽取4句话进行拼接,如"作为家中唯一的孩子,本人工作认真、细心且具有较强的责任心和进取心。吃苦耐劳,做事踏实,有责任心,自觉服从公司纪律。注重理论与实践的结合,能够面对任何困难和挑战。做事有条理,能够快速适应工作,具有出色的洞察力和应变能力。"

(3)生成简历

当简历所需的内容已经准备完成时,就可以将这些素材组合起来创建一份完整的简历。早期的审计研究在规模和范围上受到经费的限制,因此只能获得较小的样本。得益于计算机技术的发展,简历模板的生成数量不再受到限制。

"邮件合并"(Mail Merge)是一种可以将简历信息嵌入信件(以下简称"简

历信件")的简单方法,该方法已有接近30年的历史。首先,在使用该方法生成简历信件时,需要研究者提前构建简历信件模板,并使用已经准备好的文本内容(即前述提及的个人信息、工作经历等简历素材)复制填充进简历信件模板各素材对应的空白部分。例如,在姓名栏填入申请者的姓名,在地址栏填入申请者的住址等(Friedman等,2013)。由于"邮件合并"只是将既定的文本内容——对应并复制到简历信件模板中,故基于该方法所得到简历信件的大部分文本内容是相同的。其次,在创建用于输入简历信件模板的文本内容和与之对应的链接时,研究者应注意避免来自文本内容的选择偏误以及因粗心而导致文本与模板之间对应的链接错误或输入文本内容及格式错误等偏误。如果需要开展大样本的研究,可以预先准备不同格式的模板,并且创建包含各项特征的简历素材集。而后只需将特定特征的简历素材内容链接到相应格式的简历信件模板中去,就能够获得具备不同格式的简历信件模板。最后,基于各个模板构建具体的简历信件。简言之,该方法要求实验者必须手动生成简历信件模板和用于输入的文本内容,然后将后者复制/粘贴到前者中。因此,虽然该方法解决了早期审计实验的小样本问题,但并不能很好地克服模板数量限制和来自研究者的操作偏误这两个缺陷。

为了克服上述的两个问题,Lahey和Beasley(2018)开发了一个名为简历随机生成器(Resume Randomizer)的免费计算机程序。该程序可以将实验者预先设置好的特征创建为简历信件,共有两个步骤。第一步,基于HTML的用户界面,创建模板。这些模板可以在不同的简历中进行随机化输入,包括随机化设定模板输入的概率或次数。例如,每个信件可能以相同的称谓开始,其后插入第一个随机项——从许多句话中选择一句进行陈述;接着再插入第二个随机项,例如,随机选择几种描述不同工作经历的文本内容。实验者只需预先创建好所有可能使用到的文本内容即可。第二步,运行一个可执行文件。该文件使用模板文件生成拟发送给同一被试(如雇主)的多个简历信件,这一步能够实现各简历信件之间的"匹配"——生成发送给同一雇主但来自不同实验局的简历。生成的简历信件是纯文本的,但是可以使用各种方法来添加格式。例如,生成TeX或HTML格式,或者通过简历随机生成器选择简历特征(如姓名、性别、教育经历、工作经历等),然后使用"邮件合并"将这些特征放入Word文档,作为构建简历信件的素材文本库。

上述方法所生成的简历信件使用的模板是自行创建的,但目前国内具有代表性的招聘网站中已经提供了标准化的简历模板供申请人使用,申请人需要做的是将个人信息填入相应的简历模板当中,随后直接在网站发送相应简历。在这种情况下,实验者需要做的是将预先准备好的简历特征输入网站提供的模板当中。常见的操作方法是使用 Python 等编程软件实现简历内容的组合及网站的导入。首先,实验者同样需要预先准备好可能使用到的简历特征。其次,可使用 Python 进行不同简历特征之间的组合,从而形成大量涵盖完整简历内容的纯文本。若采用配对审计的方式,则还可使用 Python 实现不同实验局的简历之间的匹配,即对分配给实验组和对照组的简历进行两两配对,从而发送给同一个雇主。Python 同样能够实现将这些文本格式的简历导入 Excel 当中,从而便于后续的数据分析。最后,实验者需要将这些文本填入网站模板当中。一种方式是手动输入,但可能需要耗费较多的人力与时间,才能实现大量的投递;另一种方式是通过 Python 将文本导入网站当中,实验者只需在投递之前进行最后的检查即可。

以上三种简历制作方法("邮件合并"、简历随机生成器、Python 等软件编程)适用于需要大量随机化简历的研究,这种多样化的简历能够允许研究者检验各种机制。例如,通过增加反映求职者生产率的信息,改变简历质量,以识别统计性歧视。

当然,此前同样也有研究者在简历中只对感兴趣的单个特征进行了改变(如性别、生育状况),保留其他特征固定不变。在这种情况下,实验者能够较快地设置好简历需要填写的内容,大大节约了实验成本,但这一方法的缺陷在于难以对两类简历差异背后的机制进行检验,并且只能应用于被试间设计,因为将具有除干预特征外其他内容完全相同的两份简历发送给同一个雇主极易招致雇主怀疑,进而导致实验失败。

8.2 标准病人剧本设计

如前所述,通信审计实验常选用虚构简历作为审计材料,而现场审计实验则倾向于采用标准剧本。由于标准剧本需紧密贴合特定的研究环境,其设计过程较虚构简历更为复杂多变,缺乏统一的范例剧本。例如,以汽车维修为研究背景的现场审计实验需采用消费者与维修员的互动剧本;以线下求职为研究背景的现场审计实验需使用求职者与雇主的互动剧本；以医疗领域为研究背景的现场审计实验则需要医患的互动剧本。接下来，我们便以医疗领域这一关乎人民群众生计的领域为例，介绍该背景下的标准剧本设计要点，具体内容涵盖标准病人法的优势、标准病例的选取原则，以及标准病例剧本的内容设计。基于医患互动标准剧本开展的审计实验，其基本思路是通过审计员扮演标准病人的方式，依照标准剧本内容完成真实的医患互动，以解决现实中难以获取有关医疗领域真实微观数据（如医生行为数据、处方数据、医患互动数据等）的问题，特别是更精确地理解医生的"信息"与"所做"之间的关系。

8.2.1 标准病人法的优势

在医疗领域的审计实验研究中，审计员所扮演的身份通常是标准病人，即经过专业培训之后，能够逼真地模拟真实病人的正常人或轻症病人。标准病人被广泛应用于模拟临床环境的医学教学中，以测试医学生的临床技能操作、专业医学知识等。派送标准病人向真实医生就诊以获取医生真实行为反馈的审计方法也被称为"标准病人法"，在就诊结束之后，扮演标准病人的审计员会记录双方互动的细节，特别是医生提出的任何问题、所做的任何检查以及宣布的诊断结果。目前，标准病人法已被认为是评估门诊医疗服务质量的"黄金标准"（Dupas 和 Miguel，2017）。

对于医生提供的医疗服务质量的衡量，除标准病人法外，现有经验研究通常采用的方法包括患者护理评分法、病案信息图表管理法或临床能力评估法，但这些方法均存在一定缺陷。患者护理评分法通过在问诊结束后对患者进行调查，获取患者对医生问诊行为的回忆或陈述。然而，这种方法存在一些问题，包括患者对问诊内容的理解差异、回答的主观性或记忆偏差，以及因保护个人隐私等原因导致的策略性回答等。病案信息图表管理法采用医院诊疗系统中的记录数据，常常难以获得理解医生问诊行为结果所需的医患沟通内容信息。临床能力评估法通过问诊选择实验（Clinical Vignettes）或电子虚拟病人（Computational Virtual Patients）方法能较好地衡量受试医生对诊疗病例的知识和问诊推理能力，但因医生知道自己置身于测试环境接受检验，故导致：第一，医生在实验中表现出的诊疗行为通常仅反映其对病例诊疗知识的掌握程度，与其在实际问诊过程中的诊疗行为（对病例的实际处理）相比，往往存在知识掌握与实际操作之间的差异；第二，因知道被测试而产生的策略性行为或其他因霍桑效应导致的问题（知道研究本身可能改变医生的行为）；第三，因知道是假设条件下的测试等因素而产生的偏误。鉴于此，该评估方法所获数据仍然难以完全反映医生在实际诊疗过程中的真实结果。

相较之下，标准病人法虽然需要花费一定成本招募和培训审计员扮演好标准病人，但其在获取高质量医生数据方面具备不可忽视的优势：首先，标准病人尽可能确保了除干预特征外，其余特征（特别是与疾病相关特征）完全保持一致，这使得基于标准病人所获取的医患互动数据结果具备可比性。其次，由于作为医疗服务提供者的医生并不知道他们正在被观察，所以我们可以获取到其在自然状态下的真实行为反馈。最后，标准病人依照研究人员所提供的标准病例剧本完成真实就诊互动，研究所采用的标准病例在医学方面存在对应的诊疗指南，基于此，我们可以使用相对客观的指标（如医生提及指向目标疾病的问题数目、诊断是否正确和治疗是否过度等）对医生所提供的医疗服务质量进行综合评价。

8.2.2 标准病例的选取原则

在设计标准病人的剧本之前，需要先确定适用于标准病人法的病例，并提前完成实验伦理方面的批准申请。① 而后，构建标准病例具体内容，通常包括开场白/背景故事、问诊剧本，以及对医生可能感兴趣的其他问题或情况的回答原则。

在医疗领域背景下，选取合适的标准病例是确保审计实验研究质量的重要前提，发展此类病例应遵循的主要标准包括：第一，病例具有重要性，误诊会产生较严重的后果；第二，病例发生的情况比较普遍，在现实中存在较大数量的医生接诊；第三，准确诊断病例的疾病具备一定难度，诊断需要付出努力，诊疗正确程度具有区分度，从而适用于检验现实医疗市场上不同诊疗能力的医生及其在问诊过程中付出的努力水平；第四，能实现提前准备供医生诊断所需要的完整病案信息，并根据病例需求准备相应的基本检查结果以备在医生要求查验时提供；第五，病例存在诊疗标准，能够在获得医生的诊疗记录后，根据符合医学标准的诊疗清单比较客观/容易地判断该诊疗质量的高低；第六，病例存在比较普遍的诊疗质量偏低的情况，通过恰当的实验干预应该能够给诊疗质量带来正

---

① 例如，Si 等（2023）为了避免其现场审计实验在伦理道德方面产生争议，在对真实医生开展审计的三个月之前，便已获取其所在大学伦理委员会以及研究涉及的医院和医生的批准，但医生并不知道其将要接受审计的疾病类型信息。

面影响;第七,病例不容易被受试医生察觉出是科学研究中用于检测其医疗服务的标准病人。

现有关研究中常用的标准病例包括哮喘、痢疾、腹泻、流感/感冒、肺结核、抑郁症、不稳定型心绞痛等(如 Das 等,2012,2016;Lu,2014;Sylvia 等,2017)。下面以哮喘为例进行阐释。

哮喘这一常见的呼吸道疾病会导致病人呼吸道发炎、狭窄和肿胀,并产生额外的黏液,使人呼吸困难。现实中,哮喘的症状可能较轻微,但有时候也会影响人们的日常活动,甚至可能危及生命。根据2020年全球哮喘防治倡议(Global Initiative for Asthma)给出的数据,不同国家普通人群中患有哮喘的人口占比大多在1%—18%。在中国,哮喘仍是影响我国居民健康的主要慢性病之一(屈媛媛等,2024)。由此可见,以中国医生作为审计对象的研究背景下,哮喘这一疾病在我国较为常见,更准确地识别哮喘疾病对提高国民健康水平具有重要意义。而且这一疾病需要医生付出一定努力进行诊疗判断,并且具备相对客观的诊疗指南,如《支气管哮喘防治指南(2020版)》《全球哮喘防治倡议(GINA)》《轻度支气管哮喘诊断与治疗中国专家共识》等。此外,作为标准病人的审计员可以相对轻松地表演出咳嗽这一哮喘的主要症状,有助于审计实验的顺利实施。

8.2.3 标准病人剧本的内容设计

标准病人剧本通常由开场白/背景故事和问诊内容两部分组成。

(1)开场白/背景故事

开场白是在向医生提出问诊咨询时需首先完成的有关自身病情的主诉内容,以方便医生初步了解病情。开场白的构建原则是向医生提供基本病情症状。背景故事是用通俗的语言介绍患者的家庭信息、生活习惯、饮食习惯、看病原因等以备医生询问时回答。但背景故事是备用的,原则上医生不问则患者不提。

例如:一名25岁的男性或女性在就诊前一晚出现呼吸困难。在接受医生的询问时,病人透露这次发作持续了10到15分钟,并伴有"呼呼"声(喘息),而且他或她以前也有过类似情况的发作,通常是由房屋清洁和做饭时产生的烟雾引发的。该病人还报告说,其家族中有类似症状的病史。

(2)问诊内容

问诊内容部分可以分为病情可能问题及回答和医学检查及结果两个部分。

前者指医生可能问到的与判断该项疾病有关的全部问题以及患者对每个问题应该回答的内容,后者指医生可能会建议患者所做的全部检查以及检查结果的准备。

按照医生所问问题的类型,问诊剧本的问题可以分为四类。第一类是患者的社会和人口概况,包括社会经济信息,如姓名、性别、年龄、民族、教育程度、职业、家庭结构(如已婚并育有两个孩子,但单独生活)、是否有医保;与健康有关的生活方式(如从18岁起就每天抽一包香烟,常吃炸猪肉,常吃很多水果)。第二类是患者的疾病史,包括疾病信息,如病情严重程度、病情持续时间、并发症;此次问诊的原因(如病情加剧);已经或目前正在接受的治疗(如最近正在服用的药物)。第三类是医生可能问及患者的身体症状和表现,包括患者是否会表现出症状(如食欲不振,但不表现出躁动);患者是否有医学体征(如心脏杂音)。第四类是医生可能要求患者进行的检查的结果,包括实验室检查和成像检查的结果,通常可从已确诊的典型患者的真实检查结果中获取。

此外,在筹备审计实验的过程中,研究人员应通过预先咨询专业医生等方式,针对医生可能感兴趣的其他问题或情况,提前制定好相应的回应策略。这可以确保作为标准病人的审计员在完全遵照标准剧本进行问诊咨询的同时,并在保持实验流程一致性的条件下,灵活且高效地应对在此过程中可能出现的突发情况,从而增强审计实验的严谨性与科学性。

(3) 对医生可能感兴趣的其他问题或情况的回答原则

尽管标准病人剧本极大程度上涵盖了医生可能提出的有关患者病症的一系列咨询问题,但仍无法排除实际操作中可能面临医生提出剧本之外的问题。对于除病症外医生可能感兴趣的问题或情况,应提前做好回应模板,未雨绸缪,让扮作标准病人的审计员能够以统一的范式回应医生,避免因审计员对医生部分问题的回应不一致而可能对结果带来的混淆影响。下面总结一般情况下对医生可能感兴趣的其他问题或情况的回答原则,具体如表8.1所示。

表8.1 对医生可能感兴趣的其他问题或情况的回答原则

其他问题或情况	处理方式
1. 医生问"还有什么地方不舒服?"	回答"你指的是哪里?"(可回答多次)
2. 医生问"有没有这样的情况",但没有说明问的是现在还是以前	回答现在的情况,不提以前

(续表)

其他问题或情况	处理方式
3. 医生问到剧本中没有提及的疾病症状是否有异常	回答"没有"或"正常"
4. 医生问"以前有没有得过××病（某种具体的病）？"	如果病例中提到，按剧本答案回答；如果病例中没有提到，回答"没有"
5. 医生问到剧本没有提及的与疾病无关的问题	回答"不清楚"
6. 医生连着问多个问题	第一，每个问题都要一一回答，不要少回答。第二，如果医生打断你的回答问了下一个问题，先回答完上一个问题，然后再回答该问题
7. 如果医生不给诊断结果	回答"医生，我大概是什么病。"
8. 如果医生给出了几种可能的诊断结果	回答"医生，我最可能是什么病。"
9. 如果医生没有给出治疗方案	回答"医生，如果是××病，应该如何治疗。"

本章小结

本章详细探讨审计材料设计的重要性及基本设计流程，强调了虚构简历和审计员剧本在审计实验中的重要作用。在设计虚构简历时，研究者需确保简历与目标职位相匹配，避免质量过高或过低影响实验结果。简历风格应与时代同步，以提高其自然性和可信度。此外，研究者可以从大型在线招聘平台获取真实简历，通过复制或随机组合真实简历内容，来创建多样化的虚构简历。在审计员剧本设计方面，应包含详尽的指导和应对策略，以确保实验的标准化和有效性。总之，审计材料的设计需兼顾真实性、自然性和专业性，因地制宜，以模拟真实世界的互动情境，实现对实验因素的有效控制，进而确保实验结果的可靠性。

参考文献

屈媛媛、曹淼、王静、程丽、何小双，2024：《1990—2019 年中国哮喘患病、疾病负担趋势及其危险因素研究》，《中国全科医学》第 13 期。

武洁、杨建春，2014：《张、王、李、赵谁最多——2010 年人口普查姓氏结构和分布特点》，《中国统计》第 6 期。

Agan, A., and Starr, S., 2017, "The Effect of Criminal Records on Access to Employment", *American Economic Review*, 107(5), 560-564.

Ameri, M., Schur, L., Adya, M., Bentley, F. S., McKay, P., and Kruse, D., 2018, "The Disability Employment Puzzle: A Field Experiment on Employer Hiring Behavior", *ILR Review*, 71(2), 329-364.

Bertrand, M., and Mullainathan, S., 2004, "Are Emily and Greg More Employable Than Lakisha and Jamal? A Field Experiment on Labor Market Discrimination", *American Economic Review*, 94(4), 991-1013.

Das, J., Chowdhury, A., Hussam, R., and Banerjee, A. V., 2016, "The Impact of Training Informal Health Care Providers in India: A Randomized Controlled Trial", *Science*, 354(6308), aaf7384.

Das, J., Holla, A., Das, V., Mohanan, M., Tabak, D., and Chan, B., 2012, "In Urban and Rural India, A Standardized Patient Study Showed Low Levels of Provider Training and Huge Quality Gaps", *Health Affairs*, 31(12), 2774-2784.

Deming, D. J., Yuchtman, N., Abulafi, A., Goldin, C., and Katz, L. F., 2016, "The Value of Postsecondary Credentials in the Labor Market: An Experimental Study", *American Economic Review*, 106(3), 778-806.

Dupas, P., and Miguel, E., 2017, "Impacts and Determinants of Health Levels in Low-income Countries", in Banerjee, A. V., and Duflo, E., eds., *Handbook of Economic Field Experiments* (Vol. 2), Amsterdam: Elsevier, 3-93.

Friedman, S., Reynolds, A., Scovill, S., Brassier, F. R., Campbell, R., and Ballou, M., 2013, "An Estimate of Housing Discrimination against Same-sex Couples", *SSRN Electronic Journal*, 2284243.

Gaddis, S. M., 2017a, "How Black Are Lakisha and Jamal? Racial Perceptions from Names Used in Correspondence Audit Studies", *Sociological Science*, 4(19), 469-489.

Gaddis, S. M., 2017b, "Racial/Ethnic Perceptions from Hispanic Names: Selecting Names to Test for Discrimination", *Socius: Sociological Research for a Dynamic World*, 3, 237802311773719.

He, H., Li, S. X., and Han, Y., 2023, "Labor Market Discrimination against Family Responsibilities: A Correspondence Study with Policy Change in China", *Journal of Labor Economics*, 41(2), 361-387.

Kroft, K., Lange, F., and Notowidigdo, M. J., 2013, "Duration Dependence and Labor Market Conditions: Evidence from a Field Experiment", *The Quarterly Journal of Economics*, 128(3), 1123-1167.

Lahey, J., and Beasley, R., 2018, "Technical Aspects of Correspondence Studies", in Gaddis, S. M., eds., *Audit Studies: Behind the Scenes with Theory, Method, and Nuance*, Cham: Springer International Publishing.

Lahey, J. N., 2008, "Age, Women, and Hiring: An Experimental Study", *Journal of Human Resources*, 43(1), 30-56.

List, J. A., and Rasul, I., 2011, "Field Experiments in Labor Economics", in Ashenfelter, O., and Card, D., eds., *Handbook of Labor Economics*, Amsterdam: Elsevier.

Lu, F., 2014, "Insurance Coverage and Agency Problems in Doctor Prescriptions: Evidence from a Field Experiment in China", *Journal of Development Economics*, 106, 156-167.

Neumark, D., Burn, I., and Button, P., 2019, "Is It Harder for Older Workers to Find Jobs? New and Improved Evidence from a Field Experiment", *Journal of Political Economy*, 127(2), 922-970.

Nunley, J. M., Pugh, A., Romero, N., and Seals, R. A., 2015, "Racial Discrimination in the Labor Market for Recent College Graduates: Evidence from a Field Experiment", *The B.E. Journal of Economic Analysis & Policy*, 15(3), 1093-1125.

Oreopoulos, P., 2011, "Why Do Skilled Immigrants Struggle in the Labor Market? A Field Experiment with Thirteen Thousand Resumes", *American Economic Journal: Economic Policy*, 3(4), 148-171.

Shadish, W. R., Thomas, C. D., and Donald, C. T., 2002, *Experimental and Quasi-Experimental Designs for Generalized Causal Inference*, Boston: Houghton Mifflin Company.

Si, Y., Bateman, H., Chen, S., Hanewald, K., Li, B., Su, M., and Zhou, Z., 2023, "Quantifying the Financial Impact of Overuse in Primary Care in China: A Standardised Patient Study", *Social Science & Medicine*, 320, 115670.

Sylvia, S., Xue, H., Zhou, C., Shi, Y., Yi, H., Zhou, H., Rozelle, S., Pai, M., and Das, J., 2017, "Tuberculosis Detection and the Challenges of Integrated Care in Rural China: A Cross-Sectional Standardized Patient Study", *PLOS Medicine*, 14(10), e1002405.

Tilcsik, A., 2011, "Pride and Prejudice: Employment Discrimination against Openly Gay Men in the United States", *American Journal of Sociology*, 117(2), 586-626.

第 9 章
审计实验的开展流程

在正式开展一个审计实验之前，除了应完成前述章节提及的审计材料设计，还需完成多方面的前期准备，以确保实验得以顺利开展。前期准备主要包括实验样本的选取和审计方式的选择。其中，实验样本是研究的基础，直接影响到实验结果的可靠性和可推广性。在选择实验样本时，需考虑如何确定具有代表性的研究对象以及合适的样本量，以及确保样本选择的渠道与随机性等多个因素，以提高实验结果的外部有效性。在审计方式的选择方面，应结合研究背景和实际数据情况，选择合适的审计方式以提高实验效果。考虑到近年来互联网和电子计算机的迅速发展，通信审计实验方法因其便捷与高效的优势而成为当前审计实验研究的主流方法。本章参考 Lahey 和 Beasley(2018)对审计实验样本选取技术的总结，重点介绍通信审计实验运行的关键步骤。具体包括研究对象的选择和样本量的确定，以及实验应用中常规的抽样方法选择，并补充现场审计实验与通信审计实验在运行步骤上存在区别的内容。在详细介绍完如何科学选取审计实验的样本之后，本章将对审计实验设计中常见的审计方式，以及在执行审计实验时应注意的关键事项进行具体阐述。

9.1 样本选取

审计实验所需样本的选取包含三个主要步骤：确定研究对象、确定样本量，以及选取抽样方法。下面将逐一进行具体介绍。

9.1.1 确定研究对象

在开启一项审计实验之前，需先明确实验的研究对象，即在实验中被审计的对象，而非研究人员虚构或训练的简历或审计员。合适的研究对象选择是确保审计实验研究科学运行和实验结果可靠的重要步骤。

(1) 通信审计实验

明确群体类型

在现有通信审计实验研究中，常以歧视的识别与分析作为研究目标，研究对象通常是研究者所考察的是否对某个特定群体存在歧视态度/行为的个体，其涉及的群体类型包括公司/企业的雇主、雇员、房东、电脑维修技师、电子商家以及消费者等。研究者可根据自身研究需要选择合适类型的群体开展实验。研究这些群体的各类歧视行为有助于我们理解和揭示其潜在的歧视动机，从而对症下药，制定有效的干预措施以减少社会各领域中存在的歧视行为，促进社会公平、公正、多元化发展，为缓解当今社会各类歧视现象的相关政策制定提供科学依据。例如，通过分析雇主对不同特征求职者的反应，可以识别雇主在招聘过程中对不同特征求职者的潜在偏见及其根源，这种深入的分析对于政策制定者来说具有极高的价值，因为他们可以根据这些发现制定针对性的政策来减轻歧视，例如可通过推广关于不同性别生产力相似性的信息，来减少劳动力市场上雇主对求职者产生源自统计数据的性别歧视。

选取合适样本

根据自身审计实验的研究目标明确研究对象的群体类型之后，研究者首先需要综合考虑样本的代表性和外部有效性来选取满足研究类型要求的群体中的合适样本。例如，雇主这一类型的群体既可能来自不同的城市、地区或国家，也可能来自不同属性的企业或行业，具备不同的性别、年龄、教育程度等特征。这些地区、行业、个人特征等维度的差异可能导致研究结果也有所不同。研究者应针对自身研究主题所在领域的雇主所属企业、行业等方面特征，选择能够反映这些核心特征的样本，以满足样本的代表性。样本的代表性越高，研究结果越可能被推广到更为广泛的群体中去。代表性样本是确保研究结果具备外部有效性的基础。其次，选取代表性样本时应尽可能覆盖广泛的地理区域。如果样本仅限于代表某个小范围地理区域的雇主，那其结果很可能无法代表其他地区的情况。而如果研究所选的代表性样本涉及不同城市、省份或国家等多个地区，在样本量足够大的情况下，既可能发现并测试基于这些维度的异质性效应，也更有可能发现背后的作用机制，从而揭示出普遍存在的规律、趋势或模式，进而能在更大程度上适用于不同的环境和人群。因此，更广泛的地理覆盖范围有助于提高研究的外部有效性，即使这些研究可能无法完美地反映个体在较小市场中的具体情况,这种方式也能够在更大范围内有效识别歧视问题,其研究结果也将更具丰富性和适用性,能够为相关政策制定提供更加全面、准确的信息。

获取样本渠道

在实验研究中,选择恰当的样本获取渠道是确保研究质量和样本代表性的关键。这一选择不仅体现了特定时代的研究环境,而且对研究结果的普遍适用性有着深远的影响。例如,在20世纪的劳动力市场中,报纸是雇主与求职者沟通的主流平台,通过报纸广告渠道获取的样本能够真实地反映市场的动态。因此,在那个时代,利用报纸招聘广告进行审计实验研究,不仅能够覆盖广泛的参与者,而且其结果具有较高的外部有效性。这种方法为研究者提供了一个真实的市场快照,也丰富了研究者的数据库资源。随着社会进步和技术革新,样本获取的渠道也在不断更新,以适应不断变化的研究需求和环境。现今,互联网的普及使得在线招聘、在线租房以及社交媒体等平台成为重要的样本来源,这些渠道可以快速且广泛地接触到各类人群,为实验研究带来了前所未有的便利和可能性。例如,LinkedIn、猎聘、智联等专业在线招聘和社交网络平台常被用于招聘审计实验,研究者可以通过模拟求职者的简历,探究不同特征及背景下求职者应聘的成功率;Tinder、世纪佳缘、一线姻缘等在线约会/婚恋平台常被用于探究人们的择偶行为,研究者可以通过模拟不同收入、家庭背景等特征的用户资料,向平台上的用户发送聊天申请以获取人们择偶时对潜在对象不同特征的偏好;Airbnb、链家、58同城等租房平台则常被用于开展基于租房市场的审计实验,而且这些平台上的房源和评价数据也可被用于研究市场上的价格歧视现象。这些平台提供了丰富的数据资源,使得研究者能够在真实的市场环境中进行实验,从而得出更具说服力的研究结果。

此外,在确定样本获取渠道之后,基于该渠道获取样本的基本流程也应保持一致、系统的选取规则,以确保样本的外部有效性。例如,我们可以制定一个简单的规则,即在选取实验所需样本期间,每天对招聘网站上发布的所有新招聘广告进行一次检查,以确保样本的时效性和相关性。在实际应用中,这些规则可能还需根据不同实验目的及背景而进行调整,且应注意在研究开始前就明确这些规则,以便在整个研究过程中保持一致性和透明性。

（2）现场审计实验

在进行现场审计实验时，确定研究对象的基本流程与通信审计实验大体相同。然而，现场审计实验在选择合适的样本时，通常会考虑到成本因素（时间成本、金钱成本等）。研究者常会选择那些具有代表性的地区中的典型样本。尽管这些样本可能数量有限，但它们被认为更能够反映出整个群体的特征。在获取样本的渠道选择上，现场审计实验主要利用的是线下面对面的交流方式，以便在真实市场环境下捕捉到研究对象的自然决策行为。例如，Currie 等（2014）基于现场审计实验探讨了中国基层医生开具抗生素处方的驱动因素。在这项研究中，他们选择的医生样本全部来自我国的一个大城市，我们暂且称其为城市 A。在城市 A 中，他们先后随机选择了 80 家和 60 家医院，每家医院分别选取 1 名或 2 名医生，总计 200 名医生作为研究对象。随机化抽取样本的方式可以最大限度地减少样本偏差，确保了样本的随机性和代表性。关于抽样方法的介绍具体参见第 9.1.3 节的内容。

9.1.2 确定样本量

在确定好审计实验研究所需样本及其获取渠道之后，接下来的重要步骤是确定样本数量。一般而言，样本量越大，越可能代表整个群体，研究结果的统计功效越可能更高。但是，样本量也不能无限扩大，因为这会增加研究成本和时间。特别值得注意的是，在审计实验中，每个被审计者接受的审计材料数量或审计员访问次数也可能影响实验结果的有效性。因此，在个体上恰当地安排审计材料数量或审计员访问次数，同时在总体上选择适当的样本量，是确保审计实验研究质量和效率的关键。

（1）通信审计实验

以通信审计实验研究中最为常见的考察雇主对具有特定特征的求职者进行歧视的研究为例，研究者决定向被审计的企业/雇主发送多少份虚构简历是一个需要慎重权衡的问题。一种简单的方式是向一家企业/雇主发送一份虚构简历，这种方式可以极大地避免虚构简历被雇主发现的可能，但无法消除由雇主个体差异导致的影响，因此，只能估计出干预条件在不同实验局之间的平均效应。此外，这种方式通常面临可用样本数量有限的问题。若是市场中符合条件的企业/雇主样本足够多且研究问题侧重于关注平均效应，那么可以考虑这种方式，识别路径清晰。

另一种更为常见的方式是向同一家企业发送多份简历。该方式的优势在于帮助研究者在目标企业数量有限的情况下增加虚构简历的发送总量,而且可以更清晰地揭示同一雇主是如何区别对待不同特征求职者的虚构简历,避免因雇主个人的潜在特征因素对实验结果可能产生的干扰。但正如 Gaddis(2018)所指出的,这种向一家公司发送多份简历的做法有几个潜在的缺点。第一,与仅观察单一处理或对照组的虚构简历相比,多种处理和对照的虚构简历的存在可能会促使被审计者直接比较这些简历,从而可能降低审计到的歧视程度(Charness 等,2012;Tversky 和 Kahneman,1981)。而且 Phillips(2019)在审计研究中也发现了简历溢出效应的证据,即雇主对多种处理和对照的虚构简历的评估可能会存在"溢出"现象,这样在雇主眼里,即使某些虚构简历在他平时看来质量还可以,也会在另一个质量更高的虚构简历的衬托下显得没那么好。第二,随着收到的虚构简历数量的增加,被审计者可能会重新评估申请人池中潜在员工的质量和数量。因此,这些研究结果可能反映的是与现实不同的样本,从而影响外部有效性。如果发送大量简历而面试机会有限,可能会出现机械效应,即雇主收到的简历数量远超其平时实际能够处理的数量,他们可能会采取一种诸如只看每份简历的前几项内容或随机选择一部分简历进行查看的"机械式"处理,因此他们对简历的评价反馈无法反映其真实情况。而当职位本身平时的申请人数量较少时,来自实验组和控制组的简历往往都会获得面试机会。上述情况可能会影响到审计实验对真实歧视的低估。第三,如果简历数量过多,甚至增至招聘经理无法完成的超负荷状态,那么这无疑会影响招聘经理的日常工作流程和工作效率,进一步引发道德伦理问题。例如,由于存在大量虚构简历,空缺职位可能会收到比平时更多的高质量简历。这些经过过度美化的虚构简历不仅增加了招聘经理筛选的难度与时间,还可能让真正具备才能且符合其职位要求的真实求职者被埋没。长此以往,会对人才市场的生态造成不良影响。

因此,对于向一个企业/雇主的每一个空缺职位应该投多少份简历的问题,并没有一个唯一标准的答案。现有文献中,向一个空缺职位投递的虚构简历数一般在 1—8 份,投递简历总数在 2 000—10 000 份(如 Arceo-Gomez 和 Campos-Vazquez,2014;Bertrand 和 Mullainathan,2004;He 等,2023);同时,也有少数研究投递了更大数量的简历(如 Burn 等,2022;Neumark 等,2019)。在实际实验前的准备工作中,向每一个空缺职位投递的虚构简历数目可综合在线招聘网站中所披露的关于职位申请竞争程度的信息(如智联招聘中反映了每个职位收到的简历投递量与发布的职位数量之间关系的求职竞争指数)而定。一般而言,相比于本身平时收到真实求职申请人数较少的职位,研究者向那些日常收到真实申请人数较多的职位投递虚构简历时,因这些虚构简历在其简历池中的占比相对较低,所以更不容易引起雇主对虚构简历真实性的质疑。而且大量真实申请者的简历在数量上起到了"稀释"作用,使得每一份虚构简历在整个市场中的影响力变得相对较小,即对市场造成的干扰也相对较小。此外,可根据实际求职者是否会对同一职位或企业再次提交简历申请和企业两次招聘广告发布的时间间隔考虑当一个职位的招聘广告重复出现时是否要再次发送简历。但也需根据实际市场职位所接受的求职者申请情况来决定,以避免出现前述的简历溢出效应或机械效应。

(2) 现场审计实验

在进行现场审计实验时,与通信审计实验研究相似,被审计者可能会面对一个或多个(通常为两个)审计员。但由于现场审计实验涉及对审计人员的培训,时间长,审计成本高,因此其样本量相对较少,通常只有几百个甚至几十个(如Currie等,2011;Das等,2016;Neumark等,1996;Pager等,2009)。这与基于电子邮件或信息发送虚构简历的通信审计实验研究不同,后者的总样本数可以达到数千甚至一万。

(3) 样本量估计

在实际操作中,除了可以借鉴既往采取相同审计方式和类似研究背景的实验研究所采取的样本量,基于功效分析(Power Analysis)来估算实验恰当的样本量也是一种被学界广泛认可的方法。

相关概念

功效分析是一种统计方法,可用于确定实证研究所需的最小样本量。功效即统计功效(Statistical Power),也称敏感度(Sensitivity),是指在实际存在效应时,显著性检验发现效应的可能性。下面从统计学的角度解释这一概念。

在假设检验中,对于实际研究发现的结果,通常需要先提出原假设和备择假设。其中,原假设是指不存在真实效应。备择假设指的是存在真实效应。研究者的目标是从样本中收集足够的数据,以检验是否能足够可信地拒绝原假设从而支持备择假设。但在解释实际研究结果时,总是有可能存在第Ⅰ类或第Ⅱ类错误。

第Ⅰ类错误(α):不存在真实效应的原假设为真,却被拒绝。

第Ⅱ类错误(β)：不存在真实效应的原假设为假，却没有被拒绝。

统计功效即避免第Ⅱ类错误的概率($1-\beta$)。一项检验的统计功效越高，该检验发生第Ⅱ类错误的概率就越低。

统计功效的大小主要受到样本量、效应值以及显著性水平的影响。其中，样本量指在给定功效水平下，观察到一定大小的效应所需的最小观测样本数；效应值是一种表达研究预期效果大小的标准化方式，通常基于类似的实验研究或预实验的结果进行设置；显著性水平即愿意承担错误地拒绝一个实际为真的原假设的最大风险程度(α)，通常设置为5%。

当统计功效足够大时（通常指80%及以上），方可利用样本数据得出关于总体足够可信的结论。80%的统计功效意味着100次统计检验中有80次能够真正检测发现到实际的效应，也意味着仅存在20%发生第Ⅱ类错误的可能性。

估计步骤

基于功效分析确定研究样本量的主要步骤如下：

第一，确定效应值大小（Effect Size）。可以基于既往相近的研究、预实验以及其他相关信息确定预期检测到的处理组和控制组之间的最小可检测效应（Minimum Detectable Effect，MDE）或预期效应值大小。在没有任何先前相关工作或数据支持的情况下，研究者可以根据自己的专业知识和领域内对该效应值取值的普遍认知，选择一个默认的效应值。该效应值的取值可以是小、中或者大的。也就是说，研究者认为多大的效应在实际应用中是有意义的，便选择其作为默认的效应值。例如，如果认为小的效应值对研究问题所关注的相关人群并不重要，那么可能只需收集一个能捕捉中等效应值的样本。

第二，设定显著性水平(α)：通常设置为5%，即当原假设实际为真时，愿意接受5%的错误拒绝它的风险。

第三，设定功效大小($1-\beta$)：通常设置为80%或90%，即允许存在20%或10%的可能性在不存在真实效应的原假设为假（即存在真实效应）时，却没有被拒绝（即未检测到实际效应）。

第四，估计总体参数。可以基于既往相近研究、专家意见和预实验结果确定总体的统计特性，如均值、标准差、比例等。

第五，使用恰当的统计方法估算样本量。例如，对两组的均值差异采用 t 检验；对三个或更多组的均值差异采用 ANOVA 检验；对分类变量差异采用卡方检验等。

下面以两组均值差异为例,根据统计公式估算实验所需的最小样本量。

假设效应值大小为2,总体标准差为4,显著性水平取5%,功效取80%,则样本量 n 为:

$$n = \left[\frac{(Z_{1-\frac{\alpha}{2}} + Z_{1-\beta}) \cdot \sigma}{\delta}\right]^2 = \left[\frac{(Z_{1-\frac{0.05}{2}} + Z_{1-0.2}) \cdot 4}{2}\right]^2$$

$$\approx \left[\frac{(1.96 + 0.84) \times 4}{2}\right]^2 = 34.57$$

即至少需要35名被试。

现今研究者常用 G*Power 软件进行统计功效的计算与样本量的估计。该软件是由德国杜塞尔多夫大学开发的一款免费的统计软件,支持包括 t 检验、F 检验、卡方检验等多种统计检验。该软件操作便捷,只要选择合适的统计检验类型,并输入相应的参数(如前述的效应值大小、总体标准差、显著性水平与功效大小),即可估计出实验所需样本量。Lahey 和 Beasley(2018)认为,尽管 G*Power 功能强大,但目前的版本在估算样本量时尚未考虑样本聚类问题。因此,在为采取向同一个空缺职位发送多个虚构简历方式开展的审计实验估计样本量时,无法考虑到由于每个被试拥有多个样本而导致的变异损失对功效的影响。考虑到聚类设计下所需的额外样本量,他们建议可以使用多层次建模法估计两个层次的样本量:

预期样本量 = 未考虑聚类样本量$_{G*Power}$ · (1+(每个聚类的项目数-1) · ICC)

$$\text{ICC} = \frac{\sigma^2_{\text{cons}}}{\sigma^2_{\text{cons}} + \sigma^2_{\text{residual}}}$$

其中,预期样本量即考虑聚类后估算的最终样本量。未考虑聚类样本量由 G*Power 软件估计给出。在审计实验研究背景下,每个聚类的项目数指发送给同一个被试的虚构简历数。ICC 代表聚类项目之间的平均相互关系。σ^2_{cons} 代表常数的标准差,$\sigma^2_{\text{residual}}$ 则是残差的标准差。在有预实验数据的情况下,可以采用 Stata 中的 xtmixed 或 mixed 命令来得到常数和残差的标准差。在没有预实验数据的情况下,默认 ICC 在 0.1 至 0.3 之间(Gulliford 等,1999;Lahey 和 Beasley,2018;Maas 和 Hox,2005)。

9.1.3 选取抽样方法

确定好实验所需样本量之后,研究者需根据数据的实际特征和研究目标来选择合适的抽样方法。Singh 和 Masuku(2014)总结了在应用统计领域中常见的抽样方法,包括简单随机抽样、分层随机抽样、有目的随机抽样、配额抽样以及系统随机抽样等。其中,在审计实验研究中常用的抽样方法是简单随机抽样和分层随机抽样(如 Bertrand 和 Mullainathan, 2004; Mincy, 1993; Pager 等, 2009)。这些方法各有其独特的优势,适用于不同的数据类型和研究环境。下面逐一具体地介绍这些抽样方法。

简单随机抽样

在简单随机抽样(Simple Random Sampling)中,每个个体都有同等机会被纳入样本。如果群体是同质的,这种抽样方法就能提供高质量的、无偏的参数估计。实际中常见的应用方式包括抽签法和随机数表法。

抽签法是指在给每一个个体或物品分配一个唯一的号码之后,将标有这些号码的标签放到黑箱里进行充分摇晃混合,然后研究者从该黑箱中选出 n 个标签,被分配到这些标签对应号码的个体或物品就是被选为参与实验的样本。

随机数表法是指利用随机数表中的数字来选择样本。随机数表中通常包含由 0—9 随机组合而成的 10 000 个随机数字,这些数字被分成 5 个一组并排列成行。在该表中,所有数字出现的概率都是同等的,不受其前后数字的影响。例如,我们要从人数为 80 的总体中抽取一个包含 10 人的样本。需先给总体中的每个人分配一个唯一的两位数字(例如,01,02,03,⋯,80),然后从表 9.1 这一随机生成的数字组成的随机数表中的任意位置开始,读取两位数数字。如果该数字对应于总体(即在 01 至 80 之间),我们就将对应的人选入样本。反复持续这一过程直到得到 10 个样本。

表 9.1　随机数表示例

231	309	07	66	18
44	01	88	21	737
910	37	111	04	2 917
……	……	……	……	……

分层随机抽样

如果人口是异质的,可以考虑采取分层随机抽样(Stratified Random Sampling)获取样本。分层随机抽样指将人口划分为互斥的子群体/子组后,在每个子群体/子组分别进行简单随机抽样的方法。每个子群体/子组内部的个体都是同质的。分层的选择通常与地区和当地条件差异相关,分层后每个子群体/子组的样本量根据其在人口中的相对占比而有所不同。因此,分层随机抽样也被定义为,当人口包含多个不同类别时,可按这些类别将总体框架组织成不同的"层",然后将每个层作为一个独立的子群体进行简单随机抽样,来自每个子群体随机抽取的样本汇总形成最终参与实验的样本。

有目的随机抽样

在某些情况下,我们可能需要根据特定的目的来选择样本,可考虑采取有目的随机抽样(Purposive Random Sampling)。在这种方法中,研究者首先会根据研究目的和他们的专业判断来确定一个目标群体,这一判断主要基于研究者的专业经验。他们通过评估不同群体的特征,筛选出最有可能为研究目标提供有价值信息的群体。确认目标群体之后,再从这个目标群体中通过简单随机抽样获取样本。可见,这个抽样过程的第一步是有目的的选择,即非随机的,而第二步是简单随机抽样。尽管有目的随机抽样方法结合了非随机抽样和随机抽样的特点,既考虑了研究目标的特定需求,又在一定程度上保证了样本的随机性,但它通常被认为是一种非随机抽样方法。

配额抽样

配额抽样(Quota Sampling)的第一步与分层随机抽样类似,是将总体划分为互不重叠的子群体。第二步则是根据预定的比例从每个子群体中选择样本单位。然而,正是在第二步,样本的选择并非随机进行的。例如,调研人员可能会更倾向于采访那些他们认为最有可能提供有用信息的人。这就导致了一个问题:这些样本可能会因调研人员的主观偏好而产生变化,而且并非所有人都有被选中的机会。这种非随机性是配额抽样的一个主要特点。

系统随机抽样

在系统随机抽样(Systematic Random Sampling)中,我们首先随机抽取样本的第一个单位,然后按照一定的系统规则抽取其后的单位。假设总体中有 N 个单位,我们想要抽取 n 个单位,那么我们可以计算出抽样间隔 $R = \dfrac{N}{n}$。然后,我们从 R 的余数部分中随机抽取一个起始点,然后每隔 R 个单位抽取一个样本,直到抽取完 n 个单位。这种方法在确保样本随机性的同时,也保证了样本的分布均匀。

多阶段随机抽样

在多阶段随机抽样（Multistage Random Sampling）中，我们会逐步在各个阶段抽取相应的样本单位。每个阶段的抽样方法可能相同，也可能不同。这种方法也被称为聚类抽样，因为它涉及对样本进行一定程度的聚类。例如，我们可能首先通过简单随机抽样选择几个省份（第一阶段）；然后在每个选中的省份中基于简单随机抽样选择几个城市（第二阶段）；最后在每个选中的城市中按照行业类别分层随机抽样选择几个企业（第三阶段）。这种方法的主要优点是它能够有效地将资源集中在有限的框架单位上，例如在上述例子中的省份、城市和企业。然而，这种方法也可能会增加抽样误差，因为每个阶段的抽样都可能引入误差。

9.2 审计方式选择

在审计实验设计中，选择合适的审计方法至关重要。常见的审计方法包括配对审计（Paired Testing）和非配对审计（Non-paired Testing）。配对审计属于一般性实验设计中的被试内设计，即同一被试同时接受两种实验处理，其既属于控制组也属于处理组（Charness 等，2012）。而非配对审计则属于被试间设计，即同一被试仅接受一种实验处理。这两种审计方式各有优势，应根据实验目的和条件来选择最适合的审计方式。

9.2.1 配对审计

早期现场审计实验设计中，常用配对审计的方式观察同一被试在不同实验条件下的反应差异。这种审计方式可以有效地提高小样本研究的效率，对于规模必然较小的研究（如面对面的现场审计实验研究），配对审计至今仍可能是最佳的设计选择。目前，大部分通信审计实验也采取了配对审计这一设计方式，即向同一个雇主发送两份或多份虚构简历，这些虚构简历除了实验所操控的特征，其余条件完全相同。相比于属于被试间设计的非配对审计方式，配对审计方式具有三种优势。第一，提高统计功效。向每个雇主发送两份简历而非一份简历将使样本量增加一倍。要发现有意义的歧视，则需要具有足够的统计功效，而在某些研究背景下，向每个被审计者发送多份简历可能是至关重要的，因为被审计者的样本有限。第二，降低实验成本。向每个雇主发送多份简历意味着研究者只需要收集更少的被审计者信息,从而降低数据收集的成本。第三,排除个体异质性。在被试内设计中,被审计者的对照组是自己,从而完全消除了个体异质性对结果造成的干扰,至少研究者不需要再进行针对雇主的随机化处理。

但是,配对审计设计也存在明显的缺陷。首先,存在溢出效应,即同一被审计者的简历相互影响,违反了实验具有无偏估计处理效果所需的假设 SUTVA(Stable Unit Treatment Value Assumption,稳定单位处理值假设),SUTVA 意味着每份简历不受其他简历的影响。溢出效应可能由两个原因导致:第一,简历可能被直接比较,而非彼此独立地被评估;第二,由于研究者发送了额外的简历,申请人池子变得更大,企业可能决定雇佣更多的申请人,如果简历数量大到足以影响雇主的行为,可能也会产生给雇主带来损害的科学伦理问题,同时可能存在溢出效应,从而无法准确估计歧视水平。正如 Phillips(2019)的研究结果表明,Bertrand 和 Mullainathan(2004)对每个职位发送了四份简历,这一做法平均低估了约 20% 的歧视。其次,存在被雇主怀疑和侦测的风险(Detection Risk)。Balfe 等(2023)提出,针对同一个企业职位发送多份简历的担忧在于,如果简历投递时间接近、内容相似,且简历中所包含的信息对于雇主而言并不常见,那么雇主可能感知到自己正在被当作一个研究对象,从而对雇主行为产生影响,造成所识别的歧视结果产生向下的偏差。Weichselbaumer(2015)的研究也表明,与随机投递一份简历相比,向同一职位投递不同身份的简历这一配对设计削弱了所应识别的歧视效应。

9.2.2 非配对审计

与属于被试内设计的配对审计相比,非配对审计设计要更加简单,只需对每个雇主投递一份简历,因此能够避免前文提及的溢出效应与侦测风险。但是,非配对审计同样存在其缺陷。第一,随机化失败会导致结果产生误差。申请者简历特征的随机化处理可以通过计算机编程软件来实现,但是非配对审计较难实现雇主本身的特征在不同实验局之间的随机化,这是因为招聘广告的筛选通常是由实验者自行收集的,在实际操作过程中仍然可能存在组间差异。第二,非配对审计需要寻找更多的被审计者,即寻找更多的雇主和招聘广告,且不论是否能够找到满足需求的样本量,寻找广告花费的时间、人力也需成倍增加。

因此,在实际操作过程中,研究者应根据研究问题的实际需要来判断应该选择何种方式进行审计实验。现有通信审计实验研究通常采用配对审计,而现场审计实验研究采取配对审计和非配对审计的研究均不在少数。

需要注意的是,在现场审计实验研究中,还应做好审计员的招募与培训工作。以医疗领域中应用现场审计实验方法的研究为例,这些研究中的审计员所扮演的角色通常是训练有素的标准病人,他们向其他实际病人一样向医生描述自己的疾病症状,以获取医疗服务提供者在不知情的情况下自然提供的真实医疗服务质量。在招募标准病人阶段,应遵循四个基本标准:第一,有充足的时间用于培训和就医;第二,在当地居住5年以上,能说流利的当地语言;第三,具备正常的智力水平、批判性思维、记忆能力和沟通能力;第四,演技优秀者优先。

例如,Si 等(2023)所采用的标准病人是从当地社区招募的,以确保他们与医疗服务提供者通常诊断的实际患者相似。研究者通过微信发布标准病人招聘消息。招聘条件包括:

① 参与者身体状况良好;

② 医生和其他卫生专业人员不在招聘范围内;

③ 年龄不超过40周岁(针对哮喘类标准病人)或50周岁(针对不稳定型心绞痛类标准病人)。

其次,在培训标准病人阶段,应参考医学专家的指导意见,完成医患互动培训。

例如,Das 等(2016)对其所招募的标准病人提供了为期3周的培训。培训由医学领域教授、临床医学专家和作者研究小组成员组成的团队进行。培训内容包括:

① 向标准病人解释指定疾病和处方的详细信息,并向标准病人提供从试点研究中获得的标准病人与医生之间的互动记录。

② 采用角色扮演、一对一培训等方式进一步发展剧本,帮助学员理解、记忆剧本,塑造案例。

③ 培训标准病人如何回答医生未在处方中列出的问题,以及如何避免侵入性检查(如血液检查)。

④ 采用同伴评价的方式提高标准病人的演技。要求标准病人的表演尽可能与具体的疾病案例相似。此外,在每个疾病组内,标准病人的表演应处于高度可比的水平。

通过要求标准病人熟背其所使用的标准病例剧本,标准病人能够在真实就诊过程中完全按照标准病例剧本内容及要求回应医生的提问。其中,有关标准病例的选取、对应剧本内容的制作方法,以及标准病人回应医生的原则可参见上一章节的内容。在正式开展审计实验之前,通常需要让这些经过专业培训的标准病人前往现场完成与正式审计实验流程一致的预测试,以降低审计员被医生发现是假病人的概率。这也有助于研究人员及时发现预期准备之外可能会发生的问题,以提出相应的解决措施来改进现有的实验设计。比如,面对一开始就要求前往检查或提交既往检查结果的医生,统一回复"医生,我之前没有检查过,您可以先帮我看看吗",以提高其所获取实验数据的丰富度,进而有助于深入探究造成医生各类诊疗行为结果的潜在因素。

下面以第 5 章节介绍过的研究案例——葛玉好等(2018)发表在《经济学(季刊)》的通信审计实验研究为例,阐释在实践中审计方式的选择流程。该论文的标题是《大学生就业存在性别歧视吗?——基于虚拟配对简历的方法》,即通过基于虚构简历的通信审计实验来探究我国劳动力市场上对大学生就业的性别歧视问题。

从研究主题上看,其核心干预条件在于虚构简历的性别差异,只有男、女两个维度,而且雇主及其发布的职位招聘广告均来自同一个互联网招聘平台"智联招聘",因此适合采取配对审计的方式开展通信审计实验,且可排除因雇主自身潜在因素差异对实验结果的混淆影响。例如,在配对审计实验设计下,虚构简历 A(性别为男性)和虚构简历 B(性别为女性)组成一对配对的虚构简历。这一对简历只有性别上存在差异,其他信息完全相同,而且将被投递给同一个招聘平台多个雇主的特定岗位上,即每个雇主均会收到简历 A 和简历 B。假设简历 A 最终收到 5 份面试邀请,简历 B 只收到 2 份面试邀请,则认为标注性别为女性的简历 B 受到了雇主的歧视。但需要注意的是,只有"收到面试邀请的份数"可能无法很好指代虚构简历在雇主端的相对通过率。除"收到面试邀请的份数"这一指标外,简历的相对通过率还和简历被浏览的次数相关。仍以上述简历 A 与简历 B 为例。如果简历 A 被浏览 20 次后获得了 5 份面试邀请,简历 B 被浏览 4 次后获得了 2 份面试邀请,那么从收到面试邀请的绝对量来看,简历 A 最终收到的面试邀请数量高于简历 B,结论应为简历 B 的女性大学生求职者遭受歧视;然而,从简历的相对通过率来看,前者只有 25% 的通过率,而后者的通过率达到了 50%,此时结论应为简历 A 的男性大学生求职者遭受到歧视。由于简历 A 和简历 B 被浏览次数的差异,两种结论互相矛盾。同样,随着浏览量的提升,这一情况出现的概率也会逐渐降低。因此,对该研究而言,保证每份简历获得足够大的浏览量非常关键。研究者通过挑选招聘网站、制作简历模板以保证简历信息的完整性以及延长实验周期三种方法提高简历的浏览量。

9.3 注意事项

在设计和运行审计实验的过程中,应根据预期目标和实际进展灵活调整计划,以在确保审计工作高质量的同时,力求在规定的时间方案内按照进度要求完成实验任务。以下列举 Lahey 和 Beasley(2018)、Crabtree(2018)等学者总结的审计实验运行过程中可能需要考虑的一系列注意事项。

9.3.1 审计时点

审计实验研究中,选择合适的审计时机和审计持续时间是至关重要的。首先,在审计时机方面,节假日是招聘高峰期,许多公司和求职者都在寻找短期工作,这可能导致与非高峰期的招聘结果有所不同。因此,对于那些寻找暑期工作的大学生而言,这段时间的研究结果可能适用,但对于寻找长期全职工作的求职者来说,此时间段开展的研究则可能不太合适。此外,不同行业的招聘广告发布时间也各不相同,例如,许多公司会选择在春节后发布招聘信息。

其次,在审计持续时间的确定上,一个重要因素是样本量的大小,即基于前述功效分析来确定达到目标显著性要求所需的最低样本量。样本量越多,审计持续时间越长。但由于现实中雇主的回复率会受到参与者类型、数量、是否处于积极招聘期、年度周期、经济长期趋势、发送给每位参与者的简历数量,以及参与者的招聘策略等多种因素的影响,因此,即使在大样本量的情况下,如果预期的回复率不高,那么研究所获得的数据在统计上显示出的变异性(即数据的分散程度)也会受到影响。换句话说,回复率低可能意味着收集到的数据不足以准确反映总体的真实情况,从而影响研究结果的可靠性和有效性。

9.3.2 隐蔽技巧

确保参与者不会察觉自己正处于实验当中是审计实验研究获取真实自然行

为数据的前提。为此,我们可以考虑采取以下措施增强审计实验干预的隐蔽性:

第一,力求审计材料(如简历)和审计员表现(如剧本)的真实性。对于审计材料的制作,应基于现实中真实的样本或数据来创建高度仿真的审计材料,可采用机器学习和大数据分析等方法提升这些材料的真实感。对审计员的训练,可使用现实中真实对话和互动资料作为剧本基础,以尽可能确保其在训练后能模仿真实场景下人们的反馈,如使用真实沟通录音进行训练,模仿类似场景下人们真实的语调与反应,以加强剧本的自然性。此外,在审计材料(简历或剧本)制作完成后,可以通过问卷或实地调查来检查真实参与者对审计材料真实性的反馈,持续改进审计材料的真实度。

第二,自然地提供清晰的审计干预信息。在提供审计干预信息时,应尽可能直接且清晰地表述,避免使用可能引起误解的专业术语或模糊表述,以确保信息内容明确、无歧义。此外,审计干预提供的信息内容应自然地融入实验环境,不显突兀。在设计审计材料前,可以通过调研了解实际环境中可能出现的信息,然后仿照这些真实存在的信息进行设计,以确保信息的自然性和相关性。

第三,真实回复被审计者的信息。整个审计过程应遵循现实操作流程,真实地反映回复。以收到雇主的面试不通过通知为例,回复应模仿真实求职者的反应,如表达失望但感谢面试机会。同时,确保对每个雇主或企业发出的信息都做出回应,保持沟通的流畅和完整。例如,如果某企业发出了面试邀请,通常应尽早回复求职者因故(如已拿到其他企业的工作邀约)而拒绝参加。

9.3.3 预实验与定期检查

预实验是在开展正式实验之前的探索性研究,其主要目的在于验证实验研究设计的可行性,探索最佳的实验条件,收集估算样本量所需数据,并预估可能出现的问题与挑战。探索性研究对于正式实验研究的发展完善至关重要,为其设计调整提供了宝贵的信息。在这个阶段,研究人员通常不需要频繁检查结果,因为重点是确保研究的基础结构稳固。理想情况下,经过预实验的测试与调整,可以确保正式实验流程大体正常,尽可能预期到各种可能会发生的情况。然而,在实际操作中,正式实验过程中可能仍然无法避免来自人为失误或不可预见的外部冲击的影响。因此,对进行审计实验流程的定期检查对于识别和纠正潜在的各类问题至关重要。这些问题可能是由于外部现实环境的变化而引起的,而非研究过程中的设计错误。例如,如果我们发现正式实验中虚构简历的发送存在偏差,或者回复率异常低,则需要调查是否有系统性的错误,如电子邮件被错误地分类为垃圾邮件,或者虚构简历被研究助理错误地存放在了暂存文件夹中,从而导致统计所得的回复率过低。在实验运行过程中开展的这些定期检查可以验证虚构简历的发送是否符合预期,以及回复率是否受到技术问题影响等,以确保数据输入的准确性和平衡性。尽管这些定期开展的检查可能会诱使我们对研究设计进行调整,但对此必须谨慎,以避免引入额外的问题,进而可能影响到研究的有效性和可信度。

9.3.4 数据挖掘、IRB 和 PAP 申请

(1) 数据挖掘

在运行审计实验时,及时收集实验过程中的观测数据十分重要。这不仅有助于及时识别和解决潜在问题,还能增加结果变量的广度和分析的深度。例如,在基于在线平台开展的通信审计实验中,研究人员可以实时监控并记录参与者在平台上的行为数据,为后续深入探究被审计者行为背后的作用机制提供了丰富的数据基础。通过这种方法,我们能够更好地理解参与者行为背后的模式,从而得出更准确、更具洞察力的结论。

(2) IRB 申请

审计实验研究通常以真实的人类作为被试,而且这些被试往往并不知道自己正参与一项实验研究,因此,在开展审计实验研究之前,研究者须获得机构审查委员会(Institutional Review Board,IRB)的批准。该批准过程主要在于评估审计实验研究设计的科研伦理问题,并确保被试的信息安全得到妥善保护。通过 IRB 的审查不仅是保护被试权益,也是提升研究公正性和可信度的关键步骤。未经 IRB 审查批准的研究,可能会面临无法获得资金支持的风险,同时也可能无法在学术期刊上发表,因为这些期刊通常要求研究必须遵守科研伦理标准。

(3) PAP 申请

预分析计划(Pre-analysis Plan,PAP)是研究人员在其获得实验数据之前所编写的有关研究技术细节概述的文件。PAP 常用于自然科学、医学以及物理学等。近年来,社会科学领域也提倡研究人员提交 PAP 申请(如 Casey 等,2012;Miguel 等,2014)。PAP 申请所需提交的信息包括研究类型、研究问题、数据来源、如何构建变量、研究过程中可能出现的问题,以及如何解决这些问题等。PAP 申请这一环节可以使得研究人员在实验后依据预分析计划中的研究

内容和逻辑框架,深入探究其核心研究问题(Olken,2015),旨在预防研究人员在实验后操纵数据分析及其解读的选择性偏见,从而提高研究结果的可信度和可靠性。PAP 可以申请发布在 AEA RCT Registry、Evidence in Governance and Politics 等网站上,也可以选择发布在个人学术网页上。

9.4 审计实验开展流程

图 9.1 展示的是审计实验的基本运行流程,具体流程细节应根据审计方式的不同做出相应调整。例如,在以求职应聘作为研究背景、虚构简历作为审计材料的通信审计实验研究中,审计实验的基本运行流程可调整为如图 9.2 所示。

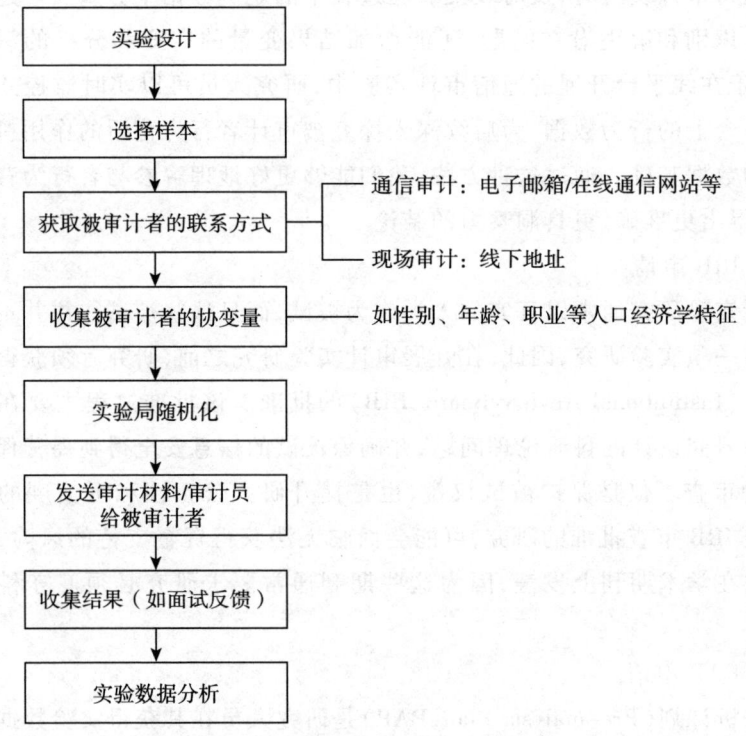

图 9.1　开展审计实验的基本流程

图 9.2　劳动力市场中开展通信审计实验的基本流程

本章小结

本章详细阐述了审计实验的开展流程,包括审计材料的设计、审计方式的选择以及实验过程中的注意事项。审计实验是评估市场歧视现象的有效工具,其关键在于如何设计和执行实验以确保实验结果的准确性和可靠性。首先,审计实验的材料设计需要精心策划,以确保实验的干预条件清晰且易于操作。例如,在探讨就业性别歧视的实验中,可以通过虚构简历的性别差异来模拟求职者的性别,从而观察雇主的反应。其次,审计方式的选择对于实验的有效性至关重要。本章介绍了两种主要的审计设计:配对审计和非配对审计。配对审计通过向同一雇主发送多份简历来控制个体异质性,但可能存在溢出效应和被雇主侦测的风险。非配对审计则通过向不同被审计者发送简历来避免这些问题,但这往往需要比配对审计方式下更多的被审计者,即对样本需求量大。在审计实验的实践中,研究者需要根据研究主题和现有研究条件选择最合适的审计方式。最后,实验过程中的各类注意事项也是确保实验质量的关键。例如,研究者需要提前完成PAP申请,根据实验的预期目标和实际进展灵活调整计划,确保高质量完成审计工作,并在规定时间内完成实验。同时,研究者还应考虑到实验的伦理问题,确保实验不会对参与者造成不利影响,并在实验开展前完成IRB申请。综上所述,审计实验的开展流程是一个复杂而细致的过程,需要研究者在材料设计及实验执行等各个环节中都保持高度的专业性和严谨性。通过本章的介绍,读者可以对审计实验的流程有一个全面而深入的理解,为今后相关的研究工作提供一定的指导和参考。

参考文献

葛玉好、邓佳盟、张帅,2018:《大学生就业存在性别歧视吗?——基于虚拟配对简历的方法》,《经济学(季刊)》第4期。

Arceo-Gomez, E. O., and Campos-Vazquez, R. M., 2014, "Race and Marriage in the Labor Market: A Discrimination Correspondence Study in a Developing Country", *American Economic Review*, 104(5), 376-380.

Balfe, C., Button, P., Penn, M., and Schwegman, D. J., 2023, "Infrequent Identity Signals, Multiple Correspondence, and Detection Risks in Audit Correspondence Studies", *Field Methods*, 35(1), 3-17.

Bertrand, M., and Mullainathan, S., 2004, "Are Emily and Greg More Employable than

Lakisha and Jamal? A Field Experiment on Labor Market Discrimination", *American Economic Review*, 94(4), 991-1013.

Burn, I., Button, P., Munguia Corella, L., and Neumark, D., 2022, "Does Ageist Language in Job Ads Predict Age Discrimination in Hiring?", *Journal of Labor Economics*, 40(3), 613-667.

Casey, K., Glennerster, R., and Miguel, E., 2012, "Reshaping Institutions: Evidence on Aid Impacts Using a Preanalysis Plan", *The Quarterly Journal of Economics*, 127(4), 1755-1812.

Charness, G., Gneezy, U., and Kuhn, M. A., 2012, "Experimental Methods: Between-Subject and within-Subject Design", *Journal of Economic Behavior & Organization*, 81(1), 1-8.

Crabtree, C., 2018, "An Introduction to Conducting Email Audit Studies", in Gaddis, S. M., ed., *Audit Studies: Behind the Scenes with Theory, Method, and Nuance*, Cham: Springer International Publishing, 103-117.

Currie, J., Lin, W., and Meng, J., 2014, "Addressing Antibiotic Abuse in China: An Experimental Audit Study", *Journal of Development Economics*, 110, 39-51.

Currie, J., Lin, W., and Zhang, W., 2011, "Patient Knowledge and Antibiotic Abuse: Evidence from an Audit Study in China", *Journal of Health Economics*, 30(5), 933-949.

Das, J., Holla, A., Mohpal, A., and Muralidharan, K., 2016, "Quality and Accountability in Health Care Delivery: Audit-Study Evidence from Primary Care in India", *American Economic Review*, 106(12), 3765-3799.

Gaddis, S. M., 2018, *Audit Studies: Behind the Scenes with Theory, Method, and Nuance*, Cham: Springer International Publishing.

Gulliford, M. C., Ukoumunne, O. C., and Chinn, S., 1999, "Components of Variance and Intraclass Correlations for the Design of Community-Based Surveys and Intervention Studies: Data from the Health Survey for England 1994", *American Journal of Epidemiology*, 149(9), 876-883.

He, H., Li, S. X., and Han, Y., 2023, "Labor Market Discrimination against Family Responsibilities: A Correspondence Study with Policy Change in China", *Journal of Labor Economics*, 41(2), 361-387.

Lahey, J., and Beasley, R., 2018, "Technical Aspects of Correspondence Studies", Gaddis, S. M., ed., *Audit Studies: Behind the Scenes with Theory, Method, and Nuance*, Cham: Springer International Publishing, 81-101.

Maas, C. J. M., and Hox, J. J., 2005, "Sufficient Sample Sizes for Multilevel Modeling", *Methodology*, 1(3), 86-92.

Miguel, E., Camerer, C., Casey, K., et al., 2014, "Promoting Transparency in Social Science Research", *Science*, 343(6166), 30–31.

Mincy, R. B., 1993, "The Urban Institute Audit Studies: Their Research and Policy Context", in Mincy, R. B., ed., *Clear and Convincing Evidence: Measurement of Discrimination in America*, Washington, DC: The Urban Institute Press, 165–186.

Neumark, D., Bank, R. J., and Van Nort, K. D., 1996, "Sex Discrimination in Restaurant Hiring: An Audit Study", *The Quarterly Journal of Economics*, 111(3), 915–941.

Neumark, D., Burn, I., and Button, P., 2019, "Is It Harder for Older Workers to Find Jobs? New and Improved Evidence from a Field Experiment", *Journal of Political Economy*, 127(2), 922–970.

Olken, B. A., 2015, "Promises and Perils of Pre-Analysis Plans", *Journal of Economic Perspectives*, 29(3), 61–80.

Pager, D., Bonikowski, B., and Western, B., 2009, "Discrimination in a Low-Wage Labor Market: A Field Experiment", *American Sociological Review*, 74(5), 777–799.

Phillips, D. C., 2019, "Do Comparisons of Fictional Applicants Measure Discrimination When Search Externalities Are Present? Evidence from Existing Experiments", *The Economic Journal*, 129(621), 2240–2264.

Singh, A. S., and Masuku, M. B., 2014, "Sampling Techniques & Determination of Sample Size in Applied Statistics Research: An Overview", *International Journal of Economics, Commerce and Management*, 2(11), 1–22.

Si, Y., Bateman, H., Chen, S., et al., 2023, "Quantifying the Financial Impact of Overuse in Primary Care in China: A Standardised Patient Study", *Social Science & Medicine*, 320(C), 115670.

Tversky, A., and Kahneman, D., 1981, "The Framing of Decisions and the Psychology of Choice", *Science*, 211(4481), 453–458.

Weichselbaumer, D., 2015, "Testing for Discrimination against Lesbians of Different Marital Status: A Field Experiment", *Industrial Relations: A Journal of Economy and Society*, 54(1), 131–161.

第10章
审计实验方法面临的批判

审计实验方法作为实地实验的一种重要类型，被广泛应用于有关歧视、委托-代理方面重要问题的识别。本章以审计实验方法在歧视识别中的应用为例，介绍该方法在识别歧视方面所面临的主要批判或挑战：第一，介绍现场审计实验方法所存在的歧视识别干扰——实验员偏差，这是早期审计实验方法在应用推广过程中被研究者普遍诟病的问题；第二，分析基于审计实验方法进行因果推断的隐含假设对歧视识别所造成的混杂干扰；第三，阐述审计实验方法在获取结果变量方面的局限性；第四，讨论审计实验方法在应用过程中所面临的伦理批判。

10.1 实验员偏差

现场审计实验是通过招募实验员扮演审计员的方式识别社会对某一特殊群体的歧视，但在实际操作中往往存在一系列的问题。具体而言，在基于真人审计方式开展审计实验的理想场景下，不同审计员的可观测特征在不同实验局之间应该因成功的随机化而具有完美的平衡性，并且实验满足双盲设计，即扮演审计员的实验员和作为实验被试的被审计者均应完全不了解实验研究的目的。但实际上，现场审计实验很难控制除干预条件外的其他由实验员自身特征差异所导致的估计偏差，这种偏差通常被称为"实验员偏差"。一方面，不同干预条件下被指派的实验员的可观测特征分布很难完全平衡。例如，在研究种族歧视的现场审计实验中，研究者很难保证实验员除了肤色，其他无法完全量化的可观测特征（如性格、交流方式和行为举止）对于被审计者而言完全相同。另一方面，即使不同干预条件下实验员的可观测特征分布完全平衡，研究者也很难实现双盲设计，也就是说，实验员可能会猜测研究目的，并在实验过程中有意或无意地引导被审计者的行为决策(Turner 等,1991)。例如，实验员通过一些实验剧本中难以具体规范的语气或动作诱导被审计者的决策向某一方向偏离,如实验员为迎合研究者可能诱导被审计者做出与研究目的相一致的决策,导致识别的歧视有偏且往往会形成高估。

下面以早期采用现场审计实验探究劳动力市场中的性别歧视和种族歧视的研究为例,对上述提及的实验员偏差进行更为直观的解释。性别歧视长期以来一直是劳动经济学中备受关注的经典议题,指雇主在招聘、薪酬福利安排和晋升安排等环节中,对具有相同生产率但仅性别不同的求职者或雇员的区别对待。Neumark 等(1996)采用现场审计实验方法对美国劳动力市场中的性别歧视进行了探究。具体而言,作者从参与本科生经济学研讨会的学生中分别选取两名男性大学生和两名女性大学生作为实验的审计员,并让其申请美国费城的 3 种价格水平的共计 64 家餐厅的服务员职位。在该研究中,作者所感兴趣的是大学生申请者的性别是否会影响其收到工作邀请的概率,其实证估计关系如下:

$$P_{ij}^* = \alpha + \beta F_{ij} + \varepsilon_{ij} \tag{10-1}$$

其中,i 指代申请者,j 指代餐厅雇主,则 P_{ij}^* 表示申请者 i 收到餐厅 j 工作邀请的概率,F_{ij} 表示申请餐厅 j 的服务员职位的申请者 i 的性别,ε_{ij} 表示除性别特征外其他影响申请者 i 收到餐厅 j 工作邀请的特征因素。由此,β 则衡量了女性申请者相较于男性申请者收到工作邀请概率的差异,也即该研究所关注的核心因果效应参数。然而,根据第 7 章中有关因果效应识别的理论可知,若想要获得对因果效应 β 的无偏估计,就需要 ε_{ij} 与 F_{ij} 正交,即 ε_{ij} 中不存在与性别特征相关且影响工作邀请的特征因素。因此,在上述研究背景下,理想的实验应该是:申请同一餐厅服务员职位的成对的男性和女性大学生申请者除性别外其他特征完全相同,从而比较不同性别申请者收到工作邀请的概率是否存在显著差异。在理想实验中,通过将不同性别申请者的特征进行匹配,可以排除 ε_{ij} 与 F_{ij} 之间的任何相关性,从而实现对因果效应 β 的无偏估计。

为逼近理想实验,该研究的作者做出了如下努力。第一,最大化男性申请者和女性申请者的简历相似度。为此,作者根据家庭背景、教育背景等个人信息和过去的工作经历信息创建了三种相似的虚构简历,并在 3 周的实验期内分配给不同性别申请者轮流使用,即每个申请者在 3 周的实验期内每周使用不重复的一种简历进行工作申请。第二,最小化男性和女性申请者在个人特征或面貌上的差异,其具体操作为:一方面,作者选取两名男性大学生和两名女性大学生作为审计员,以最小化特定于某一审计员个人特征的混杂因素影响;另一方面,不同性别的审计员被要求在与餐厅雇主接触的过程中始终保持平稳的态度,且穿着相似。

研究结果发现,在高价格或高档餐厅中存在对女性申请者的歧视,而在低档餐厅中却发现了对女性申请者青睐的微弱证据。具体而言,在高档餐厅发出的 13 个工作邀请中,只有 2 个是给予女性申请者的,但在低档餐厅发出的 10 个工作邀请中,有 8 个发给了女性申请者。然而,根据从餐厅收集的信息,高档餐厅的员工薪酬显著高于低档餐厅,因此该研究实际上揭示了基于薪酬的性别差异或歧视。

值得注意的是,Neumark 等(1996)基于最小化男性申请者和女性申请者在个人特征或面貌上的差异的努力可能并不足以解决实验员偏差,其原因在于:第一,大学生申请者并没有经过专业的求职过程培训,男性和女性申请者行为举止的系统性偏差可能会影响餐厅雇主的招聘决策;实际上,有效的培训和监督是现场审计实验成功执行的关键。审计员需要全面掌握虚构简历内容,以便对雇主的询问提供及时且适当的回答。通过开展诸如角色扮演和模拟面试等培训,可以帮助审计员适应其扮演的角色并获取改进表现情况的反馈信息,从而极大地减少不同审计员行为表现的系统性偏差对实验结果的影响。然而,扮演不同身份的审计员可能在某些特征上存在一些无法消除或短期内很难通过培训消除的差异,例如长相、声音和语言表达习惯等,这些特征差异均可能对实验结果造成影响。第二,大学生申请者均来自本科生经济学研讨会中的参与者,其可能知晓实验研究目的,从而有意或无意地引导餐厅雇主做出与实验研究目的相一致的招聘决策。

此外,现场审计实验中样本量有限且代表性不足的问题会进一步放大实验员偏差所带来的识别风险。这是因为较小的样本量或特殊样本会使得实验结果对任何偏差更加敏感,从而导致现场审计实验的结果与真实情况存在更大偏离。接下来,我们将对现场审计实验的样本量及其代表性问题进行简要介绍。

在现场审计实验中,研究者往往需要花费大量人力物力招募实验员并对其进行培训,研究样本大多来自某一社区或地区。例如,Grossman 和 Honig(2017)通过在尼日利亚拉各斯大学附近的零售市场开展现场审计实验,检验是否存在基于民族和社会经济地位的歧视。具体而言,研究者让扮演不同社会经济地位和不同民族的真人审计员作为买家向大米零售商询问大米价格并按照预先设定的购买量进行购买,通过比较不同社会经济地位和民族的审计员收到的大米报价以及大米数量,识别零售市场中是否存在基于民族和社会经济地位的歧视。为向大米零售商发送买家不同社会经济地位和民族的信号,Grossman 和 Honig(2017)进行如下设计:第一,在社会经济地位方面,扮演中等和高等社会经济地位的买家穿着更为体面和奢华,如穿衬衫、裤子、正装鞋及佩戴手表,而扮演低等社会经济地位的买家则穿着更为朴素,如穿 T 恤、短裤和凉鞋;第二,在民族方面,作者选取了尼日利亚国内第二大和第三大民族作为其研究所感兴趣的民族,并让所属约鲁巴族或伊博族的买家使用其方言,即分别用约鲁巴语或伊博语与大米零售商打招呼以发送其民族的信号。

研究结果发现:第一,相较于低等社会经济地位的买家,中等和高等社会经济地位的买家所支付的大米单价显著更高,即存在基于社会经济地位的歧视;第二,不同民族买家所支付的大米单价并不存在显著差异,但当买家和零售商所属相同民族时,可以降低中等和高等社会经济地位买家所受到的不平等对待。

然而,值得注意的是,Grossman 和 Honig(2017)仅在尼日利亚拉各斯大学附近一个社区内开展,买家和零售商总共仅进行了 464 次交易,样本量相对较少。此外,该研究选取的是尼日利亚最大的城市,同时也是尼日利亚的经济、文化和商业中心——拉各斯作为实验城市,其发现的结果可能不同于尼日利亚其他城市。一方面,拉各斯的人口结构非常复杂,包括了来自尼日利亚各个地区的人们,以及来自其他国家的移民,导致其多元文化程度要高于其他城市。另一方面,拉各斯的经济发展水平要高于尼日利亚的其他城市,这使其有更多的资源,如提供更多的教育机会、更平等的公共政策等,以推动民族平等。因此,基于拉各斯并未发现民族歧视的证据可能并不能完全推广至尼日利亚的其他城市。此外,该研究所招募的审计员均为大学年龄的男性,鉴于不同年龄阶段和不同性别人群的社会经历和社会地位等存在差异,该研究结果可能并不能推广至更具一般性的人群。

10.2　因果效应识别问题:"HS 批判"

近年来,通信审计实验方法的发展和兴起有效消除了现场审计实验所存在的实验员偏差以及样本量受限的担忧。我们将在下一章对此进行详细介绍。

然而,伴随着这一方法的发展,研究者对其在识别歧视方面的局限性有了更加深入的理解。特别是 James Heckman 和 Peter Siegelman 于 1993 年发表的一篇文章对基于审计实验方法的因果推断提出了新的质疑。其认为基于审计实验方法识别歧视的准确性通常依赖于研究者对不同群体的生产率或质量分布以及对被审计者决策准则的潜在假设,而这些潜在假设的成立与否在以往的审计实验研究中鲜有被讨论,这一批判也被后来的研究者简称为"HS 批判"。以劳动力市场中的种族歧视为例,尽管基于审计实验设计可以保证黑人求职者和白人求职者通过虚构简历披露出来的可观测特征具有完美的平衡性,但这两种群体的无法由虚构简历披露的不可观测特征的分布可能存在系统性的差异。而这些不可观测特征分布的种族差异是否会影响对种族歧视的识别,实际上取决于研究者对不同种族求职者的不可观测特征分布、求职者的可观测特征和不可观测特征之间关系,以及雇主招聘决策规则做出的假设与实际情况是否相符。下面以劳动力市场中的招聘或雇佣歧视为例,对"HS 批判"的核心思想进行详细介绍。

首先,影响生产率的不可观测特征的均值在不同身份群体之间可能存在系统差异。正如上一段所阐述的,审计实验方法可以通过控制不同群体身份的成对简历在可观测特征方面的系统性差异,比较他们在同一雇主处受到的差别对待。但该方法难以控制那些雇主重视但又无法被直接观测到的不可观测特征在不同身份的成对简历中的系统性差异。如 Heckman 和 Siegelman(1993)指出,鉴于研究者对决定求职者生产率的因素的知识有限,并且考虑到大多数审计实验研究所投递的成对虚构简历的样本量较少,很难保证所有影响生产率的特征在不同群体身份的成对简历中是平衡的。如果不同群体身份的成对简历在不可观测特征均值方面存在差异,将会导致有偏的歧视估计。引用 Heckman(1998)给出的例子,以种族歧视为例,假设求职者的生产率由两部分生产率要素加总决定,且这两部分生产率要素的分布是相互独立的,共同影响雇主对求职者的生产率信念或期望。进一步地,假设白人和黑人求职者的平均生产率相同,但是平均而言,黑人求职者在某一生产率要素上表现更好,而白人求职者则在另一生产率要素上表现更好。现在考虑在审计实验中,发送给同一雇主的成对虚构简历保证了白人求职者和黑人求职者在第一种生产率要素上相同。在这种情况下,通过控制白人和黑人求职者在第一种生产率要素方面相同而估计出来的不同种族所收到的招聘结果差异,显然会受到第二种生产率要素不平衡的干扰,如使得在第二种生产率要素有优势的群体获益,进而导致有偏的歧视估计。此外,如果求职者的两种生产率要素并不是相互独立的,而是存在一定的相关关系。那么在这种情况下,成对简历所披露的第一种生产率要素越相似可能会使得雇主感知到的另一种生产率要素的群体差异越凸显,结果可能会增大歧视估计的偏差。

其次,审计实验研究往往假设被审计者的决策结果是相关特征(如简历特征、企业特征和群体身份等)的线性函数,或者可以被转换为线性函数关系。这就意味着更高的技能水平将以一种线性的方式为求职者带来更高的被雇佣概率或更好的就业待遇。但是,在更一般的情况下,雇主的雇佣决策或其设置的福利待遇是求职者或雇员相关特征的非线性函数。以雇主的雇佣或招聘决策为例,很多雇佣模型往往假设只有当求职者的生产率超过某一临界值(Cutoff Value)或求职者达到最低资格时才会被雇佣。再如,在信贷申请的例子中,只有当申请人的资历超过某一临界值时才能获得贷款。

再次,回到上述生产率由两部分相互独立的生产率要素加总构成的例子中,假设第一种生产率要素是简历所披露出的可观测特征,而第二种生产率要素是经济学家无法观测但雇主或至少存在部分资深雇主可以观测到的特征(不可观测特征)。进一步地,假设成对的黑人和白人求职者的第一种可观测特征相同,且第二种不可观测特征的均值相同。因此,在线性函数关系的设定下,黑人和白人求职者的被雇佣概率差异即可被视为歧视。

然而,当雇主的雇佣决策是求职者的可观测特征和不可观测特征的非线性函数时,例如雇主的雇佣决策取决于求职者生产率与某一临界值之间的比较,临界值越高,被雇佣的概率就越低,那么不同身份求职者的不可观测特征的分布差异可能会导致对歧视估计结果的混淆——即使雇主不存在对黑人求职者的歧视(即对黑人和白人求职者设定相同的临界值),其雇佣概率也会表现出群体差异。例如,假设虚构的成对简历质量高于雇主设定的临界值,并且相对于黑人求职者,白人求职者的生产率分布(或不可观测特征分布)具有更大的异质性或方差更大。那么,对于雇主而言,相对于黑人求职者,白人求职者的生产率可能有更大的概率低于临界值,此时雇主将会更偏好于雇佣黑人求职者。反之,如果黑人求职者的生产率分布具有更大的异质性,则在相同情况下,黑人求职者的生产率将会有更大的可能性低于临界值,此时雇主将会更加偏好于雇佣白人求职者。因此,雇佣概率的种族差异可能会受到雇主临界值的设定和不同种族生产率分布特征(不可观测特征分布)的影响。如果雇主设定的生产率临界值过低,以至于大多数求职者都可以满足临界值条件,那么不可观测特征方差更小的群体将会受到雇主的偏好,反之,如果雇主设定的生产率临界值过高,那么不可观测特征方差更大的群体将会受到雇主的偏好。因此,基于审计实验方法测度的不同种族之间的被雇佣概率差异很难被直接归咎于单纯的种族歧视(即雇主对不同种族求职者设置不同的生产率临界值)。

最后,值得注意的是,正如 Neumark(2012)针对"HS 批判"所给出的回应中强调的:当不同身份求职者的可观测特征相同时,雇主基于相同的可观测特征对不同身份求职者的不可观测特征做出的差异性推断本质上也被认为是歧视,也即在不完全信息情况下基于群体平均生产率的统计推断所导致的统计性歧视。因此,HS 批判在狭义上可以被理解为对基于审计实验识别由雇主的个人主观偏见所导致的偏好性歧视的批判。

10.3 结果变量和机制识别问题

现实生活中,大多数社交互动通常是涉及多个阶段,但由于资源约束和保护被审计者等原因,审计实验方法特别是通信审计实验方法通常仅局限于在双方交涉过程的初级阶段采用。尽管现场审计实验可以在开展实验的过程中收集多个交涉阶段的结果,但是通信审计实验几乎完全受限于初始接触阶段的结果。具体而言,通信审计实验往往以某个在线平台为基础样本池,其所抽取的样本仅以零散的平台用户为主,从而导致所能探究的结果变量有限,且往往局限于求职、议价、交往等交互过程的初始阶段。

例如,在劳动力市场上,基于通信审计实验或现场审计实验开展研究的研究者往往只能收集到诸如"是否提供面试机会"(Bertrand 和 Mullainathan,2004)、"是否提供工作"(Bendick 等,2010;Pager 等,2009)、"不同身份申请者被雇主联系的顺序"(Duguet 等,2015)这类雇主在招聘阶段的行为决策数据,而无法进一步获取雇主的工资提议、工作安排及福利待遇等更为丰富的数据。然而,有关歧视的大量非实验研究则通常关注于工资水平这类求职应聘后期的数据。例如,Bertrand 和 Mullainathan(2004)通过向雇主发送种族不同但其他简历特征均相同的成对简历以考察劳动力中的种族歧视现象,但其仅能通过比较不同种族求职者收到雇主面试邀请概率的差异识别在招聘初始阶段的雇主歧视行为,无法进一步了解在给定不同种族求职者在被雇佣的情况下,相较于白人员工,雇主是否会对黑人员工支付更低的薪酬、安排更低级的职位及更差的福利待遇等。

在租房市场上,多数研究者仅能收集到诸如"是否回复租房询问的邮件"(如 Hogan 和 Berry,2011;Carlsson 和 Ericksson,2014)、"展示的住房类型"(如 Turner 等,2002)、"关于可购买或出租的房屋信息"(如 Yinger,1986;Galster,1990)、"提供与要求不同住房或种族指导"(如 Galster 和 Godfrey,2005)这类房东在房屋出租初始阶段的决策数据,而无法进一步获取房租报价、是否真实出租、房屋质量及居住环境等方面的数据。例如,Hogan 和 Berry(2011)通过多伦多在线租房平台向房东发送不同种族租客的咨询邮件,并基于不同种族租客收到的房东邮件回复率差异识别租房市场中的种族歧视行为,但无法进一步获取不同种族租客租房后的房东歧视行为,如房屋质量和租房费用差异等。然而,正如 Gaddis(2018)所提及的,在探究住房市场歧视的背景下,审计实验方法的结果变量局限尤为重要:审计实验方法不仅在捕捉居住地对租户影响的累积效应的能力方面受到限制(居住地不仅可能会影响租户的邻里特征,还可能会影响租户在劳动力市场的结果,例如具有高度贫困、犯罪率高等特征的居住地会在雇主招聘阶段成为影响雇主决策的相关信号),而且越来越多的证据表明,随着时间的推移,邻里效应的影响可能会逐渐增加(Chetty 等,2016)。因此,即使采用更为准确的识别方法,例如实地实验,也很难估计此类地域或邻里污名的累积效应。

在婚恋市场上,多数审计实验研究仅能获取"是否访问个人资料页面"(如 Ong 和 Wang,2015;Ong,2016)和"是否回复打招呼信息"(如 Egebark 等,2021)这类在交往初级阶段的决策数据,而无法获取是否有进一步交往及是否成功、确立婚恋关系等方面的数据。例如,Egebark 等(2021)通过在线婚恋平台上设置多个虚构账户,随机变化账户个人资料中的照片和受教育程度,并向平台中的潜在配偶发送打招呼信息,利用不同长相和受教育程度的账户所收到的信息回复率差异识别不同性别潜在配偶对长相和受教育程度的偏好,但无法进一步跟踪获取后续交往情况,以及是否确定婚恋关系等方面的数据。

实际上,基于审计实验方法所识别的歧视,仅是"歧视大厦"的冰山一角,远非歧视的全貌。第一,基于交涉初级阶段产生的歧视是否会延续到后期阶段仍不确定(Heckman,1998)。第二,被审计者可能会在双方交涉的后期而非初始阶段表现出歧视行为,从而导致审计实验方法无法准确地捕捉到被审计者的歧视。第三,歧视可能具有累积效应,即随着交往阶段的深入,早期阶段的直接歧视可能会转化为后期的系统性歧视,即使后期的被审计者本身并不存在对于某一群体身份的歧视。

目前,学术界已开始关注歧视的累积效应(或称系统性歧视)。为便于理解,我们以 Bohren 等(2025)为例,进行歧视的累积效应介绍。Bohren 等(2025)通过理论模型和两阶段雇佣实验的结果表明,某一阶段或领域的直接歧视可能通过系统歧视的渠道造成不同群体之间的持续性差别对待。具体来说,在两阶段雇佣实验中,作者设置了不同性别员工、招聘者和经理三个角色。首先,不同性别的员工均需要完成两套题目难度相似的测试题,如测试 A 和测试 B,并得到其在测试 A 和测试 B 中的真实成绩;其次,招聘者需要基于不同性别员工在测试 A 的真实成绩推断其在测试 B 中的成绩并给出对应的工资提议;最后,经理需要根据招聘者对不同性别求职者在测试 B 中的预测成绩推断员工在 A 测试中的成绩并给出对应的工资提议。其中的关键在于,经理本身即使并不存在歧视,但其关于不同性别员工的成绩信息是源于招聘者的推测,即这个信息中既包含了员工真实的能力水平,也包含了招聘者的性别偏见或歧视,也即允许招聘者的直接歧视通过此信息在经理的行为中产生系统性歧视。

研究结果发现:第一,招聘者给女性员工开出的工资显著低于真实成绩相似的男性员工。但实际上,研究并没有发现员工在两项测试上的真实成绩存在性别差异,因此工资差异代表了招聘者直接的性别歧视。第二,经理给女性员工开出的工资也显著低于真实成绩相似的男性员工,但保持经理收到的关于员工成绩的信息(即招聘者提供的工资)不变,女性员工获得的工资只比男性员工略低。由此可见,招聘者的直接歧视导致经理看到的男性员工的成绩相对于女性员工的成绩被夸大了,从而导致他们向男性员工提供更高的工资,而非由于经理自发的对女性员工的直接歧视。但审计实验方法往往仅能获取招聘者这一层面的决策信息,而无法获取下一阶段的经理决策信息,也就难以进一步揭示除直接歧视外的系统性歧视。

10.4 伦理批判

尽管审计实验方法为识别各个市场中基于不同群体身份的歧视提供了一种可行且有效的工具,但该方法因违背知情同意和自愿参与原则、欺骗被审计者等伦理问题而遭受学术界的诸多质疑(如 Bertrand 和 Duflo,2017;Zschirnt,2019)。实际上,针对审计实验方法的伦理质疑,早期研究者已进行了诸多辩护。下面对 Zschirnt(2019)所归纳的审计实验方法所面临的四方面伦理争议进行介绍。

第一,审计实验方法违背了知情同意和自愿参与等科研原则。在社会科学研究中,研究者需要遵循的两个基本的伦理原则分别为:①潜在被试应该有机会拒绝参与实验研究;②被试是根据全面和准确的信息做出参与实验的决策。然而,审计实验方法是在被审计者不知情的状况下开展的,绕过了知情同意程序,且在实验结束后也未向被审计者进行实验情况说明(Pager,2007;Lahey 和 Beasley,2018;Zschirnt,2019)。例如,基于劳动力市场开展的审计实验要求雇主在不知情的情况下作为实验被试参与虚构简历评估实验,并基于其真实的招聘需求做出是否向某一身份求职者发送面试邀请的决策。

然而,为获得对歧视的准确识别,打破知情同意和自愿参与原则是科学研究不得不做出的妥协。一方面,审计实验方法在识别歧视方面的天然优势是基于调查数据或行政数据的实证研究所无法取代的(Riach 和 Rich,2002)。在基于调查法衡量歧视的研究中,受访者可能为了迎合社会期望或维护自身公平正义的形象而隐藏自己对某一身份群体的歧视,或通过推测实验研究目的,并有意或无意地改变自己真实的行为决策,以接近自认为研究者所期望看到的结果,从而导致因果推论的不准确。而由 Blinder(1973)和 Oaxaca(1973)开创的基于多元线性回归分解识别歧视的方法亦受到质疑:该方法的核心思想是将任何不能被诸如教育、工作经验等生产率特征所解释的工资差异均归咎于歧视,但因遭受遗漏不可观测的生产率特征、自我选择和反向因果等所带来的内生性挑战,无法获取对歧视的准确估计。

另一方面,越来越多的研究者认为告知被审计者实验信息会使得实验结果无效,而打破知情同意和自愿参与原则是此类研究得以有效进行的关键特征(Bovenkerk,1992;Pager,2007;Blommaert 等,2014)。例如,Bovenkerk(1992)提出了允许审计实验打破知情同意原则的三个理由：①雇佣决策并非私事，且雇佣歧视是非法的；②若审计实验是经过认真准备并严格执行的，则其对作为被审计者的雇主几乎没有破坏性的影响；③研究者基于审计实验观测到的是雇主正常的招聘决策，即研究者并未诱导雇主偏离其正常的雇佣决策。Pager（2007）则以机构审查委员会（IRB）的规定为未获取知情同意的情况下开展审计实验的合理性进行辩护，即"放弃知情同意的前提包括：①研究对人类受试者的风险不超过最低限度；②放弃或者变更知情同意并不会对受试者的权利和福利产生不利影响；③在要求满足所有知情同意的情况下，研究实际上无法进行；④在适当的时候，受试者将在实验结束后提供有关实验的额外信息。"在探究歧视的背景下，审计实验可以满足上述 IRB 条件中的任何一个。即使审计实验可能为被审计者带来潜在的风险，但是经过合理的努力可以减少被审计者的成本，达到对被审计者的最低风险。

第二，在审计实验研究中，被审计者受到了欺骗。具体而言，审计实验方法依赖于对被审计者的欺骗，即向被审计者发送的简历、租房申请等均是虚构的，而被审计者则将此虚构简历、虚构申请等视为其潜在可获得真实候选人、租户等。实际上，科学研究中欺骗被试能否被学术界、社会大众等接受仍存有争论。例如，Dench 等（2004）认为欺骗被试能否被接受因研究者的方法论、哲学和道德立场而异；Riach 和 Rich（2004）则对审计实验中存在的欺骗被试的伦理问题进行了诸多讨论。当前研究者认可在审计实验中欺骗被试的合理性可以归纳为以下三方面：

① 在开展审计实验的多数市场中，欺骗行为并非罕见。以劳动力市场为例，部分求职者可能常采用"海投"的方式向雇主发布的职位空缺递交求职申请，但在未取得理想的工作机会前仍会拒绝大多数雇主所发送的面试邀请。Bovenkerk（1992）将审计实验中研究者对雇主的欺骗行为视为一种"以劳动力市场中并非罕见的方式进行的非真实交易"。Riach 和 Rich（2004）则认为研究者对雇主的欺骗实际上是在"欺骗被认为是一种常规性和公共认可的市场"中开展的一般性活动。

② 欺骗被审计者所带来的社会收益远大于其产生的成本。大多数涉及伦理问题的实地实验研究均需要考虑实验的成本和收益。现有关于评估研究伦理问题的普遍共识是：只要研究所带来的社会收益大于参与者或被试支付的成本，都将会获得机构审查委员会的许可。尽管在审计实验中，被审计者并没有

从参与实验研究中获益,甚至承担了一些诸如筛选的时间成本,但如果只关注被审计者自身的福利,可能会忽略进行科学研究的更广泛的社会利益。正如Boggs等(1993)中所提及的"寻找歧视的证据通常是非常困难的,而由审计实验识别的歧视尽管不是必要的但仍旧是相当具有价值的。遗憾的是,审计员必须向商业房东和房主隐瞒其真实的购房或租房意图。然而,我们很早就意识到为战胜种族歧视而进行欺骗的成本是相对较低的。基于审计实验的证据不仅可以通过快速消除歧视的错误宣传而有利于无偏的房东,而且其也是社会为消除种族歧视这一微妙但致命的毒药而持续斗争的主要资源"。Riach和Rich(2002)也提出了相似的论断,即"在基于劳动力市场、住房市场和产品市场开展实地实验的研究中,支持欺骗被试的理由为:这些市场中的歧视性做法对社会结构造成了极大伤害,但在实验中为企业家带来的不便成本是最小的"。

③ 审计实验方法被认为是"为实施反歧视法律而收集证据的公认方法"(Banton,1997),而该方法的欺骗特征是其获得对社会有害的歧视性实践的准确识别的关键。实际上,在20世纪60—70年代,审计实验方法诞生之初就是为了反歧视法律的通过而设计的,其目的是监测法律的有效性(Pager和Western,2012)。多年来,审计实验方法因欺骗被试的伦理质疑有所缓解,例如Zschirnt(2019)认为审计实验中的欺骗做法虽令人遗憾但不可避免。实际上,审计实验方法在很多国家已经获得了伦理委员会的同意,并将该方法视为迄今为止衡量或识别雇佣决策中的歧视的最佳方法。

第三,审计实验方法可能会对不愿意参与此实验的被审计者产生负面影响。在科学研究中,研究者应该遵守的另一个重要原则是"无害原则",即研究者不应该伤害研究参与者、研究者本人或未来的研究者。Zschirnt(2019)将反对开展审计实验的研究者的批判观念总结为以下四个方面:

① 如果审计实验鼓励被审计者表现出非法的歧视行为,那么可能导致雇主陷入两难的困境。Bovenkerk(1992)对此批判进行了回应,认为这种担忧是没必要的,因为歧视性雇主比研究者更可能打破法律准则。最重要的是,在审计实验中,研究者观测到的是雇主正常的招聘实践,其并不会诱导雇主违背其真实的招聘决策。

② 被审计者可能会付出评估和筛选虚构简历或租房申请材料等方面的时间成本。以劳动力市场的审计实验研究为例,雇主作为被审计者在不知情的情况下参与评估虚构简历并给出"是否发送面试邀请"的决策。显然,对于雇主

来说,其并没有得到对应于查看、评估简历,以及决定是否发送面试邀请方面所付出的时间精力成本的货币补偿。但若对雇主的时间精力成本进行货币补偿,也就没办法避免由雇主本身的社会期望偏差或其他因素对研究结果的干扰,并且高昂的实验成本也可能使大多数研究者望而却步。此外,研究者基于最小化施加给被审计者的时间成本亦进行了诸多努力。以劳动力市场中基于求职应聘的审计实验为例:一方面,大多数基于求职应聘的审计实验采用的是入门级职位,而此类职位通常仅需雇主付出极低的评估和筛选努力,能够在一定程度上最小化雇主用于评估虚构求职者的时间成本(Pager,2007);另一方面,为避免雇主觉察和降低雇主的时间成本,大多数审计实验通常仅会对雇主发布的某一职位空缺进行一次性的投递虚构简历的实验;此外,研究者在收到雇主的面试邀请后会第一时间礼貌拒绝,以最小化对真实求职者求职申请过程的影响。

③ 基于审计实验识别歧视可能会侵犯被审计者的隐私。Bovenkerk(1992)对此观点进行了回应,认为"不存在违反隐私的合法性预期问题,而且雇佣并不是完全私人的事情"。此外,该研究认为由于各国政府和国际机构均将就业歧视视为非法行为以确保公民接受平等的就业机会,因此在雇佣活动中保护雇主私下的歧视行为也并不具有合法性。Fix 等(1993)支持 Bovenkerk(1992)的观点,认为在涉及公开和商业活动(例如公开的职位空缺广告)和公共法规禁止歧视性行为的情况下,基于歧视实践的隐私并不具有合法性的预期,并坚持认为审计实验方法所提供的有关歧视的准确证据比开展该实验所产生的成本更为重要。Riach 和 Rich(2002)则补充认为诚实不能成为那些自身从事欺骗和歪曲的人的合理期望。

④ 审计实验识别的歧视结果可能会对企业声誉等造成负面影响。以劳动力市场为例,Pager(2007)强调"必须采取措施保护雇主身份,确保不能将单个雇主与歧视研究联系起来"。此外,大多数研究者亦指出:一是收集的数据是匿名的,只有核心研究团队成员可以接触到有关雇主身份的信息;二是研究结果是基于所有被审计者的决策数据进行统计推断,而非针对单个被审计者;三是审计实验研究对指责个别被审计者的歧视行为并不感兴趣,而仅关心社会中的歧视现象或趋势。

第四,审计实验是秘密研究法(Covert Research)的一个例子。秘密研究法是指研究者的职业身份和学术意图部分或全部隐藏起来的研究策略,因此,此类研究可以在没有研究对象知情和同意的情况下执行。Dench 等(2004)在涉及秘密研究法的欺骗问题时强调"如果利用秘密研究法是获得信息的唯一可能的方式(如有关暴力、犯罪或危险分子、欺诈或歧视行为的研究),研究者应该平衡欺骗的需要和实施此类研究的价值"。其中,Dench 等(2004)确实指出在歧视领域,秘密研究法通常是识别歧视实践或行为的唯一途径。因此,目前的共识是使用秘密研究法是一个微妙的问题,但若在使用其他方法无法获得类似质量和丰富信息的情况下,它便是合理的。

最后,值得强调的是,鉴于各类市场歧视对经济社会可持续发展的负面影响,探究歧视存在与否,以及反歧视政策制定一直以来都是各国政府高度关注的问题。以劳动力市场为例:第一,就业歧视导致受歧视群体就业机会的不平等,引发社会公平问题;第二,如果就业歧视主要源于雇主对某一特征群体的偏好性歧视(即雇主的个人偏见,而非基于生产率信息的不完全),不仅导致该特征群体受到歧视对待,而且背离了企业利润最大化目标,扭曲了雇主-雇员之间的匹配,进而造成劳动力市场效率的下降;第三,不管就业歧视的来源如何,其都可能通过自我实验预言(Self-fulfilling Prophecy)而导致不同群体人力资本投资的扭曲,造成群体差异,从而进一步加剧社会不平等。例如,雇主一旦对属于某一群体身份的员工进行歧视,就可能降低受歧视群体进行相关人力资本投资积累的预期回报,久而久之便会降低此群体对于相关人力资本的投资积累,从而导致受歧视群体平均生产率水平的实际下降,这会进一步强化歧视者的信念,加剧不平等程度。然而,只有准确识别歧视及其来源才能够设计行之有效的反歧视政策,改善劣势群体的就业状况和劳动力市场效率,进而提高整体社会福利。由此,相较于应用审计实验方法所导致的上述伦理成本,该研究方法所带来的社会收益是断不可被忽视的,且应当是被政策制定者主要关注的。

本章小结

本章深入探讨了审计实验方法在识别歧视方面所面临的多重挑战与批判。首先,实验员偏差是现场审计实验普遍面临的识别挑战。这种偏差源于无法完全控制实验员的个体特征(如性格和沟通风格)在不同实验局之间具有完美的平衡性,进而影响歧视识别的准确性。其次,本章还详细介绍了审计实验方法所面临的"HS 批判"。这一批判指出,不同群体在不可观测特征分布(包括均值和方差)上的差异可能会扭曲歧视识别的结果,限制该方法在歧视识别方面的有效性。再次,审计实验方法在获取结果变量方面的局限性亦受到了批判。

鉴于审计实验方法通常仅能获取交往初级阶段的结果变量，未能深入探讨被歧视群体在后期交往各阶段所遭受的歧视及其严重程度，使得对歧视的全面识别受到制约。最后，伦理问题也是审计实验方法面临的重要争议之一。尽管该方法因违反知情同意和自愿参与原则等科研原则而受到批评，但其在识别歧视方面的天然优势仍然获得了学术界的认可。综上所述，审计实验方法为识别基于群体身份的歧视提供了有效工具，但其方法论局限性和伦理争议亟须进一步探讨与改进。在下一章中，我们将深入探讨学术界在应对上述四种挑战和批判方面所取得的进展。

参考文献

Banton, M., 1997, "The Ethics of Practice-testing", *Journal of Ethnic and Migration Studies*, 23(3), 413–420.

Bendick Jr., M., Rodriguez, R. E., and Jayaraman, S., 2010, "Employment Discrimination in Upscale Restaurants: Evidence from Matched Pair Testing", *The Social Science Journal*, 47(4), 802–818.

Bertrand, M., and Duflo, E., 2017, "Field Experiments on Discriminationa", in Banerjee, A. V., Duflo, E., eds., *Handbook of Economic Field Experiments*, North-Holland: Elsevier, 309–393.

Bertrand, M., and Mullainathan, S., 2004, "Are Emily and Greg More Employable than Lakisha and Jamal? A Field Experiment on Labor Market Discrimination", *American Economic Review*, 94(4), 991–1013.

Blinder, A. S., 1973, "Wage Discrimination: Reduced Form and Structural Estimates", *The Journal of Human Resources*, 8(4), 436–455.

Blommaert, L., Coenders, M., and Van Tubergen, F., 2014, "Discrimination of Arabic-named Applicants in the Netherlands: An Internet-based Field Experiment Examining Different Phases in Online Recruitment Procedures", *Social Forces*, 92(3), 957–982.

Boggs, R., Sellers, J., and Bendick, M., 1993, "Use of Testing in Civil Rights Enforcement", in Struyk, M., and Fix, R. J., eds., *Clear and Convincing Evidence: Measurement of Discrimination in America*, Washington, DC: Urban Institute Press, 345–376.

Bohren, J. A., Hull, P., and Imas, A., 2025, "Systemic Discrimination: Theory and Measurement", *The Quarterly Journal of Economics*, 140(3), 1743–1799.

Bovenkerk, F., and World Employment Programme Migration and Population Branch, 1992, *Testing Discrimination in Natural Experiments: A Manual for International Comparative Research on Discrimination on the Grounds of Race and Ethnic Origin*, Geneva: International Labour Office.

Carlsson, M., and Eriksson, S., 2014, "Discrimination in the Rental Market for Apartments", *Journal of Housing Economics*, 23, 41-54.

Chetty, R., Hendren, N., and Katz, L. F., 2016, "The Effects of Exposure to Better Neighborhoods on Children: New Evidence from the Moving to Opportunity Experiment", *American Economic Review*, 106(4), 855-902.

Dench, S., Iphofen, R., and Huws, U., 2004, "An EU Code of Ethics for Socio-Economic Research. The Institute for Employment Studies", available at: https://www.employment-studies.co.uk/ (accessed 8 September 2015).

Duguet, E., Parquet, L. D., L'horty, Y., and Petit, P., 2015, "New Evidence of Ethnic and Gender Discriminations in the French Labor Market Using Experimental Data: A Ranking Extension of Responses from Correspondence Tests", *Annals of Economics and Statistics/Annales d'économie et de Statistique*, 117/118, 21-39.

Egebark, J., Ekström, M., Plug, E., and Van Praag, M., 2021, "Brains or Beauty? Causal Evidence on the Returns to Education and Attractiveness in the Online Dating Market", *Journal of Public Economics*, 196, 104372.

Fix, M., Galster, G., and Struyk, R., 1993, "An Overview of Auditing for Discrimination", in Fix, M., and Struyk, R., eds., *Clear and Convincing Evidence: Measurement of Discrimination in America*, Washington DC: The Urban Institute, 1-49.

Gaddis, S. M., 2018, "An Introduction to Audit Studies in the Social Sciences", in Gaddis, S. M., ed., *Audit Studies: Behind the Scenes with Theory, Method, and Nuance*, Cham: Springer International Publishing, 3-44.

Galster, G., and Godfrey, E., 2005, "By Words and Deeds: Racial Steering by Real Estate Agents in the U.S. in 2000", *Journal of the American Planning Association*, 71(3), 251-268.

Galster, G., 1990, "Racial Steering in Urban Housing Markets: A Review of the Audit Evidence", *The Review of Black Political Economy*, 18(3), 105-129.

Grossman, S., and Honig, D., 2017, "Evidence from Lagos on Discrimination across Ethnic and Class Identities in Informal Trade", *World Development*, 96, 520-528.

Heckman, J. J., and Siegelman, P., 1993, "The Urban Institute Audit Studies: Their Methods and Findings", in Struyk, M., and Fix, R. J., eds., *Clear and Convincing Evidence: Measurement of Discrimination in America*, Washington, DC: Urban Institute Press, 187-258.

Heckman, J. J., 1998, "Detecting Discrimination", *Journal of Economic Perspectives*, 12(2), 101-116.

Hogan, B., and Berry, B., 2011, "Racial and Ethnic Biases in Rental Housing: An Audit Study of Online Apartment Listings", *City & Community*, 10(4), 351-372.

Lahey, J., and Beasley, R., 2018, "Technical Aspects of Correspondence Studies", in Gaddis, S. M., ed., *Audit Studies: Behind the Scenes with Theory, Method, and Nuance*, Cham: Springer International Publishing.

Neumark, D., Bank, R. J., and Van Nort, K. D., 1996, "Sex Discrimination in Restaurant Hiring: An Audit Study", *The Quarterly Journal of Economics*, 111(3), 915-941.

Neumark, D., 2012, "Detecting Discrimination in Audit and Correspondence Studies", *The Journal of Human Resources*, 47(4), 1128-1157.

Oaxaca, R., 1973, "Male-Female Wage Differentials in Urban Labor Markets", *International Economic Review*, 14(3), 693-709.

Ong, D., and Wang, J., 2015, "Income Attraction: An Online Dating Field Experiment", *Journal of Economic Behavior & Organization*, 111, 13-22.

Ong, D., 2016, "Education and Income Attraction: An Online Dating Field Experiment", *Applied Economics*, 48(19), 1816-1830.

Pager, D., and Western, B., 2012, "Identifying Discrimination at Work: The Use of Field Experiments", *Journal of Social Issues*, 68(2), 221-237.

Pager, D., Bonikowski, B., and Western, B., 2009, "Discrimination in a Low-Wage Labor Market: A Field Experiment", *American Sociological Review*, 74(5), 777-799.

Pager, D., 2007, "The Use of Field Experiments for Studies of Employment Discrimination: Contributions, Critiques, and Directions for the Future", *The ANNALS of the American Academy of Political and Social Science*, 609(1), 104-133.

Riach, P. A., and Rich, J., 2004, "Deceptive Field Experiments of Discrimination: Are They Ethical?", *Kyklos*, 57(3), 457-470.

Riach, P. A., and Rich, J., 2002, "Field Experiments of Discrimination in the Market Place", *The Economic Journal*, 112(483), F480-F518.

Turner, M. A., Fix, M., and Struyk, R. J., 1991, *Opportunities Denied, Opportunities Diminished: Racial Discrimination in Hiring*, Washington, DC: The Urban Institute.

Turner, M. A., Ross, S. L., Galster, G. C., and Yinger, J., 2002, *Discrimination in Metropolitan Housing Markets: National Results from Phase I HDS 2000*, Washington, DC: The Urban Institute.

Yinger, J., 1986, "Measuring Racial Discrimination with Fair Housing Audits: Caught in the Act", *American Economic Review*, 76(5), 881-893.

Zschirnt, E., 2019, "Research Ethics in Correspondence Testing: An Update", *Research Ethics*, 15(2), 1-21.

第11章
审计实验方法及其识别策略的改进探索

随着审计实验方法在各市场领域的广泛应用,研究者针对审计实验方法的实验员偏差和"HS批判"这两方面的因果推断挑战、结果变量局限及伦理问题提出并发展了对应的解决方法,而这些方法也在一定程度上代表了审计实验方法及其研究思想的发展前沿。下面我们将逐一介绍对应方法的基本原理或逻辑。首先,我们将介绍伴随互联网通信技术发展而兴起的通信审计实验方法,其解决了早期的现场审计实验所面临的实验员偏差问题;其次,我们将介绍由Neumark(2012)提出的异方差Probit模型方法如何纠正"HS批判"中不同群体的不可观测特征的方差差异所造成的因果估计偏差问题及相关应用;再次,我们将进一步介绍结合政策冲击的审计实验方法如何解决"HS批判"中的识别偏误问题;最后,我们将介绍两种新的实地实验方法,其在结果变量局限和伦理方面均做出了不同程度的改进。

11.1 缓解实验员偏差:通信审计实验方法

鉴于实验员偏差本质上源于研究者对随机指派到不同实验局中的审计员的个人特征及其行为特征的可控性较弱,后期越来越多的研究者开始采用书面审计材料替代审计员,极大地缓解了实验员偏差对识别结果的混杂影响,通信审计实验方法也应运而生。

早期的通信审计实验大多基于邮寄书面信件的形式开展。其相较于现场审计实验在可控性和实验成本方面均取得了明显进步:第一,邮寄书面信件的通信审计实验可以避免现场审计实验因无法控制真人审计员的部分可观测特征在不同实验局中的系统差异,以及审计员因知晓实验研究目的而做出的有意或无意的诱导(实验员偏差)对雇主决策行为的干扰;第二,相较于招募和培训真实审计员进行实验的高昂成本,邮寄书面信件的审计方法在制作书面申请材料和邮件信件方面的成本相对更低,且申请流程更为便捷。

例如,Riach 和 Rich(1987)采用邮寄书面信件的配对审计方法探究澳大利亚维多利亚州劳动力市场的性别歧视程度。具体而言,研究者先从维多利亚州每日早报上刊登的招聘广告中选取需要书面申请且存在稳定招聘需求的 7 类职位,分别为计算机程序分析员(Computer Analyst-programmer)、计算机操作员(Computer Operator)、计算机程序员(Computer Programmer)、园丁(Gardener)、劳资关系主任(Industrial Relations Officer)、管理会计师(Management Accountant)和工资专员(Payroll Clerk)。然后,基于这些空缺职位广告中的雇主地址,向其邮寄除性别外其他特征均相匹配的书面申请信件。雇主会在职位广告第一次发布后的一周内收到邮寄的书面申请信件,并做出是否给予申请者面试邀请的决定。为获得对每个职位而言具有统计显著的面试邀请数量(100 个面试邀请),该实验进行了 3 年,即从 1983 年 11 月开展至 1986 年 11 月。其研究结果发现,在配对的求职者中,仅有女性未被邀请面试的比例要比仅有男性未被邀请面试的比例高出 40%。

近年来,依托于互联网技术和计算机技术的快速发展,基于互联网平台的通信审计实验应运而生,其通过互联网平台,例如在线招聘平台和婚恋网站等,向潜在被审计者(如公开发布招聘广告的雇主)发送虚构的简历材料,并收集被审计者的决策结果。该方法相较于早期邮寄书面信件的通信审计实验在成本上更具优势,且可以很容易地获取较大的样本容量和较高的统计效率(如 Neumark 等,2019)。具体来说,研究者可以将事先构建的虚构简历通过计算机编程自动录入简历信息,并向对应被审计者发送审计材料,极大简化了审计实验中的部分审计步骤(Lahey 和 Beasley,2009),还可以进一步降低人工录入和投递审计材料过程中的出错概率,从而实现大样本审计。在大样本情况下可以有效增加统计效率,如大样本数据更可能满足估计方法的分布假设等,增强了估计结果的有效性。此外,大样本审计不仅可获得较高的统计效力,还有益于开展基于被试者间设计的在线审计实验研究(如 Ahmed 等,2013;Weichselbaumer,2015;Acquisti 和 Fong,2020)。相较于被试者内设计,被试者间设计可以有效地降低被审计者怀疑或发现审计材料为虚构的风险,提高对歧视水平估计的准确性和外部有效性。

此外,可以利用计算机爬虫或与在线平台开展合作以收集大量真实的简历信息或其他行政记录数据,为构建真实自然的虚构简历提供素材指导和数据支撑。例如,Neumark 等(2019)将在线招聘平台上超过 25 000 份简历作为样本库,创建能够随机分配多个可控制简历特征信息以及简历分组的应用程序 VBA,以制作更为真实的虚构简历。He 等(2021)则依据招聘平台上数千个真实招聘广告的工资范围和工作时间要求,设计其在线审计实验中的工作职位所具有的工资和工作时间的弹性范围,以探究工作时间和地点弹性条件的变化对求职者申请的影响。

11.2 增强因果识别:异方差 Probit 模型

不论是现场审计实验还是通信审计实验方法都面临着不同群体在不可观测特征方面的系统差异对歧视识别的干扰,这被称为"HS 批判"(Heckman 和 Siegelman,1993;Heckman,1998)。为此,Neumark(2012)在审计实验方法基础上发展了一种基于异方差 Probit 模型(Heteroskedastic Probit Model)的方法对由不同群体的不可观测特征的方差差异所造成的歧视偏差进行检验和纠正。

接下来,以 Neumark(2012)中探讨的种族歧视为例,介绍在审计实验中使用异方差 Probit 模型识别歧视的内在逻辑。假设就业市场中的求职者 i 仅存在两种种族身份,种族身份用 R 表示,$R=1$ 表示黑人求职者,$R=0$ 表示白人求职者。求职者的生产率特征包括简历中披露的可观测特征 X^I 和雇主无法观测到的不可观测特征 X^{II},$X^I = (X^I, X^{II})$,两者相互独立可加。此外,我们用 X_B^j 和 X_W^j 分别表示黑人求职者和白人求职者在 X^I 和 X^{II} 的实现值,其中 $j = I, II$。而通信审计实验保证了黑人求职者和白人求职者的可观测特征相同,即 $X_B^I = X_W^I$,故在下面的表述中将其统一用 X^{I*} 表示。

假设雇主对求职者的生产率预期是求职者的可观测特征、不可观测特征和雇主层面的特征 F 的线性函数,并用 $P(X^I, F)$ 表示,用 P_B^* 和 P_W^* 分别表示对黑人求职者和白人求职者的预期生产率,则有:

$$P_B^* = \beta'_I X^{I*} + E(X_B^{II}) + F \qquad (11-1)$$

$$P_W^* = \beta'_I X^{I*} + E(X_W^{II}) + F \qquad (11-1')$$

首先,考虑一种简单的情况。假设雇主对求职者的待遇是求职者预期生产率和求职者的种族身份的线性可加函数,用 $T(P(X^I, F), R)$ 表示。为了便于

与通信审计实验的结果相对应,可以将其视为雇主雇佣某一求职者的概率。①由此可知,

$$T(P(X',F),R) = P(X',F) + \gamma'R \qquad (11-2)$$

其中,$\gamma' < 0$,表示雇主存在对于黑人求职者的歧视,也即相较于具有相同生产率预期的白人求职者,黑人求职者的被雇佣概率更低。

进一步地,为直观地展示通过通信审计实验方法所识别的歧视,可将雇主对黑人求职者和白人求职者的雇佣概率及其差异分别表示为:

$$T(P(X^{I*}, X_B^{II}, F) \mid R=1) = P_B^* + \gamma' = \beta'_I X^{I*} + E(X_B^{II}) + F + \gamma' \qquad (11-3)$$

$$T(P(X^{I*}, X_W^{II}, F) \mid R=0) = P_W^* = \beta'_I X^{I*} + E(X_W^{II}) + F \qquad (11-3')$$

$$T(P(X',F) \mid R=1) - T(P(X',F) \mid R=0) = E(X_B^{II}) - E(X_W^{II}) + \gamma' \qquad (11-4)$$

$$T(R) = \alpha' + \gamma' R_i + \varepsilon_i \qquad (11-4')$$

其中,(11-4)式表示基于通信审计实验方法所识别的针对黑人求职者的歧视。由(11-4)式可知,如果假设通信审计实验可以使得黑人求职者和白人求职者在不可观测特征均值上相同,即 $E(X_B^{II}) = E(X_W^{II})$,则该方法即可正确地识别歧视。②(11-4')式则表示在该情况下,基于实验数据识别歧视时的实证模型设定。反之,通过通信审计实验方法所识别的歧视往往会受到不同群体的不可观测特征均值差异的干扰。

现在,我们考虑另一种更为复杂的情况。假设如果雇主对某一求职者的生产率期望或信念超过了给定的生产率阈值,用 c' 表示,那么就雇佣该求职者,否则不雇佣。由此,雇主对黑人求职者和白人求职者的雇佣规则(Hire Rule)可表示为:

$$T^*(R=1) = 1, \quad 如果 \beta'_I X^{I*} + E(X_B^{II}) + \gamma' + F > c' \qquad (11-5)$$

$$T^*(R=0) = 1, \quad 如果 \beta'_I X^{I*} + E(X_W^{II}) + F > c' \qquad (11-5')$$

---

① 在 Heckman(1998)和 Neumark(2012)的模型设定中,雇主对求职者的待遇(treatment)被模型化为感知生产率和求职者类型的线性函数。这里的"待遇"可以被视为连续变量,例如,雇主对求职者的工资提议等。

② Neumark(2012)认为当不同类型求职者的可观测特征相同时,雇主基于相同的可观测特征对不同类型求职者的不可观测特征均值做出的差异性推断或感知可被认为是统计性歧视。因此,我们按照 Neumark(2012)的界定,将 $E(X_B^{II}) - E(X_W^{II})$ 视为统计性歧视。

其中，T^* 表示雇主是否雇佣某一求职者，$T^* \in \{0,1\}$，$T^* = 1$ 表示雇佣该求职者，$T^* = 0$ 表示不雇佣该求职者。γ' 表示在同等条件下雇主会对黑人求职者的期望生产率（$\gamma' < 0$）"打折"（discount），以捕捉雇主对黑人求职者的歧视（或可将其理解为，雇主会对黑人求职者设置更高的生产率阈值），如雇主与黑人求职者交往会降低雇主的效用（偏好性歧视）。

假设黑人求职者和白人求职者的不可观测特征服从正态分布，且均值相同，即 $E(X^{II*}) = E(X_B^{II}) = E(X_W^{II})$，其标准差分别表示为 σ_B^{II} 和 σ_W^{II}。为了简化，我们将 $E(X^{II*}) + F$ 用 A 表示，因此，黑人求职者和白人求职者的被雇佣概率及其差异可分别表示为：

$$\Pr(T^*(R=1) = 1) = 1 - \Phi\left[\frac{c' - \beta'_I X^{I*} - A - \gamma'}{\sigma_B^{II}}\right]$$

$$= \Phi\left[\frac{\beta'_I X^{I*} + A + \gamma' - c'}{\sigma_B^{II}}\right] \quad (11\text{-}6)$$

$$\Pr(T^*(R=0) = 1) = 1 - \Phi\left[\frac{c' - \beta'_I X^{I*} - A}{\sigma_W^{II}}\right] = \Phi\left[\frac{\beta'_I X^{I*} + A - c'}{\sigma_W^{II}}\right]$$

$$(11\text{-}6')$$

$$\Pr(T^*(R=1) = 1) - \Pr(T^*(R=0) = 1)$$

$$= \Phi\left[\frac{\beta'_I X^{I*} + A + \gamma' - c'}{\sigma_B^{II}}\right] - \Phi\left[\frac{\beta'_I X^{I*} + A - c'}{\sigma_W^{II}}\right] \quad (11\text{-}7)$$

其中，$\Phi(\cdot)$ 表示标准正态分布的累积分布函数（Cumulative Distribution Function，CDF），（11-7）式则提供了对种族歧视的估计。然而，由（11-7）式可知，即使 $\gamma' = 0$，即雇主并不存在针对黑人求职者的歧视，但如果 σ_B^{II} 和 σ_W^{II} 之间存在差异，其也可能导致具有相同生产率预期的黑人求职者和白人求职者的被雇佣概率存在差异，即（11-7）式不等于 0。例如，假设 $\gamma' = 0$ 且 $\sigma_B^{II} < \sigma_W^{II}$，则雇主的生产率阈值 c' 相较于求职者的生产率预期更高，也即 $\beta'_I X^{I*} + A < c'$，意味着 $\Phi\left[\frac{\beta'_I X^{I*} + A + \gamma' - c'}{\sigma_B^{II}}\right] < \Phi\left[\frac{\beta'_I X^{I*} + A - c'}{\sigma_W^{II}}\right]$，故会产生针对黑人求职者的歧视；反之，雇主的生产率阈值 c' 相较于求职者的生产率预期更低，也即 $\beta'_I X^{I*} + A > c'$，意味着 $\Phi\left[\frac{\beta'_I X^{I*} + A + \gamma' - c'}{\sigma_B^{II}}\right] > \Phi\left[\frac{\beta'_I X^{I*} + A - c'}{\sigma_W^{II}}\right]$，则会产生针对白人求职者的歧视。综上可知，不同群体的不可观测特征方差差异可

能导致利用通信审计实验方法衡量的歧视偏向于任何一个方向。

然而,根据(11-6)式和(11-6′)式可以发现,对于具有更大的不可观测特征方差的群体而言,其可观测特征变化对其被雇佣概率的影响更小,即可观测特征 X^{I*} 前的系数 $\frac{\beta'_I}{\sigma^{II}_i}$（$i=W$ 或 B）更小。鉴于此,通过检验不同群体的可观测特征的同等程度变化对其雇佣概率差异或歧视的影响,实际上提供了对不同群体的不可观测特征方差的相对大小的信息,而这也是 Neumark(2012)识别和纠正歧视的核心思想。值得注意的是,该思想实际上依赖于可观测特征对黑人和白人求职者的预期生产率的影响程度相同,即 x^I 的系数 β'_I 相同的假设。

为了更加直观地阐述上述思想,我们将白人求职者的不可观测特征方差 σ^{II}_W 标准化为1,其等价于将(11-7)式中所有系数均转化为与 σ^{II}_W 的相对值。进一步地,我们将对两类求职者均相同的部分 A 简化为0。此时,(11-7)式可转化为:

$$\Pr(T^*(R=1)=1) - \Pr(T^*(R=0)=1)$$
$$= \Phi\left[\frac{\beta_I}{\sigma^{II}_{BR}} X^{I*} + \frac{\gamma'-c'}{\sigma^{II}_{BR}}\right] - \Phi[\beta_I X^{I*} - c'] \quad (11-8)$$

其中,$\sigma^{II}_{BR} = \frac{\sigma^{II}_B}{\sigma^{II}_W}$。由(11-8)式可知,当可观测特征对雇佣概率的影响在不同种族之间相同时,即均为 β_I,研究者实际上可以分别基于两种族群体的可观测特征的边际影响比较识别 σ^{II}_{BR},从而识别 γ'。具体而言,研究者可以利用白人求职者的数据识别 β_I 和 c',利用黑人求职者的数据识别 $\frac{\beta_I}{\sigma^{II}_{BR}}$ 和 $\frac{\gamma'-c'}{\sigma^{II}_{BR}}$,并基于 β_I 与 $\frac{\beta_I}{\sigma^{II}_{BR}}$ 的比率识别 σ^{II}_{BR}。进一步地,在已知 σ^{II}_{BR} 和 c 的情况下,基于 $\frac{\gamma'-c'}{\sigma^{II}_{BR}}$ 的识别结果即可获得对 γ 的无偏估计。在实际应用中,研究者可以直接利用异方差 Probit 模型实现对上述 γ 的准确估计,这是因为该模型允许不可观测特征的方差随求职者的种族而变化。受限于篇幅原因,具体的实证识别策略详见 Neumark(2012),此处不再对此进行展开介绍。

自 Neumark(2012)提出利用异方差 Probit 模型解决不同群体的不可观测特征方差差异所导致的估计偏差后,该方法在歧视领域得到了一定的应用。例如,Neumark 和 Rich(2019)利用异方差 Probit 模型对以往运用审计实验方法探究歧视的研究进行重新估计。结果发现,对于房地产市场的歧视研究,经异方差 Probit 模型修正后发现原有结果依旧稳健;但对于劳动力市场的研究,其中一半以上的结果在经异方差 Probit 模型修正后,歧视降低至接近于 0,甚至有些发生了方向上的转变。例如,Neumark 等(2019)利用异方差 Probit 模型对劳动力市场中的年龄歧视进行纠正,结果发现在对不同年龄下的不可观测方差异质性所导致的估计偏误进行纠正后,年龄歧视有所变化,甚至在某些情况下消失了。

然而,值得注意的是,尽管异方差 Probit 模型纠正可以在一定程度上缓解由不可观测特征方差的群体差异所导致的识别偏误,但该方法识别歧视的准确性也依赖于三个假设:第一,雇主的雇佣决策遵循二元阈值模型(Binary Threshold Model),当雇主感知到的求职者生产率超过某一生产率阈值时,就会雇佣该员工,否则不雇佣;第二,求职者的不可观测特征服从正态分布;第三,虚构简历中随机分配且存在变化的某些可观测特征会影响雇主对于求职者生产率的感知或期望,并且该影响并不会随着研究所关注的求职者身份(如种族和性别等)变化。因此,在实际应用异方差 Probit 模型进行歧视识别的过程中,准确评估上述假设的合理性至关重要。

11.3 提升结果变量度量和机制识别:审计实验的 DID 识别策略

Neumark(2012)发展的异方差 Probit 方法虽然尝试修正了"HS 批判"中不同群体的不可观测特征的方差差异所造成的估计偏差,但是该方法并未对不同群体的不可观测特征均值差异所造成的估计偏差进行纠正。而正如"HS 批判"所质疑的那样,审计实验方法可以通过人为构建虚构审计材料来保证不同群体的可观测特征具有完美的平衡性,但是无法控制不可观测特征均值的群体差异,而其后果可能导致无法准确地识别所关注特征本身对面试邀请等结果的因果影响。例如,Bertrand 和 Mullainathan(2004)利用求职者的名字向雇主传递种族身份信息,以识别种族歧视。然而,这种方法可能会混淆社会阶级的影响,这是因为非裔美国人的名字不仅传递了种族信号,还可能反映求职者的社会经济地位较低的信息,从而使得种族歧视的识别受到潜在社会背景因素的干扰(Pager,2007)。

基于此,部分研究者开始尝试将审计实验方法与外生的政策冲击相结合,采用 DID 方法对不可观测特征均值的群体差异所造成的估计偏差进行纠正。例如，Agan 和 Starr(2018)在禁止询问犯罪记录(BTB)政策前后开展两波通信审计实验并随机变动简历中与犯罪可能性相关的信息，以探究劳动力市场中的种族歧视及其来源，结果发现雇主确实会基于对黑人有更高犯罪率的预期而对黑人进行统计性歧视。He 等(2023)在中国生育政策变化前后开展了两波通信审计实验并随机变动虚构简历的性别和独生子女身份(独生子女或有其他兄弟姐妹)，以探究劳动力市场中基于预期家庭责任的雇主歧视，结果发现仅有女性求职者会遭遇雇主基于预期家庭责任的歧视，并且这种歧视会随着女性临近生育年龄上限的程度的增加而加剧。

下面以 He 等(2023)为例，介绍如何通过将通信审计实验方法与政策变化相结合对劳动力市场中的"家庭责任歧视"进行准确识别。该研究的政策背景是在我国 2016 年的"全面二孩"政策放开前，夫妻双方至少有一个人是独生子女的家庭允许生育二孩，但夫妻双方均为非独生子女的家庭只能生育一孩；而"全面二孩"政策放开后，不管夫妻双方或任一方是否为独生子女均可生育二孩。由此可知，在政策变化前，相较于非独生子女的求职者(后称"非独求职者")，雇主对独生子女身份的求职者(后称"独生求职者")有更高的生育预期；但在政策变化后，非独求职者也可以生育二孩，故政策改变了雇主对于非独求职者的生育预期，但是并没有影响雇主对独生求职者的生育预期。因此，作者借助这一政策冲击所导致的雇主对于独生求职者和非独求职者的生育预期变化，在政策前后开展了两波针对独生子女身份的通信审计实验，以识别在劳动力市场中是否存在基于生育预期及其所产生的家庭责任预期的歧视。下面将在 Heckman(1998)发展的审计实验如何识别歧视的理论框架基础上，介绍 He 等(2023)识别家庭责任歧视的内在逻辑。

假设劳动力市场的求职者 i 仅有两种类型：$i = o$ 指代独生求职者(only child)，$i = s$ 指代非独求职者(siblings)。进一步地，我们用 g 表示求职者的两种性别身份，$g = w$ 指代女性，$g = m$ 指代男性。假设求职者的生产率特征由虚构简历中披露的可观测特征(用 X^I 表示)和不可观测特征(用 $X^{II}_{i,g}$ 表示)构成，且两者相互独立可加。值得注意的是，鉴于通信实验设计能够保证不同身份求职者的可观测特征均相同，因此可观测特征 X^I 省略标识求职者身份的下标。此外，我们用 t 表示审计实验开展的时间点，并用 $t = 0$ 表示政策执行前，$t = 1$ 表示政策执行后。最后,我们用 F_t 表示雇主特征,其在政策前后可能有所变化。①

首先,分析雇主对求职者的生产率预期。参考 Heckman(1998)和 Neumark(2012)的设定,我们假设雇主对求职者 i 的生产率预期或期望是求职者可观测特征、不可观测特征和雇主特征 F_t 的线性函数,并用 P_i^* 表示,则有:

$$P_{i,g,t}^* = \beta X^I + E(X_{i,g}^{II}) + F_t \tag{11-9}$$

其次,分析雇主的雇佣决策。我们用 T 表示雇主给予求职者的就业待遇。在上述研究背景下可以将其理解雇主向求职者发送面试邀请的可能性,$T \in [0,1]$,其由雇主感知到的求职者生产率 $P_{i,g}^*$ 和独生子女身份共同决定,其具体函数表达式如下:

$$T(P_{i,g,t}^*, C_i) = \beta X^I + E(X_{i,g}^{II}) + F_t + \alpha_{g,t} C_i \tag{11-10}$$

其中,C_i 表示求职者 i 的身份,$C_i = 1$ 代表独生求职者,$C_i = 0$ 代表非独生求职者。因此,$\alpha_{g,t}$ 表示在给定性别身份和审计实验开展的时间点下,雇主对独生求职者相对于具有相同生产率预期的非独生求职者的不平等对待($\alpha_{g,t} < 0$)。

最后,分析雇主对求职者的家庭责任歧视。现考虑不同性别的独生求职者在政策前后所受到的歧视变化:下面我们用 $D_{g,t}$ 表示在实验开展时点 t,性别为 g 的独生求职者相较于同性别的非独生求职者收到面试邀请概率的差异。因此,对于女性求职者,在政策变化前后分别有:

$$\begin{aligned}
D_{w,0} &= T(P_{o,w,t=0}^*, C_i = 1) - T(P_{s,w,t=0}^*, C_i = 0) \\
&= (\beta X^I + E(X_{o,w}^{II}) + F_0 + \alpha_{w,0}) - (\beta X^I + E(X_{s,w}^{II}) + F_0) \\
&= E(X_{o,w}^{II}) - E(X_{s,w}^{II}) + \alpha_{w,0}
\end{aligned} \tag{11-11}$$

$$\begin{aligned}
D_{w,1} &= T(P_{o,w,t=1}^*, C_i = 1) - T(P_{s,w,t=1}^*, C_i = 0) \\
&= (\beta X^I + E(X_{o,w}^{II}) + F_1 + \alpha_{w,1}) - (\beta X^I + E(X_{s,w}^{II}) + F_1) \\
&= E(X_{o,w}^{II}) - E(X_{s,w}^{II}) + \alpha_{w,1}
\end{aligned} \tag{11-11'}$$

值得注意的是,由(11-11)式和(11-11′)式可知,若雇主对求职者不可观测特征期望存在群体差异,即 $E(X_{o,w}^{II}) - E(X_{s,w}^{II}) \neq 0$,则基于 $D_{w,0}$ 和 $D_{w,1}$ 的估计并不能得到对女性独生求职者歧视的无偏估计。然而,通过对政策前后的情况求差,即对(11-11)式和(11-11′)式求差,便可以消除不可观测特征期望的群体差异所造成的估计偏误,从而得到由政策冲击所导致的雇主对不同独生子

---

① 鉴于实验采用了被试内设计,因此不同身份求职者所面临的雇主是相同的,故 F_t 省略了标识求职者身份的下标。

女身份的女性求职者的生育预期变化所间接显示出的家庭责任歧视,用 $D(female)$ 表示,则有:

$$D(female) = D_{w,1} - D_{w,0} = \alpha_{w,1} - \alpha_{w,0}$$

同理,对于男性求职者,由政策冲击所导致的雇主对不同独生子女身份的男性求职者的生育预期变化所间接显示出的家庭责任歧视,用 $D(male)$ 表示,则有:

$$D(male) = D_{m,1} - D_{m,0} = \alpha_{m,1} - \alpha_{m,0}$$

综上可知,尽管由于不可观测特征期望的群体差异,单独的 $D_{w,t}$ 或 $D_{m,t}$ 并不能准确地识别针对女性或男性独生求职者的歧视,但是通过政策前后求差则可以有效消除不可观测特征期望的群体差异所造成的干扰,进而识别出劳动力市场对于女性或男性求职者的家庭责任歧视。

11.4 避免欺骗的替代性实验方法:双边审计实验与有激励的选择实验

11.4.1 双边审计实验

双边审计实验(Two-sided Audit Study)是依托于人力资源服务的第三方中介机构(俗称"猎头")快速发展而顺势兴起的一种更为灵活的实验方法。近年来,人力资源相关法律法规和外部环境的不确定性给企业的招聘政策和招聘工作带来了很大的不确定性,现代企业雇主越来越多地将搜寻、筛选和雇佣决定委托给专业化的第三方中介机构以获取技术能力与企业发展更为匹配的员工(Cowgill 和 Perkowski,2024;Agan 等,2025)。早期此类招聘等相关项目外包仅限于高层管理者,但过去 20 多年的科技发展所带动的企业用工需求大大增加,人力资源外包市场也迅速发展,越来越多的企业开始将普通职位招聘外包给第三方人力资源管理机构。例如,根据《2021 年中国人力资源外包市场分析报告-产业格局现状与发展潜力评估》,2020 年,人力资源外包在人力资源市场中的占比高达 44%。

正如 Cappelli(2019)所强调的,在现代企业中,"招聘和雇佣功能已经被掏空了"。而普通职位招聘外包业务的普及发展,为双边审计实验这类新形式的审计实验提供了实施的可能。具体而言,该实验方法主要通过研究者扮演企业雇主身份，招募具有招聘经验的劳动者（后称"招聘者"），让其在不知晓自己在参与一项科学研究的情况下，根据雇主的职位广告、岗位说明书等材料的要求对研究所构建的虚构简历进行评估，并选出其认为合适的候选人。招聘者的薪酬包括两部分：一是与评估和筛选结果不相关的部分，其目的是对招聘者的时间成本进行货币补偿；二是与评估和筛选结果相关的部分，通过将招聘者的薪酬与其所筛选出的候选人绩效相挂钩，激励招聘者按照真实的偏好进行评估和筛选。

双边审计实验最初由Cowgill和Perkowski提出，并最早在劳动力市场应用（Cowgill和Perkowski，2024；Agan等，2025）。其中，Cowgill和Perkowski（2024）通过同时变化劳动需求侧的雇主特征和劳动供给侧的候选人或简历特征，识别了招聘者在进行简历评估和筛选时所面临的委托代理问题。Agan等（2025）则基于双边审计实验评估了薪资水平自愿披露对招聘者评价结果的影响。下面首先对这两项研究进行介绍，然后总结双边审计实验相对于审计实验方法的优势和局限性。

Cowgill和Perkowski（2024）对委托-代理问题的识别进行了研究。尽管越来越多的企业将其候选人简历筛选的环节委托给第三方中介机构，但此类招聘外包形式可能会引发委托-代理问题，从而扰乱雇主与雇员之间的匹配。具体来说，对于第三方中介机构而言，其在评估和筛选候选人简历时需要同时兼顾雇主和候选人的偏好。其中，雇主偏好是指雇主通常偏好于高学历、拥有大型企业工作经验等特征的高生产率的候选人；候选人偏好是指候选人有更高的概率选择接受具备规模大、有前景等特征的企业的面试邀请和工作机会。基于招聘者招聘决策的理论模型显示：在没有声誉顾虑的情况下，招聘者在进行招聘决策时会平衡雇主与候选人的偏好，赋予二者相同的权重。然而，在声誉顾虑的影响下，招聘者有关候选人偏好的私人信息常与其迎合雇主偏好的声誉顾虑相矛盾，从而引发与一般化的多任务问题（Generic Multitasking Problems；Holmstrom和Milgrom，1991）相似的委托-代理问题。

具体而言，招聘者在评估和筛选潜在候选人时通常需要权衡候选人的生产率及其接受面试邀请和工作机会的可能性——更高生产率的候选人接受面试邀请和工作机会的可能性更低，而雇主通常更为偏好生产率更高的候选人。在声誉顾虑或事业考虑的影响下，招聘者在进行筛选决策时，通常会对更易被考核/评估的雇主偏好给予更高的权重，从而导致招聘者为雇主推荐更多生产率更高但接受面试邀请和工作机会可能性更低的候选人,引发雇员-雇主之间匹配效率下降等委托-代理问题。

Cowgill 和 Perkowski(2024)通过开展双边审计实验对上述委托-代理问题进行了检验。实验在大型主流的兼职招聘平台上开展。该招聘平台提供的对招聘者的工作表现进行评分和文字评价的机制为探究声誉对招聘者行为决策的影响提供了可能,即雇主可以对招聘者的服务质量进行评分和评价,且该评分和评价皆为公开信息,是招聘者声誉的重要组成,因此招聘者有动机迎合雇主需求以提高或维持其在平台上的良好声誉。

研究者基于该兼职招聘平台招聘了 54 位招聘者,让每位招聘者分别对软件工程师职位的 16 个虚构候选人简历进行评估并提供合适的候选人名单。具体任务是根据研究者(雇主)提供的职位要求、虚构简历等材料,完成以下简历评估:第一,提供推荐候选人名单,即针对每个候选人做出是否应该推荐该候选人面试的决策。第二,提供针对每位候选人的信念信息,包括①若向候选人发送面试邀请,候选人同意参加面试的可能性(候选人偏好);②若候选人接受面试邀请,其通过面试并获得工作机会的可能性(雇主偏好);③若候选人通过面试,其接受工作机会的可能性(候选人偏好)。

招聘者的薪酬包括固定报酬和绩效奖金,其中绩效奖金是决策激励,用以引出招聘者对候选人的真实偏好。绩效奖金包括两部分:第一部分依赖于招聘者推荐的候选人是否被实际雇佣,若推荐候选人通过面试且接受工作机会,则招聘者获得奖金;若推荐候选人没有接受面试邀请或没有接受工作机会,则招聘者会受到轻微的惩罚,但需确保招聘者的最低奖金为 0——招聘者即使产生大量失败的面试邀请或工作机会结果,也不会获得负的奖金。第二部分与招聘者提供的 3 种信念信息相关,即回答越准确,则获得奖金越多,例如假设候选人仅有 50%的可能性通过面试,但招聘者预期其有 75%的可能性通过面试,若该候选人实际通过面试,则招聘者会获得更多奖金,但若候选人没有通过面试,则招聘者亦要受到惩罚。① 值得注意的是,鉴于在该实验中研究者并不会真实地

---

① 为了激励招聘者对未推荐的候选人提供真实的评价,招聘者会被告知其对于未推荐候选人的评价结果亦可能会影响其最终的绩效奖金。具体而言,招聘者被告知,即使他们未推荐某些候选人,雇主仍可能从这些候选人中选择感兴趣的对象进行后续的面试和招聘流程。在这种情况下,雇主将假设招聘者推荐了这些候选人,并根据他们的招聘结果及招聘者对这些候选人的评价结果,按照与推荐候选人相同的规则对招聘者进行奖励或惩罚。

开展后续面试、发放工作邀请的工作，因此最终招聘结果以及对应的招聘者薪酬完全依赖于基于真实的相似企业数据的模拟结果。

为检验招聘者在进行筛选和面试推荐决策时如何权衡雇主和候选人偏好，以及其行为决策如何随候选人和雇主特征发生变化，研究者在候选人简历和雇主侧特征的干预如下：第一，在供给侧的候选人简历设计上，作者随机变动候选人的性别、种族（白人或黑人）、教育水平（毕业于精英大学或非精英大学）和以往工作经历（大型企业或小型企业），共计形成16种虚构候选人简历。值得注意的是，在该研究中，供给侧简历要素的变动是为了外生操控候选人接受面试邀请/工作机会的概率。第二，在需求侧的雇主特征上，作者外生变动扮演雇主的虚构招聘经理的性别、种族（白人或黑人）和教育经历（精英大学或非精英大学），以及1位不披露任何性别、种族和教育经历信息的招聘经理，共计形成9位不同的虚构招聘经理。每位招聘者被随机指派9位招聘经理中的一位，并被告知被指派的招聘经理将会负责对招聘者所推荐的候选人进行面试、发放工作邀请的后续招聘工作。与操控简历特征的变化类似，操控招聘经理个人特征的目的是影响候选人接受面试、工作邀请或招聘经理发送工作邀请的条件概率。其中，潜在的影响逻辑为：首先，候选人可能对招聘经理的特征有直接的偏好或偏见；其次，招聘者可能认为不同特征招聘经理有异质性候选人偏好；最后，招聘经理的个人特征亦可能会向招聘者发送企业资源和雇佣能力的信号。

研究结果发现：第一，招聘者更可能推荐面试其相信候选人会接受面试邀请和工作机会以及更可能通过面试的候选人，表明候选人偏好和雇主偏好均会影响招聘者的筛选行为。第二，招聘者出于个人声誉的顾虑会对雇主偏好给予更高的权重，导致"过度面试"生产率更高但更低概率接受面试邀请和工作机会的候选人。具体而言，一方面，尽管招聘者相信女性黑人相较于男性白人候选人更可能实现成功雇佣，但招聘者并没有更多地推荐此类候选人进入面试邀请阶段。另一方面，招聘者更可能推荐来自精英大学和具有大企业工作经历的候选人进入面试邀请阶段。第三，招聘者存在基于对招聘经理性别和种族的歧视，即以招聘者预期的候选人愿意接受面试邀请和工作机会的概率衡量，未披露任何信息、黑人和女性招聘经理会面临更低的候选人接受面试和工作机会概率，以及更低的雇佣成功率。此外，对于不同类型的招聘经理，招聘者会调整其对招聘经理和候选人偏好的权重。综上，结果表明通过招聘外包可能会产生委托-代理问题,扭曲雇主-雇员之间的匹配。

Agan 等(2025)则从劳动供给侧探究了披露薪资历史对招聘者决策的影响。劳动力市场供需双方的信息不对称问题由来已久,尤其是在求职应聘初级阶段,因此增加雇主有关求职者的以往薪资水平的信息可以减少其对求职者生产率的不确定性,从而影响雇主的雇佣决策,并最终影响求职者的收入水平。然而,对雇主而言,披露薪资水平与否可能意味着不同的含义。在诸如效率工资模型、在职搜寻模型等经典理论模型中,求职者的差异通常被刻画为存在不同的外部选择,但此类信息对雇主而言是不可观测的。在这种情况下,薪资水平信息可能会向雇主发送求职者外部选择和讨价还价地位的信号。此外,鉴于求职者的个人能力是很难衡量的,因此薪资水平信息亦可发送求职者潜在能力的信号。然而,在现实中,求职者披露薪资水平信息实际上向雇主传递了什么信息?不披露薪资信息又会传递出什么信息?这些问题的答案对女性和/或少数族裔求职者而言尤为重要。例如,这些弱势群体一般是歧视受害者,雇主可能会将她(他)们以往的歧视性薪资作为锚点,影响最终的工资谈判。

基于此,Agan 等(2025)利用双边审计实验识别薪资披露与否对招聘者评价决策的影响。具体而言,作者在大型兼职招聘平台上雇佣了 256 位真实招聘者,每位招聘者均需要对软件工程师职位的 8 份虚构简历进行评估,共计 2 048 份简历。评估内容包括:第一,对于每位候选人,提供是否推荐面试的决策;第二,对于每位候选人,提供"要么接受,要么离开"的薪资水平(Take-It-Or-Leave-It Salary,简称 TIOLI 薪资);第三,对于每位候选人,提供雇主应该接受的由候选人提出的最高薪资水平;第四,其他的评价信息,包括每位候选人的外部工作机会分布(即对于每位候选人,分别提供在 95%、50% 和 5% 概率下接受工作机会所需的 TIOLI 薪资水平)、每位候选人将会接受的来自其他雇主提供的竞争性工作机会的数量。

Agan 等(2025)在招聘者的薪酬激励设计、招聘结果和实际薪酬结果方面与 Cowgill 和 Perkowski(2024)相似,区别在于招聘者的绩效奖金除了与推荐的候选人是否被实际雇佣相关,还与招聘者提议的薪资水平相关:第一,对于招聘者推荐面试且最终被录用的候选人,其获得的绩效奖金还与其针对该候选人提议的薪资水平成反比。① 第二,对于未被推荐的候选人,招聘者将被告知,雇主也可能会面试其他感兴趣的候选人。因此,对于那些未被推荐但实际参与面试并最终被录用的候选人,招聘者将在假设其推荐的情况下,获得与上述第一种情况下相同计算方式的绩效奖金。

在雇主侧特征和候选人简历方面的干预如下:第一,在需求侧的雇主特征方面,与 Cowgill 和 Perkowski(2024)直接变动扮演雇主的招聘经理的特征不同,Agan 等(2025)随机变动了企业标准化的工作申请表/简历模板中是否有"历史薪资"的提示栏目(具体简历模板中的栏目设计详见表 11.1)。第二,在候选人简历设计方面,Agan 等(2025)随机变动候选人是否在工作申请表/简历模板中主动披露最近一份工作的薪资信息;对于披露薪资信息的虚构简历,作者还进一步变动了披露的薪资水平。值得注意的是,对于没有"历史薪资"提示栏目的简历模板,候选人可以将薪资信息披露在简历模板中的"其他技能信息"栏目中。

表 11.1　简历模板中的填写提示栏目

提示栏目	包含"历史薪资"的简历模板	无"历史薪资"的简历模板
姓名	是	是
申请职位信息	是	是
基本信息	是	是
工作经历	是	是
历史薪资	是	无
教育经历	是	是
其他技能信息	是	是

研究结果发现,第一,招聘者对未披露历史薪资的虚构候选人持负面看法,认为此类候选人的生产率低于平均水平、拥有更少的外部选择,并给予此类候选人更低的薪资提议。此外,候选人披露历史薪资对招聘者对其外部选择信念

---

① 值得注意的是,鉴于招聘者针对每位候选人均会给出两个工资提议:TIOLI 薪资和最高薪资提议,因此在计算针对某一候选人的绩效奖金时所采用的薪资类型实际取决于该候选人的薪资决定方式:对于雇主给出的由招聘者推荐的 TIOLI 薪资,若候选人接受,则在计算奖金时采用 TIOLI 薪资提议,反之,若候选人不接受,针对候选人给出的其能够接受的 TIOLI 薪资报价,若低于招聘者推荐的"最高薪资提议",则在计算奖金时采用"最高薪资提议"。

的影响大于对其生产率信念的影响,即招聘者将历史薪资的披露视为候选人外部选择而非其生产率的更强信号。第二,历史薪资的提高显著增强了招聘者对候选人生产率和外部选择的信念,但是较高的历史薪资亦降低了候选人获得面试推荐的概率。第三,招聘者正确预期到,不论女性的历史薪资多高,其都相较于男性更不愿意披露历史薪资,因此对女性不披露历史薪资的惩罚相较于男性更小。

综上可知,相较于传统的审计实验方法,双边审计实验的优势体现在:第一,可以外生操纵雇主侧的特征,即雇主特征和职位要求可由研究者操控外生变动,从而扩展传统审计实验方法难以或无法开展的研究领域。具体而言,在大多数的传统审计实验中,研究者很难直接操控雇主侧的特征,但在双边审计实验中,研究者扮演雇主的角色并雇佣第三方机构的招聘者对虚构简历进行评估,故双边审计实验可以较为灵活地外生变动雇主特征和招聘要求,如雇主企业规模、企业性质、所属行业、招聘职位、对候选人的要求等。第二,可以收集到更为丰富的结果变量或评价信息。正如本书第 10 章所讨论的,传统审计实验方法被学术界所诟病的一个核心问题就是审计实验方法,尤其是通信审计实验方法只能收集双方交涉初级阶段的决策数据,如仅能收集雇主是否向求职者发送面试邀请、是否提供工作机会等,但双边审计实验可以进一步收集包括推荐职位、推荐工资水平,以及通过面试、接受工作机会的预期等多方面信息。第三,研究者扮演企业雇主雇佣第三方招聘者评估和筛选候选人简历,规避了传统审计实验对真实雇主进行审计时,给雇主真实候选人样本池造成的干扰,且绕过了传统审计实验中虚构简历是招聘者无法获得的虚构候选人所带来的"欺骗"这一科学伦理问题。此外,以第三方招聘者为被审计者并对其工作量或时间成本进行货币补偿,亦在一定程度上缓解了传统审计实验方法的伦理问题。

然而,双边审计实验亦存在一定的局限性,Cowgill 和 Perkowski(2024)对此进行了详细讨论,主要包括以下三方面:第一,在外部有效性和现实性方面,双边审计实验依赖于第三方招聘中介,若采用外包招聘的企业与采用内部招聘的企业存在系统性差异,那么双边审计实验的研究发现则难以被推广到其他采用内部招聘的企业。此外,双边审计实验需要准备看起来真实的候选人简历和雇主侧招聘材料。第二,在激励机制和实验成本方面,正如前述所提及的,在双边审计实验中,研究者需要对第三方招聘者的时间成本进行货币补偿,且需要提供额外的奖金激励以引出第三方招聘者的真实偏好,因此研究者需要承担远比审计实验更多的实验成本。第三,尽管双边审计实验相较于审计实验的伦理问题有所缓解,但是仍面临一些其他的伦理问题,例如参与实验可能会改变或扰乱第三方招聘者对真实劳动力市场的认识和信念。此外,值得注意的是,在双边审计实验中,作为被审计者的第三方招聘中介机构并不知晓其在参与一项科研研究,因此双边审计实验依旧面临与审计实验方法相似的违背知情同意、自愿参与等科研原则的伦理问题,尽管这一问题可能是所有自然实地实验共同面临的问题。

11.4.2 有激励的选择实验

有激励的选择实验法最早是由 Kessler 等(2019)引入对劳动力市场的研究中,其通过公开招募具有专业身份的被试(如具有真实招聘需求的雇主、具有真实就医需求的患者等)对虚构简历或其他材料进行评价,并基于被试的评价结果向其推荐与其真实偏好相匹配的候选人。因此,尽管被试知情并同意参加一项研究,该研究亦能够在不采用欺骗的方式下通过基于相容的激励而引出每位被试对候选人特征的真实偏好。有激励的选择实验作为对审计实验方法的一种有益补充,现已被应用于劳动力市场(Kessler 等,2019;Bustelo 等,2023)、医疗市场(Chan,2022)、婚恋市场(Low,2024)和借贷市场(Macchi,2023)。下面以 Kessler 等(2019)为例,对有激励的选择实验的运行逻辑进行详细介绍。

Kessler 等(2019)通过与宾夕法尼亚大学就业服务中心合作开展有激励的选择实验,以探究雇主基于校园招聘方式招聘应届毕业生的偏好。值得一提的是,不同于以往基于大型在线招聘平台招聘候选人的形式,校园招聘主要是通过企业雇主与学校的关系开展对应届毕业生的招聘,是现有审计实验方法尚未涉猎的研究领域。该研究在具体实验开展方面的设计如下:

第一,在招募被试方面,宾夕法尼亚大学就业服务中心分别在 2016 年秋季校园招聘期间和 2017 年春季招聘会期间向以往招聘过宾夕法尼亚大学毕业生的雇主(例如,参加校园招聘、定期参加招聘会或以其他方式招聘学生的企业)发送招募邮件。邮件主题均以"帮助您识别潜在雇员的新型工具"邀请雇主参与实验。

第二，在激励机制设计方面，被试需要在已知候选人简历为虚构的情况下，对 40 份虚构简历进行评估，其参与实验的激励为研究者将基于雇主对 40 份虚构简历的评价所展示的雇佣偏好，从宾夕法尼亚大学高年级学生中为雇主选取 10 名与其偏好相一致的真实求职者。因此，对于被试而言，其评估越准确或越符合其偏好，实验激励的价值就越大。值得注意的是，该研究确保雇主真实且准确报告其偏好的关键设计在于，除上述根据雇主偏好为其推荐 10 名真实求职者的激励外，没有设计任何其他激励，这就确保了雇主除重视该激励外没有其他动机参与实验。

第三，在虚构简历设计方面，鉴于每个雇主被试均需要评估 40 份不相同的虚构简历，因此研究者可以同时且独立地变动虚构简历的多项特征，并识别雇主对这些特征的偏好。具体而言，研究者随机变动的求职者特征包括：①教育相关特征；②工作、领导力和技能相关特征；③种族和性别。具体简历要素设计详见表 11.2。为增加虚构简历的真实性，作者进行了如下额外的设计：①作者利用宾夕法尼亚大学的真实学生简历中的要素，如工作经历、领导经验和技能等构建虚构简历。②作者要求雇主基于专业类别选择其感兴趣招聘的求职者类型，例如，雇主可以选择"商学、社会科学和人文科学"（简称"人文社会科学"）或"科学、技术、工程和数学学科"（简称"STEM"，即 Science、Technology、Engineering、Mathematics 的缩写，其中"技术"有时特指计算机科学），并根据雇主所选专业为其设计需要进行评估的 40 份虚构简历。③为避免简历评估过程枯燥乏味，作者设计了 10 种不同的简历模板，通过将求职者的各方面特征对应填入简历模板中，以生成 40 份虚构简历。④雇主在每评价 10 份虚构简历后可以进行短暂休息。

表 11.2　简历要素设定

简历构成	描述	分析变量和选取概率
个人信息		
姓和名	每种种族-性别组合下，从 50 种可能的姓名中选取；种族则从美国分布中随机选取（65.7% 为白人，16.8% 为西班牙裔人，12.6% 为黑人和 4.9% 为亚洲人）；性别随机分配（50% 为男性，50% 为女性）	女性-白人（32.85%） 男性-非白人（17.15%） 女性-非白人（17.15%） 非白人男性[①]（67.15%）

---

① 该类别为以上三个类别概率的加总。

（续表）

简历构成	描述	分析变量和选取概率
教育信息		
成绩（GPA）	从[2.90,4.00]的均匀分布中随机选取	GPA
GPA	从宾夕法尼亚大学专业清单中随机选取	沃顿商学院（40%）、工程和应用科学学院（70%）
学位类型	依随机选取的专业而定，包括文学学士学位和应用科学学士学位	
校内学院	依随机选取的专业而定	
毕业日期	依即将到来的春季而定	
工作经历		
第一份工作	从顶级实习和常规实习的清单中随机选取	顶级实习（20/40）
职位和企业	依据选取的实习而定	
所在地	依据选取的实习而定	
职责描述	依据选取的实习而定	
日期	候选人大三结束后的暑假	
第二份工作		
职位和企业	空白或从常规实习和赚钱类工作的清单中随机选取	第二份实习（13/40）、赚钱工作（13/40）
所在地	依据选取的工作而定	
职责描述	依据选取的工作而定	
日期	候选人大二结束后的暑假	
领导经历		
第一个和第二个领导职务	从策划类清单中随机选取	
职位和活动	依据选取的领导职务而定	
所在地	宾夕法尼亚费城	
活动描述	依据选取的领导职务而定	
日期	从大学生涯开始和结束的日期中随机选择，较近期的经历优先被选取	

（续表）

简历构成	描述	分析变量和选取概率
技能		
技能清单	分别从编程技能清单{Ruby, Python, PHP, Perl}抽取两个技能,从统计技能清单{SAS, R, Stata, Matlab}抽取两个技能,并以25%的概率添加到虚构简历的技能列表中	技术技能(25%)

注:简历构成要素的顺序是按照其在虚构简历中出现的顺序排序的。最右侧栏的变量被随机化以检验雇主对这些特征的反应或偏好。学位、第一份工作、第二份工作和技能是从人文社会科学和STEM简历的不同列表中抽取的(除赚钱工作外)。姓名、平均绩点、赚钱工作和领导经验都是从两种专业简历类型的相同列表中选取的。其中,顶级实习是指虚构候选人在成功雇佣许多宾夕法尼亚大学毕业生的知名企业实习,赚钱工作是指对于宾夕法尼亚大学生来说有偿的工作但不可能为其事业积累人力资本的工作(例如,咖啡制作员、收银员和服务员),常规实习则包含其他工作经历。当特征的权重在不同雇主之间固定时(例如,每个雇主均会在40份虚构简历中看到20份包含顶级实习的简历),其会以分数的形式显示;当特征的权重代表一个概率分布时(例如,某一雇主看到的每份简历有32.85%的机会被分配到一个白人女性的名字)时,它们以百分比的形式显示。

资料来源:Kessler等(2019)。

第四,虚构简历评价维度上,每位雇主均需要针对每份虚构简历回答两个问题。问题1:假设该求职者愿意接受贵公司的工作邀请,"你在多大程度上感兴趣雇佣该求职者?"1=不感兴趣,10=非常感兴趣。问题2:假设贵公司已经为该求职者提供了工作机会,"你认为该求职者接受贵公司工作邀请的概率多大?"1=不可能,10=非常可能。其中,作者使用第一个问题评估简历特征如何影响雇主的雇佣偏好,并用第二个问题用以衡量雇主对求职者接受工作邀请的信念。值得强调的是,Kessler等(2019)认为采用10维李克特量表的优势有两点:首先,该方式提高了统计效力,并允许研究者识别雇主对求职者特征的更细致的偏好,而非审计实验中使用面试邀请的二元变量识别的偏好;其次,该方式允许研究者识别在上述问题1中1—10的雇主感兴趣程度下,雇主对求职者特征的条件偏好。

该研究结果发现:第一,雇主非常重视虚构候选人在大四前的暑假期间在知名企业中的工作经验和大三前的暑假期间所积累的额外工作经验。第二,该研究并没有发现任何证据表明雇主对女性或少数族裔候选人的平均兴趣较低,但发现了雇主在招聘 STEM 候选人时存在歧视女性或少数族裔候选人的证据。此外,该研究发现了一种驱动雇主进行性别歧视的新渠道,即雇主认为白人女性候选人接受工作机会的可能性显著低于白人男性候选人。第三,对于女性和少数族裔来说,在知名企业的工作经历的回报更低。

Kessler 等(2019)基于上述研究设计,对有激励的选择实验法的成本和收益进行了详细讨论。在收益或优势方面,第一,不同于上述提及的审计实验和双边审计实验,有激励的选择实验在满足知情同意和自愿参与的伦理原则下招募被试,且被试会被告知其所评价的候选人简历是虚构的,从本质上解决了审计实验方法所存在的伦理问题。第二,有激励的选择实验可以引出更丰富的偏好信息或结果变量。例如,研究者可以收集雇主对求职者感兴趣程度的信息,也可收集雇主对求职者接受工作机会的信念信息。此外,该方法亦可以较为灵活地识别单一被试对求职者特征的偏好。

在局限性方面,第一,由于在有激励的选择实验中被试会被告知其决策结果会被用于科学研究,因此可能会引发实验员需求效应。第二,基于有激励的选择实验收集的结果变量均为人为构建的指标,因此很难将实验发现与真实决策结果之间建立直接的联系。例如,Kessler 等(2019)中用于衡量雇主感兴趣程度的指标是李克特量表,然而很难将李克特量表结果与雇主现实情境中所作的招聘决策建立直接的对应关系。此外,Kessler 等(2019)采用的激励与招聘过程中雇主面临的激励相似但并非完全相同,因此很难确保雇主在评估这些虚构简历时采用与其评估真实简历相同的标准。第三,有激励的选择实验相较于审计实验的操作难度更高,包括寻找合适的样本池、匹配的候选人、构建激励相容的激励方案等。总体而言,基于有激励的选择实验所得研究结果的可信度,取决于所提供激励的积极影响与上述局限性之间的权衡。

最后,值得一提的是,有激励的选择实验成功获得对被试偏好识别的关键在于激励机制的设计。若激励机制较弱或不满足激励相容原则,则有激励的选择实验将退化为普通的陈述性偏好引出,仍将面临被试基于社会形象顾虑、需求效应等动机刻意隐瞒其真实偏好的挑战。为了更清晰地说明这一点,表 11.3 列举了有激励的选择实验除劳动力市场外,在医疗市场、婚恋市场和借贷市场的应用及其激励机制设计。这些研究所提供的激励机制的激励相容程度,留待读者自己去判断。

表 11.3 研究内容及激励机制设计

研究市场	研究内容及结论	激励机制
医疗市场（Chan，2022）	探究患者是否存在对医生的种族歧视，结果发现种族歧视显著降低了患者对黑人医生或亚裔医生开展结肠镜检查的支付意愿，即分别降低了结肠镜检查平均价格的 12.7% 和 8.7%。患者愿意多行驶 100—250 英里就医于白人医生而非黑人医生，愿意多行驶 50—100 英里甚至 100—250 英里就医于白人医生而非亚裔医生	实验招募具有结肠镜检查需求的患者，让其在随机变动检查价格、旅途距离、种族和性别的每组 5 个虚构医生中选择一个其最为偏好的医生（或均不选择），共进行 14 组选择。患者被告知，研究者将根据其选择推荐符合其偏好的 8 个真实医生和 2 个随机选取的真实医生
婚恋市场（Low，2022）	探究婚恋市场中的单身用户对年龄和收入的偏好，结果发现男性偏好于更为年轻的女性，女性则偏好于更为大龄的男性。其中，女性年龄每增加 1 岁，需要额外增加 7 000 美元的收入才能保持对潜在男性伴侣相同的吸引力；此外，男性和女性均偏好于收入水平更高的潜在伴侣	被试被要求对随机指派年龄和收入的 40 个异性个人资料进行评价，并被告知婚恋专家将基于评价结果为每位被试提供个性化的个人资料修改建议，以帮助被试吸引符合其偏好的异性伴侣
借贷市场（Macchi，2023）	探究在低收入国家肥胖的财富信号价值及其在信贷市场中的经济收益，结果发现在乌干达堪培拉，肥胖被视为富有的信号，而非美貌或健康的信号。此外，在借贷市场中，肥胖增加了获得信贷的可能。肥胖溢价等价于借款人自报告收入的 60%	专业贷款专员被要求对外生变化肥胖状态的 30 对虚构借款人的个人资料进行评价，并被告知研究者将基于其在实验中的选择为其推荐真实潜在借款人

本章小结

本章探讨了针对审计实验方法所面临的四种挑战与批判，研究者为应对这些批判而发展出的一系列解决方案。首先，通信审计实验方法的引入，有效解决了现场审计实验中的实验员偏差问题，借助互联网技术提高了数据的收集效率和可靠性，使得研究者能够在更为多样化的环境中进行歧视识别。其次，Neumark（2012）提出的异方差 Probit 模型方法和结合政策冲击的审计实验方法分别解决了"HS 批判"中由不同群体方差的差异和均值差异所导致的识别偏误，有效增强了研究者对群体间歧视程度的精准评估。最后，近年来双边审计实验和有激励的选择实验的发展极大地缓解了审计实验方法在结果变量局限和伦理问题上所面临的挑战与质疑。这两种方法不仅进一步扩展了结果变量的范围，还通过对被审计者的工作量进行货币补偿或在知情同意的情况下开展实验有效缓解了审计实验方法的理论挑战，为审计实验方法的进一步发展指明了方向。综上所述，本章展示了审计实验方法在应对挑战方面的积极进展，反映了该领域不断发展的创新思维和技术手段。这些解决方案不仅提升了研究的有效性和伦理正当性，也为未来相关研究的深化与拓展奠定了坚实基础。

参考文献

Acquisti, A., and Fong, C., 2020, "An Experiment in Hiring Discrimination via Online Social Networks", *Management Science*, 66(3), 1005-1024.

Agan, A., and Starr, S., 2018, "Ban the Box, Criminal Records, and Racial Discrimination: A Field Experiment", *The Quarterly Journal of Economics*, 133(1), 191-235.

Agan, A. Y., Cowgill, B., and Gee, L. K., 2025, "Salary History and Employer Demand: Evidence from a Two-sided Audit", *American Economic Journal: Applied Economics*, 17(3), 380-413.

Ahmed, A. M., Andersson, L., and Hammarstedt, M., 2013, "Are Gay Men and Lesbians Discriminated against in the Hiring Process?", *Southern Economic Journal*, 79(3), 565-585.

Bertrand, M., and Mullainathan, S., 2004, "Are Emily and Greg More Employable than Lakisha and Jamal? A Field Experiment on Labor Market Discrimination", *American Economic Review*, 94(4), 991-1013.

Bustelo, M., Diaz, A. M., Lafortune, J., Piras, C., Salas, L. M., and Tessada, J., 2023, "What is the Price of Freedom? Estimating Women's Willingness to Pay for Job Schedule Flexibility", *Economic Development and Cultural Change*, 71(4), 1179-1211.

Cappelli, P., 2019, "Your Approach to Hiring is All Wrong", *Harvard Business Review*, 97(3), 48-58.

Chan, A., 2022, "Discrimination against Doctors: A Field Experiment", Unpublished manuscript.

Cowgill, B., and Perkowski, P., 2024, "Delegation in Hiring: Evidence from a Two-sided Audit", *Journal of Political Economy Microeconomics*, 2(4), 852-882.

Heckman, J. J., and Siegelman, P., 1993, "The Urban Institute Audit Studies: Their Methods and Findings", in Struyk, M., and Fix, R. J., eds., *Clear and Convincing Evidence: Measurement of Discrimination in America*, Washington, DC: Urban Institute Press.

Heckman, J. J., 1998, "Detecting Discrimination", *Journal of Economic Perspectives*, 12(2), 101–116.

He, H., Li, S. X., and Han, Y., 2023, "Labor Market Discrimination against Family Responsibilities: A Correspondence Study with Policy Change in China", *Journal of Labor Economics*, 41(2), 361–387.

He, H., Neumark, D., and Weng, Q., 2021, "Do Workers Value Flexible Jobs? A Field Experiment", *Journal of Labor Economics*, 39(3), 709–738.

Holmstrom, B., and Milgrom, P., 1991, "Multitask Principal-Agent Analyses: Incentive Contracts, Asset Ownership, and Job Design", *The Journal of Law, Economics, and Organization*, 7(special_issue), 24–52.

Kessler, J. B., Low, C., and Sullivan, C. D., 2019, "Incentivized Resume Rating: Eliciting Employer Preferences without Deception", *American Economic Review*, 109(11), 3713–3744.

Lahey, J. N., and Beasley, R. A., 2009, "Computerizing Audit Studies", *Journal of Economic Behavior & Organization*, 70(3), 508–514.

Low, C., 2024, "Pricing the Biological Clock: The Marriage Market Costs of Aging to Women", *Journal of Labor Economics*, 42(2), 395–426.

Macchi, E., 2023, "Worth Your Weight: Experimental Evidence on the Benefits of Obesity in Low-Income Countries", *American Economic Review*, 113(9), 2287–2322.

Neumark, D., and Rich, J., 2019, "Do Field Experiments on Labor and Housing Markets Overstate Discrimination? A Re-Examination of the Evidence", *ILR Review*, 72(1), 223–252.

Neumark, D., Burn, I., and Button, P., 2019, "Is It Harder for Older Workers to Find Jobs? New and Improved Evidence from a Field Experiment", *Journal of Political Economy*, 127(2), 922–970.

Neumark, D., 2012, "Detecting Discrimination in Audit and Correspondence Studies", *The Journal of Human Resources*, 47(4), 1128–1157.

Pager, D., 2007, "The Use of Field Experiments for Studies of Employment Discrimination: Contributions, Critiques, and Directions for the Future", *The Annals of the American Academy of Political and Social Science*, 609(1), 104–133.

Riach, P. A., and Rich, J., 1987, "Testing for Sexual Discrimination in the Labour Market", *Australian Economic Papers*, 26(49), 165–178.

Weichselbaumer, D., 2015, "Testing for Discrimination against Lesbians of Different Marital Status: A Field Experiment", *Industrial Relations: A Journal of Economy and Society*, 54(1), 131–161.

第4篇
审计实验应用

第12章
审计实验在劳动力市场需求侧的应用

现有审计实验对劳动力市场的研究,主要关注劳动力市场中需求侧雇主端的招聘行为,以及供给侧雇员端的求职行为这两方面。针对雇主招聘行为的审计实验研究聚焦于招聘歧视,即雇主会因求职者所具有的与工作生产率无关的个人特征而对其做出区别对待(Neumark,2018)。针对雇员求职行为的审计实验研究则集中于探究招聘要求中提供的物质激励与非物质激励对雇员求职行为的影响。其中,物质激励包括岗位的工资水平、工资结构等;非物质激励包括公司的弹性工作条件、女性权益及雇主的亲社会特征等(何浩然和夏静文,2023)。

探究雇主歧视类型的审计实验研究已有较长的历史并且取得了十分丰富的成果。这些研究所关注的歧视类型包括求职者的种族或族裔、性别、年龄、外貌或肥胖等不可选择特征(如 Hebl 等,2002;Riach 和 Rich,2006;Azmat 和 Petrongolo,2014;Albert 等,2011;Bóo 等,2013;Baert 等,2016),以及失业情况、家庭责任、性取向、犯罪记录等可选择特征(如 Kroft 等,2013;He 等,2023;Ahmed 等,2013;Baert,2014;Baert 和 Verhofstadt,2015),以上特征均会导致不同程度的雇主招聘歧视。然而,在劳动力市场中对雇员行为的审计实验研究于2010年前后开始逐渐兴起。学者们首先考察了物质激励对雇员求职决策的影响(如 Fehr 和 Goette,2007;Dal Bó 等,2013;Deserranno,2019;Abebe 等,2021;Belot 等,2022;He 等,2023),其后,越来越多的研究开始关注非物质激励对雇员求职决策的影响(如 Lavetti 和 Schmutte,2018;Sorkin,2018;Eriksson 和 Kristensen,2014;Wiswall 和 Zafar,2018;He 等,2021;Ibañez 和 Riener,2018;Hedblom 等,2019;Burbano,2021)。

接下来,本章与下一章将对劳动力市场中的审计实验研究按照其所关注的需求侧雇主的招聘决策和供给侧雇员的求职决策这两个方面展开介绍。第12章重点关注雇主的招聘决策,主要介绍劳动力市场中的招聘歧视现象,分为针对不可选择特征的歧视与对可选择性特征的歧视两部分,并结合具体文献详细分析两类特征中具有代表性的歧视现象,其中不可选择特征歧视包括种族或族裔歧视、性别歧视、年龄歧视,可选择性特征歧视包括失业情况歧视、出于家庭责任的歧视、性取向歧视以及犯罪记录歧视。第 13 章重点关注雇员的求职决策,主要考察何种激励可以提升雇员对岗位的申请率。相关激励分为物质激励与非物质激励两类。其中物质激励主要介绍工资水平对雇员申请率的影响,而非物质激励包括弹性工作条件、女性平权政策与雇主的亲社会特征的影响。

12.1 雇主对不可选择特征的歧视

不可选择特征歧视是指劳动力市场中雇主因求职者个人不可选择且无法改变的特征而在招聘中对其进行区别对待。例如,在面对两份质量相近但种族不同的简历时,雇主通常会更倾向于选择给白人而非少数族裔申请者发送后续面试的邀请;此外,在招聘过程中,雇主也常常会更倾向于选择男性而非女性申请者、年轻而非老年申请者,等等。由此可知,求职者的多种不可改变特征均可能影响雇主的招聘决策进而导致歧视行为。考虑到篇幅有限,下文仅对学界关注较多的三种不可选择特征的雇主招聘歧视研究进行详细介绍。

12.1.1 种族歧视

关于种族或族裔歧视的代表性文献为 Bertrand 和 Mullainathan(2004),其通过审计实验方法衡量了劳动力市场中的种族歧视。Marianne Bertrand 和 Sendhil Mullainathan 于 2004 年发表在《美国经济评论》的文章创新性地采用了通信审计实验方法,他们通过向芝加哥和波士顿报纸上的招聘广告投递包含明显白人和非裔美国人姓名的虚构简历,记录不同种族简历收到的电话或邮件回复信息数量,尝试识别不同行业与工作类型中的种族歧视水平,并探索在何种条件下可以缓解雇主的种族歧视。在这篇文章之前,学界对劳动力市场歧视的研究多以基于问卷调查形式开展的信息调查实验(如 Cotton,1988;Oaxaca 和 Ransom,1994)、伪实验(如 Goldin 和 Rouse,2000)及单盲现场审计实验(如 Newman,1978)为主。信息调查实验因其难以准确识别并衡量种族歧视及其机制而广受诟病;伪实验的最大问题则是其出现概率低且无法人工制造或干预;单盲现场审计实验可以在一定程度上解决上述两种研究方式的不足之处,但也因其不是双盲的实验设计而面临质疑,即被试者可能因为了解实验机制而故意或无意识表现出提升雇主歧视概率的行为,无法准确估计自然状态下出现的种族歧视水平。而 Bertrand 和 Mullainathan(2004)所使用的通信审计恰好能够解决上述多种实验方式存在的问题,为研究歧视行为的广大学者们打开了新思路,实现了劳动力市场歧视行为研究的里程碑式突破。

研究者为了保证双盲审计实验结论的稳健性与外部有效性,在制作虚构简历模板时,在两家美国工作搜寻网站的真实求职者的简历中筛选符合实验要求的简历,并将真实简历的姓名与联系方式等个人信息删除,且赋予半数简历有代表性的白人姓名,半数为非裔美国人姓名,以准确衡量劳动力市场的种族歧视水平;此外,研究者还将简历分为高质量与低质量两类,其中高质量简历平均具有更久的工作经验、更少的失业持续时间,以及以下一种附加项,包括暑期或在校实习经历、志愿服务经历、电脑技能、等级证书、外语技能,以及其他荣誉或军队经历。研究者向每个招聘广告的雇主投递了 4 份简历,分别为高质量白人姓名、高质量非裔美国人姓名、低质量白人姓名、低质量非裔美国人姓名简历,共向 1 300 个招聘广告投递了接近 5 000 份简历。实验发现,白人姓名的简历相较于非裔美国人姓名有更高的概率获得面试回复,不同种族之间的面试回复率相差 50%,根据实验估计,这一差距需要额外的 8 年工作经验来弥补;同时高质量简历对雇主招聘决策中出现的种族歧视行为缓和作用较小,当居住地址在一个更加富有或者受教育程度更高、白人居住者比例更高的街区时,简历的面试回复率更高;不同种类的工作和行业中的种族歧视水平无明显差异。

另一项关于美国劳动力市场中存在的种族歧视的研究是 Gaddis(2015)所开展的在线通信审计实验研究。为了回应一些学者提出的"劳动力市场中不同种族的招聘差距可能是人力资本差距所导致,而非单纯的种族歧视"这一观点,S. Michael Gaddis 以美国劳动力市场中的高学历精英人群为研究样本,重点关注毕业于不同等级大学的白人和黑人求职者简历收到的面试回复率、薪资范围以及工作类型的差异。在设计虚构简历时,研究者在种族(白人/非裔美国人)、大学等级(精英/普通学校)、性别(男性/女性)、社会等级(高级/中级/低级)、专业(经济学/心理学)5 个维度进行区分后得到以种族为对照的 24 对简历(见表 12.1),并将每对中的两份简历间隔 24 小时投递到相同的工作岗位,最终成功投递到 952 个岗位。实验结果表明,更高的人力资本确实能够增加招聘者面试回复率,但是无法弥补不同种族之间的面试回复率差异,即无论就读大学的知名度如何,来自相同水平院校的非裔美国人求职者都会比白人收到更少的面试回复和更差的工作待遇。具体而言,毕业于精英大学的非裔美国人求职者的面试回复率与低知名度大学的白人求职者相近,二者均显著低于精英大学的白人求职者;同时在收到面试回复后,相较于相同条件的白人求职者,非裔美国求职者的工作起薪和工作声誉也更低。

表 12.1　24 对虚构简历(Gaddis,2015)

ID	A1 种族	A1 学校类型	A1 性别	A1 社会等级	A1 专业类型	A2 种族	A2 学校类型	A2 性别	A2 社会等级	A2 专业类型
01	白人	普通	男性	高	经济学	非裔美国人	普通	男性	高	经济学
02	白人	普通	男性	高	心理学	非裔美国人	普通	男性	高	心理学
03	白人	普通	男性	中	经济学	非裔美国人	普通	男性	中	经济学
04	白人	普通	男性	中	心理学	非裔美国人	普通	男性	中	心理学
05	白人	普通	男性	低	经济学	非裔美国人	普通	男性	低	经济学
06	白人	普通	男性	低	心理学	非裔美国人	普通	男性	低	心理学
07	白人	普通	女性	高	经济学	非裔美国人	普通	女性	高	经济学
08	白人	普通	女性	高	心理学	非裔美国人	普通	女性	高	心理学
09	白人	普通	女性	中	经济学	非裔美国人	普通	女性	中	经济学
10	白人	普通	女性	中	心理学	非裔美国人	普通	女性	中	心理学
11	白人	普通	女性	低	经济学	非裔美国人	普通	女性	低	经济学
12	白人	普通	女性	低	心理学	非裔美国人	普通	女性	低	心理学
13	白人	精英	男性	高	经济学	非裔美国人	精英	男性	高	经济学
14	白人	精英	男性	高	心理学	非裔美国人	精英	男性	高	心理学
15	白人	精英	男性	中	经济学	非裔美国人	精英	男性	中	经济学
16	白人	精英	男性	中	心理学	非裔美国人	精英	男性	中	心理学
17	白人	精英	男性	低	经济学	非裔美国人	精英	男性	低	经济学
18	白人	精英	男性	低	心理学	非裔美国人	精英	男性	低	心理学
19	白人	精英	女性	高	经济学	非裔美国人	精英	女性	高	经济学
20	白人	精英	女性	高	心理学	非裔美国人	精英	女性	高	心理学
21	白人	精英	女性	中	经济学	非裔美国人	精英	女性	中	经济学

（续表）

ID	A1 种族	A1 学校类型	A1 性别	A1 社会等级	A1 专业类型	A2 种族	A2 学校类型	A2 性别	A2 社会等级	A2 专业类型
22	白人	精英	女性	中	心理学	非裔美国人	精英	女性	中	心理学
23	白人	精英	女性	低	经济学	非裔美国人	精英	女性	低	经济学
24	白人	精英	女性	低	心理学	非裔美国人	精英	女性	低	心理学

在 Bertrand 和 Mullainathan(2004)研究方法的启发下，Carlsson 和 Rooth (2007)采用相同的通信审计实验在瑞典劳动力市场展开歧视研究。Magnus Carlsson 和 Dan-Olof Rooth 选择以阿拉伯人与瑞典本地人的移民相关种族歧视为研究议题，向斯德哥尔摩和哥德堡的 13 类岗位中的 1 614 个雇主投递了虚构简历，其选择的岗位包括高/中/低技术要求和高/低移民参与比例。针对每个招聘岗位，研究人员均投递两份基本一致的简历，并为简历赋予典型的阿拉伯人和瑞典人名字，简历分别在前后两天以随机顺序投递。在此研究情境下，在第二天投递的简历通常会获得更积极的评价，但这一现象与种族或性别歧视无关。为消除这一非系统误差，研究者重点关注面试回复数据中出现的净歧视水平[①]。研究发现，带有典型阿拉伯名字的简历受到了 29.4% 的净歧视，且低技能水平要求岗位的雇主歧视水平更高，但并不是造成国内移民失业的主要原因。基于雇主特征的分析表明，由男性负责招聘和男性比例超过 35% 的公司更有可能出现这类歧视，这在一定程度上说明了种族歧视和性别歧视可能同时出现，主流种族的男性会在自己的群体内选择雇员。此外，研究还发现规模大、员工流动性强的公司的歧视水平更低，而强调雇员种族多元化的公司的歧视水平无明显下降。

除了将当地少数民族与多数民族的招聘差距进行对比，Oreopoulos(2011)展开了更进一步的探索，研究来自不同国家与民族的移民受到的种族歧视是否存在差异，以及其具体差异水平与影响因素。为了实现该研究目的，Philip Oreopoulos 在加拿大劳动力市场中进行了一项在线审计实验，重点关注了在该国劳动力市场中来自中国、印度、巴基斯坦和英国的移民与本地劳动者在招聘过

---

① 净歧视水平的计算方法为：将"对少数群体的歧视"与"对多数群体的歧视"相减，得到的结果除以"未收到面试回复的简历数"，从而计算得出少数群体受到的净歧视水平。

程中是否会受到区别对待。与美国或欧洲国家不同的是,加拿大为了吸引更多高质量移民制定了特殊的"移民积分制度",更高的积分意味着更加优秀的教育经历和工作经验,这将帮助移民在劳动力市场中获得优势,同时弥补本国劳动力市场技术型人才的缺失并促进经济发展。研究人员共计投递了5 785份虚构简历,并根据姓名是否有英语发音特征或其他国家(此处指中国、印度和巴基斯坦)特征、本国或外国教育经历、本国或外国或混合工作经验划分了1个对照组与4个实验组,探究移民在劳动力市场中受到歧视的程度及被歧视的具体原因。实验结果表明,拥有加拿大教育和工作经验的英文名字申请者比拥有外国教育和工作经验的中国、印度或巴基斯坦名字申请者的面试回复率高出三倍以上;雇主更重视在加拿大的工作经验而非教育经历,将外国简历的工作经验改为只包含加拿大的工作经验时可将回复率提高到11%,而将工作经验设置在加拿大、工作年限不变但教育经历增加时,不会提升面试回复率。除了考虑姓名、教育和工作所在地,会多门语言(包括法语)、拥有额外加拿大教育经验或者业余活动并不能明显提高面试回复率;然而当把本地人与英国移民的简历进行对比时,并没有发现面试回复率的差异,即相较于来自亚洲的移民来说,英国移民在加拿大劳动力市场中并未受到种族歧视。

当Oreopoulos(2011)的研究结论指出来自不同种族的求职者受到的雇主歧视有显著差距时,许多研究者开始效仿他的研究思路,将更多的种族纳入歧视分析以探索不同少数种族面临的歧视差异。Akhlaq Ahmad就是其中一员,他在2020年的研究中在芬兰的劳动力市场观察了芬兰人和来自英国、伊拉克、俄罗斯、索马里的5类求职者受到的招聘待遇区别(Ahmad,2020)。研究中虚构简历的设计与以往的审计研究类似,即仅在代表种族的姓名和性别方面有所不同,教育经历、工作经验和专业证书方面均一致。投递的岗位囊括了非技术性、中等技术性和高技术性工作,集中于餐饮、零售、清洁、文员和客服行业;同时考虑到文员和客服行业更多招聘女性雇员,为了避免性别偏误,研究人员向这两个行业的招聘广告仅投递了女性求职者的简历。与过往审计实验不同的是,该实验的5份简历均在4小时内投递完成,以避免因简历投递间隔时间长导致的先发送的简历拥有筛选优势的问题。研究结果表明,在芬兰劳动力市场中对移民的歧视是显著的,拥有芬兰名字的申请者被邀请参加面试的可能性是移民群体的1.45—3.94倍,同时非欧洲族裔相较于欧洲族裔受到的雇主歧视程度更大;此外,在零售和餐饮行业中对移民的歧视更加明显。该研究与 Pager 等(2009)的观点不尽不同,后者认为求职者的工作技能水平和工作是否涉及客户接触均不会对招聘歧视产生影响,即更高的技能无法弥补雇主歧视,雇主拒绝移民求职者也不是因为担心客户歧视产生的。

12.1.2 性别歧视

雇主在招聘过程中除了对种族或族裔存在额外关注,求职者的性别同样是影响其做出招聘决策的重点特征之一,因此性别歧视也是劳动力市场歧视研究的重要课题。其具体表现为在劳动力市场中,具有相同生产率的男性与女性劳动者并未得到相同的回报,例如在招聘过程中体现为面试率和入职率的差异,在正式雇佣后体现为工资的差异、晋升名额与晋升要求的差异等(Azmat 和 Petrongolo,2014)。虽然在正式雇佣后,雇主对员工的性别歧视难以通过审计实验追踪,但是已有研究阐明,对简历投递与面试阶段的性别歧视,也就是对雇佣决策的第一阶段的研究,可以一定程度上衡量劳动力市场中的性别歧视,如 Bertrand 和 Mullainathan(2004)提出因为雇主通常给那些更可能进入公司工作的员工发送面试或入职邀请,所以这类员工未来的工资水平与晋升可能性也可能会更优于其他员工;Riach 和 Rich(2002)的一项研究也指出,在招聘决策的第一阶段,即发送面试回复阶段,可以识别劳动力市场的性别歧视。

下面以 Riach 和 Rich(2006)在英国劳动力市场中利用通信审计实验衡量招聘中的性别歧视现象的研究为例,介绍审计实验在性别歧视研究中的应用。Riach 和 Rich(2006)所采用的具体实验方法与上文关于种族歧视的研究方法相似,均为向劳动力市场实际存在的空缺岗位投递虚构简历,但该研究在选择目标岗位时更多关注了岗位的男女数量比,将全部岗位分为"混合型""男性主导型"与"女性主导型"三类,代表岗位分别为计算机程序员和特许会计师、电气或机械工程师(以下简称"工程师")、秘书。由于在实验开展期间的互联网普及率还比较低,部分岗位无法通过邮箱直接投递简历应聘,于是研究者在投递简历时结合岗位招聘广告发布习惯选择了不同的投递方式。为了避免简历的风格与内容的不同会影响雇主的性别歧视水平,研究者准备了"A 型"与"B 型"两种风格不同的简历,且两种简历在不同性别的分配比例一致,保证求职者的简历没有性别模式化。实验结论表明在"混合型"岗位中男性受到了招聘歧视;在"男性主导型"岗位中女性受到了招聘歧视,其中女性在面试阶段的被拒绝率是男性的2倍左右;在"女性主导型"岗位中男性受到了招聘歧视,具体而言,男性在面试阶段被拒绝的比例为59%,而女性仅有16%。也就是说,申请女性主导岗位的男性受到的歧视比申请男性主导岗位的女性更大。Levinson(1975)提出出现这一现象的原因可能是女性主导工作对于性别的"代表性"要求更高,即岗位对于能力的要求并不明确,仅需要一位特定性别的职员;同时当男性申请通常处于更低地位的"女性主导型"岗位时不符合社会规范,导致其更容易受到歧视。

通过Riach和Rich(2006)了解到不同性别比例的工作对男性和女性的歧视存在差异之后,Booth和Leigh(2010)在此基础上进一步提出一个猜想:工作中的性别比例越极端,出现的性别刻板印象越明显。为了验证这一猜想,Alison Booth和Andrew Leigh对澳大利亚劳动力市场中的"女性主导型"岗位可能存在的性别歧视进行审计实验。实验发生于2007年劳动力市场相对紧缩时期,样本城市布里斯班、墨尔本和悉尼的失业率均在3%—5%,岗位对求职者的需求偏高。实验选择了服务员、数据录入员、客服和销售4种岗位作为典型的"女性主导型"岗位,其中服务员与数据录入员的女性占比为80%和85%,客服和销售的女性占比为68%和69%。研究人员共向超1 600个招聘广告投递了除性别外其他方面基本一致的一对简历,最终发现从整体数据来看,"女性主导型"岗位中存在对男性求职者的歧视,但这种歧视仅在女性职员比例更高(超过80%)的岗位显著。从面试回复率来看,在女性比例较低的服务员岗位中,男性求职者仅需多投递0.31份简历即可获得与女性求职者相同的面试回复率,而在数据录入员岗位中需要多投递0.74份简历,这也意味着在不同程度的"女性主导型"岗位中,招聘的性别歧视程度存在差异。

以上两篇文章提到的现象均涉及"职业性别隔离"概念,即男女因性别不同而被分配、集中到不同的职业和工作中(Gross,1968)。Albert等(2011)在对西班牙劳动力市场的性别歧视研究中也证明了该现象的存在。该研究在分析全部样本岗位的面试回复数据后,产生了与以往性别歧视研究不同的结论,即没有发现雇主在招聘过程中存在对女性求职者的歧视。该实验构造的虚构简历在性别(男性/女性)、年龄(24/28/38)、婚育状况(单身/育有一子/育有两子)进行区分,向每个招聘广告投递了以性别为对照的5对简历(见图12.1)。实验的目标行业分别为"男性主导型"行业——销售、"混合型"行业——会计和"女性主导型"行业——秘书,每个行业包括低技能水平与高技能水平2类岗位,研究人员共计向6类工作的1 062个招聘广告投递了5 310对虚构简历。

该研究提出的性别歧视结论与以往研究不同。实验数据显示,从三种行业综合来看,女性求职者的面试回复率略高于男性,否定了劳动力市场招聘中存在女性歧视的传统观点。对数据进行分行业和分技能水平详细分析后发现,该结论的出现主要是由"女性主导型"行业岗位和"混合型"行业中的低技术岗位中女性面试回复率偏高,且"男性主导型"行业的两种岗位并未发现不同性别面试回复率之间的明显差异所导致的。该研究展示的分行业的性别歧视与Riach和Rich(2006)的研究结论一致,即"女性主导型"行业对男性的歧视更加明显,同时随着越来越多的女性加入劳动力市场以及雇主对性别平权运动的考虑,在"混合型"和"男性主导型"行业的招聘过程中,雇主也会更多雇佣女性职员。

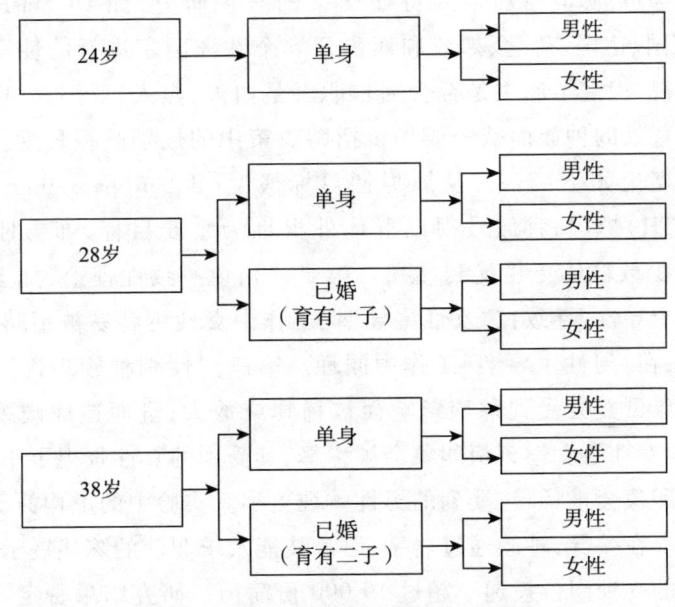

图 12.1　5 对虚构简历(Albert 等,2011)

以上研究主要围绕招聘性别歧视中的职业性别隔离现象,并显示当综合考虑劳动力市场中不同性别比例的岗位时,女性受到的歧视并不显著,甚至是男性在"女性主导型"岗位受到更多歧视;然而细分岗位的招聘数据表明,"成功性别平权"现象是由低等工作和"女性主导型"工作对女性的需求更大造成的,这意味着女性更难获得更高等级的工作或更容易出现晋升困境,即"粘地板效应"(Sticky Floor)。Baert 等(2016)通过在比利时进行的一场审计实验研究了女性雇员面临的"粘地板效应",具体关注当雇员申请相当于一次晋升的更高级别岗位时,雇主招聘是否存在性别歧视。在设置虚构简历时,考虑到实验涉及的有更高职级和工作权威的更高级别岗位要求5年以上的工作经验,因此简历中的男性与女性求职者均有5年的工作经验并在其他条件方面均符合招聘需求。研究人员投递的两类工作岗位分别为"与当前职位职能和权限级别相同"（平级职位）,以及"较当前职位在职业水平和/或工作权限方面有所提升"（高级职位）的岗位,共计投递了576个岗位。实验结论与"粘地板效应"相符:综合考虑平级和高级职位的面试回复数据时,不同性别的面试回复率无显著差异,不存在性别歧视；然而当女性申请高级职位时,她们收到的面试回复比男性求职者低33%,但其获得的工资待遇与男性无明显差异。

由于学界对招聘中的性别歧视研究十分丰富且充分,越来越多的学者将视角放到性别与其他非性别个人特征交叉的歧视研究,如 Di Stasio 和 Larsen（2020）在英国、德国、荷兰、挪威和西班牙5个欧洲国家进行的性别与种族交叉的招聘歧视,探究了雇主是否会因求职者是白人、黑人、亚洲人、中东人及其他具有移民背景的种族而减轻或加重招聘决策中的性别歧视程度。文章涉及的三种主要理论如下:第一,从属男性目标假说（Subordinate Male Target Hypothesis,SMTH）提出,种族歧视以群体外男性为主要目标,即男性少数群体相较于女性少数群体更易受到歧视。第二,"角色一致性理论"加上欧洲社会群体的白人主导性,导致在"女性主导型"工作中女性更容易被招聘,且白人女性更占优势；在"男性主导型"工作中同理。第三,"性别种族理论"提出,对性别的刻板印象可能会受到种族影响而被稀释或放大,进而造成歧视水平的变化,如对黑人女性的女性刻板印象会被稀释,其受到的女性歧视更小；亚洲男性的男性刻板印象会被稀释,受到的男性歧视更小。实验中的虚构简历仅在种族与性别方面存在差异,种族通过名字、语言技能及求职信的陈述展示,研究者共向5个国家的6种岗位投递了超过19 000份简历。研究结果否定了从属男性目标假说,即这一假说在"女性主导型"岗位的招聘中不成立,男性的种族差异并未导致歧视水平变化,少数族裔男性与多数族裔男性的面试回复率相近,均显著低于女性求职者,而少数族裔女性在该情境下受到的歧视最大。"角色一致性理论"和白人主导性却在实验中被充分证明了,以"女性主导型"岗位的面试回复率为例,在所有少数群体中,相较于白人多数群体女性,只有白人少数种族女性没有受到明显歧视。"性别种族理论"仅在部分情况下有效,具体表现为相较于白人和亚洲女性,黑人女性在各种岗位中受到的性别歧视都更大；但亚洲男性在"女性主导型"行业中没有受到歧视,而其他男性少数族裔群体则受到明显歧视。

12.1.3　年龄歧视

随着人口老龄化程度的不断加深,继种族或族裔歧视与性别歧视之后,更多学者以上述两种歧视的审计研究方法为范本,应用通信审计进一步探究雇主招聘决策中出现的年龄歧视现象。最早的关于年龄歧视的审计研究为 Marc Bendick 等人于 1997 年和 1999 年分别进行的通信审计与真人审计,研究结果证实了招聘过程中年龄歧视的存在(Bendick 等,1997;Bendick 等,1999)。之后,Lahey(2008)在针对女性年龄歧视的审计研究中,为了明确这一歧视是否为统计性歧视,在虚构简历中加入了对抗老年求职者负面刻板印象的描述(如不需要医疗保险、拥有计算机技能等)。实验结果发现,这类文字描述的增加并未缓解雇主对年龄更大的求职者的歧视。在年龄歧视的审计研究中,Neumark 等(2019)进行的通信审计实验的样本数量最多,他们通过线上招聘网站投递了超 40 000 份求职简历来考察年龄歧视,并进一步探索当求职者的工作经验随年龄相应增加时,雇主的年龄歧视水平是否会发生变化,同时回应了 Heckman 等(1998)对审计实验提出的批判,尽可能剔除了年龄造成的不可观测变量对年龄歧视评估的影响,具有较大的理论与现实意义。

Bendick 等(1997)首先使用通信审计的方法探究美国劳动力市场对老年求职者的年龄歧视,其实验方式较为简单,研究人员将仅存在年龄差异的两份同质简历邮寄给美国的 775 家大型公司和招聘机构,探究不同年龄的虚构简历收到的面试回复数量、投递简历与收到回复的间隔时长、雇主回复的积极或消极态度等方面的多种差异。实验投递的 3 个岗位分别为信息管理系统专员、执行秘书和文字编辑。以上岗位包括对技术水平的不同要求(技术性/非技术性岗位),以及对求职者学历的不同要求(是否上过大学)。同时为了避免出现性别歧视的干扰,投递给信息管理系统专员岗位的简历均为男性,投递给执行秘书岗位的简历均为女性,投递给文字编辑岗位的简历男性与女性数量相同。实验涉及的虚构简历中求职者的年龄分别为 57 岁与 32 岁,每个岗位对应的虚构简历中包含的技能均满足岗位需求。由于实验需要保证不同年龄的虚构简历有相同的教育经历和工作经验,为了弥补老年求职者的 25 年空白经历,研究者在执行秘书简历中说明求职者在这 25 年间是为了养育孩子所以脱离劳动力市场,信息管理系统专员简历和文字编辑简历则说明求职者在这 25 年间担任高校教师一职。这一实验展示的多种面试回复数据均证明了美国劳动力市场中年龄歧视的存在,具体结果变量包括回复信件邮寄天数中位数、收到电话而非信件面试回复比例、尝试多次联系比例(雇主首次发送面试回复但未收到回复后再次尝试联系)、消极回应但提供其他选择的比例,以及考虑上述所有情况的综合受欢迎回复比例。虽然仅有收到电话而非信件的面试回复比例和综合受欢迎回复比例两项保持显著,但所有变量均为正,表明在劳动力市场中年轻人比老年人更受欢迎,证明了年龄歧视的存在。

Lahey(2008)在 Bendick 等(1997)的基础上进一步研究了美国劳动力市场中女性受到的年龄歧视,并试图识别年龄歧视的类型,确认其是偏好性歧视还是统计性歧视。与 Bendick 等(1997)不同的是,Joanna Lahey 的样本城市更少,她仅选择了两个城市的招聘广告进行投递,波士顿因投递便利入选,圣彼得堡则是因为其人口组成与美国国家人口统计数据相似入选;此外,Joanna Lahey 没有考虑复杂多元的结果变量,主要关注简历是否收到面试回复。实验设计的虚构简历有 35 岁与 62 岁两种年龄,求职者的其他条件基本一致,均拥有十年工作经验且正在从事入门级别的工作;此外,简历还表明女性老年求职者在工作空窗期的身份是全职家庭主妇(即并未参与其他工作或社会活动)。研究人员选择了女性职员较为集中的初级岗位进行投递,共有 3 996 家公司收到了虚构简历。研究人员在虚构简历中强调求职者曾获全勤奖、不需要医疗保险、拥有计算机证书、热爱运动等特质,证明其生产能力满足招聘需求,用以判断是否存在统计性歧视。研究人员还将雇主、雇员以及消费者的个人特质与求职者年龄进行回归分析,判断是否存在偏好性歧视。与已有研究结果一致,实验数据证明了年龄歧视的存在,两个城市的不同年龄的虚构简历收到的面试回复率之差分别为 42% 和 46%。但研究无法识别具体的歧视类型,实验数据明确否定了偏好性歧视,却无法确定是否存在统计性歧视。

在 Bendick 等(1997)和 Lahey(2008)等经典年龄歧视研究的基础上,Neumark 等(2019)进一步提出年老的求职者不仅在年龄上更大,其具有的工作经验也可能会更多,因此应该将具有合理的更长工作经验的年长群体与年轻群体进行比较,而不是像以往虚构简历对比具有相同工作经验但年龄不同的群体的面试回复率差异。在 Neumark 等(2019)的实验中,虚构简历的核心自变量不仅为年龄,还有与年龄相关的工作经验的差异。尽管如此,该研究依然制作了一组年龄更大但工作年限无明显增加的虚构简历,以验证随年龄增长的工作经验是否会缓解年龄歧视,并以此为基础识别与年龄相关的非观测变量对雇主招聘决策的影响。研究者在一家美国常用的大型工作搜寻网站下载了超过25 000份简历作为虚构简历的参考样本，设置了3个年龄组，分别为青年组（29—31岁）、中年组（49—51岁）以及实验重点关注的老年组（64—66岁），其中老年组的年龄接近法定退休年龄，同时年龄与其对应的平均工作经验接近线性正相关关系。研究者在投递简历时主要选择了任期短、老年职员多的岗位，这与年老求职者在简历投递时的真实选择相符，具体为零售员、行政助理、门房、保安。实验结论显示接近退休年龄的老年组（64—66岁）受到的歧视比中年组（49—51）更大；对比具有相同工作经验的不同年龄求职者投递结果可以发现，除了门房岗位，在其他岗位中，随年龄而增长的工作经验无法减轻招聘的年龄歧视。在分性别讨论时，虽然老年女性与老年男性相比面临的歧视水平更高，但考虑到老年女性求职者受到其他与年龄相关的非观测变量影响的可能性更大，因此这一研究结果不一定完全由歧视导致，值得后续深入研究。

以上对于年龄歧视的研究通常仅设置两个不同的年龄组别（Lahey，2008）或几组不同的年龄区间（Neumark等，2019），难以观察歧视随年龄增长可能发生的动态变化，Carlsson和Eriksson（2019）在对瑞典劳动力市场的研究中将年龄设置为35岁到70岁的连续变量，以便研究年龄歧视的边际增长幅度。参考Neumark等（2019）的实验设计，Magnus Carlsson和Stefan Eriksson设计了3种不同的简历来解释年老组相对于年轻组多出的"额外年龄"在干什么，使得虚构简历更加贴合真实求职者的工作状态：第一种为在额外年龄承担相关岗位的工作，即有更多的工作经验；第二种不解释额外年龄；第三种为在额外年龄养育孩子或者参军。该设计可帮助验证有关年龄歧视的理论，判断额外年龄的不同经历是否会影响雇主的年龄歧视水平。实验中的虚构求职者表现了不同的生产率信号，如在简历中出现的"目前在职或经历0—36个月的失业期"，和在求职信中呈现的"是否愿意参加在职培训"，这些描述可以帮助识别实验出现的歧视是否为出于对老年群体生产力的担忧而产生的统计性歧视。研究人员共向斯德哥尔摩、哥德堡和马尔默3座城市的2 000余个工作招聘广告投递了简历。在选择投递岗位时，为了避免性别主导型岗位可能导致的性别偏误，实验仅保留了一个"男性主导型"和一个"女性主导型"岗位，其余5个岗位均为"混合型"岗位。通过对面试回复率的分析发现，瑞典劳动力市场存在明显的年龄歧视，平均表现为每增长10岁，简历收到的面试回复率将下降5%。当将性别纳入考虑时，女性面试回复率受到年龄的负面影响更大：女性在年轻时的面试回复率高于男性,而年老时却低于男性。此外,研究结果还表明,3 种简历不同的额外年龄经历并不会影响招聘决策,与生产率相关的信号不会缓解年龄歧视,但长期失业会导致更高的歧视水平。

12.2 雇主对可选择性特征的歧视

可选择性特征歧视是指劳动力市场中雇主因求职者个人发展自主选择,或是求职者受环境影响被迫选择的特征,而在招聘中对其进行区别对待,不完全依靠求职者的劳动生产率发出面试回复或入职邀请。由于这类特征与求职者的个体选择有关,雇主招聘歧视的深层机制也更加复杂,通常与研究所在的地区、社会背景、投递岗位等多种因素相关,因此有更为广泛的讨论空间与研究意义。我们主要选取目前学界讨论较多的雇主对四种可选择性特征的歧视进行详细介绍,依次为对求职者的失业情况、需要承担的家庭责任以及曾经的犯罪记录的招聘歧视。

12.2.1 失业情况

对失业情况歧视的研究起因于一种令人费解的社会现象,即随着求职者失业持续时间的增加,雇主会降低对求职者的招聘意愿,进而出现"失业持续时间长—雇主招聘歧视—失业持续时间更长"的恶性循环。尽管"失业持续时间更长的人找到工作的可能性更低"的社会现象真实存在,其背后的雇主招聘决策机制却并不清晰。关于失业时间歧视的研究出现在 2000 年前后,当时应用审计方法进行研究的文献相对较少,但均能证明雇主招聘决策中存在对求职者失业持续时间的歧视,其中 Oberholzer-Gee(2008)通过现场审计实验发现,当求职者失业持续两年半时,其获得雇主面试回复信息的可能性比在职求职者低 50%;Eriksson 和 Rooth(2014)在瑞典劳动力市场的实验结果显示在中低技能工作岗位的招聘中存在失业歧视现象;Kroft 等(2013)进行了更大规模的通信审计实验,实验结果证明了失业持续时间与面试回复率的负向非线性关系,同时发现在紧缩的劳动力市场中雇主对失业情况的歧视水平更高;Birkelund 等(2017)则探究种族与失业情况的交叉影响,证实了少数族裔会在一定程度上加重雇主的歧视水平。

值得关注的是,Kroft 等(2013)首次应用审计实验验证了雇主对失业持续时间存在歧视行为的可能理论机制，或者说至少排除了部分不适用的理论机制。学界普遍认可能够解释失业情况歧视的理论主要为筛选假设理论和人力资本理论。其中，筛选假设理论的核心观点是：失业情况可以被视为一种反映求职者的不可观测的生产率相关特征的信号，如雇主认为失业持续时间长意味着求职者在生产率方面有无法观测到的负面特征，因此雇主倾向于选择失业时间最短的申请者，也就是说失业持续时间仅起到"筛选"作用。而人力资本模型的观点是：求职者的技能会随着失业时间的增长而贬值，雇主会因求职者技能的贬值而降低对其生产率的评估，进而产生对求职者失业情况的歧视。在下文对 Kroft 等（2013）的详细介绍中可以发现，由于失业时间与雇主对失业情况的歧视并非线性相关关系，反而是在达到失业时间拐点后不改变失业歧视水平，因此否定了人力资本模型这一理论机制。

Oberholzer-Gee（2008）在瑞士进行的审计实验将简历投递和真人被试相结合。研究者招募了两个正在找工作的行政助理，利用他们的真实简历投递了 628 家公司的行政助理招聘广告。真人简历中仅有失业时长是虚构的，包括 1 个在职的对照组和 5 个失业情况不同的实验组，分别为失业 6、12、18、24、30 个月。两个人的简历被均匀随机分配为在职或失业。该研究主要关注简历收到的面试回复数量，大概有 50% 的简历收到了面试回复。令人惊讶的是，从面试回复结果来看，在职人员并不绝对优于失业人员，失业 6 个月和 12 个月的求职者的面试回复率比在职人员更高，但当失业时长延长为 18 个月时，两种求职者的面试回复率已无显著差异；失业 24 个月的求职者的面试回复率明显低于在职者，而失业 30 个月的求职者的面试回复率仅为在职者的一半。为了进一步分析失业歧视背后的机制，研究者继续向 766 名负责行政助理招聘工作的管理者进行电话问卷调研，调研结果帮助解释了为什么瑞士公司更加喜欢招聘短期失业的求职者：由于瑞士劳动力市场的特殊规定，员工离职前需要有 2—3 个月的通知期，即在职者需要在通知期过后才能从事另一份工作，离职者则没有这种限制，可以尽快到岗工作。此外，问卷回答结果也指出管理者对长期失业者的招聘歧视通常出于对其生产效率的担忧。

Eriksson 和 Rooth（2014）在瑞典劳动力市场开展的研究在 Oberholzer-Gee（2008）的基础上细化了信件审计实验的流程，他们参考了 Bertrand 和 Mullainathan（2004）等常见的虚构简历方法，仅对虚构简历的就业状态进行区分并保持其他条件基本一致，探究不同的失业持续时间以及是否存在"失业史"对求职的影响。在虚构简历中,求职者的就业经历被分为"毕业期、工作期、当前期"三个时期,其中①毕业期:毕业后直接经历12个月的失业,或无失业情况直接就业;②工作期:一段1—5年的工作经验且有1位雇主,或者一段3—5年的工作经验且有3位雇主,或者三段共计3—5年的工作经验且有3位雇主,在每两段工作间存在6个月的失业期;③当前期:在当前找工作之前存在一段3个月、6个月或9个月的失业期,或者当前不存在失业情况。虚构简历可根据"②工作期"的不同分为三类,具体设计如图12.2所示。Eriksson和Rooth(2014)共向瑞典的3 786家企业投递了虚构简历,每个招聘广告将收到3种虚构简历。在选择投递岗位时,研究人员选择了7个需要小学或中学教育的中低技能岗位(销售/采购员、收银员、修理工、建筑工、司机、门房和清洁工、餐饮服务员),以及5个需要大学教育水平的高技能岗位(计算机岗位、会计师和审计师、护士、初中教师、中学教师)。最终的面试回复数据表明失业史,即一段或多段工作经验前的长期失业,不会带来招聘歧视,且与Oberholzer-Gee(2008)的观点部分类似,雇主对于3—6个月的短期失业无显著歧视,但当失业持续时间达到9个月时,中低技能岗位的招聘者会展现出招聘歧视;此外,研究还发现雇主对于不同技能需求的工作的招聘策略存在差异,即对中低技能岗位的招聘更多关注求职者的消极信号(失业),对高技能岗位则更多关注求职者的积极信号(工作经验)。

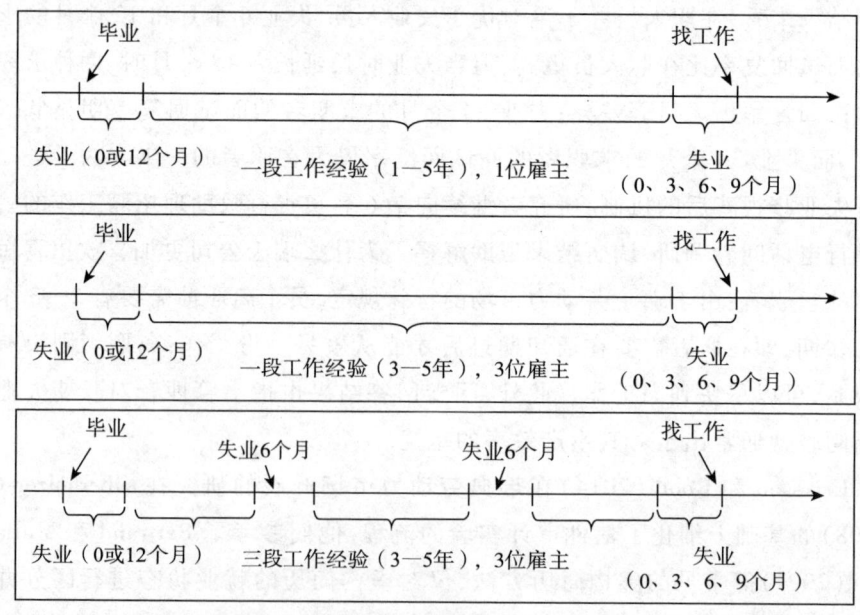

图12.2 三类简历(Eriksson和Rooth,2014)

当学界对欧洲背景下的失业情况歧视进行大量审计实验调查并发现了显著的歧视证据后,Kroft 等(2013)也在美国 100 个大都市统计区(MSAs)进行了大规模通信审计实验。研究团队通过美国主流在线工作招聘广告发布平台投递了约 12 000 份虚构简历,投递岗位为销售、客服、行政助理/文书工作 3 类。虚构简历中的失业持续时间从 1—36 个月不等,以最后一份工作的结束年月为识别标志,在参考真实简历对工作经历的描述后,实验决定不在简历中提供任何与失业期间经历相关的其他信息。实验中的虚构简历分为高质量与低质量两组,其中低质量简历仅满足招聘广告在工作经验与教育程度方面的最低要求,高质量简历则在这两方面都高于招聘广告的要求。在具体投递阶段,考虑到不同类型岗位对求职者的性别偏好,客服与销售岗位的每个招聘广告将收到高质量女性、高质量男性、低质量女性、低质量男性 4 种简历;行政助理/文书工作岗位则将收到高质量女性和低质量女性简历各 2 份,共 4 份简历。汇总分析全部虚构简历收到的面试回复数据后发现劳动力市场中存在对失业持续时长的歧视,但当失业时间超过 8 个月时,雇主对失业持续时间的歧视水平的波动保持平稳,对失业时间的增加不再敏感。当对这一结论进行深入分析时可以发现,二者呈现高度非线性相关关系,其趋势线会因劳动力市场变化而在不同的失业持续时间达到拐点。此外,雇主对失业情况的招聘歧视在劳动力市场处于紧缩状态时更加明显,即当劳动力市场的职位空缺率与失业率之比上升时,雇主对失业持续时间的歧视水平到达拐点的速度更快。

通过以上三篇有关失业歧视的经典论文,我们已经可以大致了解失业情况歧视在劳动力市场中的存在与特点,并认识到歧视背后的决策机制,接下来将介绍一篇将失业情况与其他个人特征结合考虑的、更为复杂的失业情况歧视研究。这仍然是一篇在美国劳动力市场中进行的审计实验,Farber 等(2019)在以往研究的基础上增加了对求职者年龄与目前从事职业的考察,关注女性求职者的年龄和当前从事职业是否会影响雇主对其失业情况的歧视水平。研究者通过美国的 2 个大型在线招聘网站向 8 个城市的 2 122 个岗位成功投递了虚构简历,其中一半城市的失业率较低,另一半城市的失业率较高。研究者投递的岗位以办公室白领职位为主,包括低技能要求的接待员、办公室助理、文书/数据输入员和其他,以及高技能要求的行政助理、高级助理、办公室经理和其他,每个岗位将收到 4 份虚构简历。考虑到投递岗位中女性职员占比较大,因此虚构求职者均为女性,且均有非精英公立大学或学院的四年制学士学位。虚构简历中的变量为失业持续时间、临时工作(即当前工作)性质和年龄,其中失业持续时间分为 0/4/12/24/52 周,临时工作分为低技能/高技能,年龄分为 22—23 岁、27—28 岁、33—34 岁、42—43 岁、51—52 岁、60—61 岁共 6 个区间,除失业持续时间外,每组变量中的不同情况都平均随机分配在虚构简历中。Farber 等(2019)的实验结果印证了 Kroft 等(2013)和 Eriksson 和 Rooth(2014)的结论,即长期失业(一年或以上)的求职者收到的面试回复率较低,但当失业持续时长为 3 到 6 个月时,面试回复率没有随失业时间增长而下降,且失业者的平均面试回复率明显高于有临时工作的人。此外,当考虑求职者年龄时,最年轻和最年长的求职者面临的招聘歧视最严重,但年龄并不会影响雇主对求职者失业情况的歧视。

12.2.2 家庭责任

除了对失业歧视的研究,家庭责任歧视也是劳动力市场歧视研究的热点问题。应用审计实验方法对家庭责任歧视的研究出现时间更晚,且最早作为对年龄歧视与性别歧视分析中的细分讨论出现,如 Albert 等(2011)在马德里进行的一项针对年龄与性别歧视的通信审计研究,在发现雇主在招聘决策中存在年龄歧视和性别歧视后,进一步探讨了雇主是否对女性求职者的生育情况存在歧视。近些年,针对生育情况,或者说针对女性需要承担的家庭责任的歧视的专题研究逐渐增加,如 Petit(2007)对法国金融市场中家庭约束在性别歧视中的作用进行研究,该实验设定了 3 类简历,分别为年轻、单身且无子女组,最佳生育年龄、单身且无子女组,以及最佳生育年龄且有子女组,实验在高技能要求的工作中发现了对年轻女性的歧视;Correll 等(2007)这一在同年发布的审计实验研究发现,当雇主面对具备相同能力的拥有父亲和母亲身份的求职者,或者未生育的女性与拥有母亲身份的求职者时,雇主会歧视拥有母亲身份的求职者,对其在工作评价、建议薪酬和招聘推荐方面进行惩罚。中国作为世界人口大国如今正面临着人口老龄化加剧、生育率下降的重大挑战,为了保证经济社会的良好运转、促进人口长期均衡发展,如何提升适龄女性的生育意愿已成为学界研究的热点话题。恰逢中国政府近年来多次提出促进人口生育的相关政策,如 2011 年"双独二孩"政策、2014 年"单独二孩"政策、2016 年"全面二孩"政策直至 2021 年"三孩"政策,多次政策冲击为研究劳动力市场中女性因承担家庭责任而受到歧视的现象提供了重要机遇。

最经典的针对家庭责任歧视的研究为 Correll 等(2007)在美国劳动力市场进行的实验室实验和信件审计实验,这也是学界第一次使用审计方法衡量雇主因求职者需承担家庭责任而表现出招聘歧视,在这里我们仅介绍审计实验有关研究。Correll 等(2007)中虚构简历涉及的变量仅有性别和是否拥有父母身份两方面,每个岗位将收到相同性别但拥有父母身份或不拥有父母身份的 2 份简历。这 2 份简历间隔一天被先后投递至美国东北部的一家大型城市报纸上的 38 个招聘岗位,岗位具体为中低级市场营销和商业相关的工作。申请人的性别通过虚构简历中的姓名体现,是否拥有父母身份将在简历和求职信中分别体现。拥有父母身份的求职者会在简历中提到自己是小学家长教师协会成员,并在求职信中提到将会和家人一起搬到工作所在城市;不拥有父母身份的求职者在简历中提到自己是大学校友会成员,并在求职信中仅提到自己会搬到工作城市。审计实验的面试回复数据显著表明了家庭责任招聘歧视的存在,不拥有母亲身份的女性收到的面试回复是同等条件下拥有母亲身份的女性的 2.1 倍,而且这种歧视仅针对母亲身份,成为父亲并没有降低男性求职者的面试回复率,这与要求母亲承担更多家庭责任的社会规范相吻合。

为了使针对家庭责任的歧视研究结论具有更大的外部有效性,Bygren 等(2017)选择了 18 个具体的工作岗位,这些岗位囊括了瑞典劳动力市场的大部分劳动人口。该研究利用与 Correll 等(2007)相似的简历审计实验方法,通过比较不同性别与是否拥有父母身份的求职者的面试回复率,分析招聘过程中可能出现的家庭责任歧视。研究者将 18 个具体的工作岗位分为 14 类,其中一半为需要高等教育经历的高技能职业(会计/审计师、小学教师、计算机科学工程师/计算机专家、机械技术工程师/产业经济学家/电子工程师、高中教师、护士和幼儿园教师),另一半则为无学历或低学历要求的低技能职业(助理护士、厨师、清洁工、财务助理、接待员、销售人员和商店职员/收银员)。除了性别与是否拥有父母身份的不同,虚构简历中求职者的种族也有差异:20% 的姓名被设置为带有明显的南斯拉夫或中东特征,另外 80% 为典型的瑞典人名字。瑞典劳动力市场的面试回复率数据表明不存在对母亲身份的家庭责任歧视,四种求职者的面试回复率分别为:拥有母亲身份 36.4%,拥有父亲身份 39.1%,无子女的女性 39.2%,无子女的男性 41.6%,不同群体的面试回复率差距非常小且缺乏统计意义。在分职业进行讨论时,在商店职员/收银员、小学教师、厨师、销售人员、护士等职业中父亲身份比母亲身份更受青睐,而在财务助理、清洁工、助理护士等职业中母亲身份比父亲身份更受青睐。由于偏好母亲身份或者父亲身份的职业不存在技能要求的共性,因此无法判定哪种类型的工作存在明显的家庭责任歧视。研究者认为该结果可能是受瑞典相对较高的性别平等态度和积极的促进母亲就业的家庭政策导致的。

除了在欧美背景下对家庭责任歧视的研究,He 等(2023)以 2016 年独生子女政策的废除为政策冲击,借助在线工作招聘平台,应用 DID 方法研究中国劳动力市场对个体承担家庭责任的歧视。与以往研究不同的是,He 等(2023)的研究关注了孩子数量而非是否生育对个体在劳动力市场表现的影响。考虑到中国生育政策的变化,即 2016 年前只有父母双方一方为独生子女时才可以生育两个孩子,变为 2016 年起父母双方均为非独子女时也可以生育两个孩子,该研究通过在虚构简历上说明个体是否为独生子女,暗示个体的生育可能性。He 等(2023)主要通过对比独生子女与其非独生子女匹配组在政策实施前后面试回复率差距的变化,判断中国劳动力市场对求职者的家庭责任歧视水平及家庭责任歧视与性别的相关性。研究中的虚构简历年龄在 22 至 29 岁之间,保证其处于适婚年龄与最佳生育年龄期间;大学教育年限分为 3 年制大专学历与 4 年制大学学历两种,专业包括历史、经济、会计、金融、工商管理、市场营销、国际经济与贸易共 7 种;简历主要通过自我评估部分展示求职者是否为独生子女。在选择投递岗位时,该实验参考了 Bertrand 和 Mullainathan(2004)及 Kroft 等(2013),主要向销售、行政助理以及客服 3 类招聘需求最大的岗位投递简历,向每个招聘广告投递 4 种简历:女性独生子女、男性独生子女、女性非独子女、男性非独子女;4 份简历在 4 天内依次发送。在分析收集到的面试回复数据后发现,劳动力市场存在仅针对女性的家庭责任歧视,雇主可能认为在政策实施后非独生女性的生育可能性变大,未来需要承担的家庭责任变多,于是更少向其发送面试回复。而且在考虑求职者年龄时,处在适婚年龄和最佳生育年龄期间内的女性受到的家庭责任歧视水平会随年龄的增长而提升,这与雇主对其生育可能性的增长预期有关。

12.2.3 犯罪记录

拥有犯罪记录的求职者在劳动力市场中总是处于弱势,因为雇主通常会出于对犯罪群体的偏见,或认为该群体具有多种影响生产率的特质,而选择减少对该群体的招聘。然而这类歧视会导致拥有犯罪记录的求职者更难找到工作,增加其继续犯罪的可能性,形成犯罪与犯罪记录歧视的恶性循环,这将对就业环境与公共安全造成巨大影响。在审计实验出现前,雇主对求职者的犯罪记录歧视难以通过观测数据识别。如果发现有犯罪记录的个体的就业数据更差,那么这类结论通常被质疑是由存在未测量的个人特征所导致。对犯罪记录歧视进行大型审计研究的最早文献为 Pager(2003)在美国进行的一场真人审计实验。研究者利用真人求职者的配对来分析犯罪记录和种族对雇佣决策的交叉影响,发现雇主对求职者存在明显的犯罪记录歧视,同时少数种族的特征会加重其受到的犯罪记录的歧视水平。Agan 和 Starr(2017)在美国新泽西州和纽约市进行信件审计研究,同样发现在就业申请过程的第一阶段展示犯罪记录会明显提高求职者受到的歧视水平。为了缓解携带犯罪记录的求职者的就业困境,美国部分州早在 1999 年就开始施行"禁止访问犯罪记录"(BTB)法案,该法案限制雇主在求职者的初次申请中询问其犯罪历史。Rovira(2024)的信件审计实验分析了该法案在英国背景下能否发挥效力,并认为引入 BTB 政策将增加有犯罪记录的白人求职者的就业机会,但不会增加有犯罪记录的少数族裔的就业机会。

Pager(2003)在美国的真人审计实验有力证明了犯罪记录歧视的存在,他雇佣了 4 名真人专业审计师测试美国中西部第五大城市密尔沃基的犯罪记录歧视现象。在 4 名 23 岁的大学生审计师中,2 名白人和 2 名黑人分别组成 2 个实验组,组内的某个审计师先申请,第二位审计师在一天后申请,犯罪记录被随机分配给其中一人。此外,审计师被赋予了相似的生产率相关客观特征,如受教育程度和工作经验等,保证除了犯罪记录的其他特征不会影响雇主的招聘决策。在设定实验组的犯罪记录时,研究者将犯罪记录分为与毒品相关的重罪(故意散布可卡因)和 18 个月的服刑时间(已结束),在这服刑的 18 个月中有 12 个月是完全脱离劳动力市场的监禁,有 6 个月是在监狱内部工作。对于无犯罪记录的对照组来说,求职者的高中毕业时间更晚一年,在一家临时机构有 6 个月的类似低技能工作经验。此外,为了合理地展示求职者的犯罪记录,审计师会在线下申请过程中说明自己在监狱的 6 个月工作经验,并提供假释官对其成功改造的担保。该研究选择了不需要类似岗位工作经验且不要求高中以上学历的入门级工作,并由真人审计师进行线下当面申请,最终向 350 名雇主进行了审计研究。实验结论充分证明了犯罪记录歧视会造成的严重就业障碍:有犯罪记录的求职者被雇主考虑的可能性只有无犯罪记录者的二分之一到三分之一，并且当雇主考虑申请者的种族时会加重他们对犯罪记录的歧视水平，没有犯罪记录的黑人的面试回复率甚至低于有重罪前科的白人。

后续有关美国劳动力市场犯罪记录歧视的典型研究为 Agan 和 Starr(2017)在新泽西州和纽约市 2015 年前后进行的一场信件审计实验。研究者虚构简历中的求职者均为 20 岁出头的男性，一半求职者有持有毒品或盗窃等财产犯罪的重罪记录，这些犯罪行为属于重罪里较轻的几种，另一半简历则无犯罪记录；此外，虚构简历中的种族（白人/黑人）、中学文凭类型（普通高中/职业高中或中专）、工作经历（存在/不存在一年间隔）存在差异并被随机平均分配到两种简历中。考虑到虚构简历中的求职者形象，研究申请的目标岗位为不需要大学教育的入门级工作，主要集中于餐饮与零售行业，共向 95 个连锁店的 1 426 个招聘广告投递了简历，每位雇主将收到携带犯罪记录和无犯罪记录的两位求职者的简历。与 Pager(2003)的真人审计实验结论一致，Agan 和 Starr(2017)发现即使是重罪中的较轻犯罪行为也会导致严重的犯罪记录歧视；但不同的结论是，这次信件审计实验并没有发现不同种族之间犯罪记录歧视水平的差异，同时指出住在白人社区的雇主的犯罪记录歧视水平是非白人社区雇主的两倍左右，但所在地区的犯罪率高低并不影响雇主的犯罪记录歧视水平。

为了降低劳动力市场对犯罪记录的歧视，英国慈善机构呼吁效仿美国实施 BTB 法案，具体体现为取消询问前科和/或逮捕经历的复选框，避免求职者在求职过程前端就因犯罪记录而失去求职资格，但雇主仍可以通过后续面试来了解求职者的犯罪背景，使其能够综合考虑个人能力，更加公平地做出招聘决策。Rovira(2024)在英国进行的一场信件审计实验测试了 BTB 法案在英国劳动力市场背景下的效力，由于该法案并未实际执行，所以研究者主要通过向询问和不询问犯罪记录问题的岗位投递 2 份不同的简历，并在简历中展示求职者的犯罪记录和种族，判断不同类型的岗位对求职者种族和犯罪记录的歧视水平。与 Pager(2003)的简历设计类似，虚构简历中的犯罪记录（有/无）、种族（白人/黑人）和性别（男/女）存在差异并被随机平均分配到简历中。但是考虑到已有研究表明求职者受到的犯罪记录歧视可能因犯罪受罚程度不同而产生差异（Uggen 等，2014），该研究中的犯罪记录分为轻重两种，并通过受罚程度进行区分：较轻的犯罪记录携带者被要求接受社区刑罚，如清除涂鸦或清理荒地等活动；较重的犯罪记录携带者则须在监狱服刑。求职者的犯罪记录在虚构简历和求职信中均有体现：简历中体现为在拘留中心或缓刑机构完成过 IT 培训课程，求职信中的一个段落说明最近结束了为期 12 个月的惩罚。对于部分在求职前要求明确是否存在犯罪前科的岗位,研究者根据简历情况进行作答。为了确保可比性,对照组的简历也包含在教育机构完成同等 IT 课程的信息,并且在实验组求职者服刑的 12 个月,对照组求职者处于失业状态。实验结果显示劳动力市场对携带犯罪记录的求职者存在显著歧视,但 BTB 法案似乎只对白人求职者有帮助,无论岗位是否要求披露犯罪记录,黑人求职者受到的犯罪记录歧视没有明显差异。

本章小结

本章重点关注审计实验在劳动力市场中需求侧的应用,详细介绍了雇主在招聘过程中对求职者的多种特征的歧视现象、歧视动机以及歧视类型。雇主歧视的特征可以被分为"不可选择特征"和"可选择特征"两大类。前者的相关研究开始时间更早、内容更充分丰富;后者则进一步扩大了雇主招聘歧视的研究范围。由于不可选择特征的招聘歧视经典研究较多,本章仅介绍了学界讨论度最高的涉及种族、性别及年龄这三种特征的歧视研究,具体表现为在劳动力市场中,少数种族群体、岗位的非主导性别群体以及年老的求职者通常会受到雇主的招聘歧视,且歧视类型难以确定,实验证据无法充分证明偏好性歧视和统计性歧视的存在。对可选择特征歧视的研究相对较少,本章选取了在现实生活中较为常见的失业情况、家庭责任以及犯罪记录三种特征展开介绍,具体表现为在劳动力市场中,长期失业(至少持续 8 个月)的群体、需要承担更多家庭责任的拥有母亲或准母亲(有较高生育可能性的女性)身份群体、有特殊性取向的同性恋群体以及携带犯罪记录的群体通常会受到雇主的招聘歧视,同样由于缺乏实验证据,无法确定其歧视类型。

参考文献

何浩然、夏静文,2023:《在线审计实验方法的发展及应用》,《经济科学》第 4 期。

Abebe, G., Caria, A. S., and Ortiz-Ospina, E., 2021, "The Selection of Talent: Experimental and Structural Evidence from Ethiopia", *American Economic Review*, 111(6), 1757–1806.

Agan, A., and Starr, S., 2017, "The Effect of Criminal Records on Access to Employment", *American Economic Review*, 107(5), 560–564.

Ahmad, A., 2020, "When the Name Matters: An Experimental Investigation of Ethnic Discrimination in the Finnish Labor Market", *Sociological Inquiry*, 90(3), 468–496.

Ahmed, A. M., Andersson, L., and Hammarstedt, M., 2013, "Are Gay Men and Lesbians Discriminated against in the Hiring Process", *Southern Economic Journal*, 79(3), 565–585.

Albert, R., Escot, L., and Fernández-Cornejo, J. A., 2011, "A Field Experiment to Study Sex and Age Discrimination in the Madrid Labour Market", *International Journal of Human Resource Management*, 22(2), 351–375.

Azmat, G., and Petrongolo, B., 2014, "Gender and the Labor Market: What have We Learned from Field and Lab Experiments?", *Labour Economics*, 30, 32–40.

Baert, S., and Verhofstadt, E., 2015, "Labour Market Discrimination against Former Juvenile Delinquents: Evidence from a Field Experiment", *Applied Economics*, 47(11), 1061–1072.

Baert, S., 2014, "Career Lesbians: Getting Hired for Not Having Kids?", *Industrial Relations Journal*, 45(6), 543–561.

Baert, S., De Pauw, A.-S., and Deschacht, N., 2016, "Do Employer Preferences Contribute to Sticky Floors?", *ILR Review*, 69(3), 714–736.

Belot, M., Kircher, P., and Muller, P., 2022, "How Wage Announcements Affect Job Search—A Field Experiment", *American Economic Journal: Macroeconomics*, 14(4), 1–67.

Bendick, Jr., M., Brown, L. E., and Wall, K., 1999, "No Foot in the Door: An Experimental Study of Employment Discrimination against Older Workers", *Journal of Aging & Social Policy*, 10(4), 5–23.

Bendick, M., Jackson, C. W., and Romero, J. H., 1997, "Employment Discrimination against Older Workers: An Experimental Study of Hiring Practices", *Journal of Aging & Social Policy*, 8(4), 25–46.

Bertrand, M., and Mullainathan S., 2004, "Are Emily and Greg More Employable than Lakisha and Jamal? A Field Experiment on Labor Market Discrimination", *American Economic Review*, 94(4), 991–1013.

Birkelund, G. E., Heggebø, K., and Rogstad, J., 2017, "Additive or Multiplicative Disadvantage? The Scarring Effects of Unemployment for Ethnic Minorities", *European Sociological Review*, 33(1), 17–29.

Bóo, F. L., Rossi, M. A., and Urzúa, S. S., 2013, "The Labor Market Return to an Attractive Face: Evidence from a Field Experiment", *Economics Letters*, 118(1), 170–172.

Booth, A., and Leigh A., 2010, "Do Employers Discriminate by Gender? A Field Experiment in Female-Dominated Occupations", *Economics Letters*, 107(2), 236–238.

Burbano, V. C., 2021, "Getting Gig Workers to Do More by Doing Good: Field Experimental Evidence from Online Platform Labor Marketplaces", *Organization & Environment*, 34(3), 387-412.

Bygren, M., Erlandsson, A., and Gähler, M., 2017, "Do Employers Prefer Fathers? Evidence from a Field Experiment Testing the Gender by Parenthood Interaction Effect on Callbacks to Job Applications", *European Sociological Review*, 33(3), 337-348.

Carlsson, M., and Eriksson, S., 2019, "Age Discrimination in Hiring Decisions: Evidence from a Field Experiment in the Labor Market", *Labour Economics*, 59, 173-183.

Carlsson, M., and Rooth, D.-O., 2007, "Evidence of Ethnic Discrimination in the Swedish Labor Market Using Experimental Data", *Labour Economics*, 14(4), 716-729.

Correll, S. J., Benard, S., and Paik, I., 2007, "Getting a Job: Is There a Motherhood Penalty?" *American Journal of Sociology*, 112(5), 1297-1338.

Cotton, J., 1988, "On the Decomposition of Wage Differentials", *The Review of Economics and Statistics*, 236-243.

Dal Bó, E., Finan, F., and Rossi, M. A., 2013, "Strengthening State Capabilities: The Role of Financial Incentives in the Call to Public Service", *The Quarterly Journal of Economics*, 128(3), 1169-1218.

Deserranno, E., 2019, "Financial Incentives as Signals: Experimental Evidence from the Recruitment of Village Promoters in Uganda", *American Economic Journal: Applied Economics*, 11(1), 277-317.

Di Stasio, V., and Larsen, E. N., 2020, "The Racialized and Gendered Workplace: Applying an Intersectional Lens to a Field Experiment on Hiring Discrimination in Five European Labor Markets", *Social Psychology Quarterly*, 83(3), 229-250.

Eriksson, S., and Rooth, D.-O., 2014, "Do Employers Use Unemployment as a Sorting Criterion When Hiring? Evidence from a Field Experiment", *American Economic Review*, 104(3), 1014-1039.

Eriksson, T., and Kristensen, N., 2014, "Wages or Fringes? Some Evidence on Trade-offs and Sorting", *Journal of Labor Economics*, 32(4), 899-928.

Farber, H. S., Herbst, C. M., Silverman, D., and Von Wachter, T., 2019, "Whom Do Employers Want? The Role of Recent Employment and Unemployment Status and Age", *Journal of Labor Economics*, 37(2), 323-349.

Fehr, E., and Goette, L., 2007, "Do Workers Work More if Wages Are High? Evidence from a Randomized Field Experiment", *American Economic Review*, 97(1), 298-317.

Gaddis, S. M., 2015, "Discrimination in the Credential Society: An Audit Study of Race and College Selectivity in the Labor Market", *Social Forces*, 93(4), 1451-1479.

Goldin, C., and Rouse, C., 2000, "Orchestrating Impartiality: The Impact of 'Blind' Auditions on Female Musicians", *American Economic Review*, 90(4), 715-741.

Gross, E., 1968, "Plus ca Change…? The Sexual Structure of Occupations Over Time", *Social Problems*, 16(2), 198-208.

Hebl, M. R., Foster, J. B., Mannix, L. M., and Dovidio, J. F., 2002, "Formal and Interpersonal Discrimination: A Field Study of Bias Toward Homosexual Applicants", *Personality and Social Psychology Bulletin*, 28(6), 815-825.

Heckman, J. J., 1998, "Detecting Discrimination", *Journal of Economic Perspectives*, 12(2), 101-116.

Hedblom, D., Hickman, B. R., and List, J. A., 2019, "Toward an Understanding of Corporate Social Responsibility: Theory and Field Experimental Evidence", National Bureau of Economic Research, Working Paper No. w26222.

He, H., Li, S. X., and Han, Y., 2023, "Labor Market Discrimination against Family Responsibilities: A Correspondence Study with Policy Change in China", *Journal of Labor Economics*, 41(2), 361-387.

He, H., Neumark, D., and Weng, Q., 2021, "Do Workers Value Flexible Jobs? A Field Experiment", *Journal of Labor Economics*, 39(3), 709-738.

Ibañez, M., and Riener, G., 2018, "Sorting Through Affirmative Action: Three Field Experiments in Colombia", *Journal of Labor Economics*, 36(2), 437-478.

Kroft, K., Lange, F., and Notowidigdo, M. J., 2013, "Duration Dependence and Labor Market Conditions: Evidence from a Field Experiment", *The Quarterly Journal of Economics*, 128(3), 1123-1167.

Lahey, J. N., 2008, "Age, Women, and Hiring: An Experimental Study", *Journal of Human Resources*, 43(1), 30-56.

Lavetti, K., and Schmutte, I. M., 2018, "Estimating Compensating Wage Differentials with Endogenous Job Mobility", Working Paper.

Levinson, R. M., 1975, "Sex Discrimination and Employment Practices: An Experiment with Unconventional Job Inquiries", *Social Problems*, 22(4), 533-543.

Neumark, D., 2018, "Experimental Research on Labor Market Discrimination", *Journal of Economic Literature*, 56(3), 799-866.

Neumark, D., Burn, I., and Button, P., 2019, "Is It Harder for Older Workers to Find Jobs? New and Improved Evidence from a Field Experiment", *Journal of Political Economy*, 127(2), 922-970.

Newman, J. M., 1978, "Discrimination in Recruitment: An Empirical Analysis", *IRL Review, 32(1), 15-23.

Oaxaca, R. L., and Ransom, M. R., 1994, "On Discrimination and the Decomposition of Wage Differentials", *Journal of Econometrics*, 61(1), 5-21.

Oberholzer-Gee, F., 2008, "Nonemployment Stigma as Rational Herding: A Field Experiment", *Journal of Economic Behavior & Organization*, 65(1), 30-40.

Oreopoulos, P., 2011, "Why do Skilled Immigrants Struggle in the Labor Market? A Field Experiment with Thirteen Thousand Resumes", *American Economic Journal: Economic Policy*, 3(4), 148-171.

Pager, D., 2003, "The Mark of a Criminal Record", *American Journal of Sociology*, 108(5), 937-975.

Pager, D., Bonikowski, B., and Western, B., 2009, "Discrimination in a Low-Wage Labor Market: A Field Experiment", *American Sociological Review*, 74(5), 777-799.

Petit, P., 2007, "The Effects of Age and Family Constraints on Gender Hiring Discrimination: A Field Experiment in the French Financial Sector", *Labour Economics*, 14(3), 371-391.

Riach, P. A., and Rich, J., 2002, "Field Experiments of Discrimination in the Market Place", *The Economic Journal*, 112(483), F480-F518.

Riach, P. A., and Rich, J., 2006, "An Experimental Investigation of Sexual Discrimination in Hiring in the English Labor Market", *The B.E. Journal of Economic Analysis & Policy*, 6(2), 1-22.

Rovira, M., 2024, "Invisible Stripes? A Field Experiment on the Disclosure of a Criminal Record in the British Labour Market and the Potential Effects of Introducing Ban-the-box Policies", *The British Journal of Criminology*, 64(4), 827-845.

Sorkin, I., 2018, "Ranking Firms Using Revealed Preference", *The Quarterly Journal of Economics*, 133(3), 1331-1393.

Uggen, C., Vuolo, M., Lageson, S., et al., 2014, "The Edge of Stigma: An Experimental Audit of the Effects of Low-level Criminal Records on Employment", *Criminology*, 52(4), 627-654.

Wiswall, M., and Zafar, B., 2018, "Preference for the Workplace, Investment in Human Capital, and Gender", *The Quarterly Journal of Economics*, 133(1), 457-507.

第13章
审计实验在劳动力市场供给侧的应用

审计实验方法凭借其特有的高因果识别能力与高外部有效性优势被广泛应用于劳动力市场的微观研究。我们在上一章已经介绍了审计实验在劳动力市场需求侧的应用,即发展时间更早的雇主招聘决策领域的研究,本章将目光转移至近二十年来逐渐兴起的针对劳动力供给侧展开的审计实验研究,重点关注雇员求职决策中的选择偏好。

以劳动力市场为背景的既往审计实验研究大多集中于对需求侧雇主招聘决策的探究。考虑到只有在雇主与求职者双向选择后才能实现空缺岗位与求职者的成功匹配,近年来越来越多的学者以审计实验方法在需求侧的应用为参考,开始尝试将该方法用于对劳动力市场供给侧的雇员求职决策的研究。这些学者重点关注雇员的求职偏好,利用审计实验方法来识别可能对雇员的求职决策有显著影响的多种工作特征,具体体现为工作的物质激励与非物质激励。通过对"哪些物质或者非物质激励能够吸引雇员的申请兴趣""哪些激励能提高整体的申请数量与申请质量"等问题的解答,这些研究有效拓展了工作搜寻理论及现实劳动力市场环境中失业问题的研究边界,具有较强的理论意义与现实意义。

13.1 物质激励对求职决策的影响

在讨论雇员求职决策的影响因素时,人们往往首先会想到工作提供的物质条件激励——薪资水平,一般认为,更高的薪资水平会吸引更多的求职者投递简历(Krueger,1988)。大量的求职申请固然象征着富有活力的劳动力市场,但部分文献指出,通过高薪资提高求职申请率将以降低求职者的平均质量为代价,雇主需要更加谨慎地制定合理的薪资标准(如 Handy 和 Katz,1998;Delfgaauw 和 Dur,2007)。虽然通过高薪资吸引高素质人才似乎符合个人直觉与社会规律,但是学界仍需更多的实证数据来证实这一观点。本节选择 Dal Bó

等(2013)借助墨西哥政府发起的全国性通信审计实验为例,介绍如何应用审计实验来研究货币激励对雇员求职决策的影响,同时探索货币激励对求职者质量与数量的复合影响。

Dal Bó 等(2013)借助墨西哥全国性的政府项目"区域发展项目"(Regional Development Program,下文简称 RDP 项目)检验了货币激励如何影响和改变候选人对政府公共部门工作岗位的选择。该岗位的具体招聘流程为:研究者先发布带有工作简要介绍和报名联系方式的招聘广告,在全国范围内召集候选人统一参加筛选考试,然后在通过考试的候选人池中选出适合的雇员,并将其随机分配至某一聚居地的某一岗位。在实验中有 61% 的聚居地被随机分配为高工资(5 000 比索/月)岗位所在地,39% 的聚居地为低工资(3 750 比索/月)岗位所在地。候选人数量为成功登记的候选人数量,候选人质量通过 3 小时的筛选考试结果来衡量,该考试包括对个人能力(瑞文测试)、职业操守(大五人格测试)、政府部门工作动力(公共服务动力量表)的综合考察。招聘广告主要在有小型社区大学的 10 个目标地区发布,广告会被发送至目标地区内 106 个聚居地的 113 所学校中,这些聚居地被称为"招聘点"。项目共登记了 1 920 位候选人,根据瑞文测试得分被分为高智商与正常智商群体,结合岗位的薪资水平后共有 4 种匹配类型:高薪资岗位-高智商候选人、高薪资岗位-正常智商候选人、低薪资岗位-高智商候选人、低薪资岗位-正常智商候选人。在候选人参加筛选考试后平均 4 周内,研究团队会再次联系合适的候选人并向其发送工作邀请,详细告知其工作岗位职责、工作地点以及工作薪资,并记录候选人的最终求职决策。实验数据表明,高薪资能够吸引数量更多且质量更高的候选人群体报名申请,而不是以降低候选人平均质量为代价来提升候选人数量。同时高工资可以弥补负面岗位特征的负面影响①,有负面特征的高薪资岗位入职率明显高于相同负面特征的低薪资岗位。

工作提供的物质激励不仅体现为薪资数额,还可以体现为合理的薪资结构。在 Dal Bó 等(2013)发现高薪资能够提升雇员的求职积极性后,Flory 等(2015)进一步分析了薪资结构对不同性别雇员求职决策的影响。研究者在美国的 16 个大都市进行了两场审计实验,岗位设置为美国最常见的行政助理。

---

① 该文中的负面岗位特征包括三种:地理位置偏远、药物致死率高、人类发展指数低,这些特征会降低雇员的求职意愿。

岗位招聘广告分为带有男性色彩版本和正常版本,具体体现为前者招聘的是体育新闻行政助理,这些广告中提到了各种职业运动、半职业运动和大学体育运动。后者招聘的虽同为新闻行政助理,但未提到大学体育运动。两则广告的发布时间间隔2天。2010年的第一次审计实验有6种薪酬结构,其中最低小时工资为员工底薪,最高小时工资为加上绩效奖金后的小时工资,具体包括工作内容由团队(T1)或个人(T2)完成且无奖金、工作固定时薪高/低且奖金由个人相对表现决定(T3和T4)、工作固定时薪相同且奖金由个人/团队相对表现决定(T4和T5)、奖金由个人绝对表现决定(T6)。分别在2011年和2013年展开的第二次审计实验也包括6种薪酬结构,其中前5组的奖金由个人相对表现决定(2T4、2T4a~d),同事与主管至少有一个未知性别,另一个性别可能为未知/男性/女性;第6组的奖金由个人绝对表现决定(2T6),同事与主管性别均未知(见表13.1)。从实验结果来看,将性别与薪资结构相结合后,女性申请者对固定工资薪酬的差异更敏感,过高的工作竞争会降低女性申请者的求职倾向,但与竞争对象的性别无关;同时将工作竞争从个人竞争转为团队竞争时可以缩小不同性别的求职倾向差距。当考虑申请者的年龄时,研究发现相较于仅提供固定工资的工作,年轻男性比年长男性更有可能申请存在竞争和奖金的工作。

表 13.1 实验组特征

处理组名称	最低小时工资	最高小时工资	薪资结构		
			个人相对表现	团队相对表现	不确定
T1&T2	15	15			
T3	13.5	16.5	√		
T4	12	18	√		
T5	12	18		√	
T6	13.5	16.5			√
			性别结构		
			同事性别	主管性别	个人相对表现或者不确定
2T4	12	18	不知道	不知道	个人相对表现
2T4a	12	18	男性	不知道	个人相对表现
2T4b	12	18	女性	不知道	个人相对表现
2T4c	12	18	不知道	男性	个人相对表现
2T4d	12	18	不知道	女性	个人相对表现
2T6	12	18	不知道	不知道	不确定

在对美国求职者行为和薪资结构的相关关系有一定了解后,Belot 等(2022)参考 Dal Bó 等(2013)对物质激励的研究与实验设计,探究了薪资结构对英国雇员求职决策的影响。为了更好地追踪雇员的求职选择,研究者创建了自己的工作匹配平台,提供来自 Universal Jobmatch(英国政府的求职网站)的最新招聘广告和占比少于 2% 的虚构招聘广告。实验中虚构的招聘广告均参考了真实广告的内容,每对虚构广告都有几乎相同的描述并被同时发布,它们仅在工资方面有所差别。一对虚构广告的工资会被随机平均分配为真实广告的原始工资,或是根据某些因素下调或上调成为低工资组或高工资组,低(高)工资组的工资调整幅度包括低于(高于)原始工资 20% 和 40% 这两种情况。在招聘真实求职者时,研究人员选择了 300 名失业且正在找工作、年龄 18 岁以上的群体。求职者需要以每周一次的频率前往爱丁堡大学经济学院的实验室,用实验提供的招聘平台找工作,持续 12 周,但当他们找到工作时可以提前结束。最终的实验结果显示,对于大部分岗位的高工资组,求职者的投递积极性更高,但同时存在部分岗位的低工资组有更多求职者点击收藏。但是在浏览数据上,仍然是高工资组的岗位有更高的关注度。为了更好地了解人们对不同岗位招聘的看法,研究人员在更换求职者后又进行了一次问卷调查,询问了求职者看到高工资岗位时的想法。求职者认为高工资岗位代表更大的竞争和对个人素质的更高要求,且高工资也会与良好的非物质工作条件相关,这与补偿差异理论相悖。

目前对中国雇员求职偏好开展实验的研究仍然较少,唯一的审计实验研究是由 He 等(2023)借助中国的一家 IT 公司合作开展的。研究人员借助合作公司真实存在的空缺岗位设置实验组与对照组,关注雇主工资报价与雇员求职率的关系。实验中的岗位及招聘要求均来自合作公司,包括 Java 工程师、财务主管、人力资源经理、营销主管和销售主管 5 个岗位,雇主通过中国的一家大型在线招聘平台发布招聘广告。岗位招聘信息仅对工资进行虚构设计,每个岗位有低、中、高 3 种月薪范围,依次对应 10 000—15 000 元人民币、15 000—20 000 元人民币和 20 000—25 000 元人民币。实验的目标求职人群特质包括实验时居住在北京、有大学以上学历、积极求职、在招聘平台系统中选择的任一"意向职业"(最多可选择三项)与公司招聘岗位一致。正式实验分为申请阶段和调查阶段:在申请阶段,招聘平台将招聘广告通过电子邮件和应用程序站内信发送给符合条件的求职人群,5 类广告在周四上午同时发布,每个求职者会收到 1

个广告；在调查阶段，申请岗位的求职者将收到一条在线问卷链接，可以通过求职者是否填写链接来衡量其对工作的感兴趣程度。与以往相关研究结论一致的是，无论是否考虑保留工资水平，更高的招聘工资都能够显著提高工作申请率；对于保留工资始终高于招聘工资的求职者来说，招聘工资与其求职率的正相关关系更强。

13.2 非物质激励对求职决策的影响

雇员在做出求职决策的时候，除了薪资水平，还会考虑工作的其他特质是否符合要求，如工作的交通条件、通勤时长、工作时间等。通常来说，便利的交通条件、较短的通勤时间、较短或较灵活的工作时间会对求职者有更强的吸引力——求职者可能为了获取此类工作便利而降低对薪资的要求。此外，公司的企业文化、领导风格或特殊政策，如公司宣布支持女性平权的政策、重视承担企业社会责任等，也可能吸引更多求职者。

有关非物质激励如何影响雇员求职决策的研究时间跨度较大。该主题的初期研究以通过观测数据进行计量回归分析为主要研究范式，然而这一方法容易出现遗漏变量和反向因果问题，如某些无法观测的工作特征或求职者特质会影响求职者的工作选择决策，或者求职者的选择决策可能被错误地归因到工作薪资或其他特质中（如 Brown，1980；Hwang 等，1992；Woodcock，2008）。在后续研究中也有学者尝试了多种方法来解决上述问题，如通过雇主-雇员数据匹配、求职者陈述偏好等方法确定雇员的平均求职偏好，准确识别物质激励与其他非物质激励对雇员决策的影响程度（如 Lavetti 和 Schmutte，2018；Sorkin，2018；Eriksson 和 Kristensen，2014；Wiswall 和 Zafar，2018）。除了上述提到的两种方法，审计实验方法也适用于对个人求职决策的研究，例如面对两份工资相同但弹性工作条件不同的招聘岗位，员工更可能选择具有弹性工作条件的岗位，甚至愿意牺牲一部分薪水来选取弹性工作条件。现有使用审计实验方法研究非物质激励如何影响雇员求职决策的文献，主要关注的非物质激励包括以下三类：弹性工作条件（如 Eaton，2003）、女性平权声明（如 Balafoutas 和 Sutter，2012；Niederle 等，2013）以及企业社会责任（如 Burbano，2021；List 和 Momeni，2021），接下来本章将针对这三类主流研究进行详细介绍。

13.2.1 弹性工作条件

下面介绍使用审计实验研究弹性工作条件如何影响雇员求职决策的相关内容。弹性工作条件主要包括弹性工作时间和弹性工作地点两类,前者指灵活的工作时长和上下班时间;后者指灵活的办公地点,雇员可以选择居家办公或者在任何地点线上办公。随着互联网的高速发展,当今的网络技术水平完全可以支持部分岗位实现在线办公。新冠疫情期间的长期居家办公使得企业看到了弹性工作的可能性和优点,雇员可以有更多的个人支配时间,雇主也可以在一定程度上节省公司运营成本(如房租和电费等),因此越来越多的企业选择以"提供弹性工作条件"作为激励员工的方式(如 Eaton,2003)。

He 等(2021)与中国一家 IT 公司合作进行了一场有关工作弹性条件如何影响雇员求职决策的审计实验,实验中的岗位均为该公司真实存在的空缺岗位。该研究外生地改变了工作弹性条件和薪资,通过对比不同工作弹性和工资组合的申请率,估计求职者对工作弹性条件的支付意愿。研究中的工作招聘广告发布平台为一家中国的大型全国在线工作招聘平台,平台发布的大部分招聘广告为白领或要求高教育水平的岗位,同时平台中求职者的平均受教育水平较高。分析该招聘平台发布的招聘广告可以发现,该平台有较多 IT 公司的招聘广告,同时弹性工作条件在 IT 公司发布的工作描述中比较常见,求职者不会对虚构广告中的弹性工作条件产生怀疑。此外,该合作 IT 公司规模较小、知名度较低,能够最小化实验对真实劳动力市场的干扰。结合 IT 公司的招聘需求和招聘平台常见的岗位类型,研究者选取了招聘需求相对较大的 5 种工作:Java 工程师、财务经理、人力资源经理、市场营销经理以及销售经理。求职者使用该招聘平台申请工作的常规流程如下:第一,求职者需要先在平台注册账号并填写平台提供的标准化简历,具体信息包括姓名、性别、出生日期、教育经历和工作经历、期望工作类型、当前就业状态、一般期望月薪(税前)。第二,完成注册后,求职者可以通过雇主网页或平台搜索栏寻找招聘广告;当求职者点击感兴趣的招聘广告后可以看到工作详细介绍页面,点击"申请"按钮后系统自动将简历发送给雇主。第三,雇主收到简历后会通过电话或邮件与求职者单独沟通,平台无法跟踪最终雇佣结果,即雇员的工作搜寻结果是不确定的。此外,根据公司招聘要求,符合条件的求职者均需具有以下特征:在实验进行阶段在北京居住、拥有大学学历或更高水平学历、活跃于求职市场、至少有一个"预期职业"(最多可选择三个)与实验发布的招聘岗位相匹配。

研究者为每个岗位都提供了4种工作弹性程度。①"无弹性":雇员必须每周一到周五在办公室工作,上班时间为早上9点到下午6点,每天工作8小时。②"时间弹性":雇员周一的工作要求与无弹性工作相同,周二至周五必须在办公室工作,但可以选择在上午7—10点之间开始上班,下午4—7点之间下班,保证每天工作8小时。③"地点弹性":雇员周一的工作要求与无弹性工作相同,周二至周五可以选择接入公司线上工作系统在线办公,在上午9点—下午6点内工作满8小时即可。④"完全弹性":雇员周一的工作要求与无弹性工作相同,周二至周五的工作要求为"时间弹性"和"地点弹性"条件的加总。对弹性工作条件的描述将出现在招聘广告的3个位置,分别为招聘广告的标题、工作介绍中的附加福利介绍以及工作安排部分。为了加强求职者对弹性工作条件的重视程度,实验团队希望求职者处在需承担照顾孩子的家庭责任的年龄区间,因此在工作招聘广告中要求工作经验为5—10年,至少拥有本科学历。研究者选择以不同的月薪水平来衡量求职者对弹性工作条件的支付意愿,为每个岗位都提供了高、中、低3个水平的税前月薪,分别为 10 000—15 000 元人民币、15 000—20 000 元人民币和 20 000—25 000 元人民币。研究者的正式招聘流程为:在每周二上午通过工作招聘网站同时发布5个岗位的招聘信息,并写明岗位申请的截止时间为下周三上午9点;每周的招聘信息中不同岗位的工作弹性条件将随机分配,共发布5周。当岗位的招聘周期结束后,团队会向投递简历的求职者发送具体月薪,其中80%的求职者将收到随机分配的3个不同等级的月薪,其余20%的求职者作为对照组,不会接收到任何关于薪资的信息。最终实验的求职者有 123 988 人,每个处理组及对照组的求职者人数均在 23 000—26 000 这一区间内。

该实验结果表明,首先,求职者更喜欢选择提供弹性工作条件的工作。相对于"无工作弹性"的对照组而言,具有"时间弹性""地点弹性"和"完全弹性"的三类工作的申请率均显著更高,其中"完全弹性"组的工作申请率最高,是对照组的近2倍。其次,求职者愿意以降薪为代价选择具有更高弹性工作条件的工作,其对更高弹性工作条件的偏好与增加 10 000 元人民币月薪的偏好程度一致,说明弹性工作条件能够显著影响雇员的求职决策。最后,相较于未婚求职者,已婚求职者更喜欢具有弹性工作条件的工作。将性别纳入分析后发现,已婚男性求职者对"完全弹性"的工作申请增加,已婚女性则对任何弹性条件的工作申请均会增加,这可能与女性需要承担更多家庭责任(如做家务、照顾子女与老人等)的社会规范相关。

13.2.2 女性平权声明

上一章介绍的 He 等(2023)提到了因社会规范导致的雇主的女性歧视,即雇主认为女性会因承担更多的家庭责任而降低生产率,因此雇主会降低对已婚或已育女性的面试邀请率。上一章的性别歧视部分也提到了相似的观点,劳动力市场中对女性的招聘歧视屡见不鲜。因此,施行平权政策对于提高劳动力市场中的女性地位至关重要。然而,在社会中广泛存在的另一种观点认为,平权政策的存在可能会导致雇主对男性求职者的反向歧视,又或者雇主因招聘选择受到限制,导致其最终招聘到的雇员平均质量下降。为了研究平权政策对劳动力市场供给侧的影响,具体表现为平权政策的实施是否会影响不同性别申请者的数量和质量,较多文献选择以实验室实验展开研究。Niederle 等(2013)以及 Balafoutas 和 Sutter(2012)通过对一项锦标赛实施平权政策的实施效果展开研究,该政策要求最终男性与女性获奖比例为 1∶1,那么女性面对的竞争将从混合性别竞争变为单一性别竞争。研究结果均发现,在单一性别竞争型比赛中,女性的参加意愿明显增加。此外,研究还发现通过平权政策鼓励女性参加竞争不会降低最终雇员整体质量,只改变了高质量候选人的性别比例,因此坚持平权政策可能可以鼓励更多高质量女性雇员参加竞争,帮助雇主获得足够多的高质量雇员,提高工作效率。

接下来介绍 Ibañez 和 Riener(2018)在哥伦比亚劳动力市场进行的一项审计实验研究,该研究重点关注平权政策可能对雇员求职决策的多种影响。Ibañez 和 Riener(2018)的研究问题包括实施平权政策是否能够提升女性求职者的申请数量、那些被平权政策吸引的女性有何种特质,以及女性求职者数量的提升是否会以男性求职者数量减少为代价。哥伦比亚劳动力市场存在对女性求职者的严重歧视,甚至拥有大学学位的高教育水平女性获得工作的可能性仅为相同条件下男性求职者的 70%。为了解决劳动力市场中的女性歧视问题,哥伦比亚政府尝试推出平权政策,该法案主要在高级政府岗位的招聘中实施。该研究共进行了三场大型实地实验,其中两场为研究助理岗位的招聘,另一场为咨询公司的咨询顾问岗位招聘。每场实验设置有 2 个阶段,分别为发布招聘广告的宣传阶段和求职者申请阶段,实验在申请阶段前后随机为求职者提供"本次招聘遵循平权政策"的信息①。在研究助理招聘中,研究者通过为申请者提供配额这一制度来落实平权政策,即最终招聘名单中至少有50%的雇员为女性。在咨询顾问招聘中,研究者为申请者提供偏好处理平权方法,即在资质相当的男性与女性求职者中优先选择女性。第一场实验的研究助理岗位要求雇员负责哥伦比亚农村区域的田野工作,必须完成或将要完成本科学位,无工作经验要求;第二场实验的研究助理岗位要求雇员负责实施问卷调查或整理已有问卷数据,需在哥伦比亚首都波哥大工作;第三场实验的咨询顾问岗位将负责农村社区的社区发展工作坊的管理与监督,要求申请者至少有2年执行或评估社区发展项目的经验,同时拥有政府管理、公共管理或者经济学或其他相关领域的本科及以上学历。

审计实验具体分为5个阶段:岗位宣传、表达申请意愿、平权信息分配、正式申请、岗位招聘。在岗位宣传阶段,两个研究助理岗位的招聘广告在报纸、大学招聘平台、社交媒体和群发邮件列表中发布;咨询顾问岗位的招聘广告在报纸和大学招聘平台发布,同时向目前处于活跃状态的3 000位咨询顾问群发招聘邮件。在表达申请意愿阶段,感兴趣的求职者需要填写一个简单的报名表,包括求职者的性别、年龄、受教育水平(本科或研究生)、研究领域和受教育年限。大约有5 000人填写了报名表,研究人员随机选择了其中的一半申请者,邀请他们继续参加后续的申请流程,最终有733人申请研究助理岗位一,761人申请研究助理岗位二,310人申请咨询顾问岗位。在平权信息分配阶段,有50%的申请者将在收到岗位申请问卷通知邮件的同时收到平权政策信息,另外50%的申请者将在完成岗位申请问卷后获得该信息,这样设计可以保证实验后两组申请者获取的信息量一致。在正式申请阶段,申请者收到岗位申请问卷通知邮件后可以在接下来的几天内填写,超过规定时间后将无法提交。在岗位招聘阶段,每个岗位的前10名填写问卷的求职者将收到面试邀请。最终,第一场实验招聘了3位女性求职者;第二场实验招聘了22位求职者,其中的一半为女性;第三场实验招聘了1位女性求职者。由于招聘人数较少,无法比对不同性别雇员的后续工作表现,研究者仅对求职者提交的岗位申请问卷数量进行分析。

---

① 即在申请前告知求职者,本次招聘会实施平权政策,使得求职者获得以下信念:如果我是女性,那么我可能在本次招聘中受到优待;如果我是男性,那么我可能在本次招聘中受到歧视。

实验结果发现，平权政策的实施能够弥补劳动力市场中因女性歧视导致的不同性别申请率之间的差距，在数据中表现为实施平权政策的信息能够吸引更多来自歧视水平更高的领域的女性求职者，同时不会降低男性求职者的求职意愿。具体而言，在三场实验中，有5%—20%的女性申请者更倾向于选择提前说明平权政策的工作，且有两场实验未发现男性对平权政策的排斥现象，仅在一场研究助理招聘实验中发现男性求职者在获得平权政策信息后，其申请可能性降低了9%。这说明平权政策能够鼓励更多女性申请工作，并且这一正面效应不会以男性申请率下降为代价。此外，质量最高的女性和男性群体更有可能申请提前告知平权政策的工作岗位，即实施平权政策不会降低雇主最终招聘的雇员的平均质量。最后，在对求职者的个人特质进行分析后发现，冲动的女性求职者更有可能受到平权政策的鼓励而积极申请工作，但是个人的风险偏好和时间偏好不会影响女性求职者的就业决策。

13.2.3 企业社会责任

除了常见的对弹性工作条件和平权政策这两种与求职者个体高度相关的非物质激励的研究，公司的企业文化或其他特质也会对部分求职者产生吸引力，如公司坚持承担企业社会责任、积极进行慈善捐款等行为所传达的亲社会偏好可能提升求职者的申请意愿（如 Burbano，2021；Carnahan 等，2017；Hedblom 等，2019；List 和 Momeni，2021；Burbano，2021）。Burbano（2021）的审计实验探讨了企业社会责任对在线员工工作意愿的影响（在线员工指短期或长期的纯线上远程办公的雇员，普遍被认为是与公司联系最疏远的雇员），然而当企业增加对企业承担的社会责任的宣传时，在线员工也会提高做额外非必需工作的意愿。此外，Carnahan 等（2017）在对纽约律师离职率的一项非实验研究中也发现，如果所在律所愿意积极承担企业社会责任，在社会性悲剧（如"9·11"事件）发生后，律师的离职率会显著低于其他未关注企业社会责任的律所。结合本章主题与现有文献，我们选择 Hedblom 等（2019）和 Burbano（2021）这两项研究，阐释企业积极承担社会责任会如何影响劳动力市场中求职者的就业决策。

Hedblom 等（2019）主要关注企业社会责任对雇员求职阶段与就职阶段的影响，通过招聘阶段的审计实验探究企业积极履行社会责任是否能够提高求职者的投递兴趣。在招聘阶段，研究团队专门创立了一家真实存在的企业，他们在美国的工作招聘网站上选择了 12 个城市发布该企业的工作招聘广告,薪资水平与成人半熟练劳动力(11 美元/小时至 15 美元/小时)相同,为市场中常见的薪资水平,这样可以避免在特定人群中招募研究对象可能出现的样本选择问题,即避免招募到对金钱非常敏感或非常不敏感的特殊性群体(Levitt 和 List, 2007)。感兴趣的求职者可以向招聘广告中的邮箱发送申请邮件以获取更多的工作信息,这些人将被研究者登记为实验被试。由于招聘岗位来自研究团队的自创企业,其招聘要求与工作内容均可根据实验需求定制。研究者通过在招聘广告中向实验组的被试展示公司的企业社会责任信息、向对照组的被试仅展示具体工作信息的方式,保证了实验的灵活性与可控性,同时便于识别企业社会责任对雇员求职决策的影响。此外,研究者还向雇员表明,无论服务的企业是营利性企业还是非营利性企业,雇员收到的报酬不会因此改变。实验结果表明,企业社会责任的宣传增加了 25% 的求职者申请数量,相当于提高 36% 的薪资水平的激励效果。这一结论体现了企业社会责任与工资之间的重要经济互补性,企业可以选择同时应用工资代表的物质激励与企业社会责任代表的非物质激励,通过协调二者的激励效果以提升雇员的求职意愿。具体数据表现为,当研究者将工资从 11 美元/小时提高到 15 美元/小时会使申请率提高约 32%,而将公司宣传为积极承担企业社会责任的公司会使申请率提高 24%。

Vanessa Burbano 在 2021 年的一篇审计实验文章中也探讨了雇主积极承担企业社会责任对雇员工作的激励作用。与 Hedblom 等(2019)的研究不同的是,Vanessa Burbano 在文章中强调了其样本选取的特殊性,即该研究关注的是零工雇员而非传统雇员的求职激励。随着在线工作的不断发展,"零工经济"和"共享经济"的普及使得越来越多的"云中人才"可以参与到企业的各种工作中,他们不与公司签订正式劳动合同且不支持长期工作,仅接受任务制短期工作,这些就是该研究关注的零工雇员。Burbano(2021)利用美国的在线劳动力市场平台亚马逊土耳其机器人(Amazon Mechanical Turk,以下简称 AMT)和 Elance 平台分别进行了两场在线审计实验。这两个平台都有较大的用户规模,且都是零工常用的工作网站之一。其中 AMT 平台招募的有效样本数为 568个,招聘广告的报酬金额、工作性质和工作描述都是按照当时该平台其他工作的标准进行设计。在进行正式工作之前,工人被随机分为控制组和实验组,其中控制组仅收到耐心等待的信息,而实验组收到等待信息后还将收到一份介绍雇主的企业慈善行为的信息。正式工作内容包括在一个网站上收集 10 个数据点,并在完成收集后回答是否愿意完成额外的数据点收集工作,有意愿的工人将再次收集20个数据点。当所有收集工作都完成后,工人需要填写一份有关其个人特质的简短问卷。为了提高实验结果的稳健性和普遍性,研究者再次在Elance平台重复进行了第二次在线审计实验。第二次实验的有效样本数为70个,这些工人被要求通过一个在线链接填写与个人特质相关的信息,之后被随机分配为控制组和实验组,前者会收到公司的业务介绍信息,后者则收到介绍雇主的企业慈善行为的信息。第二场实验中的工作要求工人从一个网站上提取150条社交网络用户信息,但是工人也可以自行决定是否要为雇主提取更多的信息,但是这样做不会增加他们的个人收益。两场审计实验的结果均表明,雇主的慈善捐赠行为能够提升零工雇员提供额外工作的意愿,且零工雇员的亲社会取向能够正向调节这一积极效果。

本章小结

本章重点关注审计实验在劳动力市场供给侧的应用,详细介绍了雇员在求职过程中接受的物质激励和非物质激励的影响。其中,物质激励包括薪资条件和薪资结构,非物质激励主要包括弹性工作条件、女性平权声明以及企业社会责任。大量研究发现,物质激励尤其是以薪资为代表的货币激励能够明显提升雇员的求职意愿、增加其求职申请投递数量,更高的薪资还能够弥补工作的负面特征对雇员求职意愿的负面影响;同时考虑到性别时,更少竞争的薪资结构会额外提升女性雇员的求职意愿。非物质激励的相关研究相对较少,可能的原因是非物质激励难以实施和衡量,对审计实验的实验设计要求更高,因此仅就与弹性工作条件、女性平权声明以及企业社会责任相关的研究进行详细介绍。这些研究表明,以上非物质激励均能有效提高雇员申请率,雇员甚至愿意在一定程度上以降低薪资为代价获取非物质条件的便利。这说明雇主不必一味通过提高薪资来争取雇员,而是使物质激励与非物质激励相协调,实现对雇员求职激励效用的最大化。当考虑与性别密切相关的女性平权声明时,实证数据证实了该激励能显著提升女性雇员的求职意愿,且不会导致平均员工质量和男性雇员求职意愿的下降,这一积极结论能够鼓励更多的企业选择加入女性平权声明,帮助缓解劳动力市场中的女性歧视。

参考文献

Balafoutas, L., and Sutter, M., 2012, "Affirmative Action Policies Promote Women and Do Not Harm Efficiency in the Laboratory", *Science*, 335(6068), 579-582.

Belot, M., Kircher, P., and Muller, P., 2022, "How Wage Announcements Affect Job Search-A Field Experiment", *American Economic Journal: Macroeconomics*, 14(4), 1-67.

Brown, C., 1980, "Equalizing Differences in the Labor Market", *The Quarterly Journal of Economics*, 94(1), 113-134.

Burbano, V. C., 2021, "Getting Gig Workers to Do More by Doing Good: Field Experimental Evidence from Online Platform Labor Marketplaces", *Organization & Environment*, 34(3), 387-412.

Carnahan, S., Kryscynski, D., and Olson, D., 2017, "When Does Corporate Social Responsibility Reduce Employee Turnover? Evidence from Attorneys before and after 9/11", *Academy of Management Journal*, 60(5), 1932-1962.

Dal Bó, E., Finan, F., and Rossi, M. A., 2013, "Strengthening State Capabilities: The Role of Financial Incentives in the Call to Public Service", *The Quarterly Journal of Economics*, 128(3), 1169-1218.

Delfgaauw, J., and Dur, R., 2007, "Signaling and Screening of Workers' Motivation", *Journal of Economic Behavior & Organization*, 62(4), 605-624.

Eaton, S. C., 2003, "If You Can Use Them: Flexibility Policies, Organizational Commitment, and Perceived Performance", *Industrial Relations: A Journal of Economy and Society*, 42(2), 145-167.

Eriksson, T., and Kristensen, N., 2014, "Wages or Fringes? Some Evidence on Trade-offs and Sorting", *Journal of Labor Economics*, 32(4), 899-928.

Flory, J. A., Leibbrandt, A., and List, J. A., 2015, "Do Competitive Workplaces Deter Female Workers? A Large-scale Natural Field Experiment on Job Entry Decisions", *The Review of Economic Studies*, 82(1), 122-155.

Handy, F., and Katz, E., 1998, "The Wage Differential Between Nonprofit Institutions and Corporations: Getting More by Paying Less?", *Journal of Comparative Economics*, 26(2), 246-261.

Hedblom, D., Hickman, B. R., and List, J. A., 2019, "Toward an Understanding of Corporate Social Responsibility: Theory and Field Experimental Evidence", National Bureau of Economic Research, Working Paper No. w26222.

He, H., Neumark, D., and Weng, Q., 2023, "'I Still Haven't Found What I'm Looking

For':Evidence of Directed Search from a Field Experiment", *The Economic Journal*, 133(649), 258-280.

He, H., Neumark, D., and Weng, Q., 2021, "Do Workers Value Flexible Jobs? A Field Experiment", *Journal of Labor Economics*, 39(3), 709-738.

Hwang, H. S., Reed, W. R., and Hubbard, C., 1992, "Compensating Wage Differentials and Unobserved Productivity", *Journal of Political Economy*, 100(4), 835-858.

Ibañez, M., and Riener, G., 2018, "Sorting Through Affirmative Action: Three Field Experiments in Colombia", *Journal of Labor Economics*, 36(2), 437-478.

Krueger, A. B., 1988, "The Determinants of Queues for Federal Jobs", *ILR Review*, 41(4), 567-581.

Lavetti, K., and Schmutte, I. M., 2018, "Estimating Compensating Wage Differentials with Endogenous Job Mobility", Working Paper.

Levitt, S. D., and List, J. A., 2007, "What do Laboratory Experiments Measuring Social Preferences Reveal About the Real World?", *Journal of Economic Perspectives*, 21(2), 153-174.

List, J. A., and Momeni, F., 2021, "When Corporate Social Responsibility Backfires: Evidence from a Natural Field Experiment", *Management Science*, 67(1), 8-21.

Niederle, M., Segal, C., and Vesterlund, L., 2013, "How Costly is Diversity? Affirmative Action in Light of Gender Differences in Competitiveness", *Management Science*, 59(1), 1-16.

Sorkin, I., 2018, "Ranking Firms Using Revealed Preference", *The Quarterly Journal of Economics*, 133(3), 1331-1393.

Wiswall, M., and Zafar, B., 2018, "Preference for the Workplace, Investment in Human Capital, and Gender", *The Quarterly Journal of Economics*, 133(1), 457-507.

Woodcock, S. D., 2008, "Wage Differentials in the Presence of Unobserved Worker, Firm, and Match Heterogeneity", *Labour Economics*, 15(4), 771-793.

第14章
审计实验在委托-代理服务中的应用

在经济社会生活的各个领域,委托-代理服务作为一种基于契约关系的最基本服务模式,是指一个或多个行为主体(委托人)根据契约雇佣另一个或多个行为主体(代理人)为其提供服务,并给后者一定的决策权利,同时根据后者提供的服务数量及质量支付相应的报酬。委托人和代理人之间的关系被视为经济契约关系(胡茂等,2024)。这种关系广泛存在于医疗服务、教育咨询、金融投资等诸多领域。专家服务是委托-代理关系的一种典型类型(Malcomson,2009),其定义是由作为委托人的消费者(下称"买方")购买作为代理人的专家(下称"卖方")所提供的服务,专家会根据其专业知识向消费者提供准确、可靠的信息及决策提议,所以专家也会同时决定消费者的具体需求(Emons,1997;Gottschalk,2020)。由于相比于卖方,买方的专业知识不足,在消费时甚至消费后常常无法确定商品质量和自身需求,故存在买卖双方信息的不对称。在委托-代理理论中,信息不对称可能导致道德风险和逆向选择问题。以医疗服务领域为例,医生可能利用相对于患者的信息优势采取机会主义行为,提供低质量的医疗服务,产生诸如欺骗患者、夸大或低估患者实际治疗需求等道德风险问题(Barigozzi 和 Levaggi,2008)。同时,由于卖方的信息优势地位以及其可能采取的机会主义行为,买方很容易因此产生不信任的心理,滋生诸如医疗市场上的医患矛盾、讳疾忌医等现象(田森等,2017)。

机会主义行为往往具有私密性甚至非法性,在实证研究中很难获得关于该类行为的数据,更不用说个体层面高质量的微观数据。因此,传统的计量统计方法难以清晰识别"委托-代理服务"背景下的因果关系。如今,随着实验经济学方法的不断发展,审计实验已成为直接对微观层面的委托-代理行为进行测量和研究的主流方法。选择审计实验法的主要原因在于其能够捕获被试自然状态下的真实行为决策,可以确保在控制性条件下,深入了解人们机会主义行为的影响因素,并对各种可能的解决方案的有效性及其作用机理进行检验,从而实现对潜在干预方案效果的预测或比较。

以医疗服务、维修服务等委托-代理服务为背景所开展的审计实验研究主要关注委托-代理关系及其所导致的专家欺诈问题,且多数研究主要通过现场审计实验的形式开展(如 Balafoutas 等,2013;Lu,2014;Bindra 等,2021)。而今,审计实验在对委托-代理服务相关研究中的应用方兴未艾,应用前景广阔。下面主要基于医疗服务、维修服务和出租车出行服务这三类常见的委托-代理服务,介绍审计实验方法在委托-代理服务研究中的应用。

14.1 医疗服务

医患关系的本质是一种就诊过程中的委托-代理关系,即患者基于对医生的信任,将生命健康托付给医生。患者在就诊过程中的利益优先是保障这种委托-代理关系的信任基础。由于医患之间服务交易的信息不对称,消费者在使用医疗服务时,既缺乏做决定所需的正确知识,又无法依靠契约来保证医疗服务提供的效率,只能依靠医生的专业标准(Professional Standards)来帮助他们做出适当的决定(Arrow,1963)。医生可能利用专业和信息优势追求自身利益最大化,从而带来过度收费问题,即向患者收取高于实际应付的诊疗费用(唐长冬等,2023)。此外,当医生以控制风险为导向时,他会更倾向于保守治疗,缺乏满足患者医疗需求或提供对患者最优的医疗服务的动力,便会出现治疗不足或者过度治疗等现象,即向患者提供质量不足的治疗方案,或者为本可以被廉价方案治愈的患者提供更昂贵或不必要的治疗方案,最终损害患者的健康和经济利益。

已有审计实验研究证明了过度治疗的存在。例如,为估计非甾体类抗炎药(NSAIDs)被不必要地开处方的频率、其治疗的副作用是否得到准确诊断和处理,以及使用 NSAIDs 的治疗决定是否受到患者、医生和就诊特征的影响,Tamblyn 等(1997)开展了一项针对 112 名医生的双盲审计实验,以评估其对老年关节炎患者的治疗决策。参与实验的医生在 6—8 个月的时间内分别接诊了 2—4 名标准化老年患者。所有医生对患者的身份、入院时间和所研究问题的性质都是不知情的。研究者选择了两个常见的临床问题来制作标准化病例。第一个病例为由骨关节炎而引起近期慢性髋关节疼痛加重的患者,其诊疗方案不必须使用 NSAIDs 处方,因此该病例用于评估医生是否过度使用 NSAIDs;第二个病例为一名因使用 NSAIDs 而继发上腹痛的患者,该病例用于评估医生是否准确识别和处理 NSAIDs 处方的相关副作用。这两个病例中的患者均为 67 岁,有消化性溃疡病史,并同时患有高血压和 2 型糖尿病。标准病人从社区老年人团体中招募,并由一名老年医学调查员筛选是否适合,最终一共挑选出 8 名老年人,每个标准化病例包括 2 名男性和 2 名女性。每次就诊后,标准病人都要填写结构化问卷,记录医生在就诊期间采取的行动,并将填写完毕的处方、转诊单和检验申请单交回研究办公室。研究者主要对加拿大四类医生(学术附属全科医生、家庭医学住院医师、内科住院医师和社区全科医生)开具 NSAIDs 处方的做法进行了评估。结果表明,不必要的 NSAIDs 处方和对 NSAIDs 相关副作用的非最优处理较为普遍,以至于引发了对 NSAIDs 在普通人群中使用是否合适的问题,因为目前的处方模式很可能会导致老年人发生本可避免的胃肠道疾病。此外,较短的就诊时间和不准确的诊断会增加 NSAIDs 相关副作用未得到最佳处理的风险,进而影响医生的诊疗质量。

医疗服务的复杂性和私密性,以及患者行为的非随机性和内生性等特点,构成了医疗服务相关实证分析在难以获取有效数据和保证结论稳健性等方面的障碍,而具有可控制性和可重复性的审计实验方法则可以克服这些困难,以衡量医生真实的医疗服务质量。而且,医生的处方行为是基于医疗工作的特点,在社会的宏观环境、医疗保健制度和医院的规章制度、不成文规范乃至潜规则的约束下,由医生结合自身知识水平和临床经验表现出来的行为习惯(Manasse,1989),通常具有内生性。近十年来,为了有效排除内生性影响,越来越多的学者致力于通过开展审计实地实验来检验早期理论所预测的诸如第二意见(Gottschalk 等,2020)、医疗保险(Bauhoff,2012;Lu,2014)以及患者特征(Currie 等,2013,2014)等各类因素对医生行为的因果影响,为提高医疗服务质量和市场效率提供有效的政策建议。下面围绕"医疗服务质量的衡量"和"医疗服务质量的影响因素"两个方面,对审计实验在医疗服务中的现有研究进行介绍。

14.1.1 医疗服务质量的衡量

医疗服务质量是衡量国家医疗事业发展程度的重要标尺,医生是医疗服务的主力军。根据美国国家医学院(National Academy of Medicine)对医疗服务质量的维度划分,可以从医疗服务有效性、经济性、安全性、及时性四方面衡量医疗服务质量,包括但不限于对诊疗规范的依从性、诊断正确性、治疗正确性、药品费用、就诊时间等多个方面(Fazel 等,2014)。近年来,审计实验方法常被用于衡量医生的医疗服务质量,其中最常见的一种研究方法为标准病人法。标准病人法是指研究设计者通过构造虚拟的标准化病例和对研究人员进行培训,使其能够模仿真实病人前往样本所在的医疗机构进行就诊,现场观察医生在双盲的情况下做出诊断和提出治疗方案的过程,并进行记录。通过将记录的结果与标准诊疗方案进行对比,得到医生真实的行为数据。该方法能在一定程度上避免医生因为被观察而改变自身的策略性行为,进而减少评估结果的偏误,突破了病例记录存在的偏差或依靠患者回忆而产生的主观偏差、资料和信息不完善等局限性(Das 等,2012,2016)。

例如,Das 等(2012)通过现场审计实验法对印度农村和城市的初级医疗服务提供者所提供的医疗服务质量及其差异进行考察。他们通过医生对特定病例的基本和推荐检查清单的遵循情况、正确诊断的概率以及治疗方案的恰当性三个指标来衡量医生的医疗服务质量,用以构建这些指标的数据来自印度农村和城市的 305 名医疗服务提供者与 22 名标准病人之间的 926 次临床互动数据。每个标准病人都呈现了三种医学病症之一:不稳定型心绞痛(一名 45 岁男性)、哮喘(一名 25 岁女性或男性)或不在场儿童的痢疾(一名 2 岁儿童,其病情由父亲介绍)。实验结果表明,不论医生来自城市还是农村,他们都会开出不必要甚至有害的处方,但尚不清楚这些现象究竟是由于医生的能力不足,还是由于医生对患者需求的错误信念。在 2012 年研究的基础上,Das 等(2016)进一步利用印度中央邦(MP)的农村地区的数据,继续使用标准病人法开展现场审计实验,探究了医生在公立和私营医疗服务机构中的初级医疗服务问诊行为及其医疗服务质量的差异。具体来说,研究者在样本地区招募了 15 名"标准病人",病例同 Das 等(2012)。这些标准病人对公立和私营的初级医疗服务提供者进行了 1 100 多次突击访问,并记录了每次互动中医生针对具体病症的医疗质量指标(类似于 Das 等,2012)以及收费价格。研究发现,多数私营医疗服务机构比公立医疗服务机构提供了更多的检查项目。同公立医疗服务机构一样,私营医疗服务机构也推荐相似的正确治疗方案。但与此同时,私营医疗服务机构也提供了更多的不必要的治疗方案。

14.1.2 医疗服务质量的影响因素

影响医疗服务质量的因素主要来自制度、信息和市场三大方面。下面逐一介绍围绕这三大方面中的常见因素——医疗保险、患者特征信息和第二意见所开展的相关审计实验研究。

(1) 医疗保险

医疗保险一直是社会保障体系的重要组成部分,同时也是道德风险的高发领域,因为医保所带来的医疗服务价格的降低往往会导致医疗服务的过度消费(Arrow,1963)。对于需求方(患者)而言,拥有医疗保险的患者对医疗服务的需求可能会增加,最终导致医疗支出的扩大。著名的兰德实验数据分析发现,相较于自付比例高达95%的消费者,被随机分配到免费医疗计划的消费者的医疗支出显著高出46%(Manning等,1987)。而供给方(医生)作为患者和医保机构的双重代理人,更可能利用自己的信息优势形成供方诱导需求(Supplier Induced Demand, SID),实施欺诈行为。研究表明,医生的经济激励是导致供方诱导需求的主要原因(Lu,2014),而较高的共保率[①]可能会使市场上的欺诈行为减少(Sülzle 和 Wambach,2005)。

审计实验方法为研究者探究医疗保险的提供对医生诊疗行为的因果影响提供了有效的帮助。例如,Lu(2014)使用基于标准病人的审计实验方法,通过对患者保险和医生激励状况进行随机控制的医院问诊,对中国医生的处方决策进行了研究。研究者构建了两个标准化病例:患者 A 是一位 66 岁男性,无相关病史,近期的体检结果显示甘油三酯、血糖和血压升高,未接受过药物治疗,需要内分泌科医生的诊治。患者 A 的甘油三酯水平尚未达到需要药物治疗的标准,因此,对该病人开具治疗甘油三酯的药物将被视为过度治疗。患者 B 是一位 65 岁患有高血压的男性,正在服用硝苯地平控释片,但血压未能得到控制,需要心脏科医生诊治或增加药物治疗。为消除患者年龄、性别或其他个人特征对医生行为的潜在影响,实验采用了家属代替患者当面进行医疗问诊的形式,一开始就明确告诉医生他们不是患者本人。"家属"(审计员)分别为作者本人——1 名 32 岁的中国女性,和 1 名 56 岁的中国女性研究助理。每位"家属"都会为两种类型的患者问诊。对应的医生被试来自北京城区所有拥有独立内分泌科和心脏科的一流医院。

实验采用 2×2 的被试间设计,干预条件具体为"患者是否参加医疗保险"

---

① 共保率是指在医疗保险制度规定的实施共同保险形式所支付的费用中,被保险人负担的医疗费用所占的比例(贾洪波和刘玮玮,2009)。

以及"是否计划从该就诊医生处买药",以衡量患者的保险状态和医生的经济激励,最终形成四个实验局(表14.1),对应四种不同条件的标准病人。参与本实验的医生被试为49家医院的内分泌科和心脏科的主治医师或主任医师。研究者采用科室内部的随机分配原则:每家医院的每个科室都会接待四种类型标准病人(共计四次就诊),但每次接诊的医生是通过在科室层面进行随机分配确定的。干预条件在现场审计中的展示分两个阶段进行:第一阶段,患者家属在到达医院并支付就诊费用时,通过挂号窗口向工作人员报告其医疗保险状态,这些信息由挂号人员通过计算机系统传送给医生,或打印在挂号票上由患者家属亲自交给医生;第二阶段,家属在见到医生时表明自己是代表亲戚来问诊的,并根据标准化剧本描述患者的健康问题,随后表达"希望在医院购药"(有购买药物激励),或"希望开处方在当地药店购买"(无购买药物激励)。他们的研究结果表明,当医生期望从患者的药物支出中获得一定比例的收入时,他们给投保患者开出的处方费用要比未投保患者高43%。而且,在患者具备医保情况下所增加的药品支出中,有80%是出于对医生自己的经济利益考虑,而不是出于对患者福利改善的考虑。

表14.1 Lu(2014)的2×2干预设计

	有购买药物激励	无购买药物激励
有医疗保险	实验局1	实验局3
无医疗保险	实验局2	实验局4

此外,也有研究采用审计实验方法观察医疗保险制度设定的影响因素。例如,在保险费用受到一定管制的竞争性市场中,医疗保险计划的实施往往具有经济动机,即通过利用可预测的、未定价的风险因素的异质性,选定保费群体中的低成本个体参保。参保人的地理位置一般与参保人自身的经济和健康水平相关,进而也会与医疗保险计划的支出风险相关,并且医疗保险计划的供给方很容易观察到参保人的地理位置,这两个条件均有利于医疗保险计划的"撇奶油"①行为。基于此,Bauhoff(2012)关注并试图评估德国社会医疗保险中提供

---

① "撇奶油"(Cream-skimming)行为是指在同一保费风险群体中,医疗保险计划优先选择低风险消费者,而不是高风险消费者,因为低风险消费者可能会使用低于其保险费价值的服务。发生"撇奶油"的一个必要条件是医疗保险计划知道保费风险群体中存在高风险和低风险这两种个体。

医疗计划的基金会(供给方)是否会根据容易观察到的风险预测因素(即地理位置)对投保人进行选择,即将投保重点放在来自低成本地区(如民主德国)的申请人身上,以实现经济利益的最大化。为了从可能同时存在的逆向选择①中识别"撇奶油"行为,研究者设计了一个双盲审计实验,向负责医疗保险计划的基金会提供地址不同但其他方面完全相同的虚构申请人,每个虚构申请人被随机分配不同的姓名、电话号码、电子邮件和邮政地址,除姓名外所有的信息都是真实、可联系的。研究者共设计了37份不同的虚构申请人简历(其中民主德国15份,联邦德国22份),并将其随机分配到47个全国性负责运作医疗保险计划的基金会(占国家公开和大型基金会成员的79%)。自2009年1月起的2周工作日内,每个基金会每天会收到约3份来自民主德国或联邦德国的"申请"②。同时,研究者记录了基金会对这些虚构申请人信件、电子邮件和电话的回复率,以衡量供给方是否根据申请人的风险预测因素(地理位置)而改变工作的努力程度。具体而言,电子邮件和电话的回复日期及时间是可以实时确认和记录的,但对于信件而言,研究者需计算响应时间(发送请求后的下一个工作日与回复的邮戳日期之间的差值)。该研究结果表明,负责医疗保险计划的基金会更倾向于回复来自民主德国的申请人,不太可能对来自联邦德国等成本较高地区的申请人做出回应和跟进。对这种差异反应的一个可能的解释是,医疗保险计划会根据消费者的预期行为或偏好分配投保和申请的工作,说明即使在受到严格监管的保险市场中,供给方的选择性行为也可能出现。

(2)患者特征

医生具有信息优势会使他们面对信息劣势的患者出现机会主义行为(Dwyer等,2012)。既有研究表明,患者自身的经济实力、知识水平以及人际关系等因素都会影响医生的处方行为(如Gottschalk等,2020;Currie等,2013,2014)。例如,如果患者具有一定的物质或者知识优势,患者可以通过向医生披露处方需求的方式,缩小医患双方的信息差,进而约束医生的过度医疗或者医疗不足等行为(Dulleck和Kerschbamer,2006)。接下来对主要围绕患者的社会经济地位和知识水平这两个常见特征展开的审计实验研究进行介绍。

---

① "逆向选择"是指由于不了解投保人的健康类型,保险公司最终吸引到的是其最不愿意吸引的高风险人群,即保险公司做出了不利于自己的选择。

② 并非所有负责医疗保险计划的基金会都与每个申请人配对,研究者会随着实验的进行,均匀地扩展样本以包括较小的基金会。

社会经济地位

患者的社会经济地位往往会影响医生与其进行沟通时的行为和偏好,进而对医生的诊疗行为产生影响。例如,社会经济地位高的患者往往能获得更为全面的沟通和更多的信息,患者的社会经济地位与医生的信息给予之间会呈正相关关系(Hall 等,1988)。但过往的多数相关实证研究采用的是基于医患自报告的调查或访谈数据,往往存在记忆偏差、故意隐瞒等问题,无法获取医患互动行为的真实记录。近年来,已有学者通过审计实验法来解决前述问题,对患者社会经济地位如何影响其所接受的医疗服务质量进行考察。例如,Gottschalk 等(2020)在瑞士牙科医疗市场上进行了一个现场审计实验,他们基于标准病人法提供了有关患者社会经济地位的高低影响医生治疗决策的直接证据。标准病人的病情设定为两齿之间有轻微的表面龋齿病变。为了找到符合标准的候选人,研究小组在苏黎世大学的平台 Marktplatz 发布了在线广告:"一个研究项目正在招募一个可能有牙齿相关健康问题的人,比如初患龋齿的人"。在收到 49 份回复的情况下,研究组向其中的 44 位候选人发送了一份认知能力测试。最终选出的标准病人是一名 20 多岁的白人瑞士男性,患有轻微的近端间浅表性龋齿病变,该病变无须采取任何治疗措施。标准病人在正式参与实验就诊前拍了一张 X 光片,以显示其牙齿存在浅表龋损的症状,该 X 光片在后续实验的每一次就诊中都作为辅助证明材料使用。

如图 14.1 所示,为了表示更高的社会经济地位,标准病人将会穿着高质量的西装,佩戴高端配件,如昂贵的手表和汽车钥匙等。当在诊所被要求填写基础信息表格时,标准病人会明确说明他的职业是一家银行的翻译。而在社会地位较低的角色中,标准病人会穿着廉价的无品牌衣服,背着旧背包,没有配饰,并说明自己只是一名实习翻译专业的学生。研究者从苏黎世州 865 名执业牙医中随机抽取了 180 名牙医作为被试,医生被试会随机接诊高/低社会经济地位的标准病人,标准病人于 2016 年以随机顺序的方式预约牙医进行就诊。

见到牙医后,标准病人会向牙医提供数字 X 光片,并告诉牙医他最近去过一家初级牙科卫生诊所,在那里拍摄了 X 光片。此外,标准病人还会告知初级诊所的牙医建议他再去看看专业的牙医,这就是他来这里检查的原因。如果牙医建议进行治疗,标准病人会要求牙医估算费用。每次就诊后,标准病人都要填写一份详细的就诊记录,包括与牙医的沟通情况以及牙医和诊所的一系列特征。研究结果发现,标准病人通过穿戴物品和告知自身职业所反映的社会经济地位与医生的过度治疗概率显著负相关:与低社会经济地位标准病人相比,高社会经济地位标准病人接受过度治疗建议的可能性降低了约17个百分点。

图 14.1 不同社会经济地位的标准病人的穿搭

知识水平

既有相关理论和实证研究均指出了患者的知识水平与医生的诊疗行为及质量的相关性。例如,Dranove(1988)通过委托-代理模型,发现委托方(即患者)缺乏诊疗技术方面的充分信息会导致医生的诱导需求。研究结果显示,信息水平与医疗服务质量正相关。Kenkel(1990)等利用患者对疾病症状了解情况作为衡量信息水平的变量,同样发现信息水平越高的患者享有更高的医疗服务质量。Dulleck 和 Kerschbamer(2006)在博弈模型中分析了医患双方的博弈行为,并在模型中加入患者的知识水平,表明患者的教育背景与能力决定了专家是否会对其实施欺骗行为。在医疗市场上,不同病人在医学知识水平上的差异影响了医生对他们提出的治疗建议。

Currie 等(2011)聚焦中国的医疗服务市场,提供了关于患者知识展示如何影响患者与医生关系的新证据。首先,研究者通过一个简单的审计实验,选定两个大城市和一个乡下地区(沿海省份的县城)作为研究区域,以评估抗生素滥用是不是由供给方(医生)的行为引起的,而非需求侧因素引起的。所有标准病人的主要诉求是"在过去的两天里,我一直感到疲劳,有低烧、轻微头晕、喉咙痛和食欲不振等症状。今天早上,我的症状加重了,所以我测量了体温,当时是 99°F(即 37.2℃)",患者并没有描述需要开抗生素处方的症状,也没有要求使用抗生素。研究者特意选择了十分轻微的症状,此时任何抗生素处方都代表抗生素滥用。初步审计实验的结果发现,65%城市地区的患者和55%农村地区的患者被开具了抗生素处方,且医生倾向于开更昂贵、更强效的抗生素,而不是更便宜的抗生素。

其后,研究者让一对患有相同流感症状但具备不同抗生素知识水平的标准病人拜访同一位医生,开展配对审计实验,以探究患者了解合理使用抗生素与否是否会对医生所开的抗生素处方和药物支出产生因果影响。标准病人为当地大学的 8 名大学生(4 名男生和 4 名女生),样本医院为 16 家拥有 800 多张床位的大型综合公立医院。4 名男生和 4 名女生被随机分为 4 对:在每对标准病人中,标准病人 A 和 B 具有相同的性别、相似的年龄和外貌,该配对在整个研究中是固定的。每对标准病人都拜访了 16 位医生,共进行 128 次就诊。其中,96 次就诊的是主治医师,其余 32 次就诊的是主任医师。每对标准病人需要在同一个半天内去看医生,在第一位患者就诊 2 小时后,这对标准病人中的另一位患者就会到挂号处要求看同一位医生。在门诊就诊过程中,标准病人报告的症状和就诊程序和第一次审计实验相同,唯一的区别在于,标准病人 A 和 B 分别扮演了对适当使用抗生素了解和不了解的病人的角色。标准病人 A 会提出一个问题:"我从网上了解到,单纯感冒/伤风患者不应该服用抗生素。是这样吗?"无论医生如何回答,标准病人 A 都只是听着并点了点头,没有进一步提问;与此相反,标准病人 B 在就诊过程中一言不发。该研究的结果表明,患者掌握适当使用抗生素的知识可以显著减少医生对其的抗生素药物滥用,并减少药物总支出,但主治医师和主任医师的处方行为并无显著差异。这说明,从患者的个体角度来看,向医生展示其医学方面的知识是有一定好处的。

研究者进一步考虑抗生素药物滥用的原因,这可能涉及患者自身对抗生素的旺盛需求、医疗服务者开具抗生素处方的经济激励、医疗服务者对患者需求的看法(认为患者希望使用抗生素)、医疗服务者的无知(不够熟悉抗生素的专业知识)等多个方面。基于此,Currie 等(2014)将知识水平和其他干预条件(如经济激励措施)进行组合,同样通过审计实验探究了这些干预组合条件对医生诊疗行为及其医疗服务质量的因果影响。该研究采用类似 Currie 等(2011)所使用的标准病人的剧本,培训学生扮演具有相同轻度流感症状的标准病人。该实验于 2011 年 10 月至 2012 年 6 月在中国某大城市①进行,共进行了两个实验。在第一个实验中,研究者随机选择了 80 家医院作为被试样本,20 名扮演标准病人的审计员被随机分成 5 组(每组 4 人),每组被随机分配到 16 家医院,且每组在 1 家医院只看 1 名医生,最终共有 80 名医生参与 320 次问诊。在第二个实验中,研究者随机选择了 60 家医院作为被试样本,15 名扮演标准病人的审计员被随机分成 3 组(每组 5 人),每组被随机分配到 20 家医院,在每家医院内看两名不同的医生,最终共有 120 名医生参与了 300 次问诊。当两个实验里选中相同的医院时,审计员会被要求去看同一科室的不同医生。

具体而言,在第一个实验中,每组 4 人分别对应 4 种标准病人——基准组患者 A、主动要求抗生素组患者 B(表达需求)、去别的地方而非就诊医院购买药物组患者 C(操控经济激励)、主动要求抗生素+去别的地方而非就诊医院购买药物组患者 D。其中,基准患者 A 不会要求抗生素,但如果医生开了抗生素,默认患者 A 会在医院购买抗生素。患者 B 会向医生表达"医生,你能为我开一些抗生素吗?",直接明确向医生索要抗生素处方,这种处理旨在消除患者是否想要开具抗生素的不确定性。患者 C 会向医生表达"医生,我可以在药店买到折扣价的药物,但我不知道该吃什么药。你能帮我开个处方吗?",这种处理旨在通过明确表示购买药物的场所来直接操纵医生的经济激励,强调本次问诊无药物购买方面的经济激励,即医生因患者在其他地方购买药物而无法获取药费分成。但这也有可能会让医生感到被冒犯或引起医生对患者在其他地方购买的药物质量的担忧,进而使医生在问诊过程中不愿意付出更多努力,造成医疗服务质量的降低。患者 D 会同时表明抗生素的药物需求和计划在别处购买药

---

① 作者未明确说明该城市的名称,在文章中以 A 市代称。

物,即"医生,您能为我开一些抗生素吗?我可以在药店买到折扣价的药物,但我不知道该吃什么药,您能帮我开个处方吗?"为了避免引起医生怀疑,患者 C 和患者 D 向同一医生所发起的就诊之间至少间隔了两个月①。实验结果表明,55%的医生在患者既不要求抗生素也不表示他/她会在其他地方购买抗生素时开具抗生素处方。当患者特别要求使用抗生素时,这一比例上升到 85%,但前提是患者在就诊医院购买处方药物。如果患者表示他/她会在其他地方购买药物,只有 14%的医生开了抗生素,即使患者特别要求这样做。

然而,这个实验中有关医生因患者在其他地方购买药物而降低开抗生素处方的结果可能是由非经济激励的其他机制驱动的:也许医生担心患者在其他药店购买药物更容易买到假药,或者医生可能因为患者说自己会在其他地方购买药物而感到冒犯,从而影响医生的处方行为。为分离这些机制,作者将另一个实验的 5 个组分别设计为基准组患者 A、送小礼物组患者 B、表达出抗生素相关知识组患者 C、去亲戚的药店购买药物组患者 D 以及同时表达出抗生素相关知识并说自己可以去亲戚的药店购买药物的患者 E。具体而言,基准组患者 A 在向医生进行问诊咨询时,并无提供额外的礼物或信息。患者 B 会在问诊开始时给医生送一支价值 1.4 元的笔,但没有要求抗生素。这是考虑到病人在就诊开始时送给医生一份小礼物,可能会使医生更加合作,进而降低医生开抗生素处方的概率。患者 C 会说:"我从互联网上了解到,简单的流感/感冒患者不应该服用抗生素。这是真的吗?除非必要,否则我能不服用抗生素吗?"。患者 D 则会说:"医生,我嫂子在药店工作。如果我在她的药店购买药品,她可以给我打折,但是我不知道该吃什么药,所以你能为我开个处方吗?"。患者 E 会向医生表明自己知道如何合理使用抗生素,并将在任何情况下都购买其亲属所在药店开具的抗生素。由于患者 D 和患者 E 都涉及在药店购药的相同说明,为避免引起怀疑,患者 D 和患者 E 被要求在同一家医院的不同医生处就诊。该实验的结果表明,患者展示抗生素知识和表达自己会购买亲戚药店的药物都会使得抗生素的处方显著减少:前者减少了 20%,而后者减少了 51%。将知识展示和在亲戚的药店购买结合起来则会导致抗生素处方率更低,为 55%。这说明没有直接证据证明存在医生因担心患者在其他药店购买药物更容易买到

---

① 患者 C 和患者 D 的顺序也是随机的,因此一些医生会先看到患者 C,另一些医生会先看到患者 D。

假药而降低开抗生素处方这一机制。

(3) 第二意见

考虑到委托-代理服务中常见的专家服务市场很容易出现效率低下和欺诈行为,既有理论研究表明,寻求第二意见可以降低专家欺诈,并增加消费者的福利(如 Pesendorfer 和 Wolinsky,2003;Schneider 和 Bizer,2017)。有学者通过审计实验法考察了第二意见对专家行为的影响。例如,Gottschalk 等(2020)在瑞士牙科市场进行的审计实验采用 2×2 的干预设计(如表 14.2 所示),干预条件为"社会经济地位的高低"和"是否提出第二意见"。社会经济地位的高低体现在标准病人的着装差异上——社会经济地位高的标准病人身穿昂贵的西装,佩戴手表、手机和车钥匙等配饰,社会经济低的标准病人身穿无品牌的普通衣服,只背一个旧背包,没有任何配饰。是否提出第二意见体现在患者是否向牙医表示自己拥有来自其他医疗服务平台牙医的第二意见,但不向其提供具体的第二意见信息。这种设计是为了不将牙医的治疗建议锚定在已经接受的诊断上,而只是向牙医发出该患者已经收到第二意见的信号(在牙医相信患者没有说谎的情况下)。具体而言,在带有第二意见条件干预的实验局中,标准病人会向牙医表示"我是出于好奇,将自己的 X 光片上传到了一个在线医疗服务平台上,该平台的牙医会提供免费的诊疗建议。"为简化术语,研究者将患者只接受诊断而不发送其他信号的情况称为"标准就诊"(ST 条件),将患者发送其拥有第二意见信号的实验条件称为"带有第二意见信号的就诊"(SO 条件)。

表 14.2　Gottschalk 等(2020)的 2×2 干预设计

		是否有第二意见	
		有意见	无意见
社会经济地位	高地位	ST-HS	SO-HS
	低地位	ST-LS	SO-LS

实验结果表明,发送患者拥有第二意见的信号并不能显著减少过度治疗,这可能反映了这样一个事实,即牙医可能不会认为来自在线医疗服务平台的第二次诊断会显著影响患者的信息水平或患者的行为,进而对自己的诊断产生其他看法。这说明仅提供拥有第二意见的信号而非第二意见的具体

内容，可能不足以影响医生的诊疗行为。患者关于正确诊断和治疗的进一步信息的信号是否会对治疗质量产生影响，可能取决于信号的确切性质以及诊断的复杂性。

14.2 维修服务

维修服务通常指专业维修人员提供的修理包括计算机、汽车等商品的服务，具有较高的专业性。然而，维修市场上各种中、小型维修企业的服务质量参差不齐，维修行业也存在着服务不规范等各种现象，消费者在接受维修服务时也表示会缺乏安全感。种种问题产生的原因在于产品维修的技术含量正在随着科技的发展不断提高，一般消费者（买方）对产品和技术不甚了解，无法判断维修人员提供的服务质量，所以对于掌握了产品构造、功能、故障等专业知识和修理技术的维修服务提供者（卖方）而言，他们在服务交易过程中的信息优势远大于买方，交易双方存在着严重的信息不对称。在追求利润最大化的经济利益驱使下，维修人员往往做出损害消费者利益的行为，如推荐其购买许多不必要的软硬件材料以增加自己的收益，进而造成市场机制不能起到优化资源配置的作用，导致市场交易失败和混乱无序。现今，已有不少研究基于审计实地实验探究影响维修服务质量的因素，以期探索减少委托-代理风险问题的办法。下面对围绕既往文献中提及的影响维修服务质量的三个常见因素（第二意见、声誉、维修保险）所展开的审计实验研究进行介绍。

14.2.1 第二意见

有关第二意见对维修服务质量的影响研究多聚焦于第二意见不同内容的提供对维修卖家行为决策的影响。例如，Bindra 等（2021）参考标准病人法，在计算机市场进行了一个现场审计实验。扮演"顾客"的审计员会将一台坏掉的电脑带到维修店并要求店家进行维修，并明确向店家提供不同处理水平的第二意见，以了解第二意见的内容是否会影响维修成功的可能性和维修价格的高低。之所以选择明确向店家表示自己已收到第二意见，是因为研究者考虑到这样的设置可能会促使卖家做出更强烈的反应。具体来说，在基准组处理中，顾客会告知店家"我买了这台二手电脑,它无法启动",并要求店家进行维修。①在基准组的基础上,研究者继续设计了两种第二意见的提出方式:对于第二意见1组,"顾客"会告知店家正确的意见,即"另一家电脑店已经看过电脑并诊断出硬件有问题,我想再听听别人的意见,这就是我来这里的原因";对于第二意见2组,"顾客"会告知店家错误的意见,即"另一家电脑店已经看过电脑并诊断出硬件无法修复,我想再听听别人的意见,这就是我来这里的原因"。

该研究使用的测试电脑为一台价值约750欧元的高档翻新台式电脑。研究者通过一定的技术手段使得电脑无法启动②,且根据IT部门的专家意见,维修店家在10分钟内可以正确诊断出问题。在该实验中,7名扮演"顾客"的审计员在柏林、波恩、科隆和慕尼黑四个城市中随机选择了103家电脑维修店进行审计,并将经过专业处理的测试电脑送去维修。为了避免不必要的性别或年龄影响,这些"顾客"均为20多岁的本地白人男性。103家电脑维修店会被随机分配到基准组、第二意见1组或者第二意见2组。研究结果表明,不论是提及正确还是错误的第二意见,都既不会提高成功维修率,也不会降低维修价格。相反,当消费者透露出另一位专家已经给出意见或者诊断时,维修价格甚至会平均上涨约20%。

其后,Kerschbamer等(2023)提出了一个新颖的计算机维修市场上的审计实地实验——研究消费者从互联网和社交媒体检索到的信息对维修专业人员提供其维修服务这一信任品(Credence Good)的因果影响。因为从网上检索到的信息几乎始终是嘈杂的,它不会使得消费者变成信任品的专家,所以该研究主要解决的问题是:一个容易获取但有噪声的自我诊断的信息是否能让消费者受益。该研究主要关注两个帮助消费者控制卖家利用其信息优势程度的渠道:第一种渠道是让消费者通过专门的互联网网站来实现自我诊断的需求,从而在一定程度上降低信息不对称的程度;第二个渠道是让消费者参考以往消费者对卖家所提供的维修服务的网络评价,这一信息来源有助于确定卖家服务的性价比(以合理价格提供适当质量),以期出现符合评价的卖家行为。

---

① 此时研究者要求"顾客"在店家得出维修结论之前离开维修店,以便为店家提供道德回旋余地。在这个情境下,道德回旋余地是指如果顾客一直在店内,店家可能会在职业道德的驱使下进一步询问顾客关于计算机损坏的问题,但如果顾客离开,店家就有选择询问或者不询问的自由,从而可以保证实验不受到其他信息的干扰。

② 这种故障在计算机中经常发生,对于专业的计算机维修人员而言是可以较为轻松地完成修复的。

研究者在德国的电脑维修店进行了两个现场审计实验,在这两个实验中,"顾客"都会带一台经过处理的电脑进行维修。第一个实验于 2015 年 11 月至 2016 年 7 月在波恩、科隆、杜塞尔多夫、勒沃库森和慕尼黑等德国城市的电脑维修店中开展。在第一个实验开始前,研究者购入了 12 台完全相同、完全翻新且工作正常的笔记本电脑,并将每台电脑的随机存取存储器(RAM)从插槽中略微取出。如果 RAM 松动,电脑就无法启动,只能黑屏并发出明显声响。消费者可以根据电脑的声响,结合互联网相关电脑维修咨询的信息来推断出其电脑可能存在的问题。

消费者和维修店的互动以双盲的方式进行:一开始,研究者会通过私人邮箱向维修店发送一封电子邮件,简单描述电脑的问题并询问是否可以送去维修。在维修店确认后,研究者在第二封电子邮件中添加了具体的干预信息——改变消费者是否以及如何透露从互联网上检索到的潜在问题和价格信息,共设计了五种干预条件:①不透露("感谢您的回复。我的一位朋友将在本周内送来笔记本电脑");②透露模糊但正确的互联网信息("我在互联网上了解了一些情况,认为蜂鸣声是由 RAM 问题引起的,也许这对你有帮助");③透露低价格限制("如果维修费用低于 50 欧元,请进行维修。如果维修费用超过 50 欧元,请再次与我联系");④透露模糊和错误的互联网信息("我在互联网上了解了一些情况,认为蜂鸣声是由主板问题引起的,也许这对你有帮助");⑤透露高保留维修价格("如果维修费用低于 200 欧元,请进行维修。如果维修费用超过 200 欧元,请再次与我联系")。表 14.3 总结了这五个干预组的具体处理方式。

表 14.3　五个干预组的具体处理方式

组别	是否透露信息	是否透露价格限制
基准组	—	—
正确信息组	透露模糊但正确的互联网信息	—
错误信息组	透露模糊且错误的互联网信息	—
低价格组	—	透露低价格限制
高价格组	—	透露高价格限制

之后,研究者派一位"朋友"前往维修店进行送和取电脑的工作,该"朋友"不知道我们的任何研究问题,并被要求和店家保持尽可能短的互动时间(以

尽量减少个人交流中的任何混淆）。实验结果表明，基准组的维修价格最低（38.21 欧元），在消费者猜测模糊但正确或价格限制较低的情况下，维修价格略高（正确信息组为 44.85 欧元，低价格组为 47.09 欧元），但当消费者提出模糊而错误的猜测或价格限制较高时，维修价格几乎翻倍（错误信息组为 84.50 欧元，高价格组为 86.86 欧元）。由于从互联网上检索到的诊断信息几乎总是嘈杂的，所以可以认为提及互联网上的自我诊断或相应的价格限制相对而言代价是昂贵的。

另一个实验聚焦于有关卖家网络评级的信息价值，更详细地分析了电脑维修店的网络评级在信任品市场中的作用。该实验在柏林开展，样本包括在 Yelp 和 Google 上拥有 3 条及 3 条以上网络评论的柏林电脑维修店，共计 58 家。由于该实验不存在多个干预条件，研究者不再通过电子邮件与维修店进行沟通，而是让扮演消费者的审计员直接带着经过专业处理的电脑去维修，线下告知店家笔记本电脑的问题，并询问是否可以维修。实验结果显示，维修价格取决于该店的网络评级是高于还是低于所有维修店评级的中位数。具体而言，评级低于中位数的维修店平均收费 59.52 欧元，而评级高于中位数的维修店平均收费 43.48 欧元。一个直接的结论是，即使在信息不对称的信任品市场中，消费者仍可以从此前消费者的网络评级中获利。

14.2.2 声誉

除第二意见外，声誉也是影响维修服务卖家行为及其服务质量的重要因素。

Schneider（2012）聚焦于汽车维修服务市场，通过现场审计实验检验了该市场是否存在委托-代理问题，并探究声誉因素如何影响汽车修理工的服务质量。样本的数据来源包括两部分：第一部分为研究者在加拿大公益组织汽车保护协会（Automobile Protection Association，APA）的修理工的帮助下进行的 40 次修车厂暗访（以下简称"实验性暗访"），以及该公益组织自己进行的 51 次修车厂暗访（以下简称"加拿大暗访"）。为检验该市场中是否存在过度维修现象，一名审计员会假扮成一名普通的驾驶者，将一辆事先安排好的、存在一系列问题的测试车辆交给修理厂进行修理。车辆主要存在间歇性启动[①]、发动机舱

[①] 蓄电池接线柱（位于发动机舱前部的显著位置）上的蓄电池电缆明显松动就会导致间歇性启动问题。

内的冷却液含量过低和尾灯缺失等问题。间歇性启动问题的设计动机是衡量修理工在多大程度上收取不必要的昂贵维修费用;而设计冷却液过低和尾灯缺失则是为了确定修理工是否会努力去发现这些缺陷。修理厂的修理工被要求彻底检查车辆,诊断汽车的状况,并提出维修建议和估算维修价格。

研究结果表明,过度维修现象十分常见,修理工在约33%的"实验性暗访"(12次)和约27%的"加拿大暗访"(13次)中建议进行完全不必要的维修,表现为维修成本明显高于标准维修(提供的维修服务刚好处理完汽车的所有问题)所需的成本,或者与汽车存在的问题完全无关;"漏修现象"也十分普遍,75%的修理工未发现蓄电池电缆松动或冷却液过低的问题,87%的修理工未发现尾灯缺失,这表明汽车维修的平均服务质量相当低,似乎远未达到有效维修的标准水平。

接着,为评估声誉激励机制缓解委托-代理问题的能力,研究者设计了2个干预组,修理厂被随机分配到其中一个干预组。在干预组1中,审计员以一次性客户的身份出现并要求修车,即声称自己要搬家,且在车的后备厢中放了搬家用的箱子;在干预组2中,审计员则以可能的"回头客"身份出现,即会介绍自己的家庭住址(离修车厂很近),并暗示自己正在寻找当地的修理工以建立持续的合作关系。研究者随后估算"回头客"的设定对维修建议和维修价格的影响,以探究汽车维修工是否会因对自身声誉的担忧而改变其所提供的修车服务。Schneider(2012)没有发现任何证据表明"回头客"与"一次性客户"会收到来自汽车维修工显著不同的维修建议或服务质量,这表明声誉并没有起到理论上所预测的限制市场低效的效果,漏修问题仍旧十分普遍。但二者所花费的修理费具有显著差异——"回头客"的费用明显低于"一次性客户"。

Rasch(2018)则对德国汽车维修市场开展了一项审计实验研究,分析信任品市场的竞争程度对专家欺诈动机的影响。研究者使用了欧洲最大的汽车俱乐部——德国汽车协会(Allgemeiner Deutscher Automobile-Club,ADAC)在2006年和2008—2010年对303家汽车修理厂进行"车库测试"的汇总横截面数据[1],

---

① 在2007年,ADAC没有进行测试。

并从中选择了134家会公布财务状况的汽车公司①进行分析。"车库测试"分五个步骤进行:①来自德国各地的俱乐部成员都会被ADAC询问是否愿意让自己的车参加"车库测试";②ADAC确认成员们的汽车是否符合测试车辆的标准,这些汽车必须在保养相关的特性方面具有相似性,所有汽车都必须是在同一时期内首次注册的,使用汽油发动机(最常用的性能类型),并应进行主要检查;③汽车专家为测试车配备了相同的五个问题(车牌灯不亮、备胎气压过低、排气管松动、冷却液的液位过低、右前大灯移到最底部),这些问题是很容易被发现的;④ADAC将这些汽车送到车主住所附近的汽车修理厂,每个汽车修理厂至多检测一辆车;⑤检测结束后,ADAC会对汽车修理厂的表现进行评估,报告每家汽车修理厂修复了五个问题中的多少项,以及修理厂是否非法收取任何服务费用。同时,研究者还通过收集距离每家修理厂所在地10公里范围内的汽车修理厂数量来扩展该数据库,以量化竞争强度。

实证分析表明,竞争程度越高,汽修厂欺诈客户的动机越低。一种可能的解释是,市场上的竞争者数量越多,客户获取第二意见的搜索成本就越低,从而降低了修理厂欺诈客户的动机。此外,研究者针对汽修厂的财务状况、维修能力和声誉关注度进行了异质性分析。结果表明,财务状况危急和声誉关注度低会增加专家欺诈行为,而能力水平高则会减少此类欺诈行为。

14.2.3 维修保险

有学者就维修保险范围的变动如何影响委托-代理服务中代理人的诚实程度展开探索。例如,Kerschbamer等(2016)在电脑维修服务市场开展了现场审计实验,探究了客户的维修费用保险如何影响电脑维修店的维修行为。研究者派了一名"卧底"实验人员带着经过处理的电脑前往奥地利的61家电脑维修店②,并要求维修。类似于Kerschbamer等(2023)的设计,本次实验的电脑也被破坏了一个随机存取存储器(RAM)模块,这是一个常见问题,且根据IT部门的说法,半小时内电脑维修店就可以轻松完成适当的维修。电脑维修店会被

---

① 因为在该文章的分析中,汽车修理厂的财务状况是预测其欺诈动机的重要依据,且理论预测是基于假设汽车修理厂在有限责任下运营的模型得出的,因此不考虑财务状况会导致估计结果出现遗漏变量偏差。

② 这61家商店是从奥地利东西轴线上的商店中随机挑选出来的。所选店铺占店铺总数的24%,行驶总距离为9 500千米。

随机分成对照组和保险组。在对照组中,扮演消费者的审计员在离开维修店之前会向店家要求开具发票,这种需求在奥地利并不罕见。而在保险组中,除前述开发票的要求外,审计员还会补充一句关于其拥有维修保险的信息——"因为我有保险可以支付维修费用,所以我需要一张发票"。

实验结果表明,在对照组中,平均维修价格约为 70 欧元,而当维修服务的提供商得知保险可以报销维修费用时,维修费用会增加 80% 以上。其后,研究者进一步分解了对照组和保险组在维修费方面存在显著差异的潜在机制,发现这一差异主要是由于维修工过度提供零件和过度收取工时费造成的。此外,研究者于 2015 年 11 月开展了一项针对维修店的调查,结果显示,较高的账单费用主要归因于投保客户不太关心将成本降至最低,因为第三方(保险公司)会买单。也就是说,费用的提高是由维修工的机会主义行为和被保险的消费者不太关心成本最小化的双重原因造成的。

14.3 出租车出行服务

出租车服务市场也是委托-代理问题的高发领域。乘客选择出租车后,便与司机便确立了一种委托-代理关系,即乘客委托司机将自己送至目的地,并以支付出租车费用的方式对司机的代理行为给予报酬。双方之间的信息不对称主要体现在两个方面:一是在交通路线方面,出租车司机往往具有熟悉路况的完全信息优势,乘客则处于对交通路线不熟悉的信息劣势;二是关于乘客信息的不对称,司机并不了解乘客的具体乘车需求、乘车时间安排等。委托-代理问题由此出现:当消费者获得的服务超出了满足其需求所必要的范围时,就会出现"过度处理"(对于乘坐出租车而言,这相当于绕路耗时);相反的情况是"不足处理",即所提供的服务不足以满足消费者的需求(如没有到达目的地)。此外,在出租车信任品市场上,消费者无法观察到自己所获得的服务质量,这也给司机提供了多收费的动机。

Balafoutas 等(2013)在希腊出租车市场上开展了一项现场审计实验,旨在确定出租车服务市场欺诈的程度和类型(即"过度处理"和"过度收费")。首先,研究者让审计员作为乘客在雅典乘坐出租车正常出行。审计员每一次出行时都会佩戴便携式 GPS 卫星记录仪,以保证能够精确记录出租车的行车路线以及在每个时间点的确切位置和速度,从而可以量化以绕道的形式出现的"过度处理"。同时研究者还可以利用GPS数据来计算给定距离的正确票价,进而可以用出租车司机收取的总车费与正确车费之间的差额衡量"过度收费"。

其次,研究者关注乘客的特征如何影响其在出租车出行服务市场中受到欺诈的程度和类型。这些特征(如是否为本地人、社会经济地位的高低等)在理论上对司机的收费行为很重要。为了尽量减少乘客年龄或性别对驾驶员行为的混淆影响,实验招募的5名审计员均为男性,且年龄在20岁左右。在每条路线上,研究者总是安排5名审计员中的3名审计员从同一起点乘车前往同一目的地,每间隔两分钟①就会有1名审计员走向出租车站,这样出租车司机就不会看到他们在一起。在后续的实验中,每个审计员会随机成为三种不同的"信息角色"之一,并在此基础上,附加两种不同的"收入角色"之一。三种"信息角色"分别为本地人、非本地人和外国人,两种"收入角色"分别为高收入和低收入。然后,研究者在实验处理中分别操纵了出租车司机对乘客的城市信息、收费信息以及收入的感知:第一,关于操纵司机对乘客对城市熟悉程度的感知的方式,具体体现为研究者让本地人乘客只说出目的地,而非本地人和外国人乘客则说出目的地,并在询问时说明他们对城市不熟悉。第二,关于操纵司机对乘客熟悉当地出租车收费制度细节的感知的方式,具体体现为研究者通过改变乘客所说的语言(希腊语和英语)来实现,其中,本地人和非本地人乘客说希腊语,外国人乘客说英语,后者会被出租车司机认为不够熟悉出租车定价规则。第三,研究者通过改变乘客的衣着和要求的目的地来操纵司机对乘客收入的感知,被视为高收入的乘客身着西装,手提公文包,而被视为低收入的乘客则衣着随意,背着普通背包。对于以酒店为目的地的路线,高收入乘客的目的地是高端酒店,而低收入乘客的目的地则是低端旅馆。

最终,所有审计员总共乘坐了348次出租车,总行驶里程超过4 400公里,总计行驶了128小时。每次乘车的平均长度为12.7公里,其中1.3公里(10%)为不必要的绕行,存在显著的"过度处理"现象。该研究还发现,出租车司机会利用其对非本地人和外国人在最优路线信息和收费信息上的优势,对他们比对本地人采用更多绕行的路线和收取附加费。与熟悉城市的乘客相比,给司机留下不熟悉城市印象的乘客平均绕路长度超过1倍;有11%的乘客因司机采取了

---

① 选择较短的间隔时间是为了控制一系列不可预见的因素,如交通变化、道路施工或事故等,这些因素可能会影响最佳路线。

不正确的收费标准而被多收费用;被认为不熟悉收费制度的乘客(即说英语的乘客)则被多收了22%的费用。以上结果表明,出租车司机和乘客之间两种不同类型的信息不对称导致了"过度处理"和"过度收费"这两种不同类型的欺诈,且传达乘客为高收入或者低收入水平的印象对这两种欺诈都没有显著影响。

虽然Balafoutas等(2013)研究了出租车服务市场中卖方和买方之间信息不对称的作用,并确定出租车司机的欺诈行为具有很强的系统性,即随着司机和乘客之间信息不对称程度的增加而增加,但所有的处理差异都仅限于司机比乘客更了解情况的程度。此后,有关"二级道德风险"现象也逐渐受到学者的关注,这种现象是指市场中的供应方倾向于通过提高服务范围或价格来对需求方预期的一级道德风险做出反应,进而增加需求方的支出。举个例子,考虑在医疗保健服务市场,假设患者具有全额的医疗保险投保,那么此时的一级道德风险意味着患者可能有动机要求比所需更多的服务,因为他不会承担费用。同时,医生的行为也可能受到保险的影响:如果医生预计患者不关心最小化费用,那么他可能更倾向于建议或开出更昂贵的处方(二级道德风险)。

例如,Balafoutas等(2017)在出租车市场开展了一项现场审计实验,以探究全额报销(或覆盖)费用对服务提供商行为的影响,以及该影响如何引起实际支出的变动,即探究二级道德风险对委托-代理服务供给的影响。审计员的安排与Balafoutas等(2013)基本相同,只是在司机与乘客的互动博弈之间引入(虚构的)补偿乘客成本的雇主作为第三方。在该实验过程中,一组审计员扮演乘客,在雅典乘坐了400辆出租车,行驶在全市11条不同的路线上。他们总是向司机透露自己不熟悉这座城市,从而使乘坐出租车的过程可信。审计员被随机分成对照组和道德风险处理组,前者扮演乘客的审计员正常乘车并向司机表示需要收据,后者则向出租车司机表示他们需要收据才能让雇主报销他们的费用。该研究结果发现,道德风险的操纵对收费金额在统计上有显著的正向影响,即在乘客明确声明出租车费用将由他们的雇主报销的情况下,该乘客为某次乘车支付高于合理价格的可能性会提高17%,进而导致该处理下的平均消费支出明显增加,但两组出租车司机被试在绕道耗时的行为上并无差异。因此,与对照组相比,处理组所表现出的二级道德风险不会增加过度处理的程度,但会增加过度收费的可能性和程度。① 对此可能的解释是,因为乘客传达给出租车司机的信号是自己并不承担车费,所以司机认为乘客不太可能注意到或报告他的欺诈行为。

此外,Bindra 等(2022)在奥地利维也纳的出租车服务市场中开展了一个审计实地实验,以考察出租车司机的欺诈行为,并探究"启动效应"(某些先前激活的信息会对后续信息处理产生影响)能在多大程度上影响司机的行为。实验采用 4×1 的被试间设计,共有 4 种实验局——对照组、诚信评价组、不诚信评价组和竞争组。其中,对照组里的审计员仅表示他们是外国人;在诚信评价组中,审计员会告诉司机他们听说过一项研究(即 Balafoutas 等(2013)的研究),其中发现 80% 的出租车司机行为诚实,并对司机说:"你听说过有一项研究发现约 80% 的出租车司机对乘客诚实,总是走最便宜的路线吗?我是在网上看到的";在不诚信评价组中,审计员向司机提供与诚信评价处理组完全等价的信息,但强调 20% 的司机被发现有不诚实的行为,即"你听说过有一项研究发现约有 20% 的出租车司机对乘客不诚实,他们会选择比必要的路线更贵的路线吗?我是在网上看到的";在竞争组中,研究者根据 Dulleck 和 Kerschbamer(2006)关于竞争条件会增加多收费的预测,实施了一种优步价格的信息披露干预,即审计员会提到竞争对手的同程价格(优步出租车):"我在网上查看了优步的价格,似乎很便宜。"

该实验一共招募了 40 名审计员,于 2018 年 5 月(第一波)和 2019 年 2 月(第二波)的工作日进行实验,参与第一波的 20 名审计员每人每天要完成 10 次搭乘,实验一共进行两天;参与第二波的 20 名审计员每人每天也要完成 10 次搭乘,但实验只进行一天,于是共计进行 600 次出租车的搭乘。参与实验的出租车司机会被随机分配到 4 种不同的实验局。按照 Balafoutas 等(2013)的方法,审计员以 4 人为一组,每组审计员从同一地点搭乘出租车去往同一个目的地,并按照一分钟的间隔前往。每个人都携带了一个 GPS 行程记录仪,记录有关行程和出租车费用的详细信息。首先,审计员会向出租车司机发出信号——表明他们是外国人,并不知道到达目的地的路;接着,来自不同实验局的审计员

---

① 过度处理(Overtreatment)和过度收费(Overcharging)是出租车信任品市场上的两种常见欺诈行为。其中过度处理是指绕路耗时(本来不需要走很远的路),过度收费是指出租车费用高于应收取的费用。所以与对照组相比,道德风险处理组的乘客并没有面临更多的过度处理行为,但是他们被司机过度收费的可能性和程度都提高了。

分别向出租车司机提供对应的干预信息;最后,对实验所收集的出租车出行数据和收费数据进行分析。该研究结果发现,与对照组相比,干预组提供的信息要么增加了出租车司机的欺诈行为,要么对其没有影响,具体表现为:诚信评价组的总车费增加约 5.5%,但不诚信评价和竞争的信息并不会影响车费。研究者没有发现任何证据表明以上信息会增加司机的过度处理行为,但是在"诚信评价"处理下,司机会出现过度收费的行为。

14.4 其他委托-代理服务

除了较为常见的医疗服务、维修服务和出租车出行服务,审计实验在其他行业中也有所应用。例如,在金融保险行业,Rose 等(2023)重点探讨了赞美对保险行业互惠行为的影响。在审计实验中,研究者使用了有关社会经济地位和声誉的夸赞言辞作为赞美的具体表现形式,这些赞美会体现在给独立保险经纪人的电子邮件中。消费者在电子邮件中表达了自己正在寻找可以线下约见的保险经纪人的意愿。具体而言,电子邮件的请求措辞会被细分为三种不同的处理方式:①中性措辞;②赋予保险经纪人较高地位的措辞("[……]我得到的印象是您是该地区的专家"),以及③赋予保险经纪人较高声誉的措辞("[……]我的大多数亲戚和朋友都推荐您")。如果经纪人的回答是肯定的,他/她就会收到一个调查链接,该调查包括有关利他行为、互惠、地位、竞争力和风险态度的一般性问题。研究者将德国保险经纪人协会(Verband Deutscher Versicherungsmakler, VDVM)与德国金融服务提供商协会(Bundesverband Finanzdienstleistung e. V.)的成员合并,随机选择了 808 名保险经纪人作为被试。其研究结果表明,与中性措辞组相比,提供有关声誉和社会经济地位的赞美显著提高了经纪人的回复率。而且无论是在总体回复率上,还是在积极(肯定)回复(表示愿意回答消费者问题的经纪人)上,提供有关声誉和社会经济地位的赞美对经纪人回复率产生的积极效果都是稳健的。

◎ 本章小结

在委托-代理关系中,代理人往往是具有信息优势的一方,而委托人常常处于信息劣势,由此便会出现委托-代理问题,而该问题在专家服务市场可能尤为严重。但因为代理人的行为以及委托人和代理人的互动存在隐私性,基于调查或访谈等方式开展的实证研究很难获取相关数据,所以近年来的相关研究大多通过审计实验来进行数据的收集和分析。本章聚焦于审计实验在医疗服务市场、维修服务和出租车出行服务这三类常见的委托-代理服务中的应用研究。在医疗服务市场上,现有审计实验的相关研究多关注医疗服务相关的各类因素对医生诊疗行为的因果影响,包括但不限于第二意见、医疗保险以及患者特征等,标准病人法已经成为医疗审计实验的常用方法。在维修服务市场上,既有审计实验研究主要关注消费者层面的因素对维修服务质量的影响,如第二意见、保险和声誉。在出租车服务市场上,审计实验研究则主要关注是否存在"过度处理"和"过度收费"的现象,并观察司机的行业是否会因乘客的特征不同而存在异质性。

参考文献

胡茂、朱敏、鲜艳,2024:《我国社区居民医疗健康保障体系的多元委托代理关系探析》,《西南科技大学学报(哲学社会科学版)》第1期。

贾洪波、刘玮玮,2009:《我国基本医疗保险共保率分析》,《中国卫生经济》第10期。

唐长冬、李慧、刘春华,2023:《激励相容视角下医患协同困境与策略分析》,《医学与哲学》第14期。

田森、雷震、翁祉泉,2017:《专家服务市场的欺诈、信任与效率——基于社会偏好和空谈博弈的视角》,《经济研究》第3期。

Arrow, K. J., 1963, "Uncertainty and the Welfare Economics of Medical Care", *American Economic Review*, 53(5), 941-973.

Balafoutas, L., Beck, A., Kerschbamer, R., and Sutter, M., 2013, "What Drives Taxi Drivers? A Field Experiment on Fraud in a Market for Credence Goods", *The Review of Economic Studies*, 80(3), 876-891.

Balafoutas, L., Kerschbamer, R., and Sutter, M., 2017, "Second-degree Moral Hazard in a Real-world Credence Goods Market", *The Economic Journal*, 127(599), 1-18.

Barigozzi, F., and Levaggi, R., 2008, "Emotions in Physician Agency", *Health Policy*, 88(1), 1-14.

Bauhoff, S., 2012, "Do Health Plans Risk-Select? An Audit Study on Germany's Social Health Insurance", *Journal of Public Economics*, 96(9-10), 750-759.

Bindra, P. C., and Pearce, G., 2022, "The Effect of Priming on Fraud: Evidence from a Natural Field Experiment", *Economic Inquiry*, 60(4), 1854-1874.

Bindra, P., Kerschbamer, R., Neururer, D., and Sutter, M., 2021, "On the Value of Second Opinions: A Credence Goods Field Experiment", *Economics Letters*, 205, 109925

Currie, J., Lin, W., and Meng, J., 2013, "Social Networks and Externalities from Gift Exchange: Evidence from a Field Experiment", *Journal of Public Economics*, 107, 19-30.

Currie, J., Lin, W., and Meng, J., 2014, "Addressing Antibiotic Abuse in China: An Experimental Audit Study", *Journal of Development Economics*, 110, 39-51.

Currie, J., Lin, W., and Zhang, W., 2011, "Patient Knowledge and Antibiotic Abuse: Evidence from an Audit Study in China", *Journal of Health Economics*, 30(5), 933-949.

Das, J., Holla, A., and Das, V., 2012, "In Urban and Rural India: A Standardized Patient Study Showed Low Levels of Provider Training and Huge Quality Gaps", *Health Affairs*, 31(12), 2774-2784.

Das, J., Holla, A., Mohpal, A., and Muralidharan, K., 2016, "Quality and Accountability in Health Care Delivery: Audit-Study Evidence from Primary Care in India", *American Economic Review*, 106(12), 3765-3799.

Dranove, D., 1988, "Demand Inducement and the Physician/Patient Relationship", *Economic Inquiry*, 26(2), 281-298.

Dulleck, U., and Kerschbamer, R., 2006, "On Doctors, Mechanics, and Computer Specialists: The Economics of Credence Goods", *Journal of Economic Literature*, 44(1), 5-42.

Dwyer, D., Liu, H., and Rizzo, J. A., 2012, "Does Patient Trust Promote Better Care?", *Applied Economics*, 44(18), 2283-2295.

Emons, W., 1997, "Credence Goods and Fraudulent Experts", *The RAND Journal of Economics*, 28(1), 107-119.

Fazel, M., Hoagwood, K., Stephan, S., and Ford, T., 2014, "Mental Health Interventions in Schools in High-income Countries", *The Lancet Psychiatry*, 1(5), 377-387.

Gottschalk, F. C. H., Mimra, W., and Waibel, C., 2020, "Health Services as Credence Goods: A Field Experiment", *The Economic Journal*, 130(629), 1346-1383.

Hall, J. A., Roter, D. L., and Katz, N. R., 1988, "Meta-analysis of Correlates of Provider Behavior in Medical Encounters", *Medical Care*, 26(7), 657-675.

Kenkel, D. S., 1990, "Consumer Health Information and the Demand for Medical Care", *The Review of Economics and Statistics*, 72, 587-595.

Kerschbamer, R., Neururer, D., and Suter, M., 2016, "Insurance Coverage of Customers induces Dishonesty of Sellers in Markets for Credence Goods", *Proceedings of the National Academy of Sciences*, 113(27): 7454-7458.

Kerschbamer, R., Neururer, D., and Sutter, M., 2023, "Credence Goods Markets, Online

Information and Repair Prices: A Natural Field Experiment", *Journal of Public Economics*, 222, 104891.

Lu, F., 2014, "Insurance Coverage and Agency Problems in Doctor Prescriptions: Evidence from a Field Experiment in China", *Journal of Development Economics*, 106, 156-167.

Malcomson, J., 2009, "Principal and Expert Agent", *The B.E. Journal of Theoretical Economics*, 9(1), 1-36.

Manasse, H. R. Jr., 1989, "Medication Use in an Imperfect World: Drug Mis-adventuring as an Issue of Public Policy, Part 1", *American Journal of Hospital Pharmacy*, 46(5), 929-944.

Manning, W. G., Newhouse, J. P., Duan, N., Keeler, E. B., Leibowitz, A., and Marquis, M. S., 1987, "Health insurance and the demand for medical care: Evidence from a randomized experiment", *American Economic Review*, 77(3), 251-277.

Pesendorfer, W. and Wolinsky, A., 2003, "Second Opinions and Price Competition: Inefficiency in the Market for Expert Advice", *The Review of Economic Studies*, 70(2), 417-437.

Rasch, A., and Waibel, C., 2018, "What Drives Fraud in a Credence Goods Market? -Evidence from a Field Study", *Oxford Bulletin of Economics and Statistics*, 80(3), 605-624.

Rose, J., Kirchler, M., and Palan, S., 2023, "Status and Reputation Nudging", *Journal of Behavioral and Experimental Economics*, 105, 102031.

Schneider, H. S., 2012, "Agency Problems and Reputation in Expert Services: Evidence from Auto Repair", *The Journal of Industrial Economics*, 60(3), 406-433.

Schneider, T., and Bizer, K., 2017, "Expert Qualification in Markets for Expert Services: A Sisyphean Task?", University of Göttingen Working Papers in Economics 323, University of Goettingen, Department of Economics.

Sülzle, K., and Wambach, A., 2005, "Insurance in a Market for Credence Goods", *The Journal of Risk and Insurance*, 72(1), 159-176.

Tamblyn, R., Berkson, L., Dauphinee, W. D., et al., 1997, "Unnecessary Prescribing of NSAIDs and the Management of NSAID-related Gastropathy in Medical Practice", *Annals of Internal Medicine*, 127(6), 429-438.

第 15 章
审计实验在其他市场中的应用研究

前三章已对审计实验在劳动力市场和委托-代理服务市场中的应用研究进行综述,这一章将继续介绍审计实验方法在现实生活里常见的其他市场中的应用研究。这些研究同样遵照审计实验研究的一般流程,即通过向被审计者发送除干预特征(如种族、性别、收入等)外其余特征均相同或相似的审计员或审计材料,再密切观察、记录和分析审计员在这些市场的各类交易中达成的结果和受到的待遇,进而确定这些结果是否揭示了审计员因所干预的特征不同而受到差别待遇。具体采用的现实场景包括申请住房单元或抵押贷款、选择约会对象/配偶,以及就一项商品或服务进行谈判等(Fix 和 Struyk,1993)。下面我们总结了除劳动力市场和委托-代理服务领域外,现有审计实验研究所涉及的其他主要领域——住房市场、婚恋市场、公共服务市场、汽车销售及其他商品零售市场,并根据这些领域中既有审计实验研究发展的丰富程度,依次展开介绍。

15.1 住房市场

住房市场是一个严格受到法规监管的领域,这些法律法规旨在消除基于受保护特征(如性别、种族、肤色、残疾状况、宗教信仰、家庭地位或民族血统)所产生的任何形式的歧视,从而确保每个人都能平等地享有住房权利(Asplund 等,2020)。在美国的《公平住房法案》中明确规定,房东或卖家因某人具有受保护特征而拒绝向其出售、出租或与之谈判的行为是非法的。现今,以住房市场为背景的审计实验研究在很大程度上遵循了劳动力市场中审计实验研究所关注的议题与研究方法,通过现场审计实验或通信审计实验,探讨住房市场中房东或房产经纪人对带有不同受保护特征的消费者的歧视行为。这种歧视体现为消费者在住房市场中受到了"剥夺机会"和"减少机会"两种待遇。其中,"剥夺机会"是指房东拒绝提供任何信息的行为;"减少机会"则是指潜在的买家或租户被告知更少的房产、展示更少的房产、报出更不利的租赁条件等提供更少信息的行为。接下来,根据研究所采取审计实验类型的不同,我们将住房市场中的审计实验研究分为依赖于现场审计的传统住房审计实验研究和依托于互联网通信发展的住房通信审计实验研究,并对此逐一进行介绍。

15.1.1 经典的住房现场审计实验研究

传统的住房审计实验研究以现场审计实验为主,通常由学术界、政府机构、非营利组织或执法机构开展,除针对特定地区和群体的歧视行为所开展的小规模审计实验研究之外(如 Galster,1990;Roychoudhury 和 Goodman,1992,1996),也有针对大量人口的全国性潜在歧视行为所开展的大规模审计实验研究。例如,为了《公平住房法案》的顺利执行,由美国住房和城市发展部支持的研究团队曾于 1977 年和 1989 年开展了多项全国性的审计实验研究,以确定潜在的买家或租户是否因其可能具有的受保护特征(如性别、种族、肤色、残疾状况、宗教信仰、家庭地位或民族血统)而受到差别待遇(如 Turner,1992;Turner 和 Mikelsons,1992;Yinger,1995)。这些审计实验研究通常采取的是配对审计方式。由两个经过专业培训的审计员扮成房屋买家或租房者,两个审计员具有相同的租赁或消费信用、衣着以及交谈内容等特征,只在诸如种族、性别等受保护特征上存在明显差异。两个审计员需在一定的时间间隔过后,与同一个房地产经纪人或房东取得联系,要求房地产经纪人或房东带他们去看房,并记录他们被带看的房子的状况,以及他们在此过程中受到的服务待遇。值得一提的是,不论是哪一种规模的审计实验研究,都发现了房东或房地产经纪人对有色人种的歧视行为(如 Wienk 等,1979;Roychoudhury 和 Goodman,1992,1996;Page,1995)。例如,美国住房和城市发展部于 1988 年进行的一项全国性审计实验研究表明,黑人在美国城市地区的住房市场上遭受歧视的概率平均为 50%(Yinger,1993)。类似地,Feins and Bratt(1983)同样关注住房市场中的种族歧视问题。他们让经过培训后在职业、收入、性别和家庭规模等各方面相匹配的一名白人和一名黑人对波士顿的 149 家房地产公司进行了 274 次有关住房销售和租赁的现场审计——先后向房地产公司要求推荐相同条件的住房,以探究波士顿住房市场的种族歧视状况。此研究也同样发现住房市场中对黑人种族歧视的普遍存在——房地产经纪公司向白人提供了更多的信息和帮助,且黑人受到歧视的概率随着咨询次数的增加不断提高。

15.1.2　21世纪的住房通信审计实验研究

互联网改变了人们搜索待售或待租住房的方式,使得传统的住房审计方式得以发生了全新的变化——由现场审计逐渐全面转向通信审计。如今,大量的住房销售与租赁信息可以通过房产列表网站、住房搜索引擎和有针对性的住房广告来获取,消费者能够获得以前只有房地产经纪人或房东才能获得的房源信息。即使现今住房销售或租赁的形式由线下交易转成了线上交易,房源和买卖双方的信息相比以往也更加透明,降低了买卖双方关于房源信息的不对称程度,但住房市场中的歧视依然可能会存在。其中,种族歧视是通信住房审计实验研究所关注的重要议题。

以大型在线住房租赁平台 Airbnb 为例,在 Airbnb 平台上,房东和房客双方的照片和姓名等个人资料信息都可以是公开的,这既可能因信息透明化而促进房东和房客之间的信任,也可能因个体受保护特征(如种族、性别等)的公开披露而诱发二者之间潜在的歧视行为(Edelman 和 Luca,2014)。Edelman 等(2017)选取了 Airbnb 平台上来自美国五个大城市(巴尔的摩、达拉斯、洛杉矶、圣路易斯和华盛顿特区)的房源广告作为研究样本,共计 6 400 个。通过创建带有明显非裔和白人特征名字的虚拟房客的 Airbnb 账户作为审计材料,随机向这 6 400 个房源广告所属的房东发送租房申请,以此来识别 Airbnb 平台上的房东对于不同种族房客可能存在的歧视行为。研究发现,具有非裔特征名字的租房申请被房东接受的可能性要比具有白人特征名字的租房申请低 16%。这表明 Airbnb 平台上存在种族歧视现象,而且不论是单一房产的房东还是拥有多处房产的房东群体,均展现出对非裔租客的歧视。

除了利用 Airbnb 平台的沟通渠道开展审计,不少住房审计研究还利用电子邮件在美国(如 Carpusor 和 Loges,2006;Hogan 和 Berry,2011;Hanson 和 Santas,2014)和欧洲(如 Ahmed 和 Hammarstedt,2008)等多地开展租房申请相关的通信审计实验。这些研究所采用的审计材料通常是有关住房情况的电子咨询邮件,并在电子咨询邮件中签署了带有种族特征的名字,经由向房东发送电子邮件的方式来考察房东可能存在的种族歧视行为。与前述多数传统住房审计实验研究的结论类似,大部分研究同样识别出住房市场中存在种族歧视。

例如,Hanson 和 Santas(2014)随机选取来自美国亚特兰大、波士顿、芝加哥、休斯敦等 21 座城市的房屋租赁市场上的房东作为被试，以载有租房咨询信息的电子邮件作为审计材料，采用配对审计的方式向这些房东开展通信审计实验，以识别并探究该住房租赁市场上房东对西班牙裔房客的歧视行为。这些房东的邮箱地址来源于其发布租房广告的在线住房租赁网站 Craigslist。每个房东都会收到两封电子邮件：一封来自白人房客；另一封来自西班牙裔房客。除种族差异外，实验还考虑了文化同化差异对房东歧视行为的影响。由于大部分时间生活在美国或出生在美国的西班牙裔人通常更容易被美国文化所同化，这些被同化的西班牙裔人不太可能被视为非法移民。相比于新移民到美国且未完全被美国文化同化的西班牙裔人，已经被同化的西班牙裔人在因语言和文化障碍而导致其受到本地白人歧视的可能性上相对较低。因此，该实验通过房客名字是否具有同化特征的干预，将西班牙裔人分为两组：①带有同化特征名字的西班牙裔人（如 Alex Lopez、Anthony Gonzalez 等）和②带有非同化特征名字的西班牙裔人（如 Ruben Ramirez Chacon、Felix Villegas Ayala 等）。此外，还设计了白人名字（如 Maxwell Davis、Brendan Miller 等）以作对照。

该实验除了在种族和体现文化同化程度的名字这两方面进行干预，还在电子邮件的文本设计上进行干预。研究者模拟了不同文化背景下不同教育程度的房客可能提交的租房咨询内容，并根据其咨询文本质量的高低划分为高质量类型和低质量类型，其中，低质量类型又分为低质量类型 I 和低质量类型 II。关于前述这三种类型咨询文本的具体内容，示例如下：

高质量类型：

Greetings,

I was looking at your posting on Craigslist and I am interested in renting it. Is it still available? I have credit reports and references available upon request. Could you please also tell me a little more about the neighborhood? How is the safety and noise level? What kind of grocery stores are in the area? Thanks for your time.

Sincerely.

低质量类型 I：

Hi,

im looking for a new place and i saw your ad online, are you still renting it? What information do you need from me? i can get you it.

thanks.

低质量类型Ⅱ：

Hello,

I wanting to see your place. I need to make application? Please write me what I need you.

Thank You.

可见，高质量类型的电子邮件文本质量最高，其行文中不包含英语拼写与语法错误。低质量类型Ⅰ和低质量类型Ⅱ的电子邮件文本质量均相对较低，二者的行文中都包含英语拼写和语法错误。但二者的区别在于，低质量类型Ⅰ的电子邮件文本只是显示出一般性的英语拼写和语法错误，而低质量类型Ⅱ的电子邮件则包含特定的英语拼写和语法错误，这些特定的错误可以明显地表明发件人不是英语母语者，而很可能是西班牙语背景的移民。每个房东都会收到一封署名白人名字的电子邮件，其中随机带有低质量类型Ⅰ或高质量类型的咨询内容；同时，他/她也会收到一封署名西班牙裔名字（随机呈现同化或非同化的西班牙裔名字）的电子邮件，其中随机带有低类型Ⅰ、低类型Ⅱ或高质量类型的咨询内容。房东可能收到的两封电子邮件组合如表15.1所示，电子邮件的发送顺序随机决定。

表15.1　电子邮件组合（Hanson 和 Santas，2014）

白人名字/高质量类型邮件	被同化西班牙裔名字/高质量类型邮件
白人名字/低质量类型Ⅰ邮件	被同化西班牙裔名字/低质量类型Ⅰ邮件
白人名字/低质量类型Ⅰ邮件	被同化西班牙裔名字/低质量类型Ⅱ邮件
白人名字/高质量类型邮件	非同化西班牙裔名字/高质量类型邮件
白人名字/低质量类型Ⅰ邮件	非同化西班牙裔名字/低质量类型Ⅰ邮件
白人名字/低质量类型Ⅰ邮件	非同化西班牙裔名字/低质量类型Ⅱ邮件

该研究发现，被同化的西班牙裔人（无论文本质量高低）在咨询租房时所收到的房东回复并不比白人少，房东对二者租房咨询的响应率没有显著差异，即被同化的西班牙裔人并未受到歧视。但对于非同化的西班牙裔人，即使是具备高质量的咨询文本，也受到2.9%的房东的歧视——未收到房东的任何回应。当非同化的西班牙裔人所提交的电子邮件为低质量类型的文本时，歧视加倍，即不给此群体回应的房东增加到了5.8%。

15.2 婚恋市场

婚姻匹配是婚姻经济学领域中的经典议题。在经济学领域,有关婚姻匹配的实证研究主要采用真实婚配的数据库或调查数据(如 Wong,2003；Bisin 等,2004；Choo 和 Siow,2006)、速配约会或在线约会的机构/平台数据(如 Kurzban 和 Weeden,2005；Hitsch 等,2010；Belot 和 Francesconi,2013)以及包括审计实验在内的自然实地实验的数据(如 Fisman 等,2006；Bapna 等,2016；Ong,2016),来探究现实中人们的婚姻匹配模式、婚配选择行为,以及影响人们婚配选择行为的各类因素。择偶偏好与婚恋选择方面的行为决策在多数情况下属于个体的私密性议题。鉴于审计实验法在探究私密性议题方面具备有效披露真实状态下被试的自然偏好和行为决策,以及在实际应用中操作便捷等优势,该方法现已成为婚配选择行为研究领域的前沿方法之一。

以婚恋市场为背景的现有审计实验研究多以现实大型在线约会平台上的真实用户作为被试,基于平台中虚构用户与真实用户的在线互动功能来开展大规模的通信审计实验。研究人员可以利用现实中运营的大型在线约会平台的大数据和既有账户模板来创建带有不同社会经济特征的虚构用户,然后通过这些虚构用户随机向平台上的潜在被试(即在线约会平台上的真实用户)发送私聊信息的方式,考察其后续是否收到对方的访问或回复,以探究人们在婚恋市场中的择偶偏好。现实中,人们在进行婚配选择时所考虑的常见因素包括对象的收入水平、教育水平、外貌等。围绕这些可能影响人们择偶行为的常见因素展开不同性别择偶偏好的探索是此类审计实验研究中的重要议题。

Ong 和 Wang(2015)在中国某大型婚恋平台上展开的一项通信审计实验,首次对婚恋市场中不同性别群体对其伴侣收入水平的偏好差异进行了研究。研究者通过带有不同收入水平信息的虚构男性(女性)用户主页被该平台上现实女性(男性)用户访问的频率(即访问量)来衡量不同性别群体在择偶时对其伴侣收入的偏好。这些虚构用户的个人主页资料设计是参考婚恋网站上真实用户的主页资料创建而成,其内容包括用户的性别、年龄、身高、收入水平,以及自由陈述的个人简介等。这些内容具有高自然性和可信度,故难以被现实用户觉察其为虚构用户。其中,收入水平是研究人员在设计虚构用户主页资料时放入的核心干预条件。研究者选取平台上常见的月收入指标来显示虚构用户的经济状况,该月收入指标的取值从低到高不等,共有 6 种情况——2 001—3 000 元、3 001—5 000 元、5 001—8 000 元、8 001—10 000 元、10 001—20 000 元、20 001—50 000 元。Ong 和 Wang(2015)将其他特征信息(如年龄、性别、身高、城市等)指标和月收入水平指标进行随机组合之后,再随机分配到这些虚构用户的个人主页资料中,以减少这些个体特征对实验结果的干扰,同时为后续开展有关身高、城市等维度的异质性分析提供基础条件。他们的实验结果表明,潜在伴侣的收入水平在婚恋市场中是一个重要的吸引力因素,其对不同性别群体择偶行为的影响各不相同。具体而言,所有收入水平的女性都倾向于访问收入水平较高的男性主页,并且随着男性收入水平高出女性收入水平之程度的加大,男性用户受到的访问量也在提高:最高收入水平(20 001—50 000 元)的男性用户主页所受到的访问量是最低收入水平男性(2 001—3 000 元)的 10 倍。相比之下,男性对异性伴侣的收入没有明显的偏好,不同收入水平的男性访问不同收入水平女性主页的频率大致相同。

其后,Ong(2016)采用同样的审计实验法探究了同一婚恋市场中不同性别群体对其伴侣教育水平的偏好差异,并尝试以在线婚恋平台的约会匹配为研究背景,回答"伴侣教育水平相近(教育同质性)是否能够促进婚恋匹配"这一研究问题。在该通信审计实验中,研究人员通过在虚构用户主页资料中自由文本部分的开头加上"我(教育水平)毕业……"这样的陈述,来向被试随机呈现 6 种不同教育水平的干预信息——博士、硕士、本科、专科、职高和高中。研究发现,教育同质性并不是男女双方在首次约会前影响其匹配成功的关键因素。在首次约会前的婚恋选择中,女性比男性更容易表现出对伴侣教育水平的偏好。女性访问男性个人主页的次数随着男性受教育程度的增加而增加,但男性访问女性个人主页的次数则不受女性受教育程度的影响。

Neyt 等(2019)同 Ong(2016)类似,同样通过通信审计实验,在首次约会互动发生之前,对虚构用户的不同教育水平进行随机分配,从而揭示人们对伴侣教育水平的真实偏好。其与 Ong(2016)的主要区别在于,Neyt 等(2019)以手机约会程序 Tinder 上的真实用户作为被试,不同于一般在线婚恋平台网站的搜索设计,Tinder 用户在搜索潜在伴侣时无法根据教育水平进行过滤搜索。考虑到人们的实际偏好可能与他们声明的搜索偏好不同,即 Tinder 用户可能会发现自己被他们在一般在线婚恋网站上不会遇到的人(如因未达到其声明的搜索条件要求而被过滤掉)所吸引。因此,相比于在线婚恋平台网站上的用户,

Tinder 用户所遇到的潜在伴侣在教育水平方面更加多样化，这种多样化体现在其可能遇到的潜在伴侣的教育水平覆盖了没有完成中学教育、高中毕业、职业或技术学校毕业、硕博学位以及同等学力等多种情况。此外，Tinder App 的约会程序额外包含初步筛选这一步骤。在该步骤中，初级匹配界面只会显示三个信息——性取向、潜在伴侣年龄范围，以及潜在伴侣可能与用户相隔的最大距离，这保证了用户在初级匹配阶段的完全匿名性。而且只有当这三个信息要求达到用户需求时，才会进入下一步匹配界面，并看到潜在伴侣的后续详细资料（如年龄、职业、照片、教育水平等）。初步筛选设计的引入极大降低了用户在约会互动前所需付出的时间成本和被明确拒绝的心理成本。在实验结果上，Neyt 等（2019）同样未发现男女双方呈现出明显的教育同质性偏好，即 Tinder 上的用户并没有表现出特别倾向于与自己教育水平相同的人进行匹配的行为，而且他们也发现了女性比男性更加偏好受过高等教育的潜在伴侣的证据。

除收入水平和教育水平外，外貌的吸引力水平也是人们在婚恋选择时考虑的重要因素。Egebark 等（2021）采用通信审计实验探究了婚恋市场中的男女双方对潜在异性伴侣外貌的偏好程度。首先，他们在个人主页或其他线上网站（如 dreamstime.com）上收集了涵盖较广吸引力范围的 88 名男性和 54 名女性的照片（均为 30 岁左右的白人），并按照从低到高 1—5 级（1 = 非常没有吸引力，5 = 非常有吸引力）维度，利用 Amazon Mechanical Turk（MTurk）上的真人用户（204 名男性和 96 名女性）对异性照片的吸引力进行评分，以每张照片获得的平均得分作为该照片的外貌吸引力水平指标。其次，研究者将外貌吸引力指标和其他个人特征指标（如教育水平、性别、年龄等）进行随机组合以设计出带有不同外貌吸引力类型的虚构用户。研究人员可以通过这些虚构用户向婚恋平台上的其他真实用户发送信息的方式开展审计，并记录下其所收到的任何积极回应结果（如虚构用户的主页被访问记录、是否回复消息、是否同意约会等）。研究结果表明，无论自身的外貌吸引力如何，男性和女性都更倾向于选择外貌更有吸引力的个人。这也符合人们在日常生活中所观察到的直觉经验。

Evans 和 Vega（2021）则在 18 个在线婚恋约会应用程序上设置虚拟男性用户资料中有关犯罪经历的说明，基于审计实验探究了被监禁经历对不同种族男性在线约会成功匹配率①的影响。研究发现，被监禁经历的披露减少了黑人男性约会成功的概率，对拉丁裔男性的约会成功率无显著影响，但增加了白人男性约会成功的概率。造成该现象的可能原因是一些年轻女性主观认为有被监禁经历的白人男性更偏好风险，从而更可能与其发展浪漫关系。

以往有关婚恋市场的审计实验研究大多集中于对潜在伴侣特征偏好及其性别差异之上。这些研究成果既为理解人们的择偶偏好和婚姻匹配模式提供了深刻的见解，又为优化既有在线婚恋平台或应用的约会匹配机制提供了科学的指导建议，对于提高结婚率具有现实意义。但需要注意的是，受限于审计实验方法本身的局限性，研究者往往只能取得潜在匹配对象初期在线互动的数据，而难以追踪调查长期的恋爱甚至是婚姻情况数据。

15.3 公共服务市场

在公共服务市场的审计实验研究中，研究者通常通过检验不同背景的公众在申请政府提供的公共服务时是否会受到不同的对待，来探究公职人员在提供公共服务时是否存在歧视行为。Lipsky(1980)开创性地将直接与公众接触的公职人员定义为"街头级公职人员"(Street-level Bureaucrats)，包括警察、教师、医生等，他们通过日常决策执行政府的政策和规划。尽管法律对于这类公职人员对公众的歧视行为有所规范，但公职人员在资源分配方式、是否接受公众的申请，以及使服务流程变得繁琐或者简便等方面仍然有自由裁量空间。例如，Pfaff等(2021)针对45 000所美国公立学校的公职人员开展的审计实验研究发现，与未提供宗教信息的邮件相比，穆斯林或无神论者身份的邮件回复率显著较低，表明美国在公共教育领域存在对穆斯林或无神论者的系统性宗教偏见。此外，对于不与公众直接接触的后台办公室公职人员，他们虽然与公众的日常互动有限，但仍需对公众的申请做出具体决策和回应(Soss等，2011)。由于这类公职人员与公众保持一定的距离，其形成的歧视通常难以被服务对象所察觉，审计实验方法为检测此类歧视行为提供了有效的方法。

不同于住房市场和劳动力市场的歧视，公共服务市场的歧视机制通常是来

---

① 成功匹配是指双方都在应用程序中滑动对方的资料以表示互相感兴趣。一些应用程序可能通过点赞、查看、聊天请求和超级喜欢等功能来表达感兴趣。研究者为每个应用程序的每份用户资料设置1 000次尝试匹配的次数，成功匹配率则是成功匹配次数与1 000次尝试匹配次数的比率。

自公职人员的"分配排外"(Allocative Exclusion)和"行政负担"(Administrative Burdens)(Lowande 和 Proctor,2020;Olsen 等,2022)。其中,分配排外是指公职人员通过自由裁量使得公共资源在不同群体之间的分配出现系统性差异,其歧视结果是拒绝被歧视群体获取公共服务的机会。例如,某些群体可能系统性地被告知,申请职业培训项目、学区学校或公共住房的名额已满。行政负担是指办公室的公职人员对不同群体施加不同的行政措施,从而增加申请者的申请负担。这些措施可能包括在学习成本(了解所申请项目所花费的时间和努力)、合规成本(申请者为证明其资格而提供信息和文件所产生的成本)以及心理成本(申请流程中感受到的挫败感和压力)方面对不同群体采取差异化的行政措施(Herd 和 Moynihan,2019)。

审计实验在公共服务市场上的应用大多通过向特定的公共服务机构发送标准化的电子邮件模拟真实服务的请求,揭示公职人员在提供服务过程中可能存在的歧视行为。现有研究表明,无论被审计者是与公众直接接触的街头级公职人员还是不与公众直接接触的后台处理行政事务的公职人员,公众都面临着其所珍视的权利和福利可能会因为分配排外和行政负担而被剥夺,从而遭受歧视的情况(Butler 和 Broockman,2011;Milkman 等,2012;Giulietti 等,2019;Pfaff 等,2021;Janssen 等,2022;Olsen 等,2022)。

首次使用审计实验方法探究公职人员歧视议题的研究是 Butler 和 Broockman(2011)。该研究探讨了美国州议员对选民注册投票求助的回应是否存在种族歧视。实验通过随机化发送者的名字来显示其种族特征,即一个白人名字"Jake Mueller"和一个黑人名字"DeShawn Jackson",邮件的其他内容保持一致。通过向来自美国4个州的4 859名议员发送关于注册投票方式的求助邮件来识别这些议员潜在的种族歧视行为。研究发现,黑人发送者的邮件回复率比白人发送者的回复率显著低5.1%,且无论是民主党还是共和党的议员,白人议员对黑人发送者的回复率都低于其对白人发送者的回复率。该研究为美国政治体系中州议员对选民的种族歧视提供了实证依据。

其后,Giulietti 等(2019)采用通信审计实验方法,探究了美国公共服务机构对黑人和白人获取当地公共服务信息(如开放时间和报名表)的回应差异,他们的研究涵盖了学区、地方图书馆、治安办公室、县财务主管、退伍军人就业中心和县职员办公室共六种类型的公共服务机构。实验采用2×2的被试间设计,随机变动发件人姓名和邮件的复杂性,以评估地方公职人员在回应公众查询信息时的种族差异性。具体而言,研究人员在发件人栏、正文和签名处三次显示发件人姓名,使用了两个典型的白人名字(Jake Mueller 和 Greg Walsh)以及两个典型的非裔美国人名字(DeShawn Jackson 和 Tyrone Washington)。邮件包括简单和复杂两种类型。简单型邮件询问目标机构的开放时间,这不会让收件人付出巨大的努力来回应。复杂型邮件则询问公众在目标机构办理业务所需要了解的基本信息。例如,就学区而言,简单型邮件的内容是"我想让我的儿子在这个学区的学校就读,请问你们办理业务的时间是什么时候?";复杂型邮件的内容则是"我想让我的儿子在这个学区的学校就读,能否告诉我办理该业务需要哪些文件?我还需要免疫接种记录吗?"。这两类邮件旨在检验歧视程度是否会随着内容所需的工作复杂性(即工作量)而改变。该实验共向 19 079 个地方公共服务机构发送了电子邮件,系统记录并分析了邮件的回复率、回复质量以及回复的时效性。此外,在第一轮邮件发送完成六周后,实验又发送了第二轮邮件。第二轮邮件的结构与第一轮相同,但在签名中随机引入发件人的职业信息,进一步探讨社会经济地位信号对种族歧视效应的潜在影响。该研究发现,与署名为白人的邮件相比,发件人为非裔美国人的邮件得到回复的可能性降低了近 4%,且得到的回复语气也不太友好。这种回复差异主要归因于公职人员对非裔美国人的歧视,而非基于从种族推断出的社会经济地位。

在前述六种类型的公共服务机构中,以围绕学区学校公共服务机构中可能存在的潜在歧视问题所开展的审计实验研究最为常见,囊括大学、中学及小学等各个阶段。

Milkman 等(2012)参照 Bertrand 和 Mullainathan(2004)选取了一系列带有不同族裔(如非裔、印度裔、西班牙裔、华裔等)和性别(每个族裔各有男、女两个不同性别的名字)特征的名字来虚构博士申请者的身份,通过这些虚构博士申请者(学生)向博士生导师(教师)发送有关未来研究机会咨询的邮件来开展审计,共计 6 548 封邮件。邮件中提及邀请教师进行咨询的时间安排有两种设计——"今天任何时候"和"下周一任何时候"。在发送给所有教师的电子邮件中,除虚构学生的种族和性别以及前述关于未来研究机会咨询的时间安排这些干预条件是被随机化处理外,其余信息均是完全相同的。下面将邮件中的干预

条件进行加粗处理,对其具体内容展示如下:

Dear Professor [**Surname of Professor Inserted Here**],

I am writing you because I am a prospective doctoral student with considerable interest in your research. My plan is to apply to doctoral programs this coming fall, and I am eager to learn as much as I can about research opportunities in the meantime.

I will be on **campus today/**[**next Monday**], *and although I know it is short notice, I was wondering if you might have 10 minutes when you would be willing to meet with me to briefly talk about your work and any possible opportunities for me to get involved in your research. Any time that would be convenient for you would be fine with me, as meeting with you is my first priority during this campus visit.*

Thank you in advance for your consideration.
Sincerely. [**Student's Full Name Inserted Here**]

该研究的结果发现,即使在学术界,仍存在教师对与自己不同种族和性别学生的服务诉求产生差异性回应的歧视现象。具体而言,当学生和教师的种族或性别匹配时,邮件所获得的响应率更高。例如,当非裔学生(无论性别)与同为非裔的教师进行邮件互动时,教师的响应率约为94%。然而,当非裔学生与非非裔教师进行邮件互动时,响应率显著降低,仅为88%。类似地,女性学生与同为女性而非男性的教师进行邮件互动时,其所收到的响应率也显著较高。此外,教师对于今天会面请求的回复率低于下周一会面的请求。这表明,当学生请求立即会面时,教师可能因为时间紧迫而感到不便,因而回复的可能性较低。

Janssen 等(2022)通过通信审计实验研究种族歧视是否限制了少数族裔进入美国高水平高中的机会。以学校 STEM 指数(代表学校科学、技术、工程和数学领域的声誉)来衡量美国高中水平的高低:学校 STEM 指数越高,其越可能是高水平学校。该研究探究了来自不同 STEM 指数水平的高中的辅导员,其对招生咨询的回复率是否会因咨询家长的族裔和种族而有明显的不同。该研究的通信审计实验采取了配对审计的方式,每位辅导员会收到四位虚构母亲询问其孩子入学情况的电子邮件。这些母亲的名字被随机赋予黑人、白人、亚裔和拉丁裔这四种不同种族的特征。其邮件地址由母亲署名的全名和一连串的两个数字或一个虚构的中间首字母组成。邮件内容所提及的咨询问题相对简单,所以并不需要被审计者(辅导员)花费大量的时间进行回答。四封邮件均提出了相同的咨询问题,但是为了减少被审计者的怀疑,其在表达措辞上略有变化。研究发现,辅导员会限制来自亚裔母亲的访问——亚裔母亲收到辅导员回复的可能性要比白人母亲显著低5%,但其他族裔(黑人和拉丁裔人)收到辅导员回复的可能性与白人母亲没有显著差异。而且,当学校STEM指数每增加一个单位时,亚裔母亲收到回应的可能性下降7%,而黑人和拉丁裔母亲所收到的回复率则没有明显的下降。这表明,美国高中教育环境中存在对亚裔的种族歧视现象,亚裔学生比其他族裔的学生更容易被限制在高水平学校之外。

　　Olsen等(2022)则通过一项全国性的审计实验研究,探究了丹麦公立小学在处理入学请求时是否存在种族歧视。该研究通过在入学咨询邮件中随机变动家长(申请者)的署名为具有典型丹麦名字特征(如 Peter Nielsen)或具有穆斯林名字特征(如 Mohammad Osman)的方式,向丹麦1 698所小学开展审计,以识别种族歧视。邮件的核心内容是请求将一个三年级男孩转至目标学校,除署名外,邮件的其他内容保持一致。邮件发送后,研究人员记录了学校的回复率、决策类型(明确接受、明确拒绝或不明确回应)、对申请者施加的行政负担(是否要求申请者提供额外的信息,如涉及姓名等基本信息的简单问题、涉及转学原因的复杂问题、是否要求家长电话联系学校或亲自见面)以及心理成本(问候语是否正式,如非正式用语"hi"或正式用语"dear")。该实验结果发现,两组申请者在收到学校的回复率方面没有显著差异。然而,具有穆斯林名字的申请者相比于具有丹麦名字的申请者,在得到明确接受其孩子入学申请的比例方面显著低10%。从机制方面来看,穆斯林名字的申请者在邮件中面临更多的额外问题,比如穆斯林名字的申请者被问及简单问题、复杂问题的比例,分别比丹麦名字的申请者高出8%和1%,这增加了他们的行政负担。此外,公职人员常以非正式问候语(如"hi")向申请者传达友好和欢迎的态度以降低其心理成本,但穆斯林申请者较少收到这类问候语。该研究揭示了在丹麦公立小学入学过程中的种族歧视不仅体现在教育资源的分配上,还体现在对申请者的行政和心理要求上。

15.4 汽车销售及其他商品零售市场

与前述市场相比,以汽车销售及其他商品零售为研究背景的审计实验研究相对较少,主要集中在探讨买卖双方在汽车销售及其他商品零售市场中的歧视行为,接下来进行具体介绍。

15.4.1 汽车销售

Ayres 和 Siegelman(1995)对芝加哥地区的汽车经销商开展了一项现场审计实验。他们采用配对审计的方式,随机指派成对且训练有素(如讨价还价遵循标准剧本等培训)的审计员(其中一人总是白人男性,另一人可能是白人女性、黑人男性或黑人女性)到芝加哥地区的经销商处协商购买一辆新的汽车,考察这些汽车经销商为不同种族和性别的买家所提供的报价服务是否存在差异,以识别种族和性别歧视的存在。除种族和性别外,每对审计员在诸如年龄、教育程度、着装等其他特征方面均十分相似。每对审计员中,每人的审计顺序也是随机分配的。该实验一共派出 38 名(19 对)审计员,于 153 家汽车经销商处为 306 辆汽车进行了讨价还价审计。审计员总是会从汽车经销商处获得一个汽车的起始报价,然后须遵循标准的讨价还价剧本与之开展议价事宜,直到汽车经销商试图接受审计员的报价或拒绝审计员进一步的讨价还价时,结束该审计。事后,审计员需记录下汽车经销商在讨价还价过程中的每一个报价和还价,以及汽车的标价。实验结果发现,汽车销售市场中存在种族和性别歧视现象。相比于白人男性买家,白人女性、黑人男性和黑人女性的买家在购车时往往会得到更高的报价——三者所得汽车的平均报价分别比白人男性买家所获得的平均报价高出 129 美元、1 061 美元和 405 美元。

Zussman(2013)创新性地采用了一种包含审计实验的两阶段实验法,探究以色列二手车在线销售市场中的种族歧视及其背后的歧视机制。第一阶段采用通信审计实验,研究者通过向在线销售二手车的犹太人卖家发送 8 000 对来自虚构买家的电子邮件,以配对审计方式来考察该市场中犹太人卖家对阿拉伯人买家的潜在种族歧视。电子邮件中包含买家带有明显种族特征(犹太人、阿拉伯人)的名字、要求的折扣信息(15%、10%、5%、无折扣)等。这一阶段的实验结果表明,犹太人卖家对同是犹太人买家的电子邮件的总体响应率要比阿拉伯人买家高22%,证明了犹太人二手汽车卖家对阿拉伯人买家存在歧视。但当阿拉伯人买家提出与犹太人买家相同的折扣要求时,他们所收到的响应率相似。具体而言,当阿拉伯人买家提出与犹太人买家相同的折扣要求时,它打破了犹太人卖家对阿拉伯人买家可能提出更高折扣要求以在此交易过程中寻求更多个人利益而非交易公平的预期,这种一致性的出价行为表明阿拉伯人买家的行为模式与犹太人买家并无二致,从而减少了犹太人卖家基于种族的偏见。因此,犹太人卖家对于阿拉伯人买家的歧视更多地基于其对该买家群体的统计性判断(统计性歧视),而非基于对个体的偏好(偏好性歧视)。

为探究该市场中存在对阿拉伯人买家歧视的可能性原因,研究者后续还通过一个独立的电话调查,来收集参与第一阶段审计实验的犹太人卖家的人口社会学信息,并咨询这些卖家对阿拉伯人的态度。该调查结果发现,卖家对阿拉伯人的态度与其人口社会学特征明显相关。例如,犹太人卖家对阿拉伯人存在诸如"阿拉伯人比犹太人更可能欺诈"等消极态度的可能性,与其宗教信仰程度正相关,而与其受教育程度负相关。换言之,相比于信仰宗教或受教育程度低的犹太人卖家,没有宗教信仰或受教育程度高的犹太人卖家更不可能对阿拉伯人存在消极的态度。同时,坚决反对"阿拉伯人比犹太人更可能欺诈"这一说法的犹太人卖家,对阿拉伯人买家的歧视程度会比不反对这一说法的犹太人卖家相对更低。

15.4.2 其他商品零售

随着基于互联网的电子商务迅速发展,越来越多的商品零售以在线网站作为运营的载体,这既为研究者利用在线互联网零售平台开展大规模的通信审计实验研究提供了便利,也为研究者创造了有关歧视研究的新视角——考察买家对卖家的潜在歧视。

Doleac 和 Stein(2013)通过模拟不同种族卖家在在线零售市场上出售新款苹果 iPod Nano 8GB 银色便携式数字音乐播放器的情况,以考察其是否会受到潜在买家的种族歧视。研究者在大约300个地区的在线广告网站上发布了有关 iPod Nano 音乐播放器的广告,所有网站对于买家而言都是公开且可免费进行访问的,而且买家可以通过广告留有的电子邮箱同卖家取得联系。研究者在广告内容的设计中引入了 3 个干预条件——种族、报价和广告文本质量。其中,种族包含黑人、白人以及带有文身的白人 3 种情况,由照片形式直观地向潜在买家显示带有种族特征的肤色。具体而言,每个广告都包含一张黑皮肤、白皮肤或者白皮肤但手腕有文身的三类卖家手拿商品展示的照片,而且所有照片都是男性的手。报价分为 90 美元、110 美元和 130 美元 3 种水平。根据广告文本的拼写和语法等写作是否符合规范,可分为高质量文本和低质量文本 2 种水平。高质量文本使用正确的大写字母、标点符号和语法,总体来说写作质量很高。低质量文本有相同的内容,但用词不太讲究,而且拼写、语法和大小写都不正确。卖家广告文本书写所体现出来的教育水平和写作能力,间接地为买家提供了有关卖家社会经济地位的信号。根据前述 3 个干预条件的组合,该实验共有 18 个(3×3×2)实验局,具体如表 15.2 所示。

表 15.2　Doleac 和 Stein(2013)的 18 个实验局及其干预条件

黑皮肤+报价 90 美元+低质量文本	白皮肤+报价 90 美元+低质量文本	白皮肤有文身+报价 90 美元+低质量文本
黑皮肤+报价 110 美元+低质量文本	白皮肤+报价 110 美元+低质量文本	白皮肤有文身+报价 110 美元+低质量文本
黑皮肤+报价 130 美元+低质量文本	白皮肤+报价 130 美元+低质量文本	白皮肤有文身+报价 130 美元+低质量文本
黑皮肤+报价 90 美元+高质量文本	白皮肤+报价 90 美元+高质量文本	白皮肤有文身+报价 90 美元+高质量文本
黑皮肤+报价 110 美元+高质量文本	白皮肤+报价 110 美元+高质量文本	白皮肤有文身+报价 110 美元+高质量文本
黑皮肤+报价 130 美元+高质量文本	白皮肤+报价 130 美元+高质量文本	白皮肤有文身+报价 130 美元+高质量文本

从每个广告发布后约两小时开始,研究者都会通过电子邮件向每个发送咨询邮件的潜在买家发出回复,告知对方我们已经收到了许多邮件咨询,并要求对方提供最好的报价。虚构卖家和真实潜在买家的所有议价互动均遵循标准剧本。研究者通过考察买家的回复率和报价在不同种族以及有、无文身的卖家之间的差异,探究买家对卖家的歧视行为。研究发现,相比于无文身的白人卖家,无文身的黑人卖家收到的回复减少了 13%,报价低了 18%,但手腕有文身的白人与无文身的黑人卖家受到买家歧视的程度无显著差异。

Ayres 等（2015）同样通过照片展示肤色来传递虚构卖方的种族信息的方法，在 eBay 在线平台上开展针对来自买方种族歧视的审计实验研究。具体而言，研究者让一只黑皮肤（非裔美国人）的手或一只浅肤色（美国白人）的手拿着一张棒球卡片进行拍卖，以考察潜在买家对卖家的种族歧视。拍卖的棒球卡片是研究人员于实验前的 17 天内在同平台上购买的。该实验一共进行了 394 次拍卖，每一次拍卖都使用了相同的商品标题和描述。其核心关注点在于非裔美国人手中的棒球卡片是否与美国白人手中的同类棒球卡片产生了不同的拍卖结果。研究同样发现了买家对卖家种族歧视的证据——由非裔美国人作为卖家持有的棒球卡片比由白人卖家持有的棒球卡片的售价低了大约 20%（0.9 美元）。

本章小结

审计实验方法在众多市场中的应用研究均展现出其对探索现实问题（如歧视、择偶、道德风险等）的重要作用。特别是在研究歧视问题方面，审计实验方法不仅能够有效识别歧视现象，还允许研究者通过巧妙的实验设计进一步探究歧视的来源及潜在的形成机制。过往的审计实验研究已成功揭示了前述不同市场中各类歧视现象的广泛存在，未来的审计实验研究可考虑聚焦于探索用于精准分离、缓解以及消除不同来源歧视的有效方法之上，为缓解甚至消除现实中的各类歧视现象提供参考性建议。同时，拓展研究主题至非歧视相关领域（如委托-代理领域以及心理学、教育学、医学等其他学科交叉领域），可以推进审计实验方法在经济学乃至更广泛的社会科学领域中应用的广度和深度。

参考文献

Ahmed, A. M., and Hammarstedt, M., 2008, "Discrimination in the Rental Housing Market: A Field Experiment on the Internet", *Journal of Urban Economics*, 64(2), 362-372.

Asplund, J., Eslami, M., Sundaram, H., Sandvig, C., and Karahalios, K., 2020, "Auditing Race and Gender Discrimination in Online Housing Markets", *Proceedings of the International AAAI Conference on Web and Social Media*, 14, 24-35.

Ayres, I., and Siegelman, P., 1995, "Race and Gender Discrimination in Bargaining for a New Car", *American Economic Review*, 85(3), 304-321.

Ayres, I., Banaji, M., and Jolls, C., 2015, "Race Effects on eBay", *The RAND Journal of*

Economics, 46(4), 891-917.

Bapna, R., Ramaprasad, J., Shmueli, G., and Umyarov, A., 2016, "One-Way Mirrors in Online Dating: A Randomized Field Experiment", *Management Science*, 62(11), 3100-3122.

Belot, M., and Francesconi, M., 2013, "Dating Preferences and Meeting Opportunities in Mate Choice Decisions", *Journal of Human Resources*, 48(2), 474-508.

Bertrand, M., and Mullainathan, S., 2004, "Are Emily and Greg More Employable Than Lakisha and Jamal? A Field Experiment on Labor Market Discrimination", *American Economic Review*, 94(4), 991-1013.

Bisin, A., Topa, G., and Verdier, T., 2004, "Religious Intermarriage and Socialization in the United States", *Journal of Political Economy*, 112(3), 615-664.

Butler, D. M., and Broockman, D. E., 2011, "Do Politicians Racially Discriminate against Constituents? A Field Experiment on State Legislators: Do Politicians Racially Discriminate?", *American Journal of Political Science*, 55(3), 463-477.

Carpusor, A. G., and Loges, W. E., 2006, "Rental Discrimination and Ethnicity in Names", *Journal of Applied Social Psychology*, 36(4), 934-952.

Choo, E., and Siow, A., 2006, "Estimating a Marriage Matching Model with Spillover Effects", *Demography*, 43(3), 463-490.

Doleac, J. L., and Stein, L. C. D., 2013, "The Visible Hand: Race and Online Market Outcomes", *The Economic Journal*, 123(572), F469-F492.

Edelman, B. G., and Luca, M., 2014, "Digital Discrimination: The Case of Airbnb.Com", *Harvard Business School Working Paper*, No. 14-054.

Edelman, B., Luca, M., and Svirsky, D., 2017, "Racial Discrimination in the Sharing Economy: Evidence from a Field Experiment", *American Economic Journal: Applied Economics*, 9(2), 1-22.

Egebark, J., Ekström, M., Plug, E., and Van Praag, M., 2021, "Brains or Beauty? Causal Evidence on the Returns to Education and Attractiveness in the Online Dating Market", *Journal of Public Economics*, 196, 104372.

Evans, D. N., and Vega, A., 2021, "Experimental Analysis of Male Online Dating on Parole", *Journal of Crime and Justice*, 44(1), 33-48.

Feins, J. D., and Bratt, R. G., 1983, "Barred in Boston: Racial Discrimination in Housing", *Journal of the American Planning Association*, 49(3), 344-355.

Fisman, R., Iyengar, S. S., Kamenica, E., and Simonson, I., 2006, "Searching for a Mate: Evidence from a Speeddating Experiment", *Quarterly Journal of Economics*, 121(2), 673-697.

Fix, M., and Struyk, R. J., 1993, *Clear and Convincing Evidence: Measurement of Discrimination in America*, Washington, DC: Urban Institute Press.

Galster, G., 1990, "Racial Discrimination in Housing Markets during the 1980s: A Review of the Audit Evidence", *Journal of Planning Education and Research*, 9(3), 165-175.

Giulietti, C., Tonin, M., and Vlassopoulos, M., 2019, "Racial Discrimination in Local Public Services: A Field Experiment in the United States", *Journal of the European Economic Association*, 17(1), 165-204.

Hanson, A., and Santas, M., 2014, "Field Experiment Tests for Discrimination against Hispanics in the U.S. Rental Housing Market", *Southern Economic Journal*, 81(1), 135-167.

Herd, P., and Moynihan, D. P., 2019, *Administrative Burden: Policymaking by Other Means*, New York: Russell Sage Foundation.

Hitsch, G. J., Hortaçsu, A., and Ariely, D., 2010, "What Makes You Click? -Mate Preferences in Online Dating", *Quantitative Marketing and Economics*, 8(4), 393-427.

Hogan, B., and Berry, B., 2011, "Racial and Ethnic Biases in Rental Housing: An Audit Study of Online Apartment Listings", *City & Community*, 10(4), 351-372.

Janssen, J., Seaton, E., Jager, J., and Miller, C. F., 2022, "Guidance or Gatekeeping: An Audit Examination of Racial Discrimination in Leading STEM High Schools: Systems That Marginalize BIPOC Youth Special Issue: Dismantling Oppression Series", *Journal of Research on Adolescence*, 32(2), 625-635.

Kurzban, R., and Weeden, J., 2005, "HurryDate: Mate Preferences in Action", *Evolution and Human Behavior*, 26(3), 227-244.

Lipsky, M., 1980, *Street-Level Bureaucracy: Dilemmas of the Individual in Public Service*, New York: Russell Sage Foundation.

Lowande, K., and Proctor, A., 2020, "Bureaucratic Responsiveness to LGBT Americans", *American Journal of Political Science*, 64(3), 664-681.

Milkman, K. L., Akinola, M., and Chugh, D., 2012, "Temporal Distance and Discrimination: An Audit Study in Academia", *Psychological Science*, 23(7), 710-717.

Neyt, B., Vandenbulcke, S., and Baert, S., 2019, "Are Men Intimidated by Highly Educated Women? Undercover on Tinder", *Economics of Education Review*, 73, 101914.

Olsen, A. L., Kyhse-Andersen, J. H., and Moynihan, D., 2022, "The Unequal Distribution of Opportunity: A National Audit Study of Bureaucratic Discrimination in Primary School Access", *American Journal of Political Science*, 66(3), 587-603.

Ong, D., and Wang, J., 2015, "Income Attraction: An Online Dating Field Experiment", *Journal of Economic Behavior & Organization*, 111(C), 13-22.

Ong, D., 2016, "Education and Income Attraction: An Online Dating Field Experiment", *Applied Economics*, 48(19), 1816-1830.

Page, M., 1995, "Racial and Ethnic Discrimination in Urban Housing Markets: Evidence from a Recent Audit Study", *Journal of Urban Economics*, 38(2), 183-206.

Pfaff, S., Crabtree, C., Kern, H. L., and Holbein, J. B., 2021, "Do Street-level Bureaucrats Discriminate Based on Religion? A Large-scale Correspondence Experiment among American Public School Principals", *Public Administration Review*, 81(2), 244-259.

Roychoudhury, C., and Goodman, A. C., 1992, "An Ordered Probit Model for Estimating Racial Discrimination through Fair Housing Audits", *Journal of Housing Economics*, 2(4), 358-373.

Roychoudhury, C., and Goodman, A. C., 1996, "Evidence of Racial Discrimination in Different Dimensions of Owner-Occupied Housing Search", *Real Estate Economics*, 24(2), 161-178.

Soss, J., Fording, R., and Schram, S. F., 2011, "The Organization of Discipline: From Performance Management to Perversity and Punishment", *Journal of Public Administration Research and Theory*, 21(suppl2), i203-i232.

Turner, M. A., and Mikelsons, M., 1992, "Patterns of Racial Steering in Four Metropolitan Areas", *Journal of Housing Economics*, 2(3), 199-234.

Turner, M. A., 1992, "Discrimination in Urban Housing Markets: Lessons from Fair Housing Audits", *Housing Policy Debate*, 3(2), 183-215.

Wienk, R. E., Reid, C. E., Simonson, J. C., and Eggers, F. J., 1979, *Measuring Racial Discrimination in American Housing Markets: The Housing Market Practices Survey*, Washington, DC: Department of Housing and Urban Development, Office of Policy Development and Research, Division of Evaluation.

Wong, O. M. H., 2003, "Postponement or Abandonment of Marriage? Evidence from Hong Kong", *Journal of Comparative Family Studies*, 34(4), 531-554.

Yinger, J., 1993, "Access Denied, Access Constrained: Results and Implications of the 1989 Housing Discrimination Study", in Fix, M., and Struyk, R. J., eds., *Clear and Convincing Evidence: Measurement of Discrimination in America*, Washington, DC: The Urban Institute Press.

Yinger, J., 1995, *Closed Doors, Opportunities Lost: The Continuing Costs of Housing Discrimination*, New York: Russell Sage Foundation.

Zussman, A., 2013, "Ethnic Discrimination: Lessons from the Israeli Online Market for Used Cars", *The Economic Journal*, 123(572), F433-F468.